Psychotherapieführer

Wege zur seelisch… …ndheit

Psychotherapieführer

Wege zur seelischen Gesundheit

Herausgegeben von
Christoph Kraiker und Burkhard Peter

Verlag C. H. Beck München

CIP-Kurztitelaufnahme der Deutschen Bibliothek

Psychotherapieführer: Wege zur seel. Gesundheit / hrsg. von Christoph Kraiker u. Burkhard Peter. – München: Beck, 1983.
ISBN 3 406 09592 5
NE: Kraiker, Christoph [Hrsg.]

ISBN 3 406 09592 5

Einbandentwurf von Rudolf Huber-Wilkoff, München

Satz und Druck: C.H. Beck'sche Buchdruckerei, Nördlingen
Printed in Germany

Inhalt

Einführung: Über die Zielsetzung und den Gebrauch dieses Buches

In diesem Buch werden verschiedene Formen der Psychotherapie und das Umfeld, in dem Psychotherapie stattfindet, auf möglichst verständliche Weise dargestellt. Geschrieben ist es für alle, die sich grundlegend informieren wollen und nach einer Orientierung angesichts der Vielfalt der gegenwärtig bei uns praktizierten psychotherapeutischen Verfahren suchen. Hilfesuchende erhalten Anhaltspunkte für die Auswahl eines ihren Bedürfnissen angemessenen Behandlungsverfahrens, Studenten der Klinischen Psychologie, aber auch Ärzten, Seelsorgern und anderen psychologisch Interessierten wird ein Überblick über das Gesamtgebiet der Psychotherapie vermittelt.

Der erste Teil des Buches (Psychotherapeutische Versorgung) umfaßt einen einleitenden Artikel, der den Gesamtbereich kurz zusammenfaßt und einige wichtige Begriffe und Bezeichnungen klärt, ferner Überblicksartikel zu den verwandten Bereichen Psychiatrie, Psychosomatik und Gemeindepsychologie sowie schließlich eine Darstellung des Versorgungssystems für psychisch Kranke in der Bundesrepublik Deutschland. Hier werden Fragen behandelt wie: wann zahlen die Krankenkassen, was heißt ‚psychisch krank' oder wer führt hierzulande Psychotherapie durch.

Der zweite Teil (Psychotherapeutische Verfahren) enthält siebzehn Artikel, in denen unterschiedliche psychotherapeutische Vorgehensweisen dargestellt werden. Da es Hunderte von therapeutischen Richtungen und Techniken gibt, mußten wir uns auf eine Auswahl beschränken, die wir im wesentlichen nach folgenden Gesichtspunkten getroffen haben: Es handelt sich um Verfahren, die hauptsächlich in der Therapie von Erwachsenen zur Anwendung kommen. (Viele können mit bestimmten Änderungen auch in der Therapie von Kindern eingesetzt werden, doch konnte auf diesen Bereich – Psychotherapie bei Kindern – hier nicht weiter eingegangen werden.) Ferner sind es Verfahren, die man typischerweise in der *ambulanten* Behandlung (Behandlung außerhalb von Kliniken und Heimen) anwendet, obwohl viele natürlich auch in stationären Einrichtungen durchgeführt werden. Schließlich haben wir uns bemüht, speziell solche Verfahren auszuwählen, die bei uns eine gewisse Verbreitung haben.

Die Artikel selbst enthalten in der Regel neben einer zusammenfassenden Darstellung der jeweiligen therapeutischen Technik einige praktische Informationen darüber, wie lange die Therapie durchschnittlich dauert, was sie kostet, in welchen Fällen sie geeignet ist, welche Voraussetzungen man dafür mitbringen sollte usw. Am Ende werden jeweils einige Hinweise auf weiterführende Literatur gegeben. Ein Gesamtliteraturverzeichnis findet sich im Anhang des Buches. Dort gibt es auch einen Abschnitt ‚Erklärung von Fachausdrücken'. Zum Teil findet man auch im Sachregister Hinweise darauf, wo bestimmte Begriffe ausführlich dargestellt werden. Schließlich enthält der Anhang noch ein Verzeichnis der Adressen von Institutionen und Therapieverbänden, bei denen man weitere Auskünfte einholen kann.

Wir haben die verschiedenen vorgestellten Verfahren nicht kritisch bewertet, insbesondere haben wir keine vergleichenden Aussagen über ihre Wirksamkeit gemacht. Diese Zurückhaltung wird sicherlich von vielen bedauert werden, die verständlicherweise wissen möchten, welche Psychotherapie etwas taugt und welche nicht. Zum Verzicht auf eine Bewertung haben wir uns aber dennoch aufgrund folgender Überlegungen entschlossen:

1. Die wissenschaftliche Psychotherapieforschung ist ein methodisch außerordentlich kompliziertes, kostspieliges und langwieriges Geschäft. Die Anzahl wirklich aussagekräftiger Untersuchungen ist daher gering. Deswegen haben die Therapeuten zwar meist feste Überzeugungen davon, was eine gute Therapie ist und was nicht, aber wenig verläßliche Daten, um diese Überzeugungen zu stützen. Selbst die vorliegenden Untersuchungen beweisen zwar den Nutzen der Psychotherapie im allgemeinen, sind aber umstritten, wenn es um die Vor- und Nachteile der einen oder anderen Richtung geht.

2. Die verschiedenen Richtungen lassen sich auch deshalb schwer vergleichen, weil sie teilweise unterschiedliche Ziele anstreben. Was also wirksam eigentlich heißen soll, ist nicht festgelegt, so daß eine einheitliche Beurteilung unmöglich ist. Darauf gehen wir in unseren Schlußbemerkungen noch näher ein.

3. Die verschiedenen Methoden sind nicht so klar definiert, wie es den Eindruck erweckt – auch aufgrund zusammenfassender Darstellungen wie denen in diesem Buch. Psychoanalyse, Psychodrama, Verhaltenstherapie, Hypnose und die anderen Verfahren können auf sehr unterschiedliche Art und Weise durchgeführt werden und werden es auch. Deswegen kann man von *der* Psychoanalyse, *der* Familientherapie, *der* Verhaltenstherapie überhaupt nicht sprechen, und es lassen sich auf verallgemeinerbare Weise auch keine Vergleiche anstellen.

4. Nicht nur zerfällt jede Richtung in verschiedene Schulen und technische Varianten, sondern letztlich gibt es mindestens so viele Therapieformen wie es Therapeuten gibt. Die Verfahren werden ja nicht mechanisch angewendet, sondern geprägt durch den Stil und die Persönlichkeit derer, die sie einsetzen. Es ist sicher, daß die Person des Therapeuten einen außerordentlich großen Einfluß auf das Gelingen oder Mißlingen der Behandlung ausübt; möglicherweise ist das sogar der entscheidende Faktor, und dann wäre der Vergleich von Techniken nicht so aussagekräftig, wie bislang angenommen.

Das Buch ist keine Einführung in die Klinische Psychologie. Es enthält keine spezielle Neurosenlehre (abgesehen von kurzen Hinweisen in einzelnen Artikeln), also keine Beschreibung spezieller psychischer Störungen, keine Theorien über ihre Ursachen, ihre Diagnose und zweckmäßige Behandlung. Man soll nach seiner Lektüre einen Überblick haben darüber, was in den verschiedenen Therapien geschieht und was man davon erwarten kann. Es ist keine Do-it-yourself-Anleitung zur Selbstdiagnose und Selbstbehandlung.

Der letzte Teil des Buches bietet Hinweise für diejenigen, die für sich eine Psychotherapie suchen. Wir haben versucht, die wichtigsten dabei zu bedenkenden Probleme darzustellen, und geben einige Ratschläge, soweit das in einem so allgemeinen Rahmen möglich ist. Die Entscheidungen selbst können wir niemandem abnehmen, aber wir sind froh, wenn wir sie etwas erleichtert haben.

Die Herausgeber

Teil I
Psychotherapeutische Versorgung

1. Psychotherapie

Burkhard Peter

Ein während des 19. Jahrhunderts in Westeuropa weitverbreitetes Phänomen ließ sich nicht mit der üblichen medizinischen Auffassung von der körperlichen Bedingtheit (Somatogenese) psychischer Störungen erklären: die Hysterie. Personen, die unter hysterischen Symptomen litten wie z. B. Blindheit, Taubheit, Empfindungslosigkeit oder Lähmung bestimmter Körperteile, zeigten keinerlei medizinischen Befund, so daß weder somatogenetische Theorien zu ihrer Erklärung herangezogen werden konnten noch übliche psychiatrische Methoden zu ihrer Behandlung.

An der berühmten Salpetrière in Paris behandelte der Neurologe Jean Charcot hysterische Störungen mit Hypnose; der Ruf dieser Klinik, die Bekanntheit von Charcot und das Phänomen der Hypnose veranlaßten 1885 Sigmund Freud, für ein halbes Jahr nach Paris zu gehen und bei Charcot zu studieren. Nach seiner Rückkehr arbeitete Freud mit einem anderen Wiener Neurologen, Josef Breuer, zusammen, der ebenfalls hysterische Fälle mittels Hypnose behandelte. 1895 veröffentlichten Freud und Breuer die ‚Studien über Hysterie', die heute als ein Meilenstein der Psychotherapie und Klinischen Psychologie angesehen werden.

Psychoanalyse/Tiefenpsychologie

Durch Studien an den Patienten in seiner Privatpraxis und mit Hilfe seiner Selbstanalyse entwickelte Sigmund Freud bald darauf die ersten Ansätze der *Psychoanalyse* als Theorie und Therapie von Neurosen. Wilhelm Reich, ein Schüler von Freud, dehnte mit seiner ‚Charakteranalyse' das psychoanalytische Verfahren auch auf die Behandlung von Persönlichkeitsstörungen aus. Insbesondere Meinungsverschiedenheiten über die Bedeutung der Sexualität, der Freud eine zentrale Rolle für die Entwicklung neurotischer Störungen zuschrieb, führten dazu, daß sich noch zu seinen Lebzeiten zwei seiner Schüler von ihm lossagten und eigene tiefenpsychologische Schulen gründeten: C. G. Jung und Alfred Adler. Während die *Individualpsychologie* nach Alfred Adler heute in Deutschland als tiefenpsychologische Behandlungsform anerkannt ist, konnte sich die *Jungsche Analyse* vor allem in der Schweiz und in den USA behaupten.

Nach dem Zweiten Weltkrieg hat die Psychoanalyse weitere inhaltliche Veränderungen erfahren (z. B. Ich-Analyse und Narzismustheorie). Es entstanden jedoch keine eigenständigen Schulen mehr, sondern die analytische Theorie und Praxis erfuhr eine ständige Überprüfung, Erweiterung und Anpassung an die sich verändernden gesellschaftlichen Bedingungen.

Humanistische Psychologie

Eine radikale Abkehr von der Psychoanalyse führte etwa ab 1950 in den USA zur Entwicklung neuer Theorien und Verfahren, die unter der Bezeichnung humanistische Psychologie bekannt sind. Fritz Perls wie auch Eric Berne waren Psychoanalytiker und wandten sich nach z. T. sehr persönlichen Erfahrungen von der Psychoanalyse ab. Während jedoch Berne mit seiner *Transaktionsanalyse* frühkindliche Erfahrungen in seiner Theorie wie auch vor allem in der sogenannten Skriptanalyse als bedeutsam berücksichtigte, legte Perls mit der *Gestalttherapie* den Schwerpunkt seiner Arbeit auf das gegenwärtige Erleben des Menschen (Hier-und-Jetzt-Prinzip). Mit Carl Rogers, dem Begründer der *Klientenzentrierten Psychotherapie (Gesprächspsychotherapie)*, geht Perls davon aus, daß der Mensch seinem Wesen nach in Ordnung sei und der Therapeut in der Behandlung in erster Linie dafür zu sorgen habe, daß sich das gesamte natürliche und kreative Potential des Menschen frei entfalten könne; neurotisches Verhalten als Blockierung dieser natürlichen Tendenz zur Entfaltung der Persönlichkeit würde dadurch von selbst verschwinden. Eine ähnliche Meinung über therapeutische Veränderung findet sich z. B. auch bei der Ich-Analytikerin Karen Horney:

„Die dritte Aufgabe, die den Patienten erwartet, ist, jene Faktoren in sich zu verändern, die seine bestmögliche Entfaltung beeinträchtigen. Das bedeutet nicht nur einen sichtbaren Wandel, in Taten oder Verhalten, etwa die Fähigkeit zu öffentlichem Auftreten, zu schöpferischer Arbeit, zur Kooperation, zu sexueller Potenz zu erlangen, oder wiederzuerlangen, Phobien oder depressive Tendenzen zu verlieren. Diese Veränderungen werden automatisch in einer erfolgreichen Analyse stattfinden. Sie sind jedoch keine primären Veränderungen, sondern resultieren aus weniger sichtbaren Wandlungen in der Persönlichkeit: etwa eine realistischere Einstellung zu sich zu gewinnen, anstatt zwischen Selbstverherrlichung und Selbsterniedrigung zu schwanken; ... den Schwerpunkt in sich zu finden, anstatt sich mit übertriebenen Erwartungen und übertriebenen Beschuldigungen an andere zu hängen; mehr Wohlwollen und Verständnis für Menschen zu erlangen, statt eine defensive, weitgehende Feindseligkeit zu hegen. Wenn solche Veränderungen stattfinden, müssen äußerliche in offenkundigen Aktivitäten oder Symptomen folgen, und zwar in einem entsprechenden Ausmaß." (1974, S. 88f.).

Zu den humanistischen Therapieformen werden ferner alle *körperorientierte Verfahren* gerechnet, die mehr oder minder direkt auf die Arbeit des Freud-Schülers Wilhelm Reich zurückgehen sowie das *Psychodrama* des Wiener Psychiaters J. L. Moreno, der wiederum lange Zeit mit Perls zusammengearbeitet hat.

Verhaltenstherapie

Während die meisten Verfahren der humanistischen Psychologie von Praktikern außerhalb der akademischen Psychologie entwikkelt wurden, gehen die verschiedenen Techniken, die heute mit dem Begriff Verhaltenstherapie zusammengefaßt werden, auf die Erkenntnisse und Forschungsergebnisse der experimentellen Psychologie zurück. Fast alle diese Verfahren wurden im Laufe von Jahren entwickelt und mit dem umfangreichsten Forschungsaufwand in der Geschichte der Psychologie überprüft, verändert und verbessert.

Nach der Theorie der *älteren Verhaltenstherapie*, deren bekanntester Vertreter B. F. Skinner ist, können innerpsychische Vorgänge bei der Entstehung, Aufrechterhaltung und Beseitigung neurotischen Verhaltens völlig vernachlässigt werden, da die Lerngesetze des klassischen und operanten Konditionierens zur Erklärung völlig ausreichten; alle tiefenpsychologischen Vorstellungen über die unbewußten Prozesse seien reine Spekulation und für die erfolgreiche Therapie neurotischer Störungen nicht nur überflüssig, sondern oft sogar hinderlich. Der Erfolg verhaltenstherapeutischer Techniken bei der Behandlung von bestimmten neurotischen Symptomen, wie z.B. bei Phobien, schien den Vertretern der älteren Verhaltenstherapie anfangs auch recht zu geben.

Im zeitlichen Anschluß an die heftige Kontroverse zwischen der Verhaltenstherapie und der Psychoanalyse in den 60er Jahren entwickelte sich die heutige Form der *neueren Verhaltenstherapie*, die dem Einfluß kognitiven Geschehens wie Gedanken, Vorstellungen und Phantasien in bewußter wie auch nicht bewußter Form eine wichtige Funktion zuerkennt. Die *rational-emotive*

Therapie des ehemaligen Psychoanalytikers Albert Ellis ist eines der bekanntesten Verfahren, das dieser Richtung zugerechnet wird.

Mit diesem Schritt der Anerkennung innerer Vorgänge durch Lerntheoretiker war es nicht mehr weit für Psychoanalytiker, die Prinzipien der Lerngesetze auch für die psychoanalytische Theorie als verbindlich anzusehen, wie es z. B. Albert Görres (1978, S. 66f.) tat, indem er die verschiedenen Abwehrmechanismen von Neurotikern lerntheoretisch als Vermeidungslernen deutete:

„Die Abwendung von der Wirklichkeit in Form der Verdrängung, der Verschiebung, der Projektion, der Umkehrung ins Gegenteil, des Ungeschehenmachens, der Verleugnung, all diese Abwehrmechanismen können interpretiert werden als die Summe jener inneren Kunstgriffe, jener operanten Responsen, die konditioniert werden, weil ihnen sofort eine Belohnung folgt. Sie werden belohnt, weil sie sofort ein Stück der unerträglichen Wirklichkeit, auf die der Neurotiker in der Konfliktsituation stößt, entweder beseitigen oder mindestens vernebeln. Anders ausgedrückt: Diese fehlkonditionierten Responsen mindern sofort Angst, Scham, Trauer, Unlust, die beim Zusammenstoß mit der unerträglichen inneren oder äußeren Wirklichkeit entstehen. Weil diese Aktivität etwas leistet, weil ihre Belohnungen sofort eintreten, die üblen Folgen aber erst viel später, wird dieser operante Respons beibehalten, trotz aller üblen späteren Konsequenz."

Systemorientierte Therapie

Aus dem Studium schizophrener Störungen entwickelte sich in den USA ein Ansatz, der nicht mehr nur das Individuum als Symptomträger allein betrachtete und untersuchte, sondern das System aller beteiligten Personen als Ganzes, in der Regel die Familie, aber auch Paare und andere soziale Gruppen.

Gregory Bateson, Jay Haley, Paul Watzlawick und andere benutzten in den 50er Jahren Ideen aus der Kybernetik, um das verwirrende Geflecht der pathologischen Kommunikation und Interaktion in Familien mit einem gestörten Mitglied besser verstehen und erklären zu können. Praktischen Anschauungsunterricht holten sie sich unter anderem auch bei einem Hypnotherapeuten, der in den USA damals als Geheimtip für unkonventionelle, aber effektive Behandlungen galt: Milton H. Erickson. Als eine seiner wirksamen Interventionen beobachteten sie die sogenannte therapeutische Doppelbindung und andere Muster ungewöhnlicher Kommunikation, die geeignet sind, festgefahrene neurotische Muster sowohl innerhalb einer Person als auch in den Interaktionssystemen zwischen sich nahestehenden Personen so zu verändern, daß der neurotische Teil plötzlich symptomlos wird. Andere unorthodoxe und kreative Ideen zur Systemtherapie konnten auch bei der Familientherapeutin Virginia Satir beobachtet werden.

Heute sind es viele Psychotherapeuten aus unterschiedlichen Richtungen, wie z. B. auch der deutsche Psychoanalytiker Helm Stierlin, die sich als systemorientierte Therapeuten verstehen und darauf bedacht sind, immer möglichst die Familie als Ganzes in der Behandlung anwesend zu haben.

Transpersonale Psychologie

Psychologen und Mediziner haben sich schon immer im Rahmen der psychosomatischen Forschung für außergewöhnliche Phänomene interessiert, wie sie von Yogis, Zen-Mönchen und anderen Mitgliedern älterer mystischer und religiöser Traditionen gezeigt wurden. Während eher naturwissenschaftlich orientierte Forscher nur deren meßbare Fähigkeiten faszinierte, durch Meditation oder andere tranceähnliche Zustände beispielsweise ihre Körpertemperatur willkürlich regulieren und andere sogenannte autonome vegetative Körperfunktionen in extremer Form beeinflussen zu können, richteten andere Forscher ihre Aufmerksamkeit auch auf das Glaubenssystem und das Weltbild dieser Kulturen, um Antworten auf Sinnfragen zu finden, die die eigenen verweltlichten Religionen nicht oder nicht mehr geben konnten.

Die transpersonale Psychologie befaßt sich also mit jenen spezifischen menschlichen Meta-Bedürfnissen, die über das unmittelbare reale und lebendige Sein des Menschen hinausgehen; Transzendierung des eigenen Ichs, Spiritismus, Ekstase, kosmische Bewußtheit, Synergie oder einfach Religiosität im eigentlichen Sinne sind andere Umschreibungen des gleichen Ereignisses, das von den unterschiedlichen Gruppen unterschiedlich definiert und interpretiert wird.

Charles Tart und Robert Ornstein z. B. sind in den USA Vertreter dieser Richtung. In Deutschland ist es vor allem der ehemalige Psychologieprofessor Karlfried Graf Dürckheim, der lange Zeit in Japan gelebt hat und zusammen mit Maria Hippius im Schwarzwald die sogenannte Initiatische Therapie praktiziert und lehrt.

Formen psychischer Störungen

Psychotische Störungen

Bei *exogenen Psychosen* liegt eine eindeutig nachweisbare organische Verursachung vor wie z. B. eine Hirn- oder Hirnrindenschädigung; diese kann hervorgerufen sein durch Entzündungsprozesse (wie im Spätstadium der Syphilis), durch Gefäßveränderungen (wie bei der Arteriosklerose), durch Abbauprozesse im Alter (senile Demenz), durch Gifte (wie bei chronischem Alkoholismus) oder durch schwere körperliche Allgemeinkrankheiten.

Als sogenannte *endogene Psychosen* werden die Schizophrenien und die manisch-depressiven Krankheiten (Cyklothymie oder affektive Psychose) bezeichnet.

Der Begriff ‚endogen' ist hierbei sehr problematisch; manche Psychiater meinen damit, diese Psychose sei erblich bedingt, andere vertreten die Auffassung, es liege doch eine – wenn auch heute noch unbekannte – organische Verursachung vor; oft wird ‚endogen' auch einfach im Sinne von ‚kryptogen' gebraucht und bezeichnet damit die Tatsache, daß man die genaue Verursachung nicht kennt.

Neurotische Störungen

Die heute vorherrschende Auffassung über neurotische Störungen entwickelte sich aus den Arbeiten von Sigmund Freud und sind daher noch eng mit der psychoanalytischen Theorie verbunden, auch wenn die experimentellen Befunde der Lerntheorie z. T. andere Erklärungen vorlegen konnten.

Im wesentlichen unterscheidet man folgende neurotische Störungen:

Phobische Neurosen (Phobien): Extreme Angst vor bestimmten Objekten (z. B. Spinne, Schlange) oder Situationen (z. B. öffentliche Plätze, große Höhen, Enge in Fahrstühlen), obwohl dem Phobiker deren Harmlosigkeit bewußt ist.

Angstneurosen: Frei flottierende Angstgefühle, die keine spezifische Ursachen zu haben scheinen.

Depressive Neurosen, reaktive Depressionen: Extreme Traurigkeit ohne zunächst erkennbaren Grund oder nach einem bestimmten Ereignis, das als verständliche Ursache betrachtet wird, wie z. B. dem Verlust eines Partners, dem Verlust des Arbeitsplatzes oder irgendeiner anderen äußeren Ursache.

Zwangsneurosen: Der unkontrollierbare Zwang, etwas bestimmtes immer wieder denken oder tun zu müssen, obwohl der Person bewußt ist, daß beispielsweise der Gashahn auch beim zehnten Male des Nachkontrollierens nicht besser geschlossen ist als beim ersten Male.

Hypochondrische Neurosen: Extreme Beschäftigung mit einer bestimmten Körperfunktion oder einer eingebildeten Krankheit.

Hysterische Neurosen: Unkontrollierbarer Verlust der Gewalt über die Funktion eines Körperteiles wie z. B. hysterische Lähmungen oder Störungen des Bewußtseins wie Amnesien, Schlafwandeln und sogenannte multiple Persönlichkeiten.

Persönlichkeitsstörungen

Wilhelm Reich beschäftigte sich in den 30er Jahren eingehend mit jenen Störungen, die kein klares und umschriebenes Symptom zeigen; er unterschied deshalb zwischen den ‚Symptomneurosen' und den ‚Charakterneurosen'. Heute spricht man statt von Charakterneurosen von Persönlichkeitsstörungen und unterscheidet sie klar von den Neurosen einerseits und den Psychosen andererseits; sie werden definiert als tief verwurzelte, fehlangepaßte Verhaltensmuster, die üblicherweise das ganze Leben lang anhalten und häufig schon in der Jugend oder sogar noch früher sichtbar werden. Sexuelle Fehlanpassungen, wie z. B. Fetischismus oder Sado-Masochismus, sowie Alkoholismus und andere Drogenabhängigkeiten werden oft zu den Persönlichkeitsstörungen gerechnet.

Neurose oder Psychose

Die Klassifikation psychischer Störungen in unterscheidbare Gruppen oder Formen wird von verschiedener Seite als sehr problematisch angesehen. Insbesondere die Aufteilung in Neurosen und Psychosen wird von vielen kritisiert. Ein gängiges Kriterium für diese Unterscheidung ist z. B. die Einfühlbarkeit bzw. die Nachvollziehbarkeit. Es war Karl Jaspers, der die Meinung vertrat, psychotisches Verhalten sei zu bizarr und so völlig jenseits der alltäglichen Wirklichkeit, als daß es von normalen Menschen nachvollziehbar wäre; neurotisches Verhalten hingegen könne man als bloßes Extrem normaler menschlicher Gedanken und Empfindungen durchaus nachempfinden und begreifen. Ob jedoch die Sprache und das Verhalten z. B. eines Schizophrenen verstehbar ist oder nicht, hängt nicht allein davon ab, inwieweit in seinen bizarren Verhaltensmustern und Gedankengängen oder in seinem Wortsalat vernünftige Inhalte in symbolisch verzerrter Form vorkommen oder nicht; es bedarf auch der Kompetenz und der Mühe eines Forschers oder Klinikers, diese Inhalte zu entschlüsseln und verstehbar zu machen. Insbesondere die Forscher der Palo-Alto-Gruppe um Gregory Bateson haben einen ersten Versuch gemacht, ein Kommunikationsmodell zu entwickeln, das sich als Alternative zu dem traditionellen medizinischen Krankheitsmodell versteht.

Die ältere psychiatrische Auffassung, endogene Psychosen seien organisch, Neurosen hingegen psychisch bedingt (psychogen), spiegelt sich auch in der oft vertretenen Meinung wider, daß Neurosen und Psychosen etwas grundsätzlich Unterschiedliches seien. Dem steht jedoch die von anderen (in der Regel Nicht-Psychiatern) vertretene Meinung gegenüber, die Unterschiede seien nur gradueller Art und es gebe fließende Übergänge von normalem über neurotisches zu psychotischem Verhalten. Das sogenannte Borderline-Syndrom z. B. wird allgemein an der Grenze zwischen neurotischer und psychotischer Störung angesiedelt.

Eine große Gefahr psychiatrischer Klassifikationen und Diagnosestellungen liegt in der scheinbaren Endgültigkeit und Unabwendbarkeit einer einmal getroffenen Feststellung wie z. B. ,,diesem Patienten wurde die Diagnose Schizophrenie gestellt" oder, schlimmer noch, ,,dieser Patient *ist* ein Schizophrener" (siehe Keupp 1972). Wenn auch viele Psychiater heute stillschweigend davon ausgehen, daß eine solche Diagnose nicht im Sinne einer angeborenen Stoffwechselstörung oder eines ererbten Gendefektes zu verstehen ist, den man hat oder nicht hat, hält sich doch in der unaufgeklärten Öffentlichkeit immer noch recht hartnäckig die Schreckensvision von der nun endgültig feststehenden Geisteskrankheit und führt noch oft genug zu der fatalen Stigmatisierung des Betroffenen. Eine Diagnose im Bereich der neurotischen Störungen hingegen wird selbstverständlich als vorübergehend und deshalb als weniger bedrohlich empfunden.

Selbst wenn man konstitutionelle körperliche Faktoren als wesentlich für die Entstehung einer sogenannten endogenen Psychose mitberücksichtigt, muß man sich fragen, welche spezifischen Erziehungs- und Umweltbedingungen vorliegen müssen, um eine solche Störung überhaupt manifest werden zu lassen (analog zum Diathese-Streß-Modell der Psychosomatik, siehe S. 24), welche dieser äußeren Bedingungen beeinflussen den Verlauf und welche tragen zu einer weitgehenden Kontrolle der Störung bei. ,,Endogen ist also – unbeschadet des mangelhaften pathologischen Wissens – ein klinischer ‚Arbeitsbegriff' zur Kennzeichnung bestimmter Psychosen, die sich im Erscheinungsbild und Verlauf von anderen psychischen Krankheiten und Störungen abhheben und nosologisch zusammengehören. Man impliziert damit nicht unbedingt zugleich eine ätiologische Aussage, etwa im Sinne, eine solche Psychose sei allein erblich bedingt und von persönlichen und Umweltfaktoren gänzlich unabhängig." (Schulte-Tölle 1975, S. 13)

Am Beispiel der Depression kann diese Problematik nochmals

verdeutlicht werden. Man unterscheidet zwischen reaktiver, neurotischer, endogener und exogener Depression. Unter reaktiver Depression versteht man eine übermäßig starke und lang anhaltende Traurigkeit, Hilflosigkeit oder Verzweiflung als Reaktion auf ein äußeres Ereignis wie z.B. den Verlust eines geliebten Menschen oder den Verlust des Arbeitsplatzes. Hat z.B. eine Mutter ihr einziges Kind durch Tod verloren und kann sie sich von diesem Schicksalsschlag nicht mehr erholen, kann durchaus die Gefahr bestehen, daß sie als endogen depressiv (zu den Psychosen gehörig) diagnostiziert wird; zu leicht kann hier aus dem Unvermögen, extreme Trauerreaktionen nachzuvollziehen, die gedankliche Hilfskonstruktion angewandt werden, dieses äußere Ereignis habe die bisher verborgene Krankheit der endogenen Depression zum Ausbruch kommen lassen. Solange man also nicht weiß, was endogen wirklich bedeutet, sollte man mit diesem Begriff sehr vorsichtig umgehen.

Bei der neurotischen Depression (zu den Neurosen gehörig) nimmt man an, die Ursache liege in einem sehr früh in der Kindheit erlebten Konflikt, der vergessen bzw. verdrängt worden sei und heute noch im Unbewußten weiterbestehe. Man kann sich nun vorstellen, daß es in manchen Fällen ein sehr schwieriger und langwieriger psychotherapeutischer Prozeß ist, die tatsächliche Existenz einer solchen frühkindlichen Störung nachzuweisen; weiterhin kann man sich vorstellen, daß manche Diagnostiker aus Zeitmangel oder welchen anderen Gründen auch immer bei einer schweren neurotischen Depression dazu neigen, diese als endogen (zu den Psychosen gehörig) zu diagnostizieren. Als differentialdiagnostisches Kriterium wird auch gerne angeführt, endogene Depressionen würden auf bestimmte Antidepressiva ansprechen, neurotische Depressionen jedoch nicht; dies wird manchmal als Hinweis oder sogar als Beweis dafür angesehen, daß bei endogener Depression doch eine biochemische Funktionsstörung des Gehirns vorliege. Wird nun diese postulierte hirnphysiologische Störung als ein nicht mehr veränderbarer Defekt angesehen, bleibt dem betroffenen Patienten nurmehr, in hoffnungslose Depression zu versinken und sich seinem unausweichlichen Schicksal hilflos zu ergeben. Erkennt man jedoch an, daß psychische Stimmungslagen immer mit körperlichen, d.h. hier biochemischen und hirnphysiologischen Veränderungen einhergehen, die durch entsprechende Veränderungen im Leben manchmal leicht und manchmal auch sehr schwer beeinflußbar sind, ergibt sich auch für zunächst ganz hoffnunslos erscheinende Fälle ein günstigeres Bild. Beispielsweise ist es noch nicht hinreichend erforscht, ob und wie bestimmte Einflüsse in den ersten beiden

Lebensjahren eines Menschen solche hirnphysiologischen Veränderungen hervorrufen können, so daß sich später das Bild einer sogenannten endogenen Psychose ergeben kann. Spektakuläre psychotherapeutische Erfolge auf dem Gebiet der Psychosen (siehe z. B. Schiff 1980 oder Selvini-Palazzoli 1977) müssen jedoch mit Vorsicht beurteilt werden, um keine übertriebenen Hoffnungen zu wecken, die dem psychotherapeutischen und psychiatrischen Alltag nicht gerecht werden können.

Diese problematisierende Darstellung kann und will nicht die tatsächlichen Erfolge der Pharmakotherapie bei den sogenannten endogenen Krankheiten leugnen. So wird von psychiatrischer Seite angegeben, daß ca. 70% der endogenen Depressionen erfolgreich mit Pharmakotherapie behandelt werden können und daß rund ein Drittel der Schizophrenien ausheilt. Heute herrscht in der modernen Psychiatrie auch vorwiegend die Auffassung, daß endogene Erkrankungen multifaktoriell bedingt sind. Somit gilt in der Regel auch nicht mehr die Meinung, daß Psychotherapie und Pharmakotherapie einander ausschließende Behandlungsformen seien; vielmehr sollen sie – abhängig vom Einzelfall – als einander sinnvoll ergänzend angewandt werden.

Die exogenen Depressionen sind eindeutig durch schwerwiegende organische Krankheiten, wie z. B. durch einen Gehirntumor, bedingt; bei der Therapie steht hier die Behandlung bzw. Ausschaltung dieser somatischen Ursache im Vordergrund.

Empfohlene Literatur: Revenstorf, D.: Psychotherapeutische Verfahren. Band I: Tiefenpsychologische Therapie. Band II: Verhaltenstherapie. Band III: Humanistische Therapien. Band IV: Systemtherapie. Stuttgart: Urban TB, 1982/83.

2. Psychosomatik

Burkhard Peter und Ivo-Kurt Cizek

Es gibt das Phänomen des sogenannten Voodoo-Todes: Der Fluch eines Zauberers verurteilt das Opfer dazu, extreme körperliche Qualen und schließlich den Tod zu erleiden. Solche Hexerei läßt sich damit erklären, daß durch den bedingungslosen Glauben des Opfers an die übernatürlichen Kräfte des Zauberers dessen vitale Funktionen so sehr geschwächt werden, daß der Tod eintreten kann; physiologisch betrachtet, wird das autonome Nervensystem auf einem extrem hohen Erregungsniveau gehalten, ohne daß die Möglichkeit zu einer effektiven Abwehrhandlung (z. B. Flucht oder körperlicher Angriff gegen den Zauberer) besteht. Dauert ein solcher Belastungszustand zu lange Zeit an, so treten irreparable Schäden an wichtigen Körperorganen auf und führen damit zum Tode.

Jede starke Gefühlsregung, wie beispielsweise Freude, Angst, Trauer oder Wut, wird im körperlichen Bereich von einer spezifischen Erregung des autonomen Nervensystems begleitet, die normalerweise nach einiger Zeit von selbst wieder abklingt; der Zorn ist verraucht, die Angst verschwindet und die Freude klingt aus. Bei psychosomatischen Störungen hingegen bleiben diese normalerweise reversiblen autonomen und hormonalen Reaktionen auf seelische Belastungen und Streß zu lange bestehen, so daß sie irreversible Gewebsschädigungen verursachen. Eine psychosomatische Störung ist demnach eine reale Krankheit mit einem tatsächlichen körperlichen Schaden, die durch den jeweiligen emotionalen Zustand des Patienten hervorgerufen, aufrechterhalten und auch wieder geheilt werden kann.

Psychosomatische Krankheiten

Je nachdem welcher Bereich des Körpers betroffen ist, unterscheidet man verschiedene Gruppen psychosomatischer Störungen:

1. Psychosomatische Hautkrankheiten; z.B. Neurodermitis (Entzündung), Puritis (Jucken), Hyperphydrosis (übermäßiges Schwitzen).
2. Psychosomatische Erkrankung der Atemorgane; z.B. Bronchialasthma, Hyperventilation, Schluckauf.
3. Psychosomatische Erkrankung des Herz- und Kreislaufsystems; z.B. Tachykardie (Herzjagen), Hypertonie (Bluthochdruck), Migräne.
4. Psychosomatische Erkrankung des Blutes und des Lymphsystems.
5. Psychosomatische Erkrankung des Magen- und Darmsystems; z.B. chronische Gastritis, peptische Geschwüre, Durchfall, Verstopfung, Flatulenz, Sodbrennen.
6. Psychosomatische Erkrankungen des Uro-Genitalsystems; z.B. Menstruationsstörungen, Miktionsstörungen (Harnverhaltung), Dysmenorrhoe (schmerzhafte Regelblutung), Amenorrhoe (Ausbleiben der Regelblutung), Vaginismus (Scheidenkrampf), Impotenz.
7. Psychosomatische endokrine Störungen; Funktionsstörungen der verschiedenen endokrinen Drüsen, z.B. Hyper- oder Hypothyreose (Über- oder Unterfunktion der Schilddrüse).

8. Psychosomatische Störungen der Sinnesorgane; z. B. Störungen der Geschmacks- oder Tastempfindungen, Ohrensausen.
9. Psychosomatische Störungen der Skelettmuskulatur; z. B. Spannungskopfschmerz, Schiefhals, Nackenschmerzen und andere Muskelkrämpfe.

Krebserkrankungen sind in dieser Einteilung nicht aufgeführt, da sie an allen Teilen des Körpers auftreten können. Von der sozialmedizinischen und klinisch-psychologischen Forschung wird den Krebserkrankungen ein hoher psychosomatischer Anteil zugesprochen.

Das Leib-Seele-Problem

In der Bezeichnung ‚Psychosomatik' wird zum Ausdruck gebracht, daß die Psyche oder Seele einen wie auch immer gearteten Einfluß auf das Soma, den Körper, ausübt. Die Annahme lautet, Seele und Körper seien zwei verschiedene Dinge, die unabhängig voneinander bestehen, auch wenn sie sich wechselseitig in hilfreicher oder schädigender Weise beeinflussen können.

Diese dualistische Auffassung vom Menschen geht auf René Descartes, den französischen Philosophen des 17. Jahrhunderts, zurück. Menschen unterschieden sich von anderen Lebewesen durch ihre Seele, daher sei ein Teil ihres Wesens göttlicher Natur. Wie andere Lebewesen habe der Mensch aber auch einen Körper, der nach bestimmten mechanischen Prinzipien funktioniere; diese Mechanik unterliege aber der Kontrolle der Seele oder des Geistes. Als Kontaktstelle, über die die Seele den Körper lenke, nahm Descartes eine Drüse im Mittelhirn (Zirbeldrüse) an. So konnte Descartes seine religiöse Auffassung von der göttlichen Natur des Menschen einerseits und seiner Zugehörigkeit zur belebten Welt andererseits in Einklang bringen.

Diese Betrachtungsweise hat sich bis heute so hartnäckig aufrechterhalten, daß es vielen immer noch schwerfällt, Seele und Körper des Menschen als eine Einheit zu sehen, die nur begrifflich getrennt werden kann und zwei verschiedene Beschreibungsweisen ein und derselben Erscheinung meint. Das neuere diagnostische System der ‚Amerikanischen psychiatrischen Vereinigung' beinhaltet konsequenterweise deshalb auch keine separaten psychosomatischen Störungen mehr, da bei praktisch allen Krankheiten eine mögliche seelische Komponente angenommen werden muß; statt dessen soll jeder Arzt bei seiner medizinischen Diagnose darstellen, inwieweit die Krankheit mit seelischem Streß zusammenhängt.

Theorien psychosomatischer Störungen

Wenn emotionale Faktoren bei körperlichen Krankheiten eine mehr oder minder große Rolle spielen, so erhebt sich eine Reihe von Fragen: Warum sind seelische Faktoren bei manchen Menschen offensichtlich mehr und bei anderen weniger gesundheitsbeeinträchtigend; warum bekommt der eine ein psychosomatisches Magenleiden, der andere Migräne und ein dritter leidet unter beidem; warum entwickelt sich bei jemandem ausgerechnet eine psychosomatische Störung und kein Tic oder eine Phobie?

Solchen Fragen stehen wir heute noch sehr hilflos gegenüber, und alle Theorien, die bezüglich der psychosomatischen Störungen entwickelt wurden, erfassen mit Sicherheit nur einen kleinen Ausschnitt der Wirklichkeit. Sie stellen jene Bemühungen der Wissenschaft dar, den Menschen in seiner Ganzheit erfassen und verstehen zu wollen. Die Psychosomatik stellt damit auch jene Kontaktstelle dar, in der sich Medizin und Psychologie treffen, in der Mediziner und Klinische Psychologen noch am friedlichsten miteinander forschen und therapieren.

Physiologische Theorien

Man kann sich vorstellen, daß viele Menschen von Geburt an ein bestimmtes schwaches Organsytem besitzen, das auf jede außergewöhnliche Belastung als die empfindsame Stelle des Menschen mit Störungen reagiert. Diese sogenannte *Organschwäche* kann genetisch bedingt sein, von frühen Krankheiten, falschen Ernährungsgewohnheiten oder ähnlichem herrühren.

Weiterhin ist es erwiesen, daß Menschen von Geburt an z. T. sehr unterschiedliche Reaktionsmuster auf Belastungen besitzen oder im Laufe der ersten Jahre entwickeln. Nach dieser Theorie der *spezifischen Reaktion* antwortet jeder Mensch in seiner eigenen speziellen Weise körperlich auf Belastungen, so daß jenes Körpersystem, das am meisten betroffen ist, im Laufe der Zeit überbelastet wird und erkrankt.

Andere Forscher weisen darauf hin, daß jene Gehirnteile, die für die vegetativen Funktionen des Menschen zuständig sind, entwicklungsgeschichtlich älter sind und demnach heute noch so reagieren, wie es für Menschen der Urzeit notwendig war. Die Vertreter dieser *Evolutionstheorie* betonen, daß der Körper des Menschen sich im Grunde seit Jahrtausenden nicht wesentlich verändert hat und heute z. B. auf verbale Angriffe immer noch so reagiert, als müßte er sich gegen den Säbelzahntiger der Steinzeit wehren. Ein hoher Blutdruck beispielsweise, heute sinnlos und schädlich, hat in unserer Frühgeschichte für eine optimale Durchblutung der Muskulatur gesorgt, wenn eine plötzlich auftauchende Gefahr zu Kampf oder Flucht zwang.

Psychologische Theorien

Die meisten psychologischen Theorien zur Psychosomatik entstanden um die Mitte dieses Jahrhunderts. Vereinfachend dargestellt kann man zunächst unterscheiden zwischen psychodynamischen und lerntheoretischen Modellen.

Die *psychodynamischen Theorien* erklären die Wahl eines bestimmten Organsystems aus unbewußten Motiven und Einstellungen heraus und versuchen, der jeweiligen Krankheit eine symbolische Ersatzfunktion für tatsächliches, nicht ausgeführtes oder nicht ausführbares Handeln zuzuschreiben. Je nach Betrachtungsweise kommen sie jedoch zu recht unterschiedlichen Ansichten.

So interpretiert der Psychoanalytiker F. Alexander beispielsweise Magengeschwüre als das ständige Verlangen des Magens, Nahrung aufzunehmen, wobei Nahrung als Symbol der elterlichen Liebe gemeint ist, die der betreffende früher entbehren mußte. Demnach hätten Ulcuspatienten also ihr ungestilltes Verlangen nach elterlicher Zuwendung verdrängt und diesen verdrängten Wunsch in eine Überaktivität des Vagus umgesetzt, so daß eine Überproduktion von Magensäften schließlich zum Ulcus führen würde.

Zu einer ganz anderen Erklärung kommt beispielsweise D. T. Graham. Nicht unbewußte Versagenssituationen aus der Kindheit, sondern bestimmte Einstellungen bedingten eine spezifische Organwahl; Patienten mit Zwölffingerdarmgeschwüren beispielsweise würden Graham zufolge auf Rache sinnen und eigentlich am liebsten zurückschlagen, wenn sie von anderen seelisch verletzt würden.

Anders die Position der *Lerntheoretiker;* sie konnten in vielen Experimenten nachweisen, wie verschiedene psychosomatische Störungen sehr einfach und schnell gelernt werden können. Bringt man z. B. Pollen in den Versuchsraum und setzt das dort eingesperrte Tier Streß aus, so bekommt es innerhalb kurzer Zeit Heuschnupfen oder Asthma. Gerade Asthmaanfälle lassen sich auch beim Menschen recht leicht an die verschiedensten Reize koppeln; hat ursprünglich nur das tatsächliche Vorhandensein von Blütenpollen einen Anfall ausgelöst, so kann dies bald schon durch die bloße Vorstellung einer blühenden Wiese geschehen. Wenn Asthmaanfälle eines Kindes unmittelbar die besorgte Mutter auf den Plan rufen und ihm dadurch mögliche unangenehme Dinge aus dem Wege geräumt werden – das arme Kind muß beispielsweise dann nicht zur Schule gehen –, so kommt es leicht zu einer unheilvollen Verfestigung der Symptomatik über den Weg der sogenannten negativen Verstärkung. Sehr wahrscheinlich wird der Patient dann auch im späteren Leben in vielen Situationen ähnlich reagieren, ohne je die Zusammenhänge klar zu erkennen. Lerntheoretische und psychodynamische Erklärungen schließen sich also nicht immer aus. Voraussetzung für jede lerntheoretische Erklärung ist jedoch, daß körperliche Symptome bereits vorhanden sein müssen, damit sie mit bestimmten Auslösern gekoppelt oder ins Pathologische verstärkt werden können.

Das Diathese-Streß-Modell

Dieses von Davison und Neale vorgeschlagene Erklärungsmodell berücksichtigt die banale Tatsache, daß menschliche Angelegenheiten in der Regel sehr komplex sind und daher immer mehrere Faktoren eine Rolle beim Zustandekommen einer Krankheit spielen, so auch bei den psychosomatischen Störungen.

„Dieses sogenannte Diathese-Streß-Modell befaßt sich mit den häufig subtilen Interaktionen zwischen einer Prädisposition zu einer Krankheit – der Diathese – und Umwelt- oder Lebenserfahrungen, die auf Menschen einwirken – dem Streß. Genaugenommen ist mit Diathese eine konstitutionelle Prädisposition zu einer Krankheit gemeint; der Begriff kann jedoch auf jede Tendenz oder Neigung einer Person, auf bestimmte Weise auf Umweltstreß zu reagieren, ausgedehnt werden." (1979, S. 53).

Behandlung von psychosomatischen Störungen

Eine rein medizinische Behandlung wird heute nur noch selten durchgeführt. Bei Magengeschwüren, die kurz vor dem Durchbruch stehen, ist eine teilweise Entfernung des Magens oft nur noch die einzige Möglichkeit, die nicht diskutiert werden muß. Ob eine sogenannte Vagotomie jedoch noch sinnvoll zu nennen ist, mag im Lichte des heutigen Verständnisses von psychosomatischen Störungen stark angezweifelt werden; hierbei wird jener vegetative Hauptnerv (Vagus) ganz oder teilweise durchtrennt, der für die Steuerung der Produktion von Magensäften verantwortlich ist. Die vielzitierte Auffassung, daß nur an den Symptomen herumkuriert würde, ohne die Ursachen anzugehen, findet in diesem Beispiel seine volle Bestätigung. Ähnlich läge der Fall, wenn bei chronischer Migräne oder bei chronischen Verspannungen im Hals- und Nackenbereich ausschließlich medikamentös behandelt würde. Dem steht in keiner Weise entgegen, daß eine laufende ärztliche Kontrolle zu erfolgen hat und kurzfristig auch psychopharmakologische Überbrückungshilfen angeboten werden.

Eine integrierte psychotherapeutische und ärztliche Behandlung (Simultandiagnostik bzw. Simultantherapie) dürfte heute jedoch die Regel sein. Sie kann ambulant erfolgen oder in sogenannten psychosomatischen Kliniken. Im Einzelfall ist es oft nicht leicht zu entscheiden, ob eine ambulante Behandlung einer stationären vorzuziehen ist. Mag es in einem Falle angezeigt sein, den psychosomatisch erkrankten Patienten aus seiner ihn krankmachenden Umgebung für eine längere Zeit herauszunehmen, um den fatalen Kreislauf der Störung überhaupt durchbrechen zu können, kann es in einem anderen Fall eher sinnvoll und zweckmäßig sein, ihn in ebendieser Alltagssituation zu belassen, um die Möglichkeit der unmittelbaren Umsetzbarkeit therapeutischer Interventionen zu gewährleisten und möglicherweise seine näheren Bezugspersonen in die Behandlung miteinzubeziehen (siehe ‚Systemorientierte Paar- und Familientherapie', S. 226ff.).

Ein anderer Bereich der Psychsomatik ist die psychologische und psychotherapeutische Betreuung organisch kranker Patienten, die z.B. nach einem Herzinfarkt, nach der Implantation eines Herzschrittmachers, nach Brustamputationen oder nach anderen schweren organischen Erkrankungen eine neue Identität finden oder ihren Lebensstil wesentlich verändern müssen. Es ist beispielsweise nachgewiesen, daß durch psychologische Beeinflussung mit Hilfe von Entspannungstechniken oder Hypnose die Wundheilung wesentlich beschleunigt und damit die Liegezeiten in der Klinik erheblich verkürzt werden können.

Empfohlene Literatur: Simonton, O. C., Matthews-Simonton, St., Creighton, J.: Wieder gesund werden – Eine Anleitung zur Aktivierung der Selbstheilungskräfte für Krebspatienten und ihre Angehörige. Reinbek: Rowohlt, 1982. *Stalmann, R.:* Geheimnis Psychosomatik – Wenn die Seele leidet, wird der Körper krank. München: Kindler, 1979. *Vester, F.:* Phänomen Streß. Stuttgart: dva, 1976.

3. Psychiatrie

Wolfram Bender

Die klinische Psychiatrie befaßt sich mit der systematischen Beschreibung und Klassifikation (Nosologie), den Ursachen (Ätiologie), der Symptomatik (Psychopathologie) sowie der Diagnostik, der Prävention und der Therapie seelischer Erkrankungen. Disziplinen der Psychiatrie sind die Kinder- und Jugendpsychiatrie, die Gerontopsychiatrie und die forensische Psychiatrie, enge Verbindungen bestehen zur klinischen Psychologie, zur Psychosomatik und zur Neurologie.

Zu den speziellen Arbeitsgebieten der Psychiatrie zählt die *biologische Psychiatrie*, in der biochemische, neurophysiologische und genetische Methoden besonders für die Erforschung der sogenannten endogenen Psychosen (Schizophrenien, manisch-depressive Erkrankung), bei Alkoholismus und angeborenen Intelligenzstörungen eingesetzt werden. Der Nachweis von Störungen der Transmittersubstanzen im Gehirn bei den endogenen Psychosen ist ein Beispiel der Ergebnisse dieser Forschungsrichtung.

In enger Verbindung zur biologischen Psychiatrie steht die *Psychopharmakologie*, die sich mit der Beeinflussung psychischer Vorgänge durch Medikamente befaßt. Körperlich begründbare (organische, exogene) Psychosen, wie sie zum Beispiel unter Amphetaminmißbrauch auftreten, die schizophrenieähnliche Symptome aufweisen können, gaben als Modellpsychose Hinweise auf möglicherweise ähnliche Vorgänge bei schizophrenen Erkrankungen. Mit der Einführung der Neuroleptika und Antidepressiva in die Therapie begann die Psychopharmaka-Ära, die der Psychiatrie inzwischen ein umfangreiches und wirksames Behandlungsinventar zur Verfügung stellt, das – fachkundig und kritisch eingesetzt – die stationären Behandlungszeiten verkürzt, die Zahl der psychiatrischen Krankenhausbetten reduziert und in der ambulanten Betreuung mitgeholfen hat, Klinikaufnahmen oder Wiederaufnahmen zu vermeiden.

Bei den Psychopharmaka sind als wesentliche Gruppen zu nennen:

Die *Neuroleptika:* Sie wirken dämpfend auf affektive Spannung, psychomotorische Erregtheit und aggressives Verhalten, ferner antipsychotisch (gegen Trugwahrnehmungen, Denkstörungen, Wahndenken, katatone Symptomatik und schizophrene Ich-Störungen). Weniger starke Neuroleptika, wie z. B. Melleril[R], Taxilan[R], Neurocil[R], wirken mehr psychomotorisch dämpfend, beruhigend und schlaffördernd, starke Neuroleptika, wie z. B. Haloperidol[R], Lyogen[R], Fluanxol[R], mehr antipsychotisch. Nachteile bzw. Nebenwirkungen einer Neuroleptikabehandlung können Bewegungsstörungen sein (z. B. Zittern, Muskelsteifigkeit, unwillkürliche Bewegung), die eine Zusatzmedikation oder Änderung der Medikation erforderlich machen können. Neuroleptika werden u. a. bei den Schizophrenien und der Manie gegeben.

Die *Antidepressiva:* Sie wirken depressionslösend und stimmungsaufhellend. Bezüglich Antriebssteigerung bzw. Dämpfung kann die aktivierende Wirkung im Vordergrund stehen (so z. B. bei Pertofran^{R}, Jatrosom^{R}), können sich beide Komponenten in einem ausgeglichenen Verhältnis befinden (so z. B. bei Noveril^{R}, Tolvin^{R}) oder kann die dämpfende Wirkung im Vordergrund stehen (so z. B. bei Saroten^{R}, Aponal^{R}). Unerwünschte Wirkungen der Antidepressiva sind vegetative Begleiteffekte und Wirkungen auf das Herz-Kreislaufsystem. Antidepressiva werden bei depressiven Erkrankungen gegeben, z. B. bei der endogenen Depression.

Die *Tranquilizer:* Sie wirken angstlösend, beruhigend, muskelentspannend und antikonvulsiv (gegen hirnorganische Anfälle). Präparate sind z. B. Valium^{R}, Librium^{R}, Tavor^{R}. Als unerwünschte Wirkung besteht die Gefahr einer Abhängigkeitsentwicklung. Tranquilizer werden z. B. bei Angstsymptomatik gegeben.

Die Behandlung mit Neuroleptika, Antidepressiva und Tranquilizern ist symptomatisch, d. h. sie greift nicht an den Ursachen der psychiatrischen Erkrankung an. Da es bis heute jedoch keine ursächlichen Therapien der Schizophrenie oder der endogenen Depression gibt, ist eine im günstigen Fall die Krankheitssymptome weitgehend unterdrückende Therapie durchaus legitim und sinnvoll.

Die *Sozialpsychiatrie* bezieht – was heute als selbstverständlich angesehen werden muß – soziale Faktoren in das medizinische und psychologische Krankheitsmodell mit ein; außerdem ist in der Bedeutung des Begriffes ‚soziale Psychiatrie' der Anspruch aller Mitglieder der Gesellschaft auf eine ihren Bedürfnissen entsprechende psychiatrische Versorgung ausgesprochen. Von der Sozialpsychiatrie ist das Auftreten und insbesondere der unterschiedliche Verlauf psychischer Störungen in Abhängigkeit von der sozialen Schicht beschrieben worden und, ausgehend von der Mental-health-Bewegung der USA, wurde die Forderung für eine gemeindenahe psychiatrische Versorgung erhoben, die sich in Deutschland insbesondere mit den Zielen der von dem Enquête-Bericht (1975) angestoßenen Psychiatriereformbewegung deckt (siehe S. 39ff.).

Eine *gemeindenahe psychiatrische Versorgung* sollte nach heutigen Vorstellungen eine Region (Sektor) mit etwa 250000 Einwohnern versorgen und durch diese Betreuungsaufgabe auch verpflichtet sein, sich am Bedarf auszurichten, d. h. die notwendigen Behandlungsplätze für die Patienten zu stellen. Ein Abweisen (bzw. Abschieben) von chronisch kranken, schwer rehabilitierbaren oder längerfristiger pflegebedürftigen Patienten in weit entfernte Großkrankenhäuser – ein Kennzeichen einer ‚Zweitklassenpsychiatrie' – würde durch konsequente Regionalisierung unterbunden.

Als *Behandlungsinstitutionen für psychisch Kranke* in einer gestuften Betreuungskette einer regionalen Versorgung sind zu nennen:

- stationäre Dienste (psychiatrisches Krankenhaus, psychiatrische Abteilung am Allgemeinkrankenhaus, psychotherapeutisch/psychosomatische Abteilung, gerontopsychiatrische Abteilung);
- halbstationäre Dienste (Tages- und Nachtkliniken für Patienten, die nicht mehr voll stationär betreut werden müssen);
- komplementäre Dienste (Übergangsheime, Wohnheime, beschützende Wohnungen, Patientenclubs);
- rehabilitative Dienste (Werkstätten für Behinderte, beschützende Arbeitsplätze);
- ambulante Betreuung (Polikliniken, Fachambulanzen, Nervenärzte, Psychologen, psychosoziale Beratungsstellen, psychosomatisch/psychotherapeutische Dienste).

Mit dem Blick auf diese großenteils erst zu schaffende und in der Planung befindliche gemeindenahe psychiatrische Versorgung erscheint eine Rekapitulation der historischen Entwicklung zum besseren Verständnis angebracht:

Die ersten Anstalten für Geisteskranke im europäischen Raum (1409 in Valencia, 1461 in Nürnberg), die 1632 gegründete Anstalt St. Lazare in Paris, die gleichzeitig Gefängnis und Irrenhaus war, und die ersten zu Beginn des 19. Jahrhunderts gegründeten Anstalten hatten lediglich Verwahrungsfunktionen (Schutz der Gesellschaft vor den Geisteskranken und Schutz des Kranken vor Selbstschädigung). Gezielte und wirksame Therapien gab es praktisch nicht, die Patienten wurden zur Ruhigstellung manchmal strafähnlichen Prozeduren unterzogen. Im Zeitalter des Absolutismus und Merkantilismus wurden die Geisteskranken zusammen mit Arbeitslosen, Kriminellen, Bettlern, Dirnen und Geschlechtskranken eingesperrt, und erst die Französische Revolution und die Epoche der Aufklärung befreite die Geisteskranken von ihren Ketten und leitete damit eine Entwicklung zu speziellen Heil- und Pflegeanstalten für psychisch Kranke ein. Vielerorts zogen diese Anstalten in aufgelassene Klöster oder Abteien ein. Aus einem Konzept heraus, das für die Geisteskranken eine Entfernung aus ihrer (krankmachenden) Umgebung und die Unterbringung in ruhiger, ländlicher Gegend als therapeutisch wertvoll ansah, wurden neugegründete Anstalten zumeist weitab von den Städten angelegt. (Im Lichte des heutigen sozialpsychiatrischen Wissens war dies eine folgenschwere Fehlplanung.) Dieses Isolierungsprinzip, zusammen mit Anleitung zu geregelter Lebensführung unter autoritär-pädagogischen Prinzipien der Disziplinierung und Bevormundung, leitete sich von der ,moralischen Behandlung' (moral treatment) der Quäker her und wurzelte in den pädagogisch-pietistischen Ideen der damaligen Zeit. In der 2. Hälfte des 19. Jahrhunderts ging von England die Bewegung des ,No restraint' aus, eine Betreuungsform, die ohne Einsatz von mechanischen und anderen Zwangsmaßnahmen vorging und damit auch zur (teilweisen) Öffnung der geschlossenen Abteilungen führte. Insbesondere für geistig behinderte Patienten und Anfallskranke ergaben sich in den Anstalten mit angegliederter Landwirtschaft damit freiere Formen der Unterbringung und Möglichkeiten zur Selbstversorgung.

Mit der Entwicklung einer somatischen, naturwissenschaftlich ausgerichteten Psychiatrie gewann die Vorstellung überhand, daß „Geisteskrankheiten Krankheiten des Gehirns" seien, wie es Griesinger formulierte. Wichtige Folgerungen hieraus waren die Forderung nach Gleichstellung des psychisch Kranken mit dem körperlich Kranken sowie eine Umstrukturierung der psychiatrischen Versorgung, wobei Griesinger Stadtasyle empfahl, die heute psychiatrischen Abteilungen an Allgemeinkrankenhäusern entsprechen würden. Die Stadtasyle hätten den psychisch Kranken in der Nähe seiner Familie und Freunde behandeln können; Angehörigenbesuche, probeweise Beurlaubung und wirksame Nachsorge sollte damit ermöglicht werden. Die Entwicklung der Stadtanalyse scheiterte am Widerstand der Direktoren der großen psychiatrischen Anstalten; zum Teil haben die psychiatrisch-neurologischen Universitätskliniken später die Funktion von Stadtanalysen übernommen, wobei sich zwischen den hauptsächlich Akutkranke aufnehmenden Universitätskliniken, die die Forschung, Lehre und Ausbildung der Psychiater betrieben, und den hauptsächlich chronisch Kranke beherbergenden psychiatrischen Anstalten in der Folgezeit eine immer größere Kluft entwickelte (,Zweiklassenpsychiatrie'), die auch heute noch nicht befriedigend überbrückt ist. Dennoch gingen von den zunehmend überfüllten und finanziell schlecht gestellten Anstalten wichtige Impulse aus, wie die von Simon 1929 in der Anstalt Gütersloh eingeführte Arbeitstherapie, die insbesondere die chronisch Kranken aus ihrer Inaktivität befreite (seit dem 2. Weltkrieg wird die Arbeitstherapie durch die Beschäftigungstherapie erweitert und ergänzt, die mehr den musisch-kreativen Aspekt in den Vordergrund stellt). Außerdem wurde von den Anstalten die Entwicklung zu kommunalen Fürsorgediensten angeregt.

Mit der Einführung der Malaria-Kur zur Behandlung der Progressiven Paralyse 1917 begannen die somatischen Behandlungsverfahren in der Psychiatrie; es folgten die Schlafkuren, die Schockbehandlungen (Insulinschock, Cardiazolschock, Elektroschock); die medikamentöse Therapie der Anfallsleiden machte Fortschritte; bei schweren Zwangskrankheiten und Psychosen wurden hirnchirurgische Eingriffe durchgeführt.

Das Ende des 2. Weltkrieges hinterließ psychiatrische Anstalten, die wegen mangelhafter Förderung unter dem Nationalsozialismus und durch zunehmenden Aufnahmezwang, Überbelegungen und Personalmangel für die Patienten menschenunwürdige Lebensbedingungen boten. Die Situation besserte sich durch die Einführung der Psychopharmaka (Neuroleptika 1952, Antidepressiva 1957); damit gelang es, insbesondere bei den endogenen Psychosen, die Behandlungszeiten deutlich zu verkürzen. Neben den chronisch Kranken, die etwa 60–70% der Belegung der Psychiatrischen Anstalten ausmachten, entwickelte sich nun ein Anteil an Akut- und kurzfristig Kranken mit hohen Aufnahme- und Entlassungsziffern sowie kurzen Liegezeiten. Um bei diesen Patienten der Entwicklung einer ‚Drehtürpsychiatrie' (rasche Abfolge von Entlassungen und Wiederaufnahmen aufgrund hoher Rückfallquoten) vorzubeugen, bedurfte es neben der Psychopharmakotherapie zusätzlicher soziotherapeutischer und psychotherapeutischer Betreuung. Wichtige Impulse bekam die sozialpsychiatrische Ausrichtung durch die von Maxwell Jones beschriebene Therapieform der therapeutischen Gemeinschaft, die den administrativ-kustodialen Anstaltsstil durch einen therapeutischen Pflegestil ersetzte und durch die aus den USA stammende Mental-health-Bewegung, die die Abkehr vom psychiatrischen Großkrankenhaus und Ausrichtung zu einer gemeindenahen psychiatrischen Versorgung anstrebte.

Das Gedankengut der Psychoanalyse, ausgehend von den frühen Arbeiten von Breuer und Freud über die Hysterie, fand in Deutschland lange keinen Eingang in die Psychiatrie. Von den Nationalsozialisten diffamiert, wanderten führende Analytiker in die USA aus; dort und auch in anderen Ländern verband sich analytisches und psychiatrisches Gedankengut im Sinne einer „dynamischen Psychiatrie", während sich in Deutschland – wesentlich durch die Abneigung der psychiatrischen Lehrstuhlinhaber bedingt – die analytische Psychotherapie lange außerhalb der Psychiatrie weiterentwickelte. Erst in jüngerer Zeit kommt es zu der notwendigen und zu begrüßenden Annäherung zwischen der sogenannten klassischen Psychiatrie und der psychodynamischen Richtung. Damit schwindet auch der fruchtlose Streit zwischen ‚Somatikern' und ‚Psychikern', der sich z.B. an der vermeintlichen Alternative Psychopharmakotherapie versus Psychotherapie entzündete.

Schon die heute gültige Unterteilung der psychiatrischen Erkrankungen in die drei Diagnoseklassen der exogenen, organisch begründbaren Psychosen, der endogenen Psychosen sowie der Neurosen und der Persönlichkeitsstörung (siehe auch S. 14ff.) zeigt, daß der Standpunkt einer reinen Somatogenese oder reinen Psychogenese psychischer Erkrankungen historisch überholt ist. Das heutige *Krankheitsmodell psychischer Erkrankungen* berücksichtigt somatische, psychodynamische und soziologische Faktoren in ihrer unterschiedlichen Schwerpunktbildung und Verknüpfung beim individuellen Patienten. Am Beispiel der schizophrenen Erkrankungen heißt dies, daß eine anlagemäßige Bereitschaft unterschiedlicher Stärke angenommen wird, die nur bei großer Ausprägung zum spontanen und weitgehend umweltunabhängigen Auftreten der Erkrankung führt, bei geringerer Ausprägung jedoch erst unter zusätzlichen somatischen, psychischen oder sozialen Belastungsfaktoren krankheitswirksam wird. Solche Belastungsfaktoren können z. B. im Familienmilieu liegen, und die Erforschung über Familienstrukturen hat Befunde über gestörte Kommunikation in Familien von Schizophrenen geliefert, die insbesondere für den Krankheitsverlauf und das Wiedererkrankungsrisiko – weniger für das Erstauftreten der Störung – einen wichtigen Stellenwert haben. Eine wirksame Therapie eines an einer Schizophrenie erkrankten Patienten wird im individuellen Fall somit auch verschiedene Therapiemaßnahmen kombinieren: etwa eine Therapie mit Neuroleptika, die sozialtherapeutische Bemühung einer Umgestaltung oder Veränderung der belastenden Familiensituation und eine begleitende Psychotherapie. Hierbei könnte die Psychotherapie den Akzent auf die Bearbeitung von Problemen und Konflikten richten, die neben der schizophrenen Erkrankung bestehen (neurotischer Anteil des Patienten), sie könnte sich mit den psychotischen Inhalten beschäftigen und versuchen, sie für den Patienten weniger angstbesetzt und integrierbar zu machen (Aufarbeitung des traumatischen Erlebnisses der Psychoseerkrankung), und sie könnte schließlich den Patienten stützend begleiten und die Motivationsbasis für eine etwa längerfristig notwendig werdende Pharmakotherapie schaffen. Die Indikation für eine *Psychotherapie bei Psychose-Patienten* (insbesondere schizophrenen Erkrankungen) ist also durchaus gegeben, wobei insbesondere stützende und übende Verfahren vorsichtig gehandhabt werden sollten und von konfrontierenden oder stark stimulierenden Techniken eher abgeraten wird.

Der Bedarf für Psychotherapie sollte zu einer weiteren Förderung und Integration der Psychotherapie in psychiatrischen Institutionen führen. Neben speziellen Psychotherapiemethoden ist insbesondere auch eine Ausbildung der Ärzte und des Pflegepersonals im sogenannten psychotherapeutischen Basisverhalten im Sinne von Rogers (s. S. 98ff.) notwendig. Eine weitere wichtige Aufgabe für die Zukunft dürfte darin liegen, ein adäquates Psychotherapieangebot gerade auch für die älteren, schwerer und chronisch kranken Patienten sowie für Patienten der unteren sozio-ökonomischen Schicht zu schaffen.

Empfohlene Literatur: Dilling, D., Hippius H., Kubuschok, Ch. (Hrsg.): Die Ergebnisse der Psychiatrie-Enquête unter dem Aspekt der Rehabilitation psychisch Kranker und Behinderter. Das öffentliche Gesundheitswesen. Sonderheft 1, März 1978, 1–50. *Gleiss, J., Seidel, R., Abholz, H.:* Soziale Psychiatrie. Frankfurt: Fischer TB, 1973. *Helmchen, H., Linden, M., Rüger, U.:* Psychotherapie in der Psychiatrie. Berlin-Heidelberg-New York: Springer, 1982. *Hole, G.:* Probleme der Psychotherapie im psychiatrischen Krankenhaus. In: *Lungershausen, E., Wörz,*

R. (Hrsg.): Zeitfragen der Psychiatrie. Günzburger Schriften zur klinischen Psychiatrie, Bd. 3, 1980, 135–156. *Kranz, H., Heinrich, K.* (Hrsg.): Bilanz und Ausblick der Anstaltspsychiatrie. 2. Düsseldorfer Symposion 1976. Stuttgart-New York: F. J. Schattauer, 1977.

4. Gemeindepsychologie

Elfriede Seus-Seberich und Gerhard Schachtl

Gemeindepsychologische Konzepte entstanden bereits in den frühen 60er Jahren in den USA. Ausgehend vom Bericht einer von der amerikanischen Bundesregierung eingesetzten Kommission verankerte Präsident Kennedy 1963 den Aufbau gemeindenaher psychosozialer Dienste im Gesetz.

In der Bundesrepublik fand eine ähnliche Entwicklung mit zeitlicher Verzögerung statt. 1971 setzte die Bundesregierung eine Expertenkommission ein, die 1975 in ihrer ‚Psychiatrie-Enquête' u. a. wesentliche gemeindepsychologische Positionen formulierte, wie etwa die Forderungen nach Gemeindenähe psychosozialer Einrichtungen, bedarfsorientierter Planung der Versorgung, präventiver statt bloß kurativer Arbeit, Betonung der Selbsthilfe, Mitarbeit nichtprofessioneller Gruppen und einer stärkeren Zusammenarbeit der Einrichtungen. Eine Folge davon ist die Einrichtung regionaler Versorgungseinheiten, die durch psychosoziale Arbeitsgemeinschaften koordiniert werden, und die Errichtung sozialpsychiatrischer Dienste.

Die italienische Psychiatriereform mit ihrem Experiment der Auflösung von psychiatrischen Großkliniken hat gezeigt, daß die Betreuung auch psychisch schwer erkrankter Personen in normaler Umgebung zu verblüffend guten Resultaten führen kann (siehe Basaglia 1971).

Erweiterung des individuumzentrierten Ansatzes

Der für psychotherapeutische Einzelbehandlung ausgebildete Psychologe muß bei einem gemeindeorientierten Zugang sein Wahrnehmungsvermögen für komplexe soziale Zusammenhänge erweitern und wird Fragestellungen einbeziehen wie z. B.: Wie beeinflußt die soziale Stellung des Ratsuchenden sein Kontaktverhalten? Welche Normen und Werte aus der Arbeitsplatzsituation wirken in seine Privatsphäre hinein? Welche Freizeit- und Erholungsmöglichkeiten können zum Abbau von krankmachendem Streß genutzt werden? Erhöhen Problemhäufungen die Gefahr einer psychischen Erkrankung? Durch solche und ähnliche

Umfeldinformationen gewinnt der in der Gemeindepsychologie Tätige ein breites Verständnis von der Lebenssituation des Ratsuchenden. Eine solche, weitgefaßte Problemsicht wird besonders wichtig, wenn Berater und Klient unterschiedlichen Sozialgruppen angehören, also vor allem bei Klienten aus der Unterschicht, bei Randgruppenangehörigen und bei Ausländern.

Ein Beispiel mag dies verdeutlichen:

Frau A., Ende zwanzig, verheiratet, ohne Kinder, hatte sich wegen Erschöpfungszuständen, Depressionen und Kontaktschwierigkeiten zur Beratung angemeldet. Nach einigen Gesprächen kam auch ihr Mann dazu, der an sehr ähnlichen Symptomen litt. Neben den üblichen anamnestischen Informationen ergab sich folgende Problemkonstellation: Beide Ehepartner wuchsen unter sehr ärmlichen Verhältnissen auf, haben inzwischen aber den von ihnen angestrebten, gut bürgerlichen Standard erreicht, also z. B. eine neue Wohnungseinrichtung, Auto, Urlaubsreisen usw. Herr A. ist sehr stolz, daß er im Gegensatz zu seinem Vater seine Familie allein versorgen kann, daß seine Frau seit einiger Zeit „nicht mehr mitverdienen muß". Durch ihren sozialen Aufstieg lebt die Familie sehr zurückgezogen, die alten Freunde werden abgelehnt, neue Bekanntschaften bleiben meist im Oberflächlichen hängen. Im direkten Wohnumfeld der Familie werden die Kontaktschwierigkeiten der Frau verstärkt durch eine feindselige Atmosphäre zwischen den Mietparteien, zu der anscheinend die Hausmeisterfamilie durch Klatsch und Cliquenwirtschaft beiträgt. Herr A. verdient zwar jetzt ganz gut, leidet aber stark darunter, daß er im Betrieb „ein ganz kleines Würstchen ist". Abends muß er regelmäßig erstmal seinen Ärger und seine Unzufriedenheit abladen, seine Frau wagt es dann nur selten, ihn auch noch mit ihren Problemen zu belästigen. Das Hobby des Paares ist Fotografieren und alles, was dazu gehört; hier besitzt vor allem der Mann einen hohen Wissensstand. Er blüht auf, wenn er über dieses Gebiet spricht und seine Kompetenz zeigen kann. Dieses Hobby könnte für Herrn A. eine Kontaktbrücke zu Leuten mit dem gleichen Interesse darstellen, aber gerade wegen seiner niedergedrückten Stimmungslage schafft er nicht den Sprung aus dem Teufelskreis Depression – Passivität – Depression.

Neben individuellen Faktoren existieren in diesem Beispiel Zusammenhänge zwischen Symptom und sozialer Mobilität, Arbeitswelt, Wohnumgebung und mangelndem Betätigungsfeld für Kompetenzbereiche. Gemeindepsychologisches Vorgehen erfordert also eine Erweiterung des Blickwinkels, eine besondere ‚Perspektive' (Keupp, 1978).

Das sozialpsychologische Krankheitsmodell

Die psychiatrische Gesundheitsversorgung basiert auf dem sogenannten medizinischen Krankheitsmodell: Ein Individuum erkrankt (Grippe/Depression) und zeigt Symptome (Fieber/Niedergeschlagenheit). Dies beruht auf einer eindeutig bestimmbaren Ursache *im* Individuum (Viren/emotionale Störung in der Kindheit), und der Betroffene erhält ein Heilmittel (Antibiotika/Psychopharmaka oder Psychotherapie).

Das Beispiel der Legasthenie mag die Begrenztheit des medizinischen Modells für psychische Störungen verdeutlichen: Eine Abweichung von der Norm der Lese- und Rechtschreibfähigkeiten wurde behördlicherseits mit der Diagnose ‚Legasthenie' belegt und daher als behandlungswürdig anerkannt. Analog zum medizinischen Modell wurde nach irgendwelchen krankhaften Ursachen ausschließlich beim Kind gesucht und für eine entsprechende Behandlung des Kindes Kostenübernahme gewährt. In der Folgezeit kam es zu einem Anwachsen der diagnostizierten Störung Legasthenie. Mittlerweile wurde dieser Krankheitsbegriff aufgehoben. Durch eine Änderung der Lehrmethode sind die sogenannten Legastheniker zahlenmäßig bedeutungslos geworden.

An diesem Beispiel lassen sich die zentralen Thesen des sozialpsychologischen Krankheitsmodells aufzeigen: Psychische Krankheit als eine Form des von der Norm abweichenden Verhaltens (mehr Rechtschreibfehler als der Durchschnitt) wird durch Stigmatisierung verfestigt (Diagnose ‚Legastheniker'), und durch die ausgliedernde Behandlung (Sonderklassen für Legastheniker) wird die Abweichung auf weitere Bereiche übertragen und zeitlich fixiert. Es kommt zu einer zusätzlichen sekundären Verschlechterung durch die Sonderstellung der Betroffenen in ihrem Umfeld. Veränderungen von Umweltbedingungen (Lehrmethode) und alltäglicher Umgang mit den Schwierigkeiten verhindern hingegen eine solche ‚Krankenkarriere'.

Prävention

Die starke Zunahme von physischen und psychischen Erkrankungen führt unter Beibehaltung der bisherigen individuellen Behandlungsmethoden zu einer ‚Psychiatrisierung' der Gesellschaften, also Behandlungsbedürftigkeit von immer breiteren Bevölkerungsgruppen. Die *Veränderung von krankheitsauslösenden Strukturen,* die eine große Anzahl von Personen betreffen, scheint daher sinnvoller und ökonomischer als eine Vermehrung von Einzelhilfsangeboten. Man unterscheidet drei Formen der Prävention: Rehabilitierung nach bereits eingetretener Schädigung, um einen Rückfall zu vermeiden, Früherkennung und Frühförderung und schließlich die sogenannte ‚Primärprävention', das Verhindern der Entstehung einer Störung. Erst durch den Bezug auf das Lebensumfeld, die Gemeinde, ist primär-präventives Eingreifen sinnvoll und möglich. Bemühungen um strukturelle Verbesserung z. B. des Wohnbereichs in Neubaugebieten, Wohnsilos oder Armengettos führen zwangsläufig zu politischem Handeln, übersteigen damit die Grenzen des einzelnen und erfordern die Zusammenarbeit mehrer Einrichtungen in gemeindeorientierten Gremien. Aufgabe solcher Gremien ist u. a. die Bestimmung von krankheitsfördernden Bedingungen und die Ausarbeitung von Vorschlägen zu deren Veränderung (z. B. Ausbau geeigneter Kinderspielplätze, Schaffung von Naherholungsgebieten) durch die zuständigen Verwaltungsbehörden; ferner ist die Zusammenarbeit mit Institutionen, die in besonderem Maße krankmachende Wirkung haben können (z. B. Schule), sehr wichtig. Präventive Maßnahmen für die betroffenen Personen selbst sind u. a. Stärkung sozialer Kompetenzen, etwa in Form von Elterntrainings, Entspannungsgruppen oder Selbstsicherheitsübungen.

Selbsthilfe

Nicht alle Menschen mit psychischen Problemen suchen professionelle Hilfe, viele werden durch verständnisvolle Freunde oder Verwandte aufgefangen. Solche alltäglichen Hilfsmöglichkeiten können durch eine ‚professionelle Allzuständigkeit' (Keupp, 1978) entwertet und teilweise zerstört werden. Wesentlich für eine gemeindepsychologische Vorgehensweise ist, daß sie solche sozialen Netzwerke beachtet und unterstützt. Das bedeutet, daß Betroffene und andere Laien nicht mehr als nur als zu beratende Klienten bzw. Patienten angesehen werden, sondern als kompetente Partner in einem gemeinsamen Veränderungsprozeß mitwirken müssen. Wo solche Netzwerke zerstört sind oder nur erschwert entstehen können, sei es durch bestimmte Umweltfaktoren (z. B. Neubaugebiete) oder durch spezielle Probleme des Ratsuchenden, gehört es mit zur Aufgabe der gemeindepsychologischen Dienste, den Aufbau von alltäglichen Selbsthilfemöglichkeiten zu initiieren, vorhandene Ansätze zu unterstützen und Expertenwissen hierfür zur Verfügung zu stellen. *Hilfe zur Selbsthilfe* umfaßt so verschiedenartige Bereiche wie die Vermittlung von Informationen und Kenntnissen, von Selbstsicherheit und sozialer Kompetenz, von Kreativität, Flexibilität und Solidarität.

So kann zum Beispiel eine Frau mit Gewichtsproblemen zur Gründung eines Diätclubs angeregt werden. Neben der Ermutigung zu diesem Schritt braucht sie vielleicht Unterstützung beim Formulieren einer Zeitungsanzeige, bei der Suche nach einem geeigneten Raum und der Erstellung eines ansprechenden Programmes.

Organisationsprinzipien gemeindepsychologischer Einrichtungen

Ein wesentliches Merkmal einer nach gemeindepsychologischen Prinzipien aufgebauten Einrichtung ist die unmittelbare räumliche Nähe zu den Ratsuchenden. Sie sollte also in sozialen Brennpunkten liegen, wie z. B. in Neubausiedlungen mit hohem Anteil an Sozialwohnungen, in Vierteln mit starkem Zuwachs ausländischer Mitbürger oder mit Randgruppenunterkünften. Dadurch lernen die Mitarbeiter die materiellen, sozialen und psychischen Gegebenheiten der Betoffenen in deren konkreter Lebensumwelt direkt und unmittelbar kennen. *Gemeindenähe* bedeutet auch eine gute Erreichbarkeit der Einrichtung sowohl bezüglich der Anfahrtswege als auch durch eine einladende Gestaltung. Auch die zeitliche Verfügbarkeit, d. h. die Öffnungszeiten der Einrichtung, müssen nach den Bedürfnissen der Ratsuchenden ausgerichtet sein. Öffnungszeiten am Wochenende und spät abends sind die Regel und erfordern eine hohe zeitliche Flexibilität der Mitarbeiter.

Um Bevölkerungsgruppen anzusprechen, welche bisher von der psychosozialen Versorgung kaum erreicht werden, ist *aktiv nachgehende Arbeit* erforderlich. Die Mitarbeiter könnnen sich hier nicht auf den Standpunkt vieler ambulanter psychotherapeutischer Praxen stellen, daß ein bestimmter Leidensdruck bzw. eine hohe Motivation die Patienten von alleine kommen läßt. Eine Grundlage für eine Zusammenarbeit entsteht erst dann, wenn das Mißtrauen gegen die Sozialberufe zumindest etwas reduziert werden kann. Dazu gehört auch die Bereitschaft, Verständnis zu zeigen für die vielen alltäglichen Schwierigkeiten beispielsweise einer kinderreichen Familie, sich an Termine halten zu können.

Andererseits ist bei aktuellen Krisen sofortige Ansprechbarkeit auch ohne vorherige Terminabsprachen nötig, ferner die Bereitschaft zu Hausbesuchen oder zur Begleitung bei Behördengängen. Im Fall eines Kontaktabbruches muß der Berater oft von sich aus das Kontaktangebot erneuern bzw. die Gründe für das Fernbleiben erkunden.

Bei der nachgehenden Arbeit wird eine generelle Gefahr des gemeindepsychologischen Ansatzes sichtbar: Die Aspekte der Hilfe und der Kontrolle verschmelzen deutlicher als in anderen

Formen therapeutischer Unterstützung. Es erfordert daher ständige Reflexion des eigenen Handelns und Achtung für die Entscheidung auch eines leidenden Menschen, professionelle Hilfen abzulehnen.

Der ganzheitliche Anspruch der Gemeindepsychologie erfordert *interdisziplinäre Zusammenarbeit.* Ratsuchende, die z. B. eine Scheidung vor sich haben, spalten sich nicht auf in einen medizinischen, juristischen, wirtschaftlichen und psychischen Teil; sie werden jedoch durch die Spezialisierung gesellschaftlicher Dienstleistungen so behandelt. Diese Spaltung kann behoben werden, wenn sich psychosoziale Beratung nicht durch die Begrenzungen fachlicher oder behördlicher Kompetenzen einengen läßt, sondern offenbleibt für alle Aspekte auftretender Probleme. Statt hoher Spezialisierung kommt es auf eine breite, der Komplexität und Vielfalt der alltäglichen Lebenswelt entsprechende Qualifikation der Mitarbeiter gemeindeorientierter Dienste an. Dies wird am ehesten durch interdisziplinär zusammengesetzte Teams und die Zusammenarbeit mit anderen Stellen erreicht, wie z. B. Sozialamt, sozialpsychiatrische Dienste, Suchtberatungsstellen u. ä.

Die Gemeindepsychologie erhebt den Anspruch, Ratsuchende und Laienmitarbeiter als gleichwertige Partner der professionellen Berater zu verstehen. Die Bemühungen um den Abbau des Machtgefälles zwischen Betreuern und Betroffenen werden unglaubwürdig, wenn die Mitarbeiter selbst in den gängigen hierarchischen Strukturen organisiert sind. Eine demokratischere Teamorganisation entsteht durch die Verteilung der einzelnen Leiterbefugnisse, im Sinne von Gewaltenteilung, auf mehrere Mitarbeiter oder durch den zeitlichen Wechsel der zentralen Funktionen. Durch die verantwortliche Einbeziehung aller Teammitglieder kann ein hohes Maß an Selbstverwaltung erreicht werden, welches ein flexibles Eingehen auf die Verhältnisse vor Ort ermöglicht.

Beispiele gemeindepsychologischer Arbeit

Zur Veranschaulichung der dargestellten Konzepte sollen hier zwei Beispiele einer erfolgreichen Zusammenarbeit von Familien mit einer gemeindepsychologisch orientierten Einrichtung näher skizziert werden:

Die bereits beschriebene Familie A. nahm, nach einigen Einzelgesprächen mit der Frau, an einer Reihe von Paarberatungen teil. Es wurde deutlich, daß nur der Mann durch das Abladen seiner Probleme sich Erleichterung verschaffen konnte, während die Frau kaum Möglichkeiten zur emotionalen Erholung hatte. Durch die spärlichen Außenkontakte entstand eine starke Überforderung ihrer Paarbeziehung. Mit Unterstützung der Therapeuten konnte Frau A. ihrem Mann erklären, daß die Aufnahme einer Halbtagstätigkeit ihrem Bedürfnis nach Anerkennung und leichterer Kontaktanknüpfung entsprach und daß er darin kein Scheitern seines Anspruches sehen mußte, eine Familie versorgen zu können. Bis sie eine Stelle gefunden hatte, begann Frau A. sich durch Vermittlung der Berater bei der Nachbarschaftshilfe ihres Stadtteils zu engagieren und schloß sich dort einem Frauengesprächskreis an. Herr A. wurde durch einen Berater in einen an der Einrichtung angebotenen Fotokurs eingeführt und erhielt dort aufgrund seiner Fachkenntnis viel Anerkennung. Er half eine Fotoausstellung aufzubauen und übernahm zusammen mit einem Kollegen einen Einführungskurs für Anfänger. Durch die Bestätigung aus dieser ‚öffentlichen Rolle' verlor die früher so bestimmende berufliche Unzufriedenheit für ihn langsam an Bedeutung.

Als die anfangs beklagten Symptome immer mehr in den Hintergrurd treten, laufen die Beratungsgespräche auf Wunsch des Paares allmählich aus. Seit nunmehr über zwei Jahren besteht über Freizeitangebote sporadischer Kontakt zu der Einrichtung, größere Depressionen sind seither nicht mehr aufgetreten.

Das nächste Beispiel bezieht sich auf die Arbeit im präventiven Bereich, also noch bevor es zum Auftreten einer massiven Störung kommt:

Familie B. zieht nach der Geburt des dritten Kindes in eine größere Wohnung eines Neubauviertels um. Von der Existenz einer nahegelegenen sozialen Einrichtung erfährt sie durch den ältesten Sohn. Dieser besuchte mit Schulkameraden dort eine Kinderfilmvorführung. In einem kostenlos an alle Haushalte verteilten Werbeanzeiger liest Frau A., daß es sich um eine Beratungsstelle für Familien handelt, die auch pädagogische und Freizeitangebote für Erwachsene organisiert. Da sie für die neue, teuere Wohnung einen Antrag auf Wohngeld stellen möchte, besucht sie die offene Sprechstunde der Einrichtung für Sozialberatung. Im Anschluß an das Ausfüllen der Formulare kommt es zu einem längeren Gespräch mit der Beraterin, in dem Frau A. auch von ihren Schwierigkeiten bei der Betreuung der beiden kleinen Kinder berichtet. Diese Belastung zusammen mit der nachmittäglichen Hausaufgabenbetreuung des Schulkindes führe bei ihr zu zunehmender Nervosität und zu Wutausbrüchen, die sie anschließend immer sehr bereue. In weiteren Gesprächen erhält Frau A. Erziehungsberatung und Anregungen, mehr für sich selbst zu tun. Mit Unterstützung der Beraterin organisiert sie eine Selbsthilfegruppe für Mütter mit kleinen Kindern. Nach einer Anzeige im Werbeblatt treffen sich regelmäßig mehrere Frauen mit Kindern in den Räumen der Einrichtung, besprechen Erziehungsfragen, wechselseitige Kinderbetreuung und verabreden sich zu weiteren Kontakten. Über ein preisgünstiges Familienwochenende, das von der Beratungsstelle zum Thema ‚Umgang mit Konflikten' veranstaltet wird, kommt auch Herr A., der anfangs den Besuchen seiner Frau recht skeptisch gegenüberstand, in Kontakt mit den Beratern. Bei dieser Fahrt genießt er es besonders, zeitweilig von der Betreuung der Kinder entlastet zu sein und so ungestört mit seiner Frau neue Leute kennenzulernen. Er beteiligt sich noch an mehreren Freizeitaktivitäten und schließt sich einer Kegelrunde an. Mit einigen anderen Familien aus der Nachbarschaft trifft sich Familie A. zunehmend auch außerhalb der Beratungsstelle, es entsteht ein neuer Freundeskreis.

Die Besucher einer gemeindepsychologischen Einrichtung fühlen sich kaum als Patienten, sondern werden auf einem breiten Spektrum ihres Lebensalltags angesprochen. Nach Ausschöpfung von vorbeugenden und Selbsthilfemaßnahmen steht für Krisensituationen das übliche Repertoire psychologischen Handelns zur Verfügung; zunächst aber ist das Angebot durch das Motto gekennzeichnet: ,,So viel wie nötig, so wenig wie möglich." Besonders durch die Initiierung von Kommunikation soll den krankmachenden Folgeerscheinungen von sozialer Isolation vorgebeugt werden. Erlebt jemand angenehme Erfahrungen mit einer Beratungsstelle im Alltagsbereich, so erhöht sich die Wahrscheinlichkeit, daß er sich bei auftretenden Problemen frühzeitig an einen ,Fachmann' wendet. Besondere Verbreitung finden gemeindepsychologische Perspektiven zunehmend in der Arbeit von *Sozialpsychiatrischen Diensten* und *Erziehungsberatungsstellen.*

Empfohlene Literatur: Gleiss, I., Seidel, R., Abholz, H.: Soziale Psychiatrie. Frankfurt: Fischer, 1973. *Keupp, H.:* Gemeindepsychologie als Widerstandsanalyse des professionellen Selbstverständnisses. In: *Keupp, H., Zaumseil, M.:* Die gesellschaftliche Organisierung psychischen Leidens. Frankfurt: Suhrkamp, 1978. *Seus-Seberich, E.:* Unterschicht- und Randgruppenberatung. In: *Hockel, M., Feldhege, F. J.:* Handbuch der Angewandten Psychologie. Bd. II: Behandlung und Gesundheit. Landsberg: Moderne Industrie, 1981.

5. Die Struktur des Versorgungssystems für psychisch Kranke und Behinderte in der Bundesrepublik Deutschland

Michael Hockel

1975 wurde als Bundestagsdrucksache 7/4200 ein Bericht über die Lage der Psychiatrie in der Bundesrepublik Deutschland vorgelegt. ,,Medizinische, psychologische, psychotherapeutische, soziale und heilpädagogische Hilfen müssen sich gegenseitig ergänzen. Sie bilden bei der Behandlung psychisch Kranker und Behinderter eine Einheit", heißt es dort (S. 17). Wie dieser Satz, so sind viele der Ausführungen der Enquête eher Wunsch als Beschreibung von Wirklichkeit.

Die folgende Darstellung versucht, von drei Fragen auszugehen, die sich für Fachleute, vor allem aber für betroffene Bürger in der Auseinandersetzung mit dem Gesamtbereich Psychotherapie ergeben. Diese drei Fragen stellen die Gliederungsgesichtspunkte dar:

1. Welcher Rechtsrahmen regelt das Versorgungssystem; wie ist die Finanzierung innerhalb dieses Rechtsrahmens angelegt?
2. Was versteht der Gesetzgeber unter ‚psychischer Krankheit und psychischer Behinderung'?
3. Wie geschehen Prävention (Vorsorge), Behandlung und Rehabilitation (Nachsorge); welche Institutionen und Berufe werden hierbei tätig?

Rechtsrahmen und Finanzierung

Die gesellschaftliche, soziale Wirklichkeit, die im Sozialgesetzbuch der Bundesrepublik (SGB) beschrieben wird, umfaßt vielfältige Teilsysteme. Das Sozialgesetzbuch ist jene übergreifende Bemühung, die „zur Verwirklichung sozialer Gerechtigkeit und sozialer Sicherheit Sozialleistungen einschließlich sozialer und erzieherischer Hilfen gestalten soll. Es soll dazu beitragen, ein menschenwürdiges Dasein zu sichern, gleiche Voraussetzungen für die freie Entfaltung der Persönlichkeit, insbesondere auch für junge Menschen zu schaffen, die Familie zu schützen und zu fördern, den Erwerb des Lebensunterhalts durch eine freigewählte Tätigkeit zu ermöglichen und besondere Belastungen des Lebens auch durch Hilfe zur Selbsthilfe abzuwenden oder auszugleichen." (§ 1 SGB) Das Sozialgesetzbuch benennt in seinen Paragraphen 18ff. die jeweils in Einzelgesetzen niedergeschriebenen Leistungen der Ausbildungs- und Arbeitsförderung, die zusätzlichen Leistungen für Schwerbehinderte, die Leistungen der gesetzlichen Krankenversicherung, der gesetzlichen Rentenversicherung einschließlich der Altershilfe für Landwirte, die Versorgungsleistungen bei Gesundheitsschäden, das Kindergeld, Wohngeld, Leistungen der Jugendhilfe, der Sozialhilfe und Leistungen zur Eingliederung Behinderter. Insofern ist das SGB eine Zusammenfassung all jener Rechtsvorschriften, die das Versorgungssystem auch für psychisch Kranke und Behinderte bestimmen.

Seit der Psychiatrie-Enquête versuchen alle in der Versorgung psychisch Kranker Arbeitenden oder für diese Planenden und politisch Verantwortlichen einige Grundsätze der Koordination zu verwirklichen:

- Jede Hilfe sollte möglichst in erreichbarer Nähe zum Wohn- und Arbeitsplatz des Betroffenen angeboten werden (Gemeindenähe).
- Die einzelnen Dienste sollten zusammenarbeiten, dem Hilfesuchenden möglichst eine gleichbleibende Bezugsperson anbieten und in überschaubar gegliederten Planungsregionen ihre Dienste anbieten (Koordination der Institutionen, Kontinuität der Betreuung und Versorgung; Regionalisierung).
- Jede Möglichkeit der Prävention (Vorsorge) ist gegenüber der Planung/Realisierung von Akutversorgung zu bevorzugen.
- Aufklärung über die Gleichwertigkeit körperlichen und seelischen Leidens sowie die Hilfsmöglichkeiten sollten zur Selbsthilfe ermutigen.

Die Prinzipien der geplanten Zusammenarbeit und Hilfsbereitschaft (Koordination und Kontinuität) und der Vorrang aller vorbeugenden Maßnahmen bzw. ambulanten Behandlungen gegenüber jeder Einweisung (stationären Versorgungsangeboten) werden in Abbildung 1 – Modell eines Strukturangebots von Hilfen und ‚produktiven Umwegen' – verdeutlicht (S. 42).

Auf jedem Lebensweg kommen Krisenpunkte vor, die entweder selbständig überwunden werden können und so zu persönlichem Wachstum beitragen oder die zu einem mehr oder minder langen ‚Umweg' durch Institutionen der Akutversorgung und Nachsorge führen. Wie oben dargestellt, sollte jede therapeutische Einflußnahme darauf abzielen, den Umweg so kurz wie möglich und so weit im ambulanten Bereich wie nur denkbar zu halten. Alle Hilfen sollten sich als Hilfe zur Selbsthilfe verstehen.

Finanziell ist das Versorgungssystem der BRD in der zweiten Hälfte des 19. Jahrhunderts aus der privaten Fürsorge hervorgewachsen. Die Reichsversicherungsordnung (RVO) vom 19. 7. 1911 faßte mehrere Gesetze zusammen. Neben den Leistungen der Reichsversicherungsordnung werden die aus der öffentlichen Fürsorge hervorgegangenen bundeseinheitlichen Leistungen der Sozialhilfe einheitlich im Bundessozialhilfegesetz in der Fassung vom 13. 2. 1976 geregelt.

Die Leistungen der Krankenkassen bestehen aus Regelleistungen, d.h. solchen Leistungen, die jedem Versicherten zustehen (Maßnahmen zur Früherkennung von Krankheiten, Krankenpflege: ärztliche Behandlung, Arznei, Heilmittel und Krankengeld) sowie aus weiteren Einzelleistungen. Die Krankenkassen können auch besondere Maßnahmen als freiwillige Leistung bezahlen. In Einzelfällen schließen sie für diesen Zweck mit Leistungserbringern Rahmenverträge ab. Seit dem 1. 2. 1975 gibt es eine Verordnung zu § 47 des Bundessozialhilfegesetzes zur Ein-

Übersicht 1*: Beanspruchung der Versorgungsstruktur als „Hilfe zur Selbsthilfe", „Produktiver Umweg"

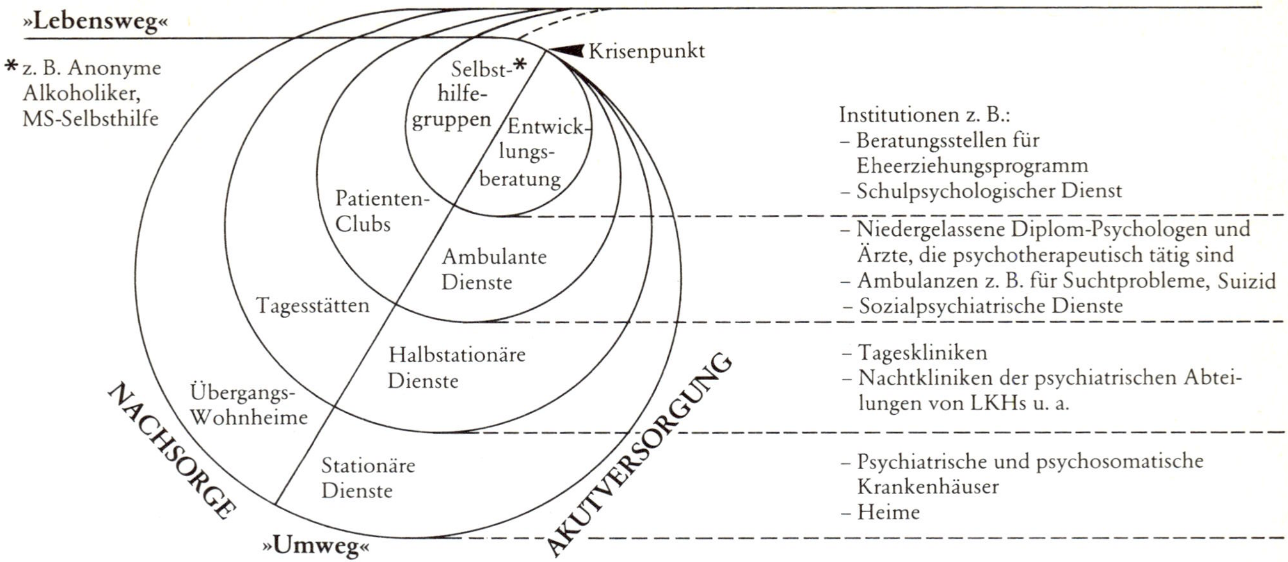

* Aus: Hockel, M.: Entwicklungsförderung u. Erwachsenenbildung – eine Institution mit primär-präventiver Funktion: Der Gesundheitspark der Münchner Volkshochschule. In: BDP-Handbuch der angewandten Psychologie, Bd. II, Behandlung und Gesundheit, Landsberg/Lech 1981

gliederungshilfe für Behinderte; entsprechend der Gleichstellung körperlich und seelisch Behinderter kann auf dieser Rechtsgrundlage im Einzelfall auch die Finanzierung von Eingliederungshilfen (psychotherapeutische Dienstleistungen) für seelisch behinderte Personen geregelt werden.

Abbildung 2 (S. 44f.) gibt eine Gesamtübersicht über die möglichen Kostenträger, die Rechtsgrundlagen ihrer Leistungen sowie die Art ihrer Leistungen.

Psychische Krankheit und Behinderung

„Krankheit im Sinne der gesetzlichen Krankenversicherung ist ein regelwidriger, körperlicher oder geistiger Zustand, dessen Eintritt entweder lediglich die Notwendigkeit einer Heilbehandlung oder zugleich oder ausschließlich die Arbeitsunfähigkeit zur Folge hat." (Bundessozialgericht, 26, 288f.).

Wer sich das Bein bricht, wer an Pocken erkrankt, der weiß fraglos seinen Zustand als ‚krank' und seine Situation als ‚hilfsbedürftig' zu benennen. Im Bereich psychischer Erkrankungen ist zwar für eine Reihe von definierten Leidenszuständen die Benennung ‚Krankheit' inzwischen akzeptiert, dementsprechend wird auch die Gleichberechtigung psychisch Kranker gegenüber körperlich Erkrankten gefordert und ist rechtlich zugesagt. Es ist jedoch wesentlich schwieriger, hier eindeutig zu definieren, welche Form persönlichen Leidens die Benennung ‚Krankheit' verdient (vgl. hierzu S. 14ff.).

Durch die gültige Gleichstellung seelischer und körperlicher Krankheiten hat jeder Bürger das Recht, über den Fachmann abklären zu lassen, ob seine persönlichen Belastungen, z. B. in Form quälender chronischer Schmerzen ohne körperlichen Befund, grundloser Angst, Traurigkeit, fixer Ideen oder nicht abzulegender zwanghafter Gewohnheiten – wie die Fachsprache der Versicherungen es benennt – „krankheitswertig" sind oder nicht. Dieser Abklärungsprozeß wird von medizinischer Seite einerseits und von psychologischer Seite andererseits durch entsprechende diagnostische Verfahren und Begutachtungen vollzogen. Ihre Bedeutung hat die medizinische/psychologische Diagnose im Gesamtzusammenhang des Systems der Krankenversicherung in der Bundesrepublik. Nur für ausdrücklich vom Experten als krankheitswertig erkanntes Leid tritt die Solidargemeinschaft der Versicherten mit ihren Leistungen ein. Dies gilt für den gesamten Bereich der Ersatzkrankenkassen und der gesetzlichen Krankenkassen, die im System der Krankenversicherung zusammengefaßt sind. Private Krankenversicherungen ge-

Übersicht 2: Rechtsgrundlagen und Kostenträger für Hilfsleistungen bei psychischer Krankheit und Behinderung

	Krankenversicherungen		Unfallversicherungen	Rentenversicherungen		Sozialhilfe
Gesetzliche Grundlagen*	Sozialgesetzbuch, Allgemeiner Teil und Gemeinsame Vorschriften					
	RVO vom 15. 12. 24		UVNG vom 30. 4. 63	ArVNG v. 23. 2. 57	Ang. VNG v. 23. 2. 57	BSHG vom 13. 2. 76
Träger der Leistungen	Orts-, Betriebs-, Innungs-, Landeskrankenkassen, Bundesknappschaft, Seekrankenk.	Ersatzkrankenk.	Berufsgenossenschaften, Ausführungsbehörden, Gemeindliche Unfallversicherungsverbände	Arbeiter: Landesversicherungsanstalten, B Bahn-Vers.-Anstalt, Seekasse	Angestellte: Bundesversicherungsanstalt für Angestellte, Berlin	Bezirke als örtliche und daneben vom Land benannte überörtliche Träger
Beispiele der Leistungen insbesondere für psychisch Kranke und Behinderte						BSHG – Leistungen werden grundsätzlich nur gewährt, wenn keine andere öffentliche oder private (familiäre) Hilfe verfügbar ist.

	u. A.: 1. Maßnahmen zur Früherkennung (§ 181 RVO) 2. Krankenhilfe, diese umfaßt Krankenpflege (Behandlung, Arznei, Heilmittel) und Krankengeld (§ 182 RVO) 3. Speziell: *Psychoanalyse (nach Psychotherapie Richtlinien vom 27. 1.76)* 4. Speziell: *Verhaltenstherapie (nach Anlage 5 a Arzt-Ersatzk.-Vert. seit Okt. 80)* 5. *Kann-Leistungen: nach Gutdünken im Ermessen, einzelfallbezogen*	u. A.: 1. Heilbehandlung bei Unfall und Berufskrankheit 2. Erforderlichenfalls berufliche Umschulung	u. A.: 1. Rehabilitationsleistungen (nach Rehabilitationsgesetz vom 7. 8.74) 2. Maßnahmen zur Förderung der Gesundheit (§ 1305 RVO)	u. A.: 1. Vorbeugende Gesundheitshilfe 2. Krankenhilfe 3. Eingliederungshilfe für Behinderte

* Abgedruckt in: Aichberger, F.: Sozialgesetzbuch, Reichsversicherungsordnung (RVO), 41. Aufl. München 1982

hen manchmal auch den Weg, daß sie dem Versicherten eine bestimmte Menge an psychotherapeutischen Dienstleistungen zugestehen, unabhängig von einem diagnostischen Nachweis.

Die psychische Behinderung unterscheidet sich von der Krankheit im wesentlichen durch die soziale Auffälligkeit länger andauernder Art. In der Eingliederungshilfeverordnung nach § 47 des Bundessozialhilfegesetzes wird der Begriff der psychischen Behinderung wie folgt definiert: „Seelisch wesentlich behindert im Sinne des § 39 Absatz 1, Satz 1 des Gesetzes sind Personen, bei denen infolge seelischer Störungen die Fähigkeit zur Eingliederung in die Gesellschaft in erheblichem Umfange beeinträchtigt ist. Seelische Störungen, die eine Behinderung im Sinne des Satzes 1 zur Folge haben können, sind:

1. körperlich nicht begründbare Psychosen,
2. seelische Störungen als Folge von Krankheiten oder Verletzungen des Gehirns, von Anfallsleiden oder von anderen Krankheiten oder körperlichen Beeinträchtigungen,
3. Suchtkrankheiten,
4. Neurosen und Persönlichkeitsstörungen.

Als nicht nur vorübergehend im Sinne des § 39 ist ein Zeitraum von mehr als sechs Monaten anzusehen.“

Prävention, Behandlung, Rehabilitation

Prävention

Unter Prävention ist die Förderung jener Entwicklungsbedingungen zu verstehen, die das Auftreten von Krankheit bzw. Behinderung in seiner Wahrscheinlichkeit verringern; z. B. gehören hierher die zu fordernden psychologischen Früherkennungsmaßrahmen bei Säuglingen und Kleinkindern, die einer angemessenen Familienberatung zugrunde gelegt werden könnten.

Unter sekundärer bzw. Risikoprävention sind alle jene Maßnahmen zu verstehen, die angesetzt werden, wenn eine Gefährdung (wie gewohnheitsmäßiges gesundheitsschädigendes Verhalten: Rauchen, Alkoholkonsum, Fehlernährung usw.) bekannt geworden ist und eine Verminderung der Risikowahrscheinlichkeit angestrebt wird. Zwischen primärer und sekundärer Prävention dürften all jene gesundheitserzieherischen Maßnahmen angesiedelt sein, die durch Hinweise auf Möglichkeiten gesunder Lebensweise Risiken vermindern bzw. Entwicklungen fördern.

Für den Bereich der Prävention sind die Gesundheitsämter, die freiberuflich oder in Institutionen tätigen Diplom-Psychologen, die vertrauens-, sozial- und versorgungsärztlichen Dienste, die

Fachdienste der Bundesanstalt für Arbeit, die Beratungsdienste der gesetzlichen Träger der Rehabilitation, die Einrichtungen zur Frühförderung behinderter Kinder, die betriebsärztlichen und psychologischen Dienste, die psychologischen und psychotherapeutischen Beratungen für Studenten und die Außenfürsorge der Nervenkrankenhäuser zuständig. Insbesondere die Erziehungsberatungsstellen, die schulpsychologischen Beratungsdienste, Jugend- und Sozialämter, Berufsberatungsdienste der Arbeitsämter, Ehe-, Familien- und Schwangeren-Beratungsstellen übernehmen Funktionen in diesem vorsorgenden Bereich. An der Grenze zu Behandlungsinstitutionen liegen die auch präventiv arbeitenden Drogen- und Alkoholberatungsstellen sowie die Sozialpsychiatrischen Dienste. Hier findet also in bereits zur Behandlung eingerichteten Institutionen auch vorsorgende Beratung statt.

§ 181 der Reichsversicherungsordnung stellt durch den Hinweis auf die Maßnahmen zur Früherkennung von Krankheiten auch einen Rechtsrahmen für die Ansprüche des Versicherten auf Maßnahmen zur Sicherung der Gesundheit dar. Im Rahmen künftiger Rechtsverordnungen wäre zur Früherkennung möglicher psychischer Behinderungen ein Katalog von weiteren Früherkennungsmaßnahmen wünschenswert und könnte ein wesentliches Nahziel gesundheitspolitischer Entwicklungen darstellen.

Behandlung

Unter ärztlicher bzw. psychologischer Behandlung sind alle vom Arzt bzw. vom Psychologen beim Vorliegen einer Krankheit entsprechend ihrer jeweiligen fachwissenschaftlichen Ausbildung verantwortlich begründeten und durchgeführten Hilfsmaßnahmen zu verstehen. Gegenwärtig wird immer deutlicher erkannt, daß neben dem in der Rechtswirklichkeit verankerten Gesamtsystem ‚ärztliche Behandlung' ein bisher nicht gesetzlich anerkannter Bereich der ‚psychologischen Behandlung' herangewachsen ist. Dies begründet die Notwendigkeit, eine bundesgesetzliche Regelung des Psychologenberufs und dabei die Zulassung klinischer Psychologen für den Bereich der Psychotherapie zu erarbeiten. Jede Behandlung ist auf eine medizinische/psychologische Diagnose zu begründen. Der leidende Bürger wendet sich zunächst an den niedergelassenen Diplom-Psychologen, Nervenarzt, Kinder- und Jugendpsychiater, Psychiater oder sucht entsprechende Institutionen wie psychiatrische Universitätspolikliniken, Suchtfachambulanzen, sozialpsychiatrische Dienste oder Frühförderungseinrichtungen auf.

Ärztliche Behandlung im Bereich psychischer Erkrankungen

und Behinderungen umfaßt im wesentlichen körperbezogene Eingriffe, die von psychopharmakologischer Beeinflussung bis zu Elektro- bzw. Insulinschocks reichen. Psychologische Behandlung umfaßt das Feld psychotherapeutischer Verfahren und Trainingsprogramme zur Veränderung des Denkens, Fühlens und Verhaltens. Die tiefenpsychologisch begründeten Verfahren der Psychoanalyse sind tratitionsgemäß ein Mischfeld zwischen ärztlicher und psychologischer Fachkompetenz.

Im Versorgungssystem für psychisch Kranke in der Bundesrepublik Deutschland besteht über psychotherapeutische Behandlungen, sofern sie von Diplom-Psychologen durchgeführt werden, noch eine grundsätzliche Rechtsunsicherheit. Durch die geltende Regelung des sogenannten Heilpraktikergesetzes dürfen nur Ärzte und Heilpraktiker Heilkunde am Menschen ausüben; tun dies Diplom-Psychologen mit entsprechender psychotherapeutischer Aus- und Weiterbildung, handeln sie immer noch illegal, es sei denn, sie unterziehen sich der ‚Überprüfung nach dem Heilpraktikergesetz'.

Die Krankenversicherer sehen sich aufgrund dieser herrschenden Rechtsauffassung, die den Diplom-Psychologen weitgehend von Leistungen in der Heilkunde ausschließt, gezwungen, auf eine bezahlte Dienstleistung von Diplom-Psychologen in der Regel zu verzichten. Manche Kassen halten sich strikt an die bestehende rechtliche Auffassung, einige wenige dagegen berücksichtigen die Tatsache der effizienten Versorgungsdienstleistung durch Diplom-Psychologen und erstatten Kosten für psychotherapeutische Behandlungen trotz Rechtsunsicherheit.

Aufgrund verschiedener Verträge zwischen Ärztevereinigungen und Krankenkassen werden nur die Verfahren Psychoanalyse und Verhaltenstherapie von allen gesetzlichen Krankenkassen bezahlt, sofern die Behandlung von einem ärztlichen Psychotherapeuten selbst durchgeführt oder von diesem an einen Diplom-Psychologen delegiert wird, der in diesen Verfahren ausgebildet ist. Für die Psychoanalyse besteht dieses Delegationsverfahren schon seit längerem und wird auch von den psychoanalytisch tätigen Diplom-Psychologen akzeptiert, da die Psychoanalyse aus dem medizinischen Versorgungssystem hervorgegangen ist und erst relativ spät auch von Psychologen mitentwickelt und mitgetragen wurde. Viele in Verhaltenstherapie ausgebildeten Psychologen hingegen weigern sich, sich dem ‚Delegationsdiktat' für Verhaltenstherapie zu unterwerfen, weil dieses Verfahren durch den sogenannten Arzt-Ersatzkassenvertrag über Verhaltenstherapie dem ‚Behandlungsmonopol' der Ärzte unterstellt wurde, obwohl gerade die Verhaltenstherapie ein genuin psychologisches, d. h. aus den Forschungen der experimentellen und klinischen Psychologie hervorgegangenes Verfahren ist.

Rehabilitation

„Die Rehabilitation bezweckt, den Menschen, die körperlich, geistig oder seelisch behindert sind und die ihre Behinderung oder deren Folgen nicht selbst überwinden können, und den Menschen, denen eine solche Behinderung droht, zu helfen, ihre Fähigkeiten und Kräfte zu entfalten und einen entsprechenden Platz in der Gemeinschaft zu finden. Dazu gehört vor allem auch die Teilnahme am Arbeitsleben." (Bundesarbeitsgemeinschaft für Rehabilitation, Grundsätze, April 1970).

Der Bereich der Rehabilitation ist im System der sozialen Sicherheit umfangreich und dezentral organisiert. Die Krankenversicherung zahlt umfassende medizinische Rehabilitation für ihre Mitglieder und deren Familienangehörige, wenn die Behinderung eine Krankheit darstellt und ein anderer Träger der sozialen Sicherheit nicht vorrangig verpflichtet ist. Durch diese Definition wird deutlich, daß für Krankenbehandlung bzw. für stationäre Heilmaßnahmen (z. B. eine Kur) bzw. für Rehabilitationsmaßnahmen (z. B. eine Umschulung innerhalb eines Berufsförderungswerkes oder aber andererseits eine Psychotherapie bei drohender psychischer Behinderung durch eine nicht behandelte Legasthenie) die möglichen Wege der Finanzierung sehr verschieden sein können. Rehabilitationsmaßnahmen werden von Krankenversicherung, Rentenversicherung, Unfallversicherung, Sozialhilfe oder über die Bundesanstalt für Arbeit gewährt bzw. geleistet. Diese Gemeinschaftsaufgabe führt aufgrund der unterschiedlichen Träger der Leistungen dennoch in einen im Einzelfall nur mühsam zu durchschauenden Dschungel. So ist in manchen Bundesländern die durch die Sozialhilfe getragene Rehabilitation aufgrund drohender psychischer Behinderung eine der wesentlichen Formen der Finanzierung von psychotherapeutischen Leistungen geworden (z. B. in Berlin), während in anderen Bundesländern die Sozialhilfe nur in extremen Ausnahmefällen entsprechend dem Subsidiaritätsprinzip einsteigt.

Empfohlene Literatur: Aichberger, F.: Sozialgesetzbuch, Reichsversicherungsordnung. München: Beck, 1975. *Hockel, M., Feldhege, F.-J.* (Hrsg.): Handbuch der angewandten Psychologie. Bd. II: Behandlung und Gesundheit. Landsberg: Moderne Industrie, 1981. *Wittchen, M.-V., Fichter, M.:* Psychotherapie in der BRD. Weinheim: Beltz, 1980.

Teil II
Psychotherapeutische Verfahren
A. Tiefenpsychologische Psychotherapie

(Ziel: Persönlichkeitsentfaltung; Schwerpunkt: Frühkindliche Entwicklung)

Mit seinem Buch ,Traumdeutung', das 1900 erschien, hatte Sigmund Freud den Grundstein für sein besonderes Verständnis seelischer Vorgänge gelegt. Nicht das äußere, offenkundige Verhalten interessierte ihn, sondern die unbewußten psychodynamischen Prozesse, wie sie in Träumen, Versprechern, Fehlleistungen und vor allem in neurotischen Symptomen verschlüsselt zum Ausdruck kommen. Mit der begrifflichen Einteilung des ,psychischen Apparates' in Es, Ich und Über-Ich schuf er die Grundlage zu einer *psychoanalytischen Theorie* über die menschliche Psyche im allgemeinen und die neurotischen Störungen im besonderen, die seiner Zeit ungewöhnlich und revolutionär erschien. Da er als Neurologe auch einer naturwissenschaftlichen Sichtweise verpflichtet war, hoffte er, daß eines Tages die physiologischen Grundlagen dieser seelischen ,Instanzen' entdeckt würden.

Das *Es* stellt die Summe jener Energie dar, die das seelische Innenleben antreibt. Als wichtigsten Trieb nahm Freud die Sexualität im allgemeinen Sinne an (Libido oder Eros); nach dem Ersten Weltkrieg postulierte er zusätzlich einen Todes- oder Zerstörungstrieb (Thanatos) und sah diesen in jeder Triebhandlung mehr oder weniger mit der Libido vermischt bzw. legiert. Das *Über-Ich* repräsentiert alle verinnerlichten Normen der Eltern bzw. der Gesellschaft (z. B. „Du sollst nicht ehebrechen", „Du sollst nicht töten"). Die Leistungen des *Ich* stellen jene Kompromißformeln zwischen den Triebansprüchen und den Über-Ich-Forderungen dar, die menschliches Verhalten mehr oder weniger realitätsangepaßt machen. Neurotische Störungen sind nach Freud immer eine Störung dieser Kompromißarbeit; in der Regel ist das Ich zu schwach, um entweder die Es-Impulse in Schach zu halten oder sie einer realitätsgerechten Befriedigung zuzuführen, oder es kann sich gegen ein übermächtiges Über-Ich nicht wehren, das jegliche Triebäußerung verbietet. Neurotische Symptome sind dann Ausdruck eines gequälten und unfähigen Ich. Psychoanalytische Arbeit hat die Reifung und Stärkung dieses Ich zum Ziel; dafür wird es als notwendig angesehen, daß der Klient nochmals die Entwicklung seiner Kindheit in Teilen oder vollständig durchläuft, um nachzureifen oder nacherzogen zu werden. Dieser analytische Prozeß kann mühsam und langwierig sein, da die meisten ungünstigen und schädigenden Einflüsse der Kindheit vergessen oder verdrängt worden sind und in der Analyse wieder bewußt gemacht werden müssen.

Um Bewußtwerdung vergessener oder verdrängter Kindheitserfahrungen geht es auch in der *Transaktionsanalyse.* Eric Bernes Theorie ist in ihrer Dreiteilung dem psychoanalytischen Instanzenmodell zwar äußerlich recht ähnlich: Das *Kind-Ich* entspricht in etwa dem Es, das *Erwachsenen-Ich* entspricht dem Ich und das *Eltern-Ich* entspricht dem Über-Ich. Jedoch soll damit lediglich zum Ausdruck kommen, daß Reaktionsweisen des Erwachsenen diesen drei Ich-Zuständen zugeordnet werden können, ohne daß damit irgendwelche Aussagen etwa über Trieb und Triebschicksale gemacht oder die bei Freud oft sehr verschlungenen Abwehroperationen berücksichtigt würden. Vereinfacht ausgedrückt, will Berne mit Hilfe der drei Ich-Zustände erklären, daß und wie Menschen sich manchmal wie Kinder (trotzig oder spielerisch), wie Erwachsene und oft wie Elternvorbilder (liebevoll oder strafend) benehmen können. Verinnerlichte Botschaften der Eltern und nicht ausgelebte oder unterdrückte Kindlichkeit können das Verhalten eines Menschen so sehr beeinträchtigen, daß es als gestört oder neurotisch bezeichnet wird. Transaktionsanalytische Therapie will mit Hilfe der Skriptanalyse diese unbewußten Botschaften und Erziehungsformen der Eltern bewußt machen und den Klienten dadurch befähigen, in seinen Lebensäußerungen freier und flexibler zu werden.

Während die Psychoanalyse und die Transaktionsanalyse eine Realitätsanpassung anstreben, in der Gefühle u. U. auch zu kontrollieren und wohl zu dosieren sind, will Janov mit seiner *Primärtherapie* den Menschen von jeglicher Unterdrückung der Gefühle befreien und ihn hinführen zu einem spannungslosen und abwehrfreien Leben. Psychische Gesundheit wird nicht mehr verstanden als eine Leistung des reifen und voll funktionsfähigen Ich, sondern als die Fähigkeit, seinen Gefühlen entsprechend zu leben. Als wesentliche Blockade für einen freien Gefühlsfluß sieht Janov den ‚Urschmerz' an, der in verdrängter Form weiterbesteht und den Menschen dazu veranlaßt, über neurotische oder psychosomatische Formen das zu erlangen, was ihm seit seiner Kindheit wesentlich fehlt: Liebe, Vertrauen, Nähe und Anerkennung. Durch die kathartische Aufarbeitung schmerzhafter Urerlebnisse können Zusammenhänge zwischen schmerzhafter Kindheitserfahrung und dem jetzigen Leben erkannt, blockierte Energie freigesetzt und ein Zustand des „wahren Selbst“ erlangt werden, der es dem Menschen erlauben soll, trotz gesellschaftlicher Zwänge und Anpassung gefühlsmäßig frei und unabhängig zu leben.

Im Gegensatz zu den humanistischen Verfahren, die den Schwerpunkt der therapeutischen Arbeit auf das gegenwärtige Erleben richten, beschäftigen sich die tiefenpsychologischen Verfahren hauptsächlich mit bestimmten Erfahrungen in der Kindheit; sie versuchen, diese durch Bewußtwerdung und emotionale Freisetzung aufzuarbeiten und so den Menschen von der Last seiner Vergangenheit zu befreien.

1. Psychoanalytische Psychotherapie

Wolfgang Mertens

Freud kennzeichnete die Psychoanalyse wie folgt: „Psychoanalyse ist der Name erstens eines Verfahrens zur Untersuchung seelischer Vorgänge, welche sonst kaum zugänglich sind; zweitens einer Behandlungsmethode neurotischer Störungen, die sich auf diese Untersuchung gründet; drittens einer Reihe von psychologischen, auf solchem Wege gewonnenen Einsichten, die allmählich zu einer neuen wissenschaftlichen Disziplin zusammenwachsen“ (1923, S. 211).

Die psychoanalytische Wissenschaft verfügt heute über eine Anzahl von Erkenntnissen über die Entwicklung seelischer Phänomene (psychoanalytische Entwicklungspsychologie), die menschliche Persönlichkeit (psychoanalytische Persönlichkeitspsychologie), klinische Zusammenhänge (klinische Psychoanalyse) und über die Stellung des Individuums in seiner Umwelt und seiner Kultur (psychoanalytische Sozialpsychologie und Ethnopsychoanalyse). Obgleich somit ein breites und generalisierbares Wissen über die Erscheinungsform, Psychodynamik und Verursachung einer bestimmten neurotischen Erlebnisweise (z. B. neurotische Depression) vorliegt, geht es in der psychoanalytischen Therapie immer um die Erforschung einer einmaligen Lebensgeschichte eines bestimmten Menschen. Theoretisches Wissen stellt somit immer nur einen gewissen Interpretationsleitfaden dar, der eine erste Annäherung an die verwirrende Vielfalt von Äußerungen, Mitteilungen und Einfällen eines Individuums, das sich einer psychoanalytischen Therapie unterzieht, gestattet. Erst der psychoanalytische Therapieprozeß ermöglicht es aufgrund ganz spezifischer Leistungen, die sowohl der Analytiker als auch der Patient erbringen, immer genauer zu verstehen, warum der betreffende Patient an dieser und keiner anderen Störung leidet. Mit Hilfe der Einfühlung in die Schritt für Schritt bewußt zu machenden Erlebniszusammenhänge und des gefühlsmäßigen Sicheinlassens auf die dabei entstehenden schmerzlichen, aber auch befreienden Affekte gelingt es schließlich, zu einem anderen Erleben zu gelangen. Freud sah es als Ziel der Analyse an, daß der Patient wieder oder vielleicht auch erstmalig genuß-, arbeits- und liebesfähig wird, was nicht gleichbedeutend mit konfliktfrei ist.

Historischer Abriß

In den über 80 Jahren ihres Bestehens befindet sich die Psychoanalyse sowohl als Therapie wie als Behandlungsmethode in einem stetigen Entwicklungs- und Wandlungsprozeß. Dabei wirkten neue theoretische Erkenntnisse auf die Behandlungstechnik ein, wie auch umgekehrt Erfahrungen aus der praktischen Arbeit mit Patienten immer wieder Anlaß zu Ergänzungen, Erweiterungen und Veränderungen des psychoanalytischen Theoriegebäudes gaben.

Die Auffassung, daß neurotische Erscheinungen, wie z. B. hysterische Symptome, durch ‚eingeklemmte Affekte' erklärt werden können, führte in der Frühzeit der Psychoanalyse zur sogenannten kathartischen Methode, bei der ein Patient in Hypnose zu ‚reinigenden' Erinnerungen angehalten wurde; war der traumatische Anlaß, der zum Einklemmen des Affektes führte, zunächst ein unspezifischer, so veränderte sich dies anhand der Hypothesen über die kindliche Sexualentwicklung; aus dem Trauma wurde nun ein spezifisches Sexualtrauma, das ein Kind aufgrund einer sexuellen Verführung durch einen Erwachsenen erlebt. Die praktisch gewonnene Erfahrung aus der analytischen Arbeit, daß in der Rückerinnerung zwischen Phantasie und Realität nicht genau unterschieden werden kann, ließ Freud einige Jahre später von der sexuellen Verführungstheorie wieder Abstand nehmen. Statt dessen betonte er nun stärker die Bedeutsamkeit der psychischen Realität, die Rolle der Phantasie im Seelenleben anstelle der reinen Fakten, die zwar zweifelsohne ihre Spuren im Erleben eines jeden Menschen hinterlassen haben, aber niemals mehr genau zu rekonstruieren sind. In den Mittelpunkt des praktischen psychoanalytischen Interesses rückte somit die Fragestellung, wie sich ein Kind seine Umwelt aneignet, mithin also auch die Wechselbeziehung zwischen Kind und Umwelt. Dies erforderte im therapeutischen Vorgehen eine Abwendung von der Suche nach einem einzelnen schädigenden Trauma. An die Stelle des Aufspürens von Kausalfaktoren trat das Schildernlassen von Phantasien, Vorstellungen, Erinnerungen mit

Hilfe der Methode der freien Assoziation. Dabei hat der Psychoanalytiker die Aufgabe, aus den mehr oder weniger offenen und freimütigen Schilderungen allmählich ein Modell der bewußten und unbewußten Motive, Einstellungen und Handlungsintentionen des Analysanden zu entwerfen, um auf diese Weise bislang unerkannte Sinnzusammenhänge zwischen unbewußten Phänomenen und neurotischen Symptomen zu entdecken.

War die Psychoanalyse zu Beginn dieses Jahrhunderts eher mit triebmäßigen und affektiven Phänomenen befaßt, und standen dementsprechend Triebdeutungen im Vordergrund der analytischen Arbeit (z. B.: „Sie versuchen in der Phantasie immer noch ihren Vater umzubringen"), so veränderte sich dies wiederum mit der Erforschung kognitiver Ichleistungen, was auch zur genaueren Herausarbeitung bestimmter Abwehrmechanismen (wie z. B. Verleugnung, Projektion, Verdrängung, Rationalisierung) führte. Fortan galt es nun, sich zunächst einmal mit den verschiedenen Abwehroperationen eines Analysanden zu befassen, vor allem mit den Motiven für seine Abwehr. Die Beschäftigung mit der Abwehr führte zu der analytischen Technik der Widerstandsanalyse, die neben dem Umgang mit der Übertragung und Gegenübertragung noch immer zu den wichtigsten Bausteinen psychoanalytischer Behandlungstechnik gehört. Schon im Jahre 1914 schreibt Freud: „Man darf daher sagen, die psychoanalytische Theorie ist ein Versuch, zwei Erfahrungen verständlich zu machen, die sich in auffälliger und unerwarteter Weise bei dem Versuche ergeben, die Leidenssymptome eine Neurotikers auf ihre Quellen in seiner Lebensgeschichte zurückzuführen: die Tatsache der Übertragung und die des Widerstandes. Jede Forschungseinrichtung, welche diese beiden Tatsachen anerkennt und sie zum Ausgangspunkt ihrer Arbeit nimmt, darf sich Psychoanalyse heißen, auch wenn sie zu anderen Ergebnissen als den meinigen gelangt" (S. 54).

Mit der Berücksichtigung von Übertragungs- und Gegenübertragungsprozessen richtet die Psychoanalyse ihr Augenmerk betont auf die Beziehung zwischen Analytiker und Analysanden. Denn der psychoanalytische Therapeut achtet nicht nur darauf, was der Patient über gegenwärtige Konflikte, analysenexterne Themen usw. in seinen Äußerungen, Einfällen und Assoziationen sagt, sondern insbesondere versucht er, einfühlsam zu erfassen, wie sich allmählich zwischen ihm und dem Patienten ein Beziehungsfeld aufbaut; nahezu alle Themen, die Art und Weise, wie der Patient darüber spricht, und worüber er nicht spricht, haben mit der Beziehung zum Analytiker zu tun. Die darin zum Ausdruck kommenden Beziehungsgefühle haben einen adäquaten und einen inadäquaten Anteil, wobei letzterer sich nicht mit der Situation und der Rolle und Person des Analytikers zur Deckung bringen läßt und deshalb als Übertragung vergangener Beziehungserlebnisse auf die Person des Analytikers bezeichnet wird. Und obgleich ein Patient nicht expressis verbis auszudrücken braucht, wie er den Analytiker erlebt, spürt dieser aufgrund seiner (der Übertragung korrespondierenden) Gegenübertragung doch, wie der Patient ihn erlebt.

Diese Ausführungen können deutlich machen, daß es in der

heutigen Psychoanalyse nicht mehr ausschließlich um die Gewinnung von Einsicht in längst vergangene, lebensgeschichtliche Konfliktzusammenhänge geht, sondern zu einem Großteil um die Analyse des Beziehungsgeschehens im Hier-und-Jetzt der analytischen Sitzung, was die Psychoanalyse zu einem recht lebendigen Vorgang werden läßt. Beliebte Karikaturen der psychoanalytischen Therapie als bloße Vermittlung von Kenntnissen („O. K., ich weiß jetzt, daß ich einen Ödipuskomplex habe, aber trotzdem habe ich meine Mutter immer noch abgöttisch lieb") beruhen deshalb weitgehend auf einem Mißverständnis oder der Unkenntnis darüber, wie Psychoanalyse als Therapie heutzutage gehandhabt wird.

Überblick über psychoanalytische Behandlungsmethoden

Aufgrund der Tatsache, daß das psychoanalytische Standardverfahren, die sogenannte klassische Psychoanalyse, die im Durchschnitt 3 bis 5 Jahre dauert, ein zeitlich und ökonomisch zu aufwendiges Verfahren darstellt, gab es schon zu Freuds Lebzeiten Überlegungen, andere Behandlungsformen auszuarbeiten. Neben dem ökonomischen Argument spielten auch noch andere Faktoren eine wichtige Rolle; so stellte sich z. B. heraus, daß es in manchen Fällen günstiger sein kann, die gesamte Familie zu therapieren, anstatt nur das zum Symptomträger erklärte Kind in die Therapie zu übernehmen. Heutzutage existieren neben der klassischen Psychoanalyse folgende psychoanalytischen Therapieformen: psychoanalytische Psychotherapie, psychoanalytische Kurztherapie, psychoanalytische Gruppentherapie, psychoanalytische Beratungsmethoden, psychoanalytische Kinder- und Jugendlichentherapie, psychoanalytische Familientherapie, psychoanalytische Paargruppentherapie. Davon sind die wichtigsten:

1. *Klassische Psychoanalyse:* Dieses psychoanalytische Standardverfahren stellt als Forschungs- und Therapieinstrument immer noch eine wichtige Säule im Repertoire psychoanalytischer Behandlungsmethoden dar. Wegen seiner mehrjährigen Dauer bei hochfrequenter Sitzungsfolge (4 bis 5 Stunden pro Woche) ist das Standardverfahren vor allem bei schwereren neurotischen Störungen angezeigt. Des weiteren muß sich jeder angehende Psychoanalytiker mit diesem Verfahren im Rahmen seiner eigenen Lehranalyse vertraut machen. Ziel des Standardverfahrens ist es, mit Hilfe der sich einstellenden Regression auf kindliche Beziehungsmuster und Erlebnismodalitäten vergangene, als traumatisch erfahrene Konflikte dem Bewußtsein und Erleben wieder zugänglich zu machen, um sie dann besser, der erwachsenen Per-

son angemessen lösen zu können. Dies gelingt weitgehend aufgrund der sich einstellenden Übertragungen und Übertragungsneurose sowie der damit korrespondierenden Gegenübertragungen auf seiten des Analytikers, wobei viele Widerstände überwunden werden müssen, was einen Großteil der analytischen Arbeit ausmacht (vgl. S. 64ff.).

2. Psychoanalytische Psychotherapie: Bei dieser Behandlungsform, die sich äußerlich allein schon durch eine geringere Häufigkeit der Sitzungen (2 oder 3 pro Woche) und eine kürzere Behandlungsdauer (1 bis 3 Jahre) gegenüber dem Standardverfahren auszeichnet, ist das Therapieziel begrenzt. Dementsprechend wird auch nicht die Ausbildung einer Übertragungsneurose angestrebt, sondern lediglich die Aktivierung von Übertragungskonstellationen, mit deren Hilfe sich früher erworbene Beziehungsmuster durcharbeiten lassen, die für das gegenwärtige neurotische Erleben von zentraler Bedeutung sind (vgl. Kutter 1978). Da die Psychotherapie-Richtlinien eine Begrenzung der von den Kassen bezahlten Sitzungen auf 160 Stunden (in besonderen Fällen 240) vorsehen, ist dieses psychoanalytische Verfahren mit begrenztem Behandlungsziel die Methode der Wahl für viele Patienten, die sich nach Auslaufen der Kassenfinanzierung weitere psychotherapeutische Sitzungen finanziell nicht mehr leisten können. Gerade aus diesem Grund ist es wichtig, die therapeutische Vorgehensweise von Anfang an daraufhin abzustimmen.

3. Psychoanalytische Gruppentherapie: Dieses Verfahren, bei dem sich in der Regel sechs bis zehn Patienten ein- bis zweimal pro Woche für die Dauer von 2 Stunden in einer Gruppe zusammenfinden, bietet zunächst einmal ökonomische Vorteile. Ein Therapeut kann mehr Menschen mit geringerem Zeitaufwand helfen. Zwar tritt die geduldige Kleinarbeit an den Problemen eines einzelnen Patienten notwendigerweise in den Hintergrund, dafür bietet aber die Gruppe eine Anzahl von anderen Möglichkeiten, Konflikte angemessen zu bearbeiten. So können z.B. nicht nur Eltern-Übertragungen bearbeitet werden, sondern auch Geschwister-Konflikte (z.B. Rivalität, Neid) erkannt und gedeutet werden. Für schwer gestörte Patienten, die eine Einzeltherapie zunächst überfordern würde, besteht die Möglichkeit zur Teilnahme an dem Erkenntnisgewinn anderer Gruppenteilnehmer, was angstentlastend und vertrauensfördernd ist. Deutungen, die sich die einzelnen Teilnehmer gegenseitig geben, werden häufig eher akzeptiert als Deutungen vom Therapeuten, zu dem eine größere soziale Distanz besteht. Des weiteren ist die Gruppe weniger künstlich als die ausschließliche Zweierbeziehung in der Einzeltherapie.

4. Psychoanalytische Kurztherapie, Beratung und Fokaltherapie: vgl. den Artikel von A. Houben (S. 216ff.).

Indikation zur Psychoanalyse

Während in den Anfängen der Psychoanalyse die Indikation zur psychoanalytischen Behandlung auf Patienten mit hysterischen, zwangsneurotischen und phobischen Symptomen beschränkt war, hat sich dies in der Folgezeit verändert. Die Indikation wurde nach und nach auf Personen z. B. mit Charakterneurosen erweitert (wo keine eindeutig definierbaren Symptome mehr im Vordergrund stehen, sondern charakterliche Fehlhaltungen, wie z. B. eine ständige Unzufriedenheit, Selbsthaß oder Rechthaberei), auf Psychosen (wie z. B. schizophrene Psychosen), auf psychosomatische Störungen (wie z. B. Magersucht, Ulcus, Asthma), auf schwere Beeinträchtigungen des Selbstwertgefühls (narzißtische Störungen) und auf Borderline-Störungen (d. h. schwere Beeinträchtigungen der Ich-Funktionen, was z. B. zu vielen projektiven Verkennungen der Realität führt), um nur die wichtigsten zu nennen. In die psychoanalytische Standardtherapie mußten dabei freilich auch Modifikationen eingefügt werden, um mit den krankheitsspezifischen Schwierigkeiten dieser Menschen angemessen umgehen zu können. Heutzutage hat sich die Auffassung eingebürgert, daß für die Indikationsstellung nicht so sehr die diagnostischen Abgrenzungen wichtig sind (ein Patient mit einem neurotischen Symptom hat ohnedies häufig auch charakterstrukturelle Fehlhaltungen oder psychosomatische Symptome), sondern eher die Erfassung verschiedener Einstellungen des Patienten zu seinem konflikthaften Erleben zu berücksichtigen ist. Die bei vielen gutsituierten Mittel- und Oberschichtangehörigen anzutreffende Einstellung „Wasch mich, aber mach mich nicht naß", d. h. gib mir möglichst schnell einen Ratschlag, wie ich mein lästiges Symptom loswerde, aber erwarte nicht von mir, daß ich selbst aktiv mitarbeite, ist z. B. viel eher ein Grund dafür, keine Psychoanalyse mit dem Betreffenden durchzuführen, als die hochmütige Mitteilung eines narzißtisch gestörten Menschen, er habe aufgrund seiner umfangreichen Kenntnisse über Psychoanalyse zwar viel Skepsis gegenüber diesem Verfahren, aber für ihn sei die psychoanalytische Behandlung noch ein letzter Versuch, mit seinem unbefriedigenden Leben besser zu Rande zu kommen.

Bei der Indikationsstellung, d. h. bei der Entscheidung darüber, ob überhaupt ein psychoanalytisches Verfahren angezeigt ist, und wenn ja, welches psychoanalytische Verfahren im besonderen für diesen Patienten sinnvoll ist, geht es um die Einschätzung verschiedener Fragestellungen (vgl. Heigl 1972):

– Wie stark hängt der Patient an bestimmten Ersatzbefriedigungen? Z. B. zeigt sich bei Alkoholsüchtigen oder Drogenabhängigen eine starke, durchaus lustvolle Fixierung an diese Form der Ersatzbefriedigung, was eine psychoanalytische Arbeit zunächst stark erschweren wird.

– Inwieweit hindern die körperlichen oder seelischen Krankheitserscheinungen den Patienten, berufliche oder private Tätigkeiten in normalem Umfang wahrzunehmen? Die Angst, auf die Straße zu gehen und in der Öffentlichkeit aufzutreten, kann z. B. so stark sein, daß der Betreffende kaum noch seine Wohnung verläßt, so daß auch zwischenmenschliche Beziehungen weitgehend verkümmern.

– Seit wieviel Jahren besteht bereits die neurotische Symptomatik? Erfahrungsgemäß lassen sich längerdauernde (chronifizierte) Störungen schwieriger therapieren, weil der betreffende Patient, um mit seinen Behinderungen leben zu können, verschiedene neurotische Arrangements getroffen hat oder seine neurotischen Schwächen gar als Vorzüge auffaßt.

– Welche Einstellung weist der Patient zu seinen Symptomen auf? Wenn ein Patient mit einer psychisch verursachten (meist körperlichen) Symptomatik auf der organischen Entstehung seiner Krankheit beharrt, sind die neurotischen Charakterzüge zumeist stärker ausgeprägt als bei jemandem, der anerkennen kann, daß die Symptome mit seiner Erlebnisverarbeitung zu tun haben, und daß er folglich dafür auch Verantwortung übernehmen muß. Manche Menschen wollen geradezu körperlich krank sein, weil ihnen die Diagnose einer körperlichen Krankheit ihre seelische Gesundheit attestiert.

– Bei der psychoanalytischen Psychotherapie, die davon ausgeht, daß ein Symptom nur ein Ausdruck eines tieferliegenden Konfliktes ist, findet dementsprechend die Bearbeitung des zugrunde liegenden Konfliktes statt. Patienten, welche die Vorstellung haben, der Therapeut müsse unbedingt therapeutisch sofort das Symptom angehen, z. B. die Errötungsangst, die Selbstunsicherheit, die Kopfschmerzen, sind immer dann stark enttäuscht, wenn sich nach einigen Behandlungsstunden die Symptomatik noch nicht verändert hat. Die im Alltagsbewußtsein weit verbreitete Einstellung über die ärztliche Aufgabe („der Arzt diagnostiziert meine Störung und verschreibt mir anschließend ein Medikament, was zur alsbaldigen Beseitigung der Störung führen wird") wirkt sich gerade in der psychoanalytischen Behandlungssituation negativ aus, weil der Psychoanalytiker zwar die Schilderung der Symptome zur Kenntnis nimmt, aber keine Ratschläge zur Linderung derselben erteilt.

– Wie geht der Patient mit seinen Symptomen um? In der Psychoanalyse spricht man vom sekundären Krankheitsgewinn: Vorteilen, die jemand aus seiner Störung beziehen kann. So kann z.B. ein Patient mit einer angstneurotischen Symptomatik besondere Rücksichtsmaßnahmen von seiner Familie verlangen; das Familienleben erhält auf diese Weise den Charakter eines Sanatoriums. Manche Patienten verstehen es auch, sich mit Hilfe ihrer Störungen materielle Vorteile zu verschaffen, was verständlicherweise die Motivation für eine psychoanalytische Therapie, die eine intensive Mitarbeit erfordert, nicht erhöht.

– In welcher Art und Weise leidet der Patient unter seiner Symptomatik? Hierbei ist die Frage zu klären, ob ein Patient vorrangig an den realen Behinderungen leidet, die ihm aus seiner Symptomatik erwachsen, oder nur an der rein subjektiven, letztlich irrealen Bedeutung seines Symptoms. So litt z.B. ein Patient mit einem Supermann-Ideal unter gelegentlich auftretenden Anzeichen von Impotenz, was ihn ungemein störte, da diese für ihn eine starke Kränkung seiner Größenphantasien („ich muß und will immer der superpotente Mann sein") darstellte. Die für den Therapeuten rasch erkennbaren Beziehungsstörungen (Frauen waren für diesen Mann letztlich austauschbar und dienten ihm nur zur Befriedigung seines narzißtischen Selbstwertgefühls) verursachten diesem Patienten hingegen überhaupt keinen Leidensdruck. Er litt unter seinem Prestigeverlust, aber nicht unter den wirklichen Beeinträchtigungen seiner Beziehungs- und Liebesfähigkeit. Diese Überlegungen machen deutlich, daß das globale Kriterium des Leidensdruckes differenzierter betrachtet werden muß, um die prognostische Wertigkeit angemessen einschätzen zu können.

– Durch welche Situationen wurde die Symptomatik ausgelöst? Im allgemeinen gilt die Faustregel, daß eine neurotische Störung um so schwerer ist, je weniger belastend die Auslösesituation gewesen ist. Reagiert jemand schon z.B. bei der Ablösung vom Elternhaus oder beim Eintritt ins Berufsleben mit langanhaltenden depressiven Verstimmungen, so ist zu vermuten, daß der Betreffende eine erhebliche neurotische Störung aufweist. Der gesunde Mensch reagiert zwar auch auf schwere Schicksalsschläge (wie z.B. Verlust einer geliebten Person) mit vorübergehenden Reaktionen von Depressivität und Trauer, jedoch stehen diese zumeist in angemessener Relation zur Schwere der aufgetretenen Krise.

Neben diesen Kriterien spielen auch weitere charakterstrukturelle Faktoren eine Rolle für die Einschätzung, ob es sich eher um eine leichte oder schwere neurotische Störung handelt, wonach sich die Beurteilung der reellen Heilungschancen bemißt. Zu erwähnen sind hierbei der Grad der Gestörtheit des Selbstwertgefühls (z. B. in Form rascher Kränkbarkeit), die Unfähigkeit, Frustrationen zu ertragen, neurotische Ideologiebildungen (jemand begründet z. B. seine neurotischen Kontaktstörungen als angemessene Reaktion auf die bedrohliche Weltsituation) und das Ausgeprägtsein illusionärer Erwartungen (z. B. „die anderen Menschen sind dazu da, sich ausschließlich um mich zu kümmern, also muß der Analytiker auch alles für mich tun, um mich von meinen Störungen zu befreien, ohne daß ich mich dabei anzustrengen brauche“).

Zusammenfassend läßt sich festhalten, daß eine Psychoanalyse immer dann angezeigt ist und gute Erfolgschancen verspricht, wenn der Patient von sich aus stark motiviert ist, mit dem Psychoanalytiker zusammenzuarbeiten, um seine durch die neurotische Symptomatik bedingten Beeinträchtigungen seines Selbstgefühls und Beziehungserlebens, seine Hemmungen bestimmter vitaler Strebungen und Gefühlsäußerungen zu verändern. Dies wird vor allem dann gut gelingen, wenn ein Patient eine geringe Neigung zu Ersatzbefriedigungen hat, für seine psychische und (psychisch verursachte) körperliche Symptomatik die Verantwortung übernimmt und in nur geringem Umfang neurotische Ideologiebildungen und übertriebene Heilungsansprüche aufweist. Darüber hinaus ist es bei der psychoanalytischen Therapie wichtig, daß jemand Interesse für die Erforschung unbewußter und lebensgeschichtlicher Zusammenhänge hat, daß es ihm quasi Freude bereitet, sich selbst in seinen vielfältigen Motivationen und Einstellungen mit Hilfe der therapeutischen Beziehung kennenzulernen.

Nachdem sich jemand entschlossen hat, einen psychoanalytischen Therapeuten aufzusuchen, wird er leider zunächst einmal mit einer gewissen Wartezeit konfrontiert. Mit dieser Wartezeit will der Psychoanalytiker nicht die Geduld oder Beharrlichkeit des Hilfesuchenden auf die Probe stellen, sondern er sieht sich zumeist aufgrund seiner beruflichen Belastung dazu gezwungen. Die Wartezeit dient gelegentlich auch zum nochmaligen Überdenken der Absicht, eine längerfristige psychoanalytische Therapie machen zu wollen. Denn diese erfordert von jemandem, der sich dazu entschlossen hat, ein starkes Engagement, an sich selbst zu arbeiten, eine gewisse zeitliche Belastung und auch – sofern die Therapie über die Dauer der Kassenfinanzierung hinaus fortgesetzt wird – ein nicht unerhebliches finanzielles Opfer (das Honorar für eine psychoanalytische Sitzung beträgt derzeit im Durchschnitt 80,– DM bis 90,– DM).

Psychoanalytische Situation und Grundregel

Die Struktur der psychoanalytischen Situation ist dadurch gekennzeichnet, daß sich Analytiker und Patient zwischen drei- und fünfmal die Woche zu festgesetzten Zeiten für etwa 50 Minuten treffen, in denen der Analytiker den freien Einfällen des Patienten mit einer gleichschwebenden, d. h. sich auf kein Detail übermäßig fixierenden, Aufmerksamkeit folgt. Gelegentlich stellt er eine klärende Frage, teilt eine Deutung mit und bemüht sich, eine Atmosphäre zu schaffen, die ein weitgehend freies und spontanes Assoziieren des Patienten ermöglicht. Die Methode der freien Assoziation ist ein wesentlicher Bestandteil der psychoanalytischen Behandlungstechnik, und so einfach es einem zunächst erscheinen mag, alles zu sagen, was einem gerade an Vorstellungen, Phantasien, Empfindungen, Argumenten einfällt, so schwierig ist es dennoch, diese von alltäglicher Konversation und Kommunikation stark abweichende Redeform einzuhalten.

Freud gab in seinen behandlungstechnischen Schriften folgenden Hinweis für die Bekanntmachung der Grundregel, die der Analytiker dem Patienten zu Beginn der Therapie mitteilt: „Noch eines, ehe Sie beginnen, Ihre Erzählung soll sich doch in einem Punkte von einer gewöhnlichen Konversation unterscheiden. Während Sie sonst mit Recht versuchen, in Ihrer Darstellung den Faden des Zusammenhangs festzuhalten, und alle störenden Einfälle und Nebengedanken abweisen, um nicht, wie man sagt, aus dem Hundertsten ins Tausendste zu kommen, sollen Sie hier anders vorgehen ... Sie werden versucht sein, sich zu sagen: Dies oder jenes gehört nicht hierher, oder es ist ganz unwichtig, oder es ist unsinnig, man braucht es darum nicht zu sagen. Geben Sie dieser Kritik niemals nach und sagen Sie es trotzdem, ja gerade darum, weil Sie eine Abneigung dagegen verspüren. Den Grund für diese Vorschrift – eigentlich die einzige, die Sie befolgen sollen – werden Sie später erfahren und einsehen lernen: Sagen Sie also alles, was Ihnen durch den Sinn geht" (1913, S. 194).

Erst nach und nach wird ein Patient lernen, diese ungewohnte und neuartige Redeform ansatzweise zu praktizieren. Neuartig ist für ihn auch, daß die Gesprächsinitiative hauptsächlich bei ihm liegt, daß also nicht der Therapeut den aktiven Part beim Gespräch übernimmt.

Des weiteren gehört zum psychoanalytischen Standardverfahren, daß der Patient auf einer Couch liegt, während der Psychoanalytiker hinter ihm sitzt. In seiner Schrift ‚Zur Einleitung der Behandlung' spricht Freud (1913) diese Anordnung an und verweist auf die Notwendigkeit, ,,den Kranken auf einem Ruhebett lagern zu lassen, während man hinter ihm, von ihm ungesehen, Platz nimmt", und begründet dies u. a. mit dem folgenden Argument: ,,Da ich mich während des Zuhörens selbst dem Ablauf meiner unbewußten Gedanken überlasse, will ich nicht, daß meine Mienen dem Patienten Stoff zu Deutungen geben oder ihn in seinen Mitteilungen beeinflussen" (S. 193).

Während im Alltag zumeist eine Face-to-face-Interaktion (abgesehen vom Telefongespräch) gegeben ist, wo nonverbales Ausdrucksverhalten, wie z. B. Mimik und Gestik, die verbale Kommunikation begleitet, wird dies im klassischen Setting aufgehoben. Dies führt auf seiten des Patienten zunächst zu einer Verunsicherung, da neben dem ausbleibenden verbalen Feedback nun auch noch die Gesprächskontrolle, z. B. im Blickkontakt, entfällt. Beim Patienten kann das Bedürfnis entstehen, daß doch nun endlich der Analytiker etwas sagen, einen Kommentar abgeben, sein Einverständnis mit dem Geäußerten erklären oder eine Frage stellen soll. Diese in der alltäglichen Gesprächssituation rechtmäßigen Erwartungen im Hin und Her von Sprechen und Zuhören, Fragen und Antwortgeben finden in der psychoanalytischen Situation keine Erfüllung. Deswegen ist es auch wichtig, daß anfänglich der Psychoanalytiker immer wieder darauf hinweist, daß diese Form des nicht-reziproken Dialogs eine sinnvolle und notwendige Voraussetzung für das Gelingen der psychoanalytischen Therapie darstellt. So wird er etwa auf eine Frage des Patienten antworten, daß er diese im gewissen Umfang beantworten wird, daß es aber zunächst wichtig ist, etwas über die Motive des Patienten zu erfahren, die ihn zu dieser Frage bewegt haben. Diese Aufhebung konventioneller Gesprächsformen, die eine längere Einübungsphase erforderlich macht (vgl. Koerfer & Neumann 1982), wird aber nicht nur als belastend empfunden, sondern schrittweise auch als großes Privileg. Denn der Patient spürt auch, daß der Analytiker ihm aufmerksam zuhört, daß er auch scheinbar trivialen Einzelheiten sein Interesse widmet und ihm dabei viel Zeit gönnt.

Darüber hinaus enthält sich der Psychoanalytiker aller Wertungen, Zustimmungen oder Äußerungen, die im Alltagsgespräch oftmals ein Einverständnis signalisieren sollen, wo im Grunde Desinteresse für den Gesprächspartner vorliegt. ,,Daß da einer nicht gleich empört, gekränkt oder moralisierend zurechtweist, sondern sein Wohlwollen durchhalten kann, auch wenn er Ungutes hört, daß er aber auch nicht beschwichtigt, bagatellisiert und entschuldigt, sondern die dunklen Dinge der Vergangenheit so klar stehen läßt und anschaut, wie der Patient selbst sie zu sehen wagt, das schafft eine Atmosphäre, in der ein Mensch den Mut fassen kann, sich selbst schlicht und wahrhaftig auszusagen. Das ist in anderen menschlichen Beziehungen so selten möglich, weil kein Partner dem anderen so für sich selbst uninteressiert und Freiheit gewährend gegenübertreten kann noch darf, so anspruchslos, so unkonkurrierend, so wenig gefährdet, beengt und zur Selbstbehauptung gezwungen, so wenig auch zur Autorität verpflichtet wie der Psychotherapeut dem Kranken" (Görres 1965, S. 35f.).

Das Ausbleiben zensierender Äußerungen verweist auf eine Empfehlung, die Freud an die Person des Analytikers gerichtet hat. Komplementär zur Grundregel der freien Assoziation verhält sich der Analytiker weitgehend abstinent in bezug auf Mitteilungen über seine eigene Person, eigene Probleme und Konflikte, des weiteren in bezug auf moralische Wertungen, erzieherischen Ehrgeiz, manipulative oder suggestive Ratschläge. Ohne die Gefahr von Sanktionen und Mißbilligungen kann deshalb der Patient seine Einfälle und auch seine Einstellungen gegenüber dem Analytiker mitteilen; er bewegt sich praktisch in einem Schonraum, in dem sonst übliche gesellschaftliche Normen zu einem gut Teil außer Kraft gesetzt sind. Wenn z. B. ein Patient die Phantasie äußert, sich auf der Couch entleeren zu wollen und anschließend vom Analytiker liebevoll gesäubert werden möchte, so reagiert der Analytiker nicht mit einer moralisierenden Aufforderung, dies gefälligst bleiben zu lassen, sondern bittet den Patienten, diese Vorstellung noch weiter auszuphantasieren. Dabei kann z. B. zum Vorschein kommen, daß der Patient testen wollte, ob die Anteilnahme des Analytikers auch wirklich echt ist, und ob dieser anders reagieren wird als seine reinlichkeitsfanatische Mutter, die das Kind wegen jedes Fleckens übermäßig tadelte. Auch den sich andeutenden homosexuellen Phantasien kann in dem Bild von der liebevollen Säuberung nachgegangen werden usf.

Die Zurückhaltung in bezug auf Mitteilungen über die eigene Person bewirkt, daß der Analytiker in einem gewissen Umfang für den Patienten eine unbekannte Person bleibt. Zwar sagen allein schon die Einrichtung des Therapiezimmers, die Art der Begrüßung und des Verabschiedens, der Stil der Interventionen einiges über die Persönlichkeit des Analytikers aus, doch es bleiben noch genügend weiße Flecken zurück, die für den Patienten eine terra incognita darstellen. Dies bietet ihm die Gelegenheit, in den Analytiker Eigenschaften, Einstellungen und Bedürfnisse hineinzuphantasieren, die vielleicht zu einem Großteil seine eigenen sind oder auch früheren Erlebnissen mit für ihn wichtigen Bezugspersonen, wie z.B. Eltern, Geschwistern, Lehrern und anderen Autoritätspersonen, entstammen.

Übertragung

Sah es Freud zunächst als einen Nachteil an, daß „die persönliche Beziehung zum Arzt sich ... ungebührlich in den Vordergrund drängt" (1893–1895, S. 286), so lernte er die entscheidende Bedeutung der Übertragung im Fall ‚Dora' (1905) dadurch kennen, daß es ihm bei dieser Patientin nicht gelang, die Übertragung zu erkennen und damit umzugehen. Sieben Jahre später schrieb Freud (1912) die Abhandlung ‚Zur Dynamik der Übertragung', und seit dieser Zeit gelten die Übertragung und die Analyse der Übertragung als die wichtigsten und unverzichtbaren Bestandteile der psychoanalytischen Therapie.

Wenn z.B. ein Psychoanalytiker erlebt, daß er vom Patienten als jemand gesehen wird, der einerseits helfend und klärend ist, und daneben aber auch als jemand, der immer nur Leistungen fordert und sehr streng ist, und er diese zuletzt genannte Rollenzuweisung nicht mit seiner Selbstwahrnehmung in Übereinstimmung bringen kann, wird er davon ausgehen, daß ihm als Beziehungspartner etwas unterstellt wird. Er wird dies als Anzeichen dafür werten, daß sich vergangene Beziehungserlebnisse des Patienten in die gegenwärtige Beziehung eingeschlichen haben, was ja auch durch die angesprochene Abstinenzhaltung des Psychoanalytikers bewußt gefördert wird.

Übertragung wird somit definiert als das Erleben von Gefühlen, Phantasien, Einstellungen und Abwehrhaltungen gegenüber dem Therapeuten, wobei dieses Erleben aufgrund der unbewußten Aktualisierung einer früheren Beziehung zu einer verzerrten Fremdwahrnehmung mit entsprechenden Handlungskonsequenzen führt und der gegenwärtigen Situation nicht angemessen ist. „Übertragung ist eine Wiederholung, eine Neuauflage einer alten Objektbeziehung. Sie ist ein Anachronismus, ein Irrtum in der Zeit. Eine Verschiebung hat stattgefunden; Triebimpulse, Gefühle und Abwehrhaltungen, die sich auf eine Person in der Vergangenheit beziehen, sind auf eine Person der Gegenwart verschoben worden. Dies ist ein in erster Linie unbewußtes Phänomen, und die Person, die mit Übertragungsgefühlen reagiert, ist sich weitgehend der Verzerrung nicht bewußt" (Greenson 1973, S. 163f.).

Wenn sich ein Therapeut auf diesen Prozeß der Übertragung einläßt, gelingt es ihm mit Hilfe empathischer Wahrnehmung schrittweise, die verdrängten, aber in der Hier-und-Jetzt-Beziehung aktualisierten Beziehungsmuster zu einem Modell der unbewußten Persönlichkeit des Patienten zusammenzufügen. Beziehungsorientiert fragt sich der Analytiker: „Was macht der Analysand mit mir?" und: „Was geschieht als Reaktion auf den Analysanden in mir?" Durch diese Such- und Einfühlungshaltung in den unbewußt ablaufenden Beziehungsaspekt der vom Analysanden gemachten Äußerungen wird ein szenisches Verstehen ermöglicht.

Gegenübertragung

Lange Zeit galt die von Freud im Jahre 1910 zum ersten Mal erwähnte Gegenübertragung als ein Störfaktor, der einen verzerrenden Einfluß auf die Objektivität des Analytikers und damit auf die psychoanalytische Behandlung ausübt. Treten beim Analytiker z.B. Gefühle von Wut, Langeweile, Desinteresse oder überstarkem Mitleid auf, so können diese Regungen das Urteilsvermögen des Psychoanalytikers entsprechend beeinträchtigen. Während Freud deswegen zahlreiche Maßnahmen vorschlug, um den Einfluß subjektiver, durch den Patienten im Analytiker induzierter Gefühle gering zu halten bzw. gänzlich auszuschalten, betrachtet man die Gegenübertragungs-Gefühle in der heutigen Psychoanalyse als wichtige diagnostische Möglichkeit, bestimmte unbewußte Inszenierungen des Patienten subtil registrieren zu können.

Gegenwärtig versteht man unter Gegenübertragung die „spezifische, nicht-neurotische Reaktion des Analytikers auf die Übertragung seines Patienten" (Möller 1977, S. 145). Übertragung des Patienten und Gegenübertragung des Analytikers bilden so gesehen eine aufeinander bezogene Einheit. Das neurotische Reagieren des Analytikers, also seine eigene (neurotische) Übertragung auf den Patienten, ist von dieser Definition folglich ausgeschlossen. Wie schwierig es oftmals sein kann, trotz richtigen Herausspürens der verschiedenen, vom Patienten geäußerten Übertragungen letztlich nicht doch noch von unreflektierten, neurotischen Haltungen in seiner Interpretation beeinflußt zu werden, zeigt ein in seiner Offenheit sympathisches und lehrreiches Beispiel von Scheunert (1959/60, S. 586f.):

Eine Patientin hatte nach einer ernsteren Krankheit des Analytikers eine sehr besorgte Haltung für ihn entwickelt und zeigte ihm durch kleine Geschenke ihre besondere Fürsorglichkeit. In einer Ebene ihres

Beziehungsverhaltens war es ein zaghafter Versuch, überhaupt eine aktive Zuwendung zu einem Mann zu vollziehen, was sie seit der Kindheitskatastrophe in der Beziehung zum Vater nicht mehr gewagt hatte. In einer zweiten Ebene kam darin die Angst zum Ausdruck, daß sie den Vater-Analytiker wiederum zur Unzeit verlieren könne, so wie sie zur Zeit des ersten Aufkeimens der ödipalen Liebe ihren leiblichen Vater plötzlich grausam verloren hatte. In einer dritten und zeitlich früheren Ebene war aber darin auch ihre Identifizierung mit der im Bewußtsein eher gehaßten, sehr besitzansprüchlichen und allzu kontrollierenden Mutter enthalten. Nach einiger Zeit sprach der Analytiker ihre fürsorgliche und besorgte Haltung in der folgenden Form an: „Ist es Ihnen selber schon aufgefallen, daß Sie in letzter Zeit dazu neigen, mich etwas zu bemuttern?" Die Patientin reagierte auf diese Intervention mit intensiver Angst. Obwohl der Analytiker die Aspekte der Vater-Übertragung sehr wohl richtig erkannt hatte, hatte er einen Aspekt der Mutter-Beziehung der Patientin in den Vordergrund gerückt und dabei unterschätzt, wie wenig die Patientin zu diesem Zeitpunkt in der Lage war, den Gedanken anzunehmen, daß ein Teil der von ihr so abgelehnten Mutter, unter der sie so gelitten hatte, in ihr sei.

Jede Gegenübertragung hat eine Subjekt- und Objektdimension. Bei der Subjektdimension der Gegenübertragung empfindet der Analytiker gefühlsmäßig und kognitiv sich selbst wie der Patient (also z. B. abhängig, eingeschüchtert, gedemütigt, trotzig usf.), während er in der Objektdimension sich so empfindet, wie der Patient ihn durch die Brille der Übertragung sieht (also z. B. als kontrollierenden, autoritären, kränkenden, fordernden Elternteil). Denn in der Übertragung wird eine Beziehungsvorstellung mitsamt den dazugehörigen Gefühlen wiederbelebt. Diese Beziehungsvorstellung besteht immer aus dem Selbstbild (Selbstrepräsentanz) und dem Bild vom anderen (Objektrepräsentanz).

Widerstand

Anders als in den Frühstadien der Psychoanalyse, wo Widerstände in der hypnotischen Beeinflussung einfach zu überrumpeln versucht wurden, müssen nun die Hindernisse, die bei dem Bestreben auftreten, alles freimütig zu erzählen, sorgfältig analysiert werden. Ein Patient merkt z. B., daß er keine rechte Lust hat, über sich zu erzählen, daß ihm zu seinen Träumen partout keine Einfälle kommen, daß er Zweifel bezüglich des ganzen Verfahrens hegt, daß er sich Gedanken macht, ob sein Therapeut wirklich der richtige Analytiker für ihn ist, daß er zu spät kommt oder Stunden einfach vergißt oder auch daß er sich in nebensächliche Details verrennt, daß er über längst vergangene Dinge spricht usf. Gewiß geschieht dies alles nicht absichtlich, denn warum sollte ein Patient es darauf anlegen, die psychoanalytische Aufklärungsarbeit zu blockieren? Beim Widerstand handelt es sich vielmehr um ein mehr oder weniger unbewußtes Geschehen, um die Manifestation von bestimmten Abwehrvorgängen, die auch außerhalb der analytischen Situation den Patienten an seiner vollen Erlebnisfähigkeit hindern, nun aber gleichsam forciert und gebündelt in der Beziehung zwischen Analytiker und Patient zum Vorschein kommen. Nicht jede Ablehnung der Analyse muß einen Widerstand in dem hier verstandenen Sinn darstellen. Magisches, suggestives, autoritäres oder grob uneinfühlsames Verhalten des Analytikers kann auch Anlaß zu einer realistischen Kritik und begründeten Ablehnung des betreffenden Therapeuten geben; dabei wird aber selten das gesamte Verfahren abgelehnt. Die Durcharbeitung sozusagen normaler, weil unvermeidlicher Widerstände stellt den fruchtbarsten und unverzichtbaren Bestandteil analytischer Arbeit dar.

Vom Analytiker ist beim Durcharbeiten der Widerstände zu erwarten, daß er immer wieder in geduldiger Kleinarbeit den jeweiligen Widerstand anspricht. Greenson (1973) hält hierbei die folgende Abfolge für angemessen: Zunächst wird der Umstand angesprochen, *daß* der Patient etwas abwehrt (wenn z. B. seine Einfälle stocken, wenn er einen abrupten Themenwechsel vornimmt), anschließend wird die Art, *wie* abgewehrt wird, zur Sprache kommen und schließlich – und dies ist der wichtigste Punkt – gilt es herauszufinden, *welche Inhalte* der Patient vermeidet und aus *welchen Gründen.*

Bei der Klärung der Gründe oder der Motive für einen bestimmten Widerstand geht es letztlich immer um die Frage: Welche schmerzlichen Gefühle will der Patient vermeiden? Diese Gefühle, zusammen mit den Inhalten, die sie ausgelöst haben, werden in der Widerstandsanalyse durchgearbeitet. Dabei ist es nicht mehr das Ziel – wie noch in der Frühzeit der Psychoanalyse –, unbewußte Phantasien und Vorstellungen bewußt zu machen, indem man sie dem Betreffenden auf den Kopf zusagt, also sie quasi aufgrund seiner Assoziationen errät. Vielmehr geht es in der Widerstandsanalyse darum, den Widerstand gegen die Inhalte zu analysieren und zu deuten. Ein bloßes Benennen der abgewehrten Erinnerungen würde vielleicht zu einem Aha-Erlebnis führen; eine tiefergehende Änderung der Erlebnisstruktur des Patienten wird damit aber nicht erreicht. Erst das Erkennen der Abwehrkräfte und das Durcharbeiten der schmerzlichen Affekte, wie Wut, Enttäuschung, Scham oder Verzweiflung, verändern die Einstellung des Patienten zu seinen Erinnerungen, die bisher von ihm verdrängt worden sind.

Eine besonders wichtige Form des Widerstandes ist der sogenannte Übertragungswiderstand. „Mit dem Analysieren von Übertragungswiderständen bringt man mehr Zeit zu als mit jedem anderen Aspekt der analytischen Arbeit. Ungenügend analysierter Übertragungswiderstand ist die wichtigste Ursache für den Abbruch oder Stillstand von Analysen. Andererseits führt die wirksame Widerstandsanalyse zur produktivsten analytischen Arbeit" (Greenson 1973, S. 259). Um einen Übertragungswiderstand handelt es sich z. B., wenn ein Patient seinem Therapeuten gefallen will und sich deshalb nicht richtig auf die analytische Arbeit einläßt; oder wenn er mit feindseligen Gefühlen eine liebevolle, vielleicht auch homosexuelle Beziehung zum Therapeuten abwehrt. Verschiedene Übertragungswiderstände können auch zur gleichen Zeit wirksam werden, wobei dann die Aufgabe des Analytikers darin besteht, herauszufinden, welcher Aspekt zunächst analysiert werden soll.

Traumanalyse

Der Traum, der von Freud (1900) als ‚Königsweg' zum unbewußten Bereich des Seelenlebens bezeichnet wurde, hat auch in der modernen Psychoanalyse einen sehr wichtigen Stellenwert. Nach wie vor wird davon ausgegangen, daß Menschen in ihren Träumen alte Konflikte zu lösen versuchen, ihr Selbstwertgefühl ausgleichen und neue kreative Erlebnismöglichkeiten phantasieren. Während des Schlafens sind normative Vorstellungen (Freud sprach von einem „Traumzensor") deutlich verringert, aber trotzdem noch wirksam; aus diesem Grund zeigt sich die Traumphantasie selten in ihrer unverhüllten Form, sondern durch unbewußte Abwehroperationen entstellt. So werden z. B. bei der *Verdichtung* mehrere Elemente aufgrund ihres gemeinsamen Nenners zu einer bildhaften Gestalt verdichtet oder ein Teil kann – im Sinne des *Pars-pro-toto*-Prinzips für etwas Ganzes stehen; bei der *Verschiebung* werden Personen, Gegenstände oder Gefühle ausgetauscht; bei der *Symbolisierung* werden Vorgänge oder Personen als Symbole abgebildet. Was der Träumer nach dem Aufwachen erinnert, hat immer schon eine *sekundäre Bearbeitung* gefunden, d. h., daß die *latenten Traumgedanken* und -phantasien in eine logische Abfolge gebracht werden, irreale Phantasmata realistisch umgedeutet werden. Was schließlich als Traumbericht erinnert wird, bezeichnet man als den *manifesten Traum*, der wie ein neurotisches Symptom eine Kompromißlösung zwischen den unbewußten Wünschen und den zensierenden, normativen Strebungen (= Anteile des Ich und des Über-Ich) darstellt.

Die Traumanalyse oder -interpretation besteht nun darin, den unbewußten Sinn, den dieser Traum für den betreffenden Patienten hat, zu rekonstruieren. Dabei kann sowohl die genaue phänomenologische Analyse des manifesten Traumes als auch die Interpretation des latenten Traumgedankens wertvolle Aufschlüsse über das Unbewußte liefern. Anhand des manifesten Traumes erfährt der Analytiker, wie abgewehrte latente Traumgedanken ich- und vernunftgemäß ausgestaltet werden und welche affektiven, triebmäßigen Erlebnisanteile überhaupt erlebbar sind. Anhand der Analyse des latenten Traumes wird offenkundig, welche unbewußten Konflikte den Träumer bewegen.

Manche Patienten haben Schwierigkeiten, Träume zu erinnern, was gemeinhin als Widerstand betrachtet wird. Häufig können sich hinter diesem Widerstand, Träume zu erzählen oder überhaupt zu erinnern, feindselig-aggressive oder erotisch-sexuelle Regungen gegenüber dem Analytiker verbergen. Für den Umgang mit dem Nicht-Träumen von Patienten ist es zunächst wichtig, angstentlastend zu wirken, z. B. nicht die Einstellung zu vermitteln, daß hierdurch die analytische Arbeit insgesamt gefährdet sei. Darüber hinaus ist es notwendig, die Motive zu erforschen, die den Patienten vom Erinnern seiner Träume abhalten.

Bei der Traumanalyse ist es wichtig, sich auf solche Aspekte zu konzentrieren, die für die gegenwärtige Konfliktdynamik des Patienten – auch in Abhängigkeit vom Stand der Therapie – am meisten Aufschluß versprechen. Darüber hinaus soll die Traumanalyse bewirken, daß ein Mensch gefühlsmäßig von den brachliegenden Impulsen und Strebungen erschüttert wird, so daß er motiviert wird, diese latenten Kräfte für ein befriedigenderes Leben freizusetzen.

Da Träume eher einem Kunstwerk vergleichbar sind als einem exakten Text, gibt es grundsätzlich verschiedene Deutungsmöglichkeiten, die auch je nach tiefenpsychologischer Schulrichtung differieren. Kemper (1955) hat folgende Möglichkeiten unterschieden, Träume zu interpretieren: Objektstufendeutung, Subjektstufendeutung, Übertragungsdeutung und kategoriale Deutung. Bei der Deutung auf der Objektstufe spiegelt das Traumgeschehen Erlebnisse mit realen Umweltpersonen wider. Die Autoritätsperson im Traum z. B. ist der Niederschlag der Eindrücke, die der Träumer in der Beziehung zu seinem realen Vater gewonnen hat. Bei der Subjektstufendeutung werden im Traum vorkommende Personen als Personifizierung eigener Wesenszüge des Träumers angesehen. Aggressive Handlung einer Traumperson werden bei dieser Deutungsrichtung als eigene unterdrückte aggressive Regungen identifiziert. Die Übertragungsdeutung greift das Traumgeschehen unter dem Aspekt der Beziehung zwischen Analytiker und Patient auf. Fühlt sich der Träumer z. B. von einem furchteinflößenden Mann verfolgt, kann der Analytiker die Überlegung anstellen, in welchem Umfang die Einschätzung einen Realitätsaspekt aufweist, inwieweit der Patient eigene Tendenzen in ihn hineinprojiziert oder frühere Erlebnisse auf seine Person überträgt. Die kategoriale Deutung versucht eine Zuordnung wesentlicher Trauminhalte zu bestimmten Bedürfnis- und Affektkategorien (wie z. B. Neugierde, Sexualität, Eifersucht, Neid usw.). Jede Deutungsperspektive hat ihre Vor- und Nachteile und kann deshalb auch nicht schematisch gehandhabt werden. Über die Vorteile der Übertragungsdeutung z. B. schreibt Elhardt (1960): „Während die Objektstufendeutung quasi fern vom Schuß und in der Vergangenheit bleiben kann, wird die Deutung auf der Übertragungsebene zu einem u. U. viel verbindlicheren Akt der Konfrontierung, was zu einer dichteren und fruchtbareren emotionalen Evidenz und Resonanz führen kann. Es eröffnet sich mehr Raum für konkretes Erleben ... das ja letztlich für die Heilung von größerer Valenz ist als intellektuelles rückwärtsgewandtes Verstehen. Weiter ist sie von besonderem Wert in gewissen kritischen Stadien des Behandlungsablaufs, z. B. zur ersten Registrierung von Widerständen, die noch bewußtseinsfern sind, deren Erfassung aber über den Weiterverlauf der Analyse entscheiden kann. Der Traum auf der Übertragungsebene kann gewissermaßen zum feinsten Sinnesorgan des Menschen werden" (S. 281 f.).

Eine besondere Bedeutung kommt dem Initialtraum, d. h. dem ersten vom Patienten berichteten Traum in der Psychoanalyse zu (vgl. Becker 1972).

Reale Beziehung und Arbeitsbündnis

Wäre die Beziehung zwischen Analytiker und Analysanden nur von Übertragungen geprägt, dann könnte zwar unbewußtes Material in der Analyse auftauchen, aber der Analysand wäre nicht in der Lage, es als solches zu erkennen. In der Übertragungsbeziehung befindet sich ein Patient gleichsam immer in einem regressiven Zustand seiner Persönlichkeit; die Vermittlung von Einsicht in Sinneszusammenhänge erfordert aber vom Patienten einen anderen, weniger regressiven Bewußtseinszustand, oder mit anderen Worten: ein der jeweiligen Realität angemessenes, sinnvolles, ichgerechtes Verhalten. Diese Einstellung ist von Greenson (1973) als Arbeitsbündnis bezeichnet worden. Dieses verlangt vom Patienten als auch vom Therapeuten die Aufrechterhaltung einer Doppelrolle: Der Patient muß in einer Art Ich-

Spaltung zwischen der regressiven Hingabe an das freie Assoziieren (in dessen Verlauf dann Übertragungsphantasien auftauchen) und dem Zustand des Sichselbstbeobachtens und Mitanalysierens alternieren können; der Psychoanalytiker muß die Kompetenz besitzen, beide Kommunikationsebenen aufrechtzuerhalten, denn ein Zusammenbrechen des Arbeitsbündnisses würde zum Abbruch der Analyse und ein Nichtzustandekommen der Übertragung zu einem Mißerfolg der Analyse führen. Wenn der Analytiker eine Deutung gibt, bittet er den Patienten, daß dieser vorübergehend sein freies Assoziieren aufgibt und zusammen mit seinem Therapeuten betrachtet, was er gerade erlebt hat. Im Arbeitsbündnis identifiziert sich somit der Patient mit dem analysierenden Vorgehen des Analytikers und macht sich diese Haltung vorübergehend zu eigen.

Von dem Arbeitsbündnis als einer übertragungsfreien Beziehung unterscheidet Greenson (1973) noch andere, ebenfalls relativ übertragungsfreie Interaktionen zwischen Analytiker und Patient, die er unter dem Begriff der realen Beziehung zusammenfaßt. Diese reale Beziehung entsteht zum einen allein schon deshalb, weil es dem Analytiker trotz seines Bemühens gar nicht möglich ist, bestimmte Eigenheiten seiner Person zu verbergen. Darüber hinaus ist eine gewisse Offenheit auch notwendig, „weil zu einem neutralen Spender von Deutungen, einer ‚Deutungsmaschine', niemand Vertrauen entwickeln könnte" (Schröter 1974, S. 56). Die reale Beziehung basiert somit von seiten des Patienten auf der Wahrnehmung der objektiven Eigenschaften des Analytikers (wie z.B. seiner Anteilnahme, Wärme, seines beruflichen Könnens) und des Therapeuten auf dem Respekt und der Sympathie für den jeweiligen Patienten.

Psychotherapie nach Adler und Jung

Mehr von den soziokulturellen Sozialisationserfahrungen als von der affektiven und triebmäßigen Entwicklung ausgehend, machte Alfred Adler die Macht-Ohnmacht-Relation des Kindes im Erziehungsprozeß zum Thema. Das an sich zum Altruismus und Gemeinschaftsgefühl befähigte Kind erwirbt aufgrund autoritärer Erziehungspraktiken ein mehr oder weniger tiefgehendes Minderwertigkeitsgefühl, das es im weiteren Verlauf seines Lebens durch ein betontes Macht- und Geltungsstreben zu kompensieren versucht. Diese Kompensationsversuche stellen im allgemeinen neurotische Arrangements dar und können sich zu einer neurotischen Lebensleitlinie verdichten. Mit diesen Auffassungen hat Adler viele Themen, die in der heutigen Psychoanalyse intensiv diskutiert werden, schon vorweggenommen; vor allem die in den letzten zwei Jahrzehnten erfolgte Narzißmusdiskussion, bei der es um die Entwicklung eines gesunden bzw. gestörten Selbstwertgefühls ging, zeigt viele Berührungspunkte mit dem Gedankengut von Adler.

Neben einigen wissenschaftshistorischen Gründen, aufgrund derer sich die von ihm geschaffene Individualpsychologie in Theorie und Praxis nicht recht durchsetzen konnte, spielen vor allem inhaltliche Gesichtspunkte dabei eine Rolle. So bedeutsam Adlers anthropologische Aussagen über die Natur des Kindes auch sind, die im übrigen auch von empirisch arbeitenden Entwicklungspsychologen bestätigt werden können, hat doch die Betonung der sozialen Natur des kleinen Kindes theoretische Vereinseitigungen zur Folge, die auch im therapeutischen Prozeß Konsequenzen zeitigen müssen. Die Unterbewertung sexuell und aggressiv gefärbter Affekte und Motive des Kindes, die z. B. als Neid, Gier, Wut, Eifersucht, Rivalität in Erscheinung treten, führte zu einer Verdünnung des menschlichen Antriebsspektrums und zu einer vereinfachenden Sichtweise der kindlichen Entwicklung. Dementsprechend finden sich im therapeutischen Vorgehen auch viele pädagogische Maßnahmen, wie z. B. Ermutigung oder moralische Forderungen. Statt sich dem Geschehen von Übertragung und Gegenübertragung zu überlassen, um auf diese Weise die Inszenierung früher konflikthafter Eltern-Kind-Interaktionen kennenzulernen, arbeitet der Therapeut individualpsychologischer Herkunft mehr mit den bewußten Äußerungen des Patienten und versucht, neurotische Arrangements (z. B. ein ständiges Sichselbstüberfordern, um Anerkennung zu erlangen) zu besprechen. So richtig die Interpretation im zuletzt genannten Beispiel auch ist, so einseitig ist sie aber auch. Denn neben dem finalen oder adaptiven Gesichtspunkt, aus dem jemand etwas macht, z. B. um Anerkennung zu erlangen, sind in psychoanalytischer Sichtweise auch andere Betrachtungsperspektiven von Bedeutung. So könnte sich z. B. herausstellen, daß die masochistische Haltung der ständigen Überforderung eine Sühne für die Haßimpulse verkörpert, die ein Kind einstmals gegen einen Elternteil verspürte, wobei dieser Vorgang unbewußt bleibt. Zwingt ein Adlerianer seinen Patienten mit sanftem, moralischem Druck, auf sein neurotisches Spiel zu verzichten, so bleibt der unbewußte Haß mitsamt der damit einhergehenden Abwehrhandlung des Sühneleistens für den Betreffenden dennoch dynamisch bedeutsam. Ob diese latent weiterhin wirksam bleibende Psychodynamik zu Symptomverschiebungen führt, ist oftmals wiederum nur erkennbar, wenn man sich auf die unbewußt bleibenden Handlungsgründe des betreffenden Menschen einläßt; ob z. B. eine Partnerwahl selbstbestrafende Aspekte aufweist, ist für Außenstehende wie auch für den Betroffenen selbst manchmal nur nach vielen Jahren erkennbar.

Im Gegensatz zu der strengen, an naturwissenschaftlichen Idealen seiner Zeit ausgerichteten Forscherhaltung Freuds finden sich in der sogenannten analytischen Psychologie Carl Gustav Jungs viele philosophisch-metaphysische Gedankengänge und Rückgriffe auf Mythologie, Mystik und Astrologie. Am Konzept des Unbewußten festhaltend, erweitert Jung den Begriff jedoch erheblich. Während nach Freud das Unbewußte überwiegend aus nie bewußtseinsfähigen oder im Verlauf kindlicher Entwicklung verdrängten affektiven und triebmäßigen Erlebnisanteilen besteht, besteht Jungs wesentlichste Erweiterung des Konzepts in der Annahme eines stammesgeschichtlich tradierten kollektiven Unbewußten, in dem Archetypen (z. B. „die große Mutter") als jahrtausendealte Ur-Bilder der Seele ihre Wirksamkeit entfalten.

Die Annahme archetypischer Dispositionen, die dann im Verlauf der individuellen Entwicklung ihre konkrete Ausgestaltung erfahren, führt im therapeutischen Vorgehen dazu, daß der sehr stark mit Träumen arbeitende Jungianer bestimmte Themen mit einem Wissen über mythologische, völkerkundliche und religionsgeschichtliche Aspekte eines Archetyps anreichert (Methode der Amplifikation). Zwangsläufig strukturiert dadurch der Therapeut sehr viel stärker den Kommunikationsablauf, als dies in der Psychoanalyse geschieht. Obgleich dieses Verfahren gewiß faszinierende Seiten aufweist, liegt doch eine Gefahr darin, daß bei dieser Therapieform der Patient quasi eine Art von Nachhilfeunterricht in Symbolkunde und Mythologie erhält, was sich aber vermeiden läßt, wenn der Therapeut bereit ist, sein eigenes Geltungsstreben zugunsten eines stärkeren Zuhörenkönnens zurückzustellen. Da in der analytischen Psychologie von C. G. Jung die von der Psychoanalyse betonten affektiven und triebmäßigen Handlungsgründe eine weitaus geringere Rolle spielen, werden von Jung vor allem Menschen angezogen, die sich in einer Krise der Sinngebung ihres Lebens befinden oder den Eindruck haben, das Potential ihrer Selbstverwirklichungsfähigkeiten in Partnerschaft oder Beruf nicht voll ausgeschöpft zu haben.

Allgemeine Informationen

Zur Ausübung der tiefenpsychologisch fundierten Psychotherapie und Psychoanalyse sind Ärzte und Diplom-Psychologen berechtigt, die neben ihrer abgeschlossenen akademischen Ausbildung eine Vollausbildung zum Psychoanalytiker an einem anerkannten psychotherapeutischen Institut nachweisen müssen. (Ärzte können auch den Zusatztitel ‚Psychotherapie' bzw. ‚Psychoanalyse' erwerben, wenn sie einen Weiterbildungskreis absolvieren, der psychotherapeutische bzw. psychoanalytische Kompetenzen vermittelt.) Eine Liste über die anerkannten Institute in der Bundesrepublik Deutschland und Westberlin wird von der Kassenärztlichen Bundesvereinigung herausgegeben. Wenn jemand eine psychoanalytische Psychotherapie anfangen möchte, erhält er auf Anforderung von den jeweiligen Weiterbildungs-Instituten eine Liste der anerkannten Psychoanalytiker zugesandt.

Empfohlene Literatur: Cremerius, J., Hoffmann, S. O., Trimborn, W.: Psychoanalyse, Über-Ich und soziale Schicht. München: Kindler, 1979. *Elhardt, S.:* Tiefenpsychologie. Eine Einführung. Stuttgart: Kohlhammer, 1971. *Görres, A.:* Methode und Erfahrungen der Psychoanalyse. München: Kindler, 1965. *Mertens, W.:* Psychoanalyse. Stuttgart: Kohlhammer, 1981. *Muck, M. u.a.* (Hrsg.): Information über Psychoanalyse. Therapeutische, theoretische und interdisziplinäre Aspekte. Frankfurt: Suhrkamp, 1974.

2. Die Primärtherapie von A. Janov

Christoph Kraiker

Letztlich gibt es nur zwei grundsätzlich verschiedene Strategien psychotherapeutischen Vorgehens. Die eine ist gegenwarts- und zukunftsbezogen und versucht, dem Klienten die bisher fehlende Fähigkeit zu vermitteln, mit den Widrigkeiten seines Lebens besser fertig zu werden. Die andere ist vergangenheitsbezogen und versucht, die Klienten von der Last dieser Vergangenheit zu befreien. Oft genug werden beide Strategien miteinander kombiniert, es gibt aber auch ganz radikale Vertreter der einen oder anderen Richtung. Die Idee, daß der Mensch von der Last seiner Vergangenheit befreit, sozusagen erlöst werden müsse, wurde und wird in der von A. Janov begründeten Primärtherapie am konsequentesten in die therapeutische Praxis umgesetzt.

Der Grundgedanke der Primärtherapie hat große Ähnlichkeit mit der Neurosentheorie der frühen Psychoanalyse. Ende des 19. Jahrhunderts haben J. Breuer und S. Freud die Auffassung vertreten, der Neurotiker leide an Reminiszenzen. Gemeint war damit, daß er die Erinnerung an unerträgliche Erlebnisse und

Erfahrungen aus seiner Kindheit verdrängt; diese Erlebnisse und Erfahrungen existieren jedoch weiter als unbewußte Vorstellungen, und die damit verbundenen schrecklichen Gefühle und Empfindungen von Angst und Schmerz (damals ‚Affektbetrag' der Vorstellung genannt) existieren unbewußt ebenfalls weiter und entladen sich gewissermaßen in neurotischen Symptomen. Durch die Verdrängung wird eine angemessene Bewältigung jener schrecklichen Erlebnisse unmöglich gemacht, mit der Folge, daß ihre neurotische Verarbeitung unter ungünstigen Umständen zum Dauerzustand wird.

Im Verlauf der folgenden Jahrzehnte wurde die Psychoanalyse zu einem sehr verwickelten Lehrgebäude, und dementsprechend wurde auch die psychoanalytische Therapie immer verwickelter und langwieriger (vgl. S. 52ff.). Janov arbeitete ebenfalls als Psychoanalytiker, bis er – anscheinend mehr oder weniger zufällig – gegen Ende der sechziger Jahre bei einem von ihm behandelten Patienten eine Reaktion auslöste, die er später ‚primal' nannte: Der Patient stürzte zu Boden, rief gellend „Mami, Papi" und stieß schließlich unter heftigsten Bewegungen einen furchtbaren Schrei aus ... – um sich danach erleichtert und befreit zu fühlen.

Da Ähnliches dann bei anderen Patienten ebenfalls geschah, entwickelte Janov daraus eine systematische therapeutische Strategie und eine dazu passende Theorie über die Entstehung von psychischen Störungen. Diese Theorie ist eine Radikalisierung und auch Vereinfachung der geschilderten früh-psychoanalytischen Gedanken. Hemminger beschreibt sie folgendermaßen: „Janov nimmt an, daß jedes Trauma, körperlich wie psychisch, eine Art Schmerzenenergie im Organismus zurückläßt. Dieser Primärschmerz oder Urschmerz muß ähnlich wie eine elektrische Ladung abgeführt werden, wenn er nicht ständig im System verbleiben soll; das heißt, das Kind muß ungehindert schreien oder weinen können. Da in unserer Gesellschaft nach Janovs Meinung fast jedes Kind schwer traumatisiert wird und keines diesen Schmerz wirklich abreagieren kann, muß jedes Kind Abwehrmechanismen in seinem Zentralnervensystem aufbauen, die seine wirklichen Affekte und Empfindungen unbewußt machen. Dadurch werden seine Gefühle und sein Körpererleben irreal und symbolisch, und die in den Körper verdrängte Schmerzenenergie verursacht Muskelspannungen und andere somatische Schädigungen. Die einzige Methode, diesen Urschmerz und mit ihm die neurotischen Symptome zu beseitigen, besteht nach Janov in den Gefühlsausbrüchen der sogenannten Urerlebnisse oder Primärerlebnisse, in denen der Patient seine echten Gefühle zurückgewinnt." (1982, S. 76f.)

Die Methode

Trotz der theoretischen Ähnlichkeiten mit den frühen Auffassungen Freuds sieht die primärtherapeutische Praxis ganz anders aus. Sie soll hier kurz skizziert werden; die Darstellung beruht im wesentlichen auf zwei systematisch zusammenfassenden Arbeiten von A. Görres aus den Jahren 1976 und 1977.

In einem geeigneten (schallisolierten) Raum wird der Klient aufgefordert, sich auf den Boden zu legen und von Erfahrungen aus seiner Kindheit zu erzählen. Gerät er an schmerzliche Erinnerungen, wird er angehalten, sich in diese zu versenken. Dabei kann es sehr bald – häufig schon in der ersten Sitzung – zu einer Primärerfahrung kommen (das sog. ‚Primal'). Janov selbst schildert dies sehr ergreifend: „Ein Primal beginnt mit zunehmend tieferem Atmen, während der Körper zittern und zucken kann. Der ganze Organismus handelt als eine Einheit, die von einer überwältigenden Erfahrung erfaßt wird. Der Mensch wird in seine Kindheit befördert und ist von ihr überwältigt. Er erlebt einen Schmerz, den er nie vollständig erlebt hat. Gesicht und Haltung drücken seine Agonie aus. Im allgemeinen ziehen lebhafte, alte Szenen durch seinen Geist. Er steigt auf eine Bewußtseinsebene hinab, auf der der emotionale Ton gestaltet wird und auf der die Vorstellungen schärfer umrissen sind, als er es sich je vorgestellt hätte ... Er ist vom Anblick, den Geräuschen und einer Empfindung der Vergangenheit überwältigt. Er spürt einen großen Umbruch. Tränen, Schluchzer und Agonie stellen sich ein. Häufig ist sein Körper außer Kontrolle, manchmal windet er sich und schlägt um sich. Es kann zu Schreien, Ächzen, Wimmern, Stöhnen und tiefempfundenem, tränenreichem Weinen kommen. Der emotionale Ton ist voller Pathos und Elend. Der Patient drückt seine Bedürfnisse aus: „Halt mich fest", „Hab mich lieb", „Sei lieb zu mir". Er macht das nicht absichtlich, die Worte strömen aus ihm heraus. Manchmal fehlen die Worte, nur Stöhnen und Schluchzen sind zu vernehmen. Der Primal kann eine Stunde oder auch länger dauern. Das Feeling klingt langsam ab, und der Mensch kehrt in die Gegenwart zurück.

Das Feeling nach einem Primal ist unvergleichlich. Es ist ein tiefgehendes Gefühl der Ruhe, Entspanntheit und sehr scharfer Wahrnehmung – plötzlich ist alles kristallklar. Häufig bewegt sich der Patient danach lange Zeit nicht – er ist erfüllt von neuen Empfindungen und Einsichten, die fortdauern, bis das Feeling nachgelassen hat. Er atmet tiefer und freier. Er hat sich in einem „bewußten Koma" befunden; er war nicht nur bewußt, sondern überbewußt – nicht in einer äußeren Welt, sondern in einer inneren" (Janov 1981, S. 199f.). Wie in einer Fußnote noch bemerkt wird, sind natürlich nicht alle Primärerfahrungen gleich; es gibt jedoch gemeinsame Charakteristika.

Der Therapieverlauf selbst ist in verschiedene Abschnitte gegliedert. In der ersten Phase, die zwei bis drei Wochen dauert, sieht der Klient seinen Therapeuten an etwa 10 bis 15 Tagen, jedesmal solange er will (meist zwei bis drei Stunden), und unterzieht sich der Arbeit an seinen Primärerfahrungen. Dabei soll er seinen üblichen Lebensraum verlassen (Beruf, Familie, Wohnung) und möglichst isoliert in einem Hotel wohnen, ohne längeren Kontakt mit anderen Menschen zu haben, ohne zu lesen, fernzusehen, Radio zu hören, ohne zu rauchen und Alkohol zu trinken.

Nach der Phase der individuellen Therapie beginnt der Klient in einer Primär-Gruppe, an der er zunächst zwei- bis dreimal die Woche teilnimmt, später einmal. Diese Gruppen sind nicht gruppendynamisch orientiert, es sind keine sogenannten ‚Encounter-Sitzungen', sonderen jeder Klient arbeitet zunächst mit sich allein, wird aber natürlich auch stark beeinflußt von dem, was er von anderen sieht oder hört. Gegen Ende jeder Sitzung setzt man sich zusammen und läßt die anderen an seinen Erfahrungen und Erinnerungen teilhaben. Im Verlauf dieser Phase der Gruppenarbeit kann eine weitere Woche der individuellen Therapie eingeschoben werden. Die Arbeit in der Gruppe wird dann fortgeführt, bis die Symptome überwunden sind und der Weg zu den Primärerfahrungen auch ohne Beistand eines Therapeuten gefunden werden kann. Die Therapie dauert – nach den neuesten Angaben Janovs (1981) – insgesamt ein bis zwei Jahre oder auch noch länger, im Durchschnitt 13 bis 16 Monate. Ein frühzeitiger Abbruch bedeutet große Rückfallgefahr; mit Rückfällen und Krisen muß aber auch bei andauernder Therapie gerechnet werden, sie sind jedoch dann mit Hilfe des Therapeuten besser zu überwinden.

Die Befreiung vom Urschmerz hat zwei Ziele: erstens, alle jene Verhaltensweisen und Symptome überflüssig zu machen, die zu seiner Unterdrückung dienen oder als körperliche Fehlfunktion von ihm verursacht werden; zweitens, wieder den Zugang zu den eigenen tiefen Gefühlen zu gewinnen. Janov erwartet als Ergebnis seiner Therapie den ‚primal man' (wörtlich: Primär-Menschen), eine Person, welche „ein Leben von ungeahntem Gefühlsreichtum, ohne Aggressionen und zwingende Leidenschaften, erreicht. Ein Leben, befreit vom Druck des Urschmerzes, von neurotischem Kampf, neurotischer Hoffnung, Spannung und Ersatzbefriedigungen". (Görres 1977, S. 1219)

Über die tatsächliche Wirksamkeit dieser Therapie im Vergleich mit Abbrüchen und Mißerfolgen sowie im Vergleich mit anderen Therapieformen gibt es noch keine methodisch verläßlichen Angaben (wie meist im Bereich der Psychotherapie). Es kann aber kein Zweifel daran bestehen, daß die Primärtherapie bei vielen Menschen außerordentlich positive Veränderungen bewirkt hat, daß sie jedoch auch große Risiken birgt, besonders wenn sie auf unsachgemäße Weise durchgeführt wird, und daß sie auf jeden Fall außerordentlich belastend ist. Auch im Bereich der Primärtherapie gibt es verschiedene Schulen, die sich zum Teil von Janov abgewandt haben, zum Teil ihm noch folgen. In der Bundesrepublik Deutschland ist die Zahl der gut ausgebildeten Primärtherapeuten sehr klein, so daß deren praktische Bedeutung für das Gesundheitswesen gegenwärtig jedenfalls noch vernachlässigbar ist.

Empfohlene Literatur: Breuer, J., Freud, S.: Studien über Hysterie (1895). In: *S. Freud:* Gesammelte Werke I, London: Imago, 1952. *Görres, A.:* Der Urschmerz als Streßfaktor. Die Primärtherapie Arthur Janovs und die Streßforschung. In: *v. Eiff, A. W.* (Hrsg.): Seelische und körperliche Störungen durch Streß. Stuttgart: Thieme, 1976. *Görres, A.:* Die Primärtherapie Arthur Janovs. In: *Eicke, D.* (Hrsg.): Die Psychologie des 20. Jahrhunderts, Bd. III. Zürich: Kindler, 1977. *Hemminger, H.:* Kindheit als Schicksal? Reinbek: Rowohlt, 1982. *Janov, A.:* Der Urschrei – Ein neuer Weg der Psychotherapie. Frankfurt: S. Fischer, 1973. *Janov, A.:* Gefangen im Schmerz – Befreiung durch seelische Kräfte. Frankfurt: S. Fischer, 1981.

3. Transaktionsanalyse

Hans-Ulrich Schachtner

Eltern-Ich, Erwachsenen-Ich und Kind-Ich

Der amerikanische Psychoanalytiker Eric Berne übernahm von Sigmund Freud das Konzept der Dreiteilung der menschlichen Psyche. Aus *Über-Ich, Ich* und *Es* wurden bei ihm *Eltern-Ich, Erwachsenen-Ich* und *Kind-Ich.* Weiterhin unterschied er zwischen *fürsorglichem* und *kritischem* Eltern-Ich sowie zwischen *natürlichem* und *angepaßtem* Kind-Ich.

Das *fürsorgliche Eltern-Ich* stellt alle positiven Botschaften unserer Eltern und Bezugspersonen dar. Mit diesen Botschaften ermuntern und unterstützen wir uns oder andere. Das *kritische Eltern-Ich* repräsentiert alle negativen, bremsenden oder ermahnenden Botschaften unserer Elternfiguren. In diesem Ich-Zu-

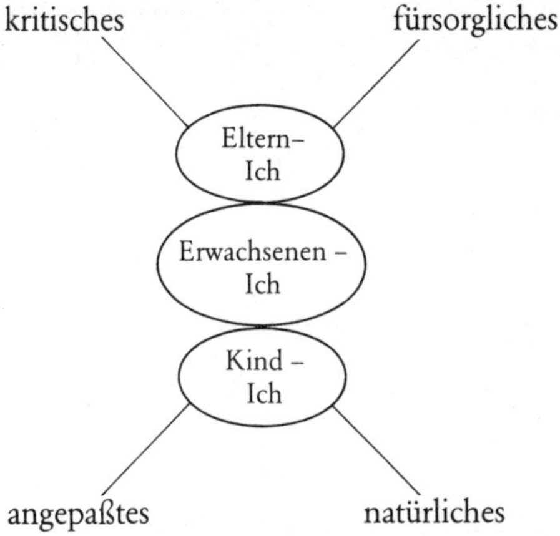

stand kritisieren, ermahnen und verurteilen wir uns oder andere. Das *Erwachsenen-Ich* ist unser vernünftiges, vorausschauendes und planendes Denken, das sich an Fakten hält und logisch vorgeht. Im *angepaßten Kind-Ich* sind all jene gelernten Haltungen dargestellt, die uns für die Umwelt und das Zusammenleben beliebt und akzeptabel machen. Diese Haltungen können je nach Erziehung sehr nützlich oder auch hindernd und einschränkend sein. Mit dem *natürlichen Kind-Ich* sind alle spontanen und kreativen Reaktionen gemeint, mit denen wir einfallsreich, unbeschwert und intuitiv auf unsere Umwelt eingehen. Wenn dieser Teil bei einem Menschen unterdrückt ist, wirkt er meist leblos oder farblos.

Bernes Ausgangspunkt war die Analyse der Bausteine menschlicher Beziehungen, der Interaktionen (englisch ‚transactions', daher der Name ‚Transaktionsanalyse'). Er fand einen einfachen Weg, schwer darzustellende Kommunikationsabläufe bildhaft zu erfassen und so zu analysieren (siehe Abb. S. 80).

Im ersten Beispiel sprechen zwei Menschen auf der Ebene ihres Erwachsenen-Ichs miteinander; auf eine eindeutige Frage wird eine eindeutige vernünftige Antwort gegeben. Im zweiten Beispiel ist die Frage nicht mehr eindeutig. „Weißt Du, wie spät es ist!" stellt, im entsprechenden ärgerlichen Tonfall gesagt, nicht mehr nur eine Frage nach der Uhrzeit dar, sondern beinhaltet die Botschaft: „Immer trödelst du!" Entsprechend kommt auch die schuldbewußte Antwort, die z. B. mitbeinhaltet: „Aber ich kann doch gar nichts dafür." Im dritten Beispiel wird auf den zwei Ebenen des Erwachsenen-Ichs und des Kind-Ichs gleichzeitig kommuniziert; während die Worte auf der Ebene des Erwachse-

Eltern – Ich
Erwachsenen – Ich
Kind – Ich
Wie spät ist es?
Es ist 8 Uhr
Eltern – Ich
Erwachsenen – Ich
Kind – Ich

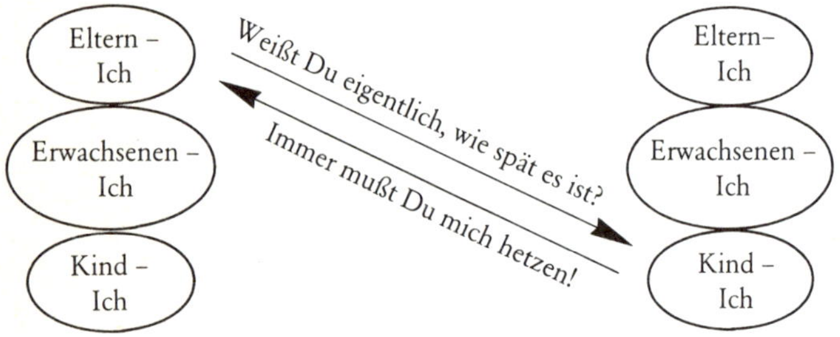
Eltern – Ich
Erwachsenen – Ich
Kind – Ich
Weißt Du eigentlich, wie spät es ist?
Immer mußt Du mich hetzen!
Eltern– Ich
Erwachsenen – Ich
Kind – Ich

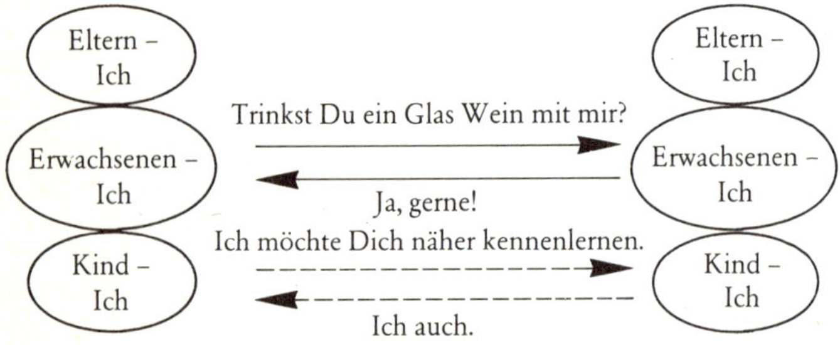
Eltern – Ich
Erwachsenen – Ich
Kind – Ich
Trinkst Du ein Glas Wein mit mir?
Ja, gerne!
Ich möchte Dich näher kennenlernen.
Ich auch.
Eltern – Ich
Erwachsenen – Ich
Kind – Ich

nen-Ichs gewechselt werden, deuten der Tonfall, die Blicke und anderes außersprachliches Verhalten an, daß auf der Ebene des Kind-Ichs eine weitergehende Botschaft ausgetauscht wird.

Von diesen kleinsten Bausteinen menschlicher Transaktionen kam Berne zu größeren Zusammenhängen wie z. B. der Struktur-Analyse, der Spiel-Analyse und schließlich zur Skript-Analyse, d. h. dem Erforschen des Lebensplanes eines Menschen.

Die Transaktionsanalyse als Therapie-Verfahren beinhaltet heute weit mehr als nur die Lehren ihres Begründers. Durch die ihr zugrunde liegende Lebensphilosophie, die sie einreiht in die humanistische Psychologie, ist sie offen für Veränderung und bereits, Neues aufzunehmen.

Die Transaktionsanalyse als Therapieverfahren

Die therapeutische Arbeit beginnt in der Regel schon mit der Frage: „Was wollen Sie in dieser Behandlung erreichen?“ Für viele Klienten ist es sehr schwierig, ein realistisches, konkretes *Therapieziel* zu formulieren. Die Situation in der ersten Stunde kann man gut in einem Bild veranschaulichen, wenn man den Klienten mit einem Stein vergleicht, der festsitzt und bewegt werden soll. Damit er nicht versehentlich in die falsche Richtung, d. h. in eine negative Entwicklung rollt, muß an drei Seiten eine Art Zaun errichtet werden. Die einzig positive Richtung, d. h. das übergeordnete Therapieziel lautet: „Ich bin grundsätzlich o. k. und auch die anderen sind o. k.“ Die drei negativen Grundhaltungen, vor deren Extremformen es den Klienten zu schützen gilt, sind: 1. „Ich bin nicht o. k., aber die anderen sind es wert zu leben“, was in der Extremform zum Selbstmord führen kann. 2. „Ich bin o. k., es liegt nur an den anderen, wenn alles schiefgeht“, mit der Extremform krimineller Handlungen. 3. „Ich bin nicht o. k., die anderen sind es auch nicht, es ist sowieso alles egal“, was Verrücktwerden als Extrem bedeuten kann.

Ein Therapeut kann erst dann mit gutem Gefühl an die Arbeit gehen, wenn der Klient den überzeugenden Entschluß gefaßt hat, sich nichts anzutun, anderen nichts anzutun und nichts Verrücktes zu tun, auch wenn es ihm manchmal danach zumute sein sollte. Selbst wenn der Klient diese Entscheidung vorerst nur von Sitzung zu Sitzung treffen will, statt für sein ganzes weiteres Leben, so ist es doch wichtig, daß immerhin dies geschieht. Denn solange jemand noch das Motto im Kopf hat: „Wenn es zu schlimm wird, kann ich mich immer noch umbringen (verrückt werden oder jemand anderen schädigen)“, wird die therapeutische Arbeit wenig Sinn haben und wenig Erfolg bringen. Natürlich hilft der Therapeut dem Klienten bei dieser Entscheidung, indem er ihm aufzeigt, was er tun kann.

Die nächste Frage, die der Therapeut sich selbst zu stellen hat, ist: ,,Wo muß man den Hebel ansetzen, um den Stein bewegen zu können." Bezüglich der menschlichen Bereiche des Denkens, Fühlens und Handelns setzt er am besten dort an, wo der Klient starr und unflexibel ist. Ist ein Klient z. B. in seinem Denken sehr flexibel, indem er über alles recht gut und geschickt theoretisieren kann, in seinem Gefühlsleben jedoch ausdruckslos und starr geworden, dann wird ein sinnvoller Therapievertrag die Arbeit an den Gefühlen beinhalten. Bei einem anderen Klienten, der zu leicht impulsiv handelt und oft emotional überreagiert, wird das Therapieziel das planerische Denken und die bewußte Kontrolle der Gefühle mit einbeziehen. Ein Therapieziel sollte in jedem Fall positiv, möglichst konkret und realistisch, d. h. verwirklichbar sein. Hebelwirkung bzw. Einfluß wird ein Therapeut bei seinem Klienten erst dann haben, wenn dieser ihm Vertrauen schenkt. Dies ist abhängig von seiner Kompetenz als Therapeut und auch davon, daß er *den Klienten zu nichts nötigt, was dieser nicht auch selbst will.*

Schon am Anfang wird der Therapeut auch genau darauf achten, daß sich zwischen ihm und dem Klienten keine üblichen zwischenmenschlichen *,Spiele'* entwickeln. Als Spiele bezeichnet Berne starre und eingefahrene Kommunikationsabläufe, die echte menschliche Begegnungen verhindern und deren Ergebnis oft ein schlechtes Gefühl bei einem oder bei beiden Kommunikationspartnern ist. Ein Beispiel ist das ,Warum nicht ... Ja, aber ...'-Spiel. Der eine ist dabei in der Rolle des Ratgebenden und macht gutgemeinte Vorschläge wie z. B.: ,,Warum versuchst Du nicht mal ...", und der andere reagiert mit: ,,Ja, das wäre schon gut, aber ich kann nicht, weil ...". Das Denken des Klienten ist hier mehr damit beschäftigt, alle möglichen Gründe zu finden, um die Undurchführbarkeit des gegebenen Ratschlages zu beweisen, als solche Ratschläge als Anregung für eigene Lösungsmöglichkeiten zu verstehen. Ist ein solches Spiel lange genug hin und her gegangen, gibt der Ratgebende schließlich frustriert auf und denkt vielleicht: ,,Der will sich ja gar nicht helfen lassen!" Der Ratsuchende selbst erlebt vielleicht einen kurzen Moment des Triumphes, weil er den anderen – wie immer – an das Ende seiner Weisheit gebracht hat; unbewußt oder sogar bewußt merkt er aber bald, daß er sich damit nur selbst geschadet hat. Wenn ein Therapeut solche Spiele sehr schnell erkennt und daraus aussteigt, d. h. in entsprechender Form darauf zu reagieren weiß, hat dies für den Klienten zunächst vermutlich einen Augenblick der

Frustration zur Folge. Andererseits gibt ihm dieses Verhalten aber auch eine Sicherheit, die eine Klientin so formulierte: „Ich weiß, daß ich Leute oft manipuliere und reize, ohne es selbst zu merken. Aber bei ihm fühle ich mich sicher, weil er auf meine Spiele nicht eingeht und mich dadurch bewußt erkennen läßt, daß ich mir selbst damit schade."

Das Ziel der ersten Stunde ist ein realistischer Therapiekontrakt, d.h. ein gemeinsames Abkommen über das Ziel der Behandlung, darüber wie dieses Ziel angegangen werden sollte und was beide, Therapeut und Klient, bereit sind, für die Erreichung dieses Zieles zu tun.

Der Kernsatz der Transaktionsanalyse: Ich bin o.k., du bist o.k.

Zur beruflichen Ausrüstung eines Therapeuten gehören seine Flexibilität, sein Einfühlungsvermögen, seine Geduld und natürlich auch sein Verständnis von der Welt und den Menschen. Zwar sind die besten Konzepte kein Ersatz für menschliche Reife; aber ein gesundes funktionales Selbst- und Fremdverständnis wird eine gute Ausgangsbasis für die Arbeit eines Therapeuten sein. Die theoretischen Konzepte der Transaktionsanalyse stellen eine solche Hilfe dar, sich selbst und seine Kommunikation mit anderen besser zu verstehen und angemessene und unangemessene Interaktionen voneinander zu unterscheiden. Grundkonzept und Ziel der Transaktionsanalyse sind enthalten in dem Satz: „Ich bin in Ordnung, und du bist auch in Ordnung." Diese vereinfachte Formel bedeutet, daß Menschen nur dann gut miteinander auskommen können, wenn sie davon ausgehen, daß jeder Mensch gleich wertvoll ist, jeder prinzipiell liebens- und achtenswert ist. Menschliches Handeln ist jedoch auch von anderen Grundeinstellungen geprägt, die aus dem folgenden Schema ablesbar sind:

I Ich bin o.k., die anderen auch Gefühl: Selbstvertrauen und Zuversicht positive Weiterentwicklung	II Ich bin o.k., die anderen nicht Gefühl: Überheblichkeit oder Wut auf die anderen Extrem: Kriminalität
III Ich bin nicht o.k., die anderen auch nicht Gefühl: Sinnlosigkeit oder Verwirrung Extrem: Verrücktwerden	IV Ich bin nicht o.k., aber die anderen sind es Gefühl: Minderwertigkeits- oder Schuldgefühle Extrem: Selbstmord

Das Schema bezeichnet also die Ursache für neurotisches Verhalten als unverarbeitete Schuldgefühle (IV), als das Gefühl der Sinnlosigkeit des Daseins (III) und als angestaute Wut (II). Die Therapie ist damit ein Weg, sich mit sich selbst und der Welt auszusöhnen und dem eigenen Dasein wieder einen Sinn zu geben.

Skript-Analyse: Eine wichtige Vorarbeit

Den Klienten interessiert zunächst am meisten, wie er mit seinem Problem fertigwerden kann. Um ihm hierbei weiterhelfen zu können, muß der Therapeut eine Vorstellung davon haben, was die Ursachen des Problems sind, wodurch es aufrechterhalten wird und wie der Klient es bewältigen kann.

Man kann in der Regel davon ausgehen, daß es nicht die Dinge selbst sind, die uns Probleme bereiten – zumindest nicht, wenn wir von neurotischen Problemen reden –, sondern die Art und Weise, *wie* wir sie erleben und verstehen. Dazu ein Beispiel: Stellen Sie sich vor, sie begegnen auf der Straße einem Freund, der Sie nicht grüßt, obwohl er Sie eigentlich gesehen haben müßte. Ihre Reaktion könnte sein, daß sie verletzt und wütend sind und sich vornehmen, ihm gehörig die Meinung zu sagen oder ihn nun auch nicht mehr zu grüßen. Eine andere Reaktion wäre vielleicht, deprimiert und enttäuscht zu sein und diesen Vorfall als weiteren Beweis dafür zu nehmen, daß Sie unbeliebt sind und man mit Ihnen nichts zu tun haben will. Sie könnten aber auch bloß kurz verwundert reagieren und sich vornehmen, ihn beim nächsten Mal zu fragen, was an diesem Tag mit ihm losgewesen sei. Jede dieser Reaktionen wird demjenigen, der sie zeigt, vermutlich ganz natürlich vorkommen; vielleicht wird er sie sogar als die einzig mögliche Reaktion ansehen. Jede dieser Reaktionen geht jedoch auf bestimmte Lernerfahrungen zurück, die uns in der Regel nicht mehr bewußt sind, da wir schon lange gewohnheitsmäßig so denken und fühlen. Jeder Mensch erwirbt im Laufe seines Lebens eine ganze Sammlung von Einstellungen und Haltungen, die sein Selbst- und Weltbild bestimmen. Die Transaktionsanalyse nennt die Sammlung dieser Einstellungen, die das Selbst- und Weltbild eines Menschen ausmachen, das *Skript* bzw. Lebensdrehbuch. Die wichtigsten Teile des Skriptes werden in der Kindheit geschrieben.

Ein kleines Kind ist von seinen Eltern in der Befriedigung seiner leiblichen und seelischen Bedürfnisse abhängig. Das Verhalten und das Vorbild der Eltern beeinflussen ganz entscheidend das Selbst- und Weltbild des Kindes. Aus einer Reihe von gleichartigen Erfahrungen zieht ein Kind bestimmte Schlüsse, die sich allmählich zu Einstellungen verfestigen; diese wiederum beeinflussen die Art, wie es die Umwelt und sich selbst erlebt. Im psychischen Bereich geht es hauptsächlich um zwei Dinge: geliebt und geachtet werden. Geliebt bzw. gemocht werden wir dafür, was und wie wir sind; geachtet werden wir in der Regel für das, was wir tun und leisten können. Unter Mangelerscheinungen leiden wir, wenn eines von beidem – in Form sogenannter Streicheleinheiten – fehlt. Bekommt ein Kind nicht genügend solcher Streicheleinheiten im guten Sinne, dann verschafft es sich negative Streicheleinheiten z. B. in Form von Schelte oder Schlägen; für ein Kind kann es immer noch besser sein, geschlagen als gar nicht beachtet zu werden. Vielleicht verfestigt sich in ihm im Laufe der Zeit auch die Meinung: ,,Wenn ich mich dummstelle, dann bekomme ich genügend Beachtung (indem man es mir immer wieder zeigt, geduldig mit mir ist, mich bemitleidet etc.)", und es zieht dann möglicherweise den Schluß: ,,Ich werde nur akzeptiert, wenn ich dumm und kindlich bleibe." Besonders dann, wenn ein Kind das Verhalten seiner Eltern als gegen sein natürliches Streben gerichtet erlebt, können sich für sein Selbstbild negative Auswirkungen ergeben; so kann es z. B. einen oder mehrere der folgenden Schlüsse ziehen:

Ich sollte gar nicht da sein.
Ich sollte nicht ich selbst sein (sondern wie ein bestimmtes Vorbild).
Ich sollte kein Kind sein.
Ich darf nicht erwachsen werden.
Ich sollte mich nicht wichtig nehmen.
Ich sollte eigentlich ein Junge statt ein Mädchen sein.

Manche dieser Folgerungen haben einen stichhaltigen Grund, andere sind jedoch aufgrund des noch kindlichen Denkens ungerechtfertigt, wie z. B.: ,,Meine Mutter kauft mir keine Schokolade, also mag sie mich nicht, also bin ich nichts wert." Ob gerechtfertigt oder nicht, solche Folgerungen formen bald die Einstellungen des Kindes sich selbst, dem Leben und der Umwelt gegenüber. Diese Einstellungen werden immer wieder bestätigt – anfangs durch die Bezugspersonen und später in Form von sich selbst erfüllenden Prophezeiungen – und damit automatisch aufrechterhalten. Z. B. wird ein Mensch, der davon ausgeht, daß man niemandem trauen kann, nur auf jene Informationen achten, die seine Grundeinstellung bestätigen, und alles, was gegen diese spricht, erst gar nicht wahrnehmen, schnell wieder vergessen oder als Ausnahme erklären. Die Einstellungen bestimmen auch weitgehend das Gefühlsleben, und fast immer kristallisiert sich ein bevorzugtes negatives Gefühl heraus, während andere mögliche Gefühlsäußerungen gebremst werden. Manche Menschen z.B. erlauben sich nicht, Ärger zu zeigen; dafür sind sie häufig traurig oder deprimiert. Bei anderen ist es genau umgekehrt.

In der Skript-Analyse versucht der Therapeut, die wichtigsten Botschaften und Leitsätze herauszufinden, die das Leben des Klienten geprägt haben bzw. immer noch prägen. Nur wenn diese Leitsätze und festgefahrenen Meinungen verändert werden, kann man mit einem bleibenden Erfolg der Therapie rechnen. Eine Teilaufgabe des Therapeuten ist es, dem Klienten solche Leitsätze bewußt zu machen und ihm zu helfen, neue und angemessenere zu finden und zu verwirklichen.

Die ‚Antreiber' und das Miniskript

Bei den meisten Menschen wurden im Kindesalter natürliche Impulse gebremst, wie z.B. das Verlangen nach Nähe und Zärtlichkeit, das Bedürfnis, sich gegen Einengung zur Wehr zu setzen, und die kindliche Freude, etwas Unübliches zu tun. Die Blockierung solcher Impulse führt zu entsprechender Gefühlsverarmung, Durchsetzungsschwäche und Phantasielosigkeit. Um solche Auswirkungen auszugleichen, gaben die Eltern ihren Kindern bestimmte Botschaften mit auf den Lebensweg (meist in Form von Ermahnungen); diese lassen sich auf fünf Formeln reduzieren:
- Streng dich an!
- Sei perfekt (Mach keine Fehler)!
- Mach' es allen recht!
- Beeil' dich (Mach' alles schneller)!
- Gib dich stark und zeig keine Schwächen!

Der ‚*Streng dich an*'-Antreiber vermittelt meist auch die Botschaft: „Du schaffst es ja doch nicht." Die Wirkung dieses Antreibers läßt sich durch ein Bild veranschaulichen: Ein Mensch, der im Treibsand steckt, kann das rettende Ufer nur dann erreichen, wenn er sich sehr vorsichtig und überlegt bewegt. Beginnt er aber, sich anzustrengen und wie wild zu rudern, wird er mit Sicherheit versinken. Ein Mensch unter dem Einfluß des ‚Streng dich an'-Antreibers blockiert seine Denkfähigkeit; er wiederholt beispielsweise erst mal die ihm gestellten Fragen; er beantwortet Fragen nicht direkt, macht häufig Pausen, weicht vom Thema ab oder gebraucht Floskeln wie „Das ist ziemlich schwierig ...", „Ich weiß nicht, ob ich das kann ...", „Ich werd' mich bemühen ..." etc. Er stellt sich oft dümmer, als er ist; er strengt sich wirklich an und bringt selten etwas zu Ende. Durch sein Verhalten lädt er andere dazu ein, sich mit ihm anzustrengen und ihm auf die Sprünge zu helfen.

Unter dem Einfluß des ‚*Sei perfekt*'-Antreibers wird sich ein Mensch bemühen, Perfektion zu erreichen, und er wird dies auch von anderen erwarten. Dieser Antreiber veranlaßt einen Menschen dazu, geschraubte Worte zu gebrauchen und immer mehr sagen zu müssen, als gefragt worden war. Er erklärt oft weitschweifig und kann keine positive Bemerkung stehen lassen, ohne sie einzuschränken oder abzuwerten. Damit die anderen ihn auch ganz richtig verstehen, muß er viel und ausführlich erklären. Er hat Angst, Fehler zu machen und dadurch nicht o. k. zu sein.

Wenn jemand unter dem Einfluß des ‚*Mach' es allen recht*'-Antreibers steht, versucht er ständig herauszufinden, was andere von ihm erwarten, und er wird sich ständig bemühen, diesem Bild aufs beste zu entsprechen. Ein Mensch unter der Kontrolle dieses Antreibers fühlt sich für die Gefühle und das Wohlergehen der anderen verantwortlich; umgekehrt hält er die anderen für die Verursacher der eigenen Gefühle. Er gebraucht oft Redewendungen wie „Würdest du so liebenswürdig sein ...", „Könntest du vielleicht ...", „... nicht wahr ..." etc. Er hat Angst davor, kritisiert zu werden und selbst Kritik zu äußern. Er schaut oft weg, wenn er eine Frage beantwortet, nickt häufig zustimmend mit dem Kopf, hebt seine Augenbrauen und sagt einfühlsam „mhm". In seinen Gedanken kreist die Frage: „Wie finden mich die anderen, mache ich es ihnen auch wirklich recht?"

Der ‚*Beeil dich*'-Antreiber bringt einen Menschen dazu, alles noch schneller zu tun, schnell zu sprechen, sich hastig und nervös zu bewegen etc. Unter dem Einfluß dieses Antreibers redet sich eine Person ein, sie hätte nicht genügend Zeit, und wenn sie alles noch schneller machen würde, wäre dies ein großer Gewinn für sie. Ein solcher Mensch wird deshalb auch andere drängen, beim Reden ungeduldig unterbrechen, häufig auf die Uhr schauen etc.

Der ‚*Gib dich stark*'-Antreiber bewirkt, daß jemand alle oder bestimmte Gefühle zurückhält und so den Anschein erweckt, als sei er nicht aus der Ruhe zu bringen, nicht aus der Reserve zu locken. Ein solcher Mensch gestattet es sich in der Regel nicht, Gefühle zu zeigen, insbesondere aber negative Gefühle wie Schwächen, Traurigkeit oder Angst. An sich selbst stellt er die Anforderung, es immer alleine schaffen zu müssen und anderen ein Vorbild zu sein. Hilfe anzunehmen oder Fehler einzugestehen bedeutet für ihn, nicht o. k. zu sein.

Jeder von uns hat bis zu einem gewissen Grade alle diese Antreiber auf eine sehr subtile Art mitbekommen. Diese und ähnliche Einstellungen sind in der Regel jedoch keine Hilfe, da sie zu

Verkrampfungen führen und so ein lockeres, wirkungsvolles Handeln verhindern. Dies zeigt sich z. B. im Miniskript, einem Baustein des übergeordneten Lebensskriptes:

Grundmuster	*Beispiel*
Innere Selbstabwertung (z. B. „Du bist nicht attraktiv, schön, interessant, intelligent genug.")	Auf einer Party kreisen die Gedanken um Unsicherheit und Selbstzweifel.
Antreiber (z. B. „Du bist nur o. k., wenn du dich anstrengst, perfekt bist, es allen recht machst.")	Das Bemühen, besonders nett zu sein, bewirkt Verkrampfung.
Versagensgefühle (z. B. „Ich bin nicht o. k., die anderen sind besser, attraktiver, intelligenter als ich.")	Die anderen spüren die Verkrampftheit, sind reserviert oder ziehen sich zurück.
Ressentiment und Groll gegen die anderen (z. B. „Die anderen sind schuld daran, daß ich mich schlecht fühle")	Verlassen der Party in stillem Protest.
Resignation und Hoffnungslosigkeit („Es hat alles keinen Sinn")	Depression zu Hause und die Bestätigung: „Ich bin eben nicht attraktiv, schön, klug genug usw."

Ein aufmerksamer Therapeut wird in den Sitzungen auch kleine Ansätze des Klienten, eine ähnliche Kette von schlechten Gedanken und Gefühlen zu durchlaufen, erkennen und ihm helfen, solche Teufelskreise zu durchbrechen. Natürlich reicht es in den meisten Fällen nicht aus, nur darauf hinzuweisen, wie sich der Klient selbst schadet, um eine tiefgreifende Veränderung zu bewirken. Dem Therapeuten stehen deshalb noch eine Reihe von Techniken zur Verfügung, die auch in anderen humanistischen Verfahren zur therapeutischen Veränderung eingesetzt werden.

Irrglauben und Sackgassen

Der häufigste Grund für zwischenmenschliche Konflikte ist der Irrglauben, daß andere für unsere Gefühle verantwortlich seien. Mit diesem Glauben geben wir ein gutes Stück Eigenständigkeit und Selbstverantwortung aus der Hand; wenn wir es nicht zulassen, kann uns niemand wütend, traurig, ängstlich etc. machen. Er kann uns nur *Anlaß* geben, uns so zu fühlen, und es liegt an uns, ob wir auch so reagieren oder nicht. Damit ist jedoch nicht gemeint, daß wir unsere Gefühle verbergen sollten, sondern daß klares Denken und Urteilen *andere* Gefühle hervorbringen kann. Andere wissen oft nur zu gut, wie wir gewohnheitsmäßig reagieren, und versuchen vielleicht, das unbewußt oder bewußt auszunützen. Es liegt jedoch bei uns, ihnen diese Macht zuzugestehen oder nicht.

Schwierigkeiten, die sich zu mehr oder weniger chronischen Problemen ausgeweitet haben, sieht die Transaktionsanalyse als Sackgassen (‚impasses') an, in die wir auf unserem Weg zur persönlichen Entwicklung und Reifung geraten sind. Diese Sackgassen kann man in drei Schwierigkeitsgrade unterteilen. Eine Sackgasse einfachen Grades besteht z. B. aus einem *Konflikt* zwischen Eltern-Ich-Forderung und Kind-Ich-Bedürfnissen, der leicht erkannt und oft sehr schnell auch wieder behoben werden kann. Beispielsweise kann sich jemand keinen Urlaub gönnen, weil er sonst ein schlechtes Gewissen hätte, da es bei den Eltern als Tugend galt, viel und schwer zu arbeiten. Hier kann oft ein aufklärendes Gespräch oder die bloße Aufforderung, Urlaub zu machen, ausreichen, um den Konflikt zu lösen. Schwieriger zu öffnen ist eine Sackgasse zweiten Grades, da sie auf altgewohnte und eingefleischte Einstellungen zurückgeht, die dem Klienten meist nicht bewußt sind. Jemand hat z. B. in seiner Kindheit sehr ausführlich gelernt: „Wenn Erwachsene reden, hast du zu schweigen!"; als Erwachsener hat er vielleicht dann das rätselhafte *Symptom* der Sprechangst vor einem größeren Publikum. Die dritte Sackgasse ist dann gegeben, wenn die Probleme *Teil der Persönlichkeit* des Klienten geworden sind; er leidet nicht mehr unter einem umgrenzten Symptom, sondern darunter, daß er so und nicht anders ist, daß er z. B. schon immer jähzornig war, schon immer schüchtern und zurückhaltend, schon immer zu aufopferungsvoll für andere etc.

Um ein Problem zu lösen, muß man 1. es zunächst erkennen und formulieren, 2. seine prinzipielle Lösbarkeit anerkennen, 3. sich selbst eine Lösung zutrauen und 4. das Nötige tun, um es zu lösen.

Für den Therapeuten ist es zunächst wichtig zu erkennen, auf welcher Stufe des Problemlösens der Klient sich befindet. Um bis zur vierten Stufe kommen zu können, muß der Therapeut hinderliche Einstellungen beim Klienten erkennen und diese mit ihm zusammen aufarbeiten und durch neue ersetzen. Es wäre sicherlich vergeudete Zeit, würde ein Therapeut schon konkrete Abhilfemaßnahmen vorschlagen, während der Klient noch glaubt, daß ihm ohnehin nicht mehr zu helfen sei, daß alle gegen ihn seien oder daß er keine Hilfe verdient habe.

Die Transaktionsanalyse in der Praxis

Durch die Analyse des Skriptes und seines Verhaltens lernt ein Klient sich selbst besser kennen und gewinnt gleichzeitig Einsicht in zwischenmenschliche Kommunikationsabläufe. Er lernt z. B. verstehen, durch welche Auslöser es immer wieder zu denselben Auseinandersetzungen kommt, auf welche Köder er immer wieder hereinfällt und welchen Ursprung sein unangemessenes Verhalten hat. So könnte eine typische transaktionsanalytische Therapie etwa den folgenden Ablauf haben: Nachdem sich Therapeut und Klient auf ein konkretes therapeutisches Ziel geeinigt haben, wird durch *skriptanalytische Fragen* der Zusammenhang der aktuellen Symptomatik mit prägenden Erlebnissen aus der Kindheit hergestellt. Löst das gerade zu bearbeitende Problem starke Gefühlsreaktionen aus, wird der Therapeut den Klienten dazu anleiten, sich in jene Kindheitssituationen zurückzuversetzen, in denen diese bestimmten Gefühle zuerst aufgetreten sind. Durch ein intensives *Wiedererleben* der damaligen Schlüsselszenen stellt der Klient den gefühlsmäßigen Bezug wieder her; abgespaltene und damit unverständliche Gefühle bekommen dadurch wieder einen Sinn. Durch behutsames Führen hilft der Therapeut dem Klienten beim *Durcharbeiten* der möglicherweise schmerzhaften Aspekte jener Situationen und lenkt ihn zu einer konstruktiven und versöhnlichen Bewältigung. Dies kann in Form eines Rollenspieles mit den damaligen Konfliktpartnern ablaufen, wobei Klient und Therapeut abwechselnd die entsprechenden Rollen einnehmen, oder auch nur in der Vorstellung geschehen, unterstützt vielleicht durch Tiefenentspannung oder Hypnose. Bei blockierten Gefühlen kann der Therapeut auch bioenergetische Techniken zur Lösung der körperlichen Blockaden einsetzen. Ziel ist dabei stets die *Aussöhnung* mit Vorkommnissen bzw. mit Personen der Vergangenheit, eine Aussöhnung mit sich selbst und das Erkennen und Freisetzen von Fähigkeiten und Kräften, die sich in konkreten Verhaltensänderungen zeigen sollen. Sind die gefühlsmäßigen Schwierigkeiten bearbeitet, so konzentriert sich die therapeutische Arbeit auf die Umsetzung der neuen Erkenntnisse im Alltag. Hier entwirft der Klient zusammen mit dem Therapeuten einen realistischen Plan zur schrittweisen *Verhaltensänderung*. Dabei können Erkenntnisse und Techniken der Verhaltenstherapie eingesetzt werden, um dem Klienten erfolgreiche Strategien zur eigenen Verhaltensformung an die Hand zu geben.

Der Therapeut bemüht sich also, dem Klienten ein bewußtes Verständnis seines Problemes nahezubringen, seine beeinträchtigenden Gefühlsreaktionen durchzuarbeiten sowie planvoll konstruktive Verhaltensweisen aufzubauen. So ist das Vorgehen in der Transaktionsanalyse einerseits tiefenpsychologisch ergründend und verstehend und andererseits auch problemorientiert, d. h. auf die Lösung aktueller Konflikte und auf Verhaltensänderung ausgerichtet. Je nach der Grundausrichtung des behandelnden Therapeuten wird die Therapie ihren Schwerpunkt mehr in der Vergangenheit oder mehr in der Gegenwart haben.

Die Beziehung Klient-Therapeut ist in der Regel partnerschaftlich-egalitär. Das Verhalten des Therapeuten beinhaltet keine Sonderposition; er erzählt unter Umständen auch von sich selbst und begünstigt so einen persönlichen Austausch mit seinem Klienten.

Die Transaktionsanalyse ist denjenigen als Therapieform zu empfehlen, die ihre Therapie bewußt miterleben und aktiv mitgestalten wollen, und die dazu das Klima einer Aussprache mit einem gleichgestellten, unvoreingenommenen und kompetenten Vertrauten bevorzugen. Obwohl die Transaktionsanalyse auch bei schweren psychotischen Störungen eingesetzt werden kann, bilden die leichten bis mittelschweren neurotischen Störungen ihr Hauptgebiet. Sie wird als Einzel- und Gruppentherapie praktiziert. Die durchschnittliche Behandlungsdauer liegt bei 30 bis 50 Sitzungen, verteilt über einen Zeitraum von ca. neun Monaten.

Empfohlene Literatur: Berne, E.: Spiele der Erwachsenen. Reinbek: Rowohlt, 1967. *Berne, E.:* Was sagen Sie, nachdem Sie „Guten Tag" gesagt haben? München: Kindler, 1972. *Rogoll, R.:* Nimm dich, wie du bist. Freiburg: Herder TB 593, 1976.

B. Humanistische Psychotherapie
(Ziel: Persönlichkeitsentfaltung; Schwerpunkt: Gegenwärtiges Erleben)

Durch den Zweiten Weltkrieg wurden viele Entwicklungsrichtungen der Psychologie und Psychotherapie in Deutschland unterbrochen und erst danach im Ausland wieder aufgenommen. Die Weiterentwicklungen der Psychoanalyse vollzog sich hauptsächlich in den USA (z. B. durch Karen Horney, Otto Rank, rich Fromm oder Heinz Kohut); die u. a. durch die deutschen Philosophen Husserl und Heidegger beeinflußte existentielle Psychotherapie (Existential- bzw. Daseinsanalyse) wurde in der Schweiz durch Ludwig Binswanger und Medard Boss und in den USA durch Rollo May bekannt gemacht; die phänomenologische Psychologie sowie die Gestaltpsychologie hatten ebenfalls in Deutschland ihre Wurzeln, kamen jedoch erst in den USA nach dem Zweiten Weltkrieg zur Geltung. All diesen Richtungen ist ein positiveres Menschenbild gemeinsam, als Freud es in seiner Triebtheorie festgelegt hatte. Im Gegensatz zum Freudschen Determinismus heben sie die Bedeutung menschlicher Freiheit hervor, das Streben des Menschen nach Selbstverwirklichung, seine Fähigkeiten der Kreativität, der persönlichen Entfaltung, der Sinnfindung und des Wachstums.

In den 50er Jahren fanden diese Gedanken vor allem in den USA – seit den 70er Jahren auch bei uns – reges Interesse und entwickelten sich bald zu einer Bewegung, für die Abraham H. Maslow den Namen ‚humanistische Psychologie' prägte. Aus diesem Menschenbild entwickelte sich auch eine neue Vorstellung von psychischer und physischer Gesundheit: Der Mensch, der in seinem innersten Kern gut ist, hat grundlegende Bedürfnisse nach Leben, Sicherheit und Geborgenheit, nach Liebe und Selbstverwirklichung (Maslow 1973 und 1977). Wenn diese unterdrückt werden, wird er unbeweglich, unfrei, rigide und u. U. auch krank; dann und nur dann scheint er von seinen vergangenen Erfahrungen determiniert zu sein. Gesundheit bedeutet, daß ein Mensch offen, frei und flexibel ist, sich diesen Bedürfnissen entsprechend entwickeln zu können; in der Vergangenheit liegende Einflüsse und Erfahrungen werden dann unwesentlich und bedeutungslos für das gegenwärtige Leben. Aggressive oder destruktive Tendenzen im Menschen werden nicht mehr wie in der Freudschen Psychoanalyse als naturgegeben (siehe ‚Todestrieb') angenommen, sondern als verständliche pathologische Reaktionen auf Unterdrückung und Enttäuschung der Grundbedürfnisse aufgefaßt. Diese grundlegenden positiven Strebungen können allerdings soweit verschüttet sein, daß sie bei manchen Menschen nicht mehr wahrnehmbar sind. Humanistische Psychotherapie zielt deshalb darauf ab, diese Menschen von ihren Blockaden zu befreien und sie darin zu ermutigen und zu unterstützen, sich ihren positiven natürlichen Strebungen gemäß zu entwickeln. Die ganzheitliche Sichtweise läßt es nicht zu, daß nur ein bestimmter Teilaspekt des Menschen (z. B. nur sein Denken oder sein Bewußtsein) zur freien Entfaltung gelangt; sein Körper, sein gefühlsmäßiger Ausdruck, seine Kreativität und seine Phantasie werden gleichermaßen als wichtig erachtet (deshalb auch die Methodenvielfalt innerhalb der humanistischen Psychotherapie). Im Sinne des übergeordneten Zieles der freien und kreativen Entfaltung der Persönlichkeit richten die verschiedenen Verfahren ihre Angebote nicht nur allein an den gestörten oder leidenden Menschen, sondern überhaupt an alle, die sich persönlich weiterentwickeln und ihre natürlichen Potentiale zur Entfaltung bringen wollen.

4. Klientenzentrierte Psychotherapie (Gesprächspsychotherapie)

Wilhelm Gerl

Bei den Personen, die zur Lebensberatung, Erziehungs- oder Eheberatung kommen oder um Psychotherapie nachsuchen, handelt es sich in der Regel um Menschen, deren biologische und geistige Ausstattung ausreicht, um im Leben zurechtzukommen. Sie haben manchmal nur eine *Schwierigkeit*, die sich durch die Behebung ihres Mangels an Information und Erfahrung oder mit materiellen Mitteln verringern oder auflösen läßt.

Häufiger kommt der psychologische Berater und Therapeut aber mit Personen zusammen, deren spezifische Weise, sich und ihre Umwelt wahrzunehmen und damit umzugehen, zu *Problemen* führt. Diese Personen berichten häufig, sie hätten schon „alles Er*denk*liche" getan, alles, was sie „*glaubten*, tun zu *sollen*", alles, was sie „*meinten*, tun zu können" oder alles, was sie „im Bereich ihrer Möglichkeiten *sahen*". Weil sich die gewünschten Effekte aber nicht einstellten, sagen sie jetzt vielleicht: „Ich selber schaff' das nicht mehr; allein komm' ich da nicht weiter. Ich brauche Hilfe von einem, der sich damit besser auskennt." Meistens haben sie schon vorher mit jemand anderem über ihr Problem gesprochen. Sie bekamen dann vielleicht Ratschläge, wie sie die Dinge sehen sollten, wie sie etwas verstehen müßten, wie sie sich dabei fühlen sollten.

Wenn aber jemand diese meist durchaus gut gemeinten Angebote für sich nicht annimmt und einfach die Dinge nicht so ‚sieht', nicht so ‚hört', ‚versteht' und ‚fühlt', wie es von ihm erwartet wird und wie es seinem Gesprächspartner so naheliegend erscheint, dann erleben sich allmählich beide frustriert, in einer Sackgasse, sich im Kreis drehend. Die Frustration führt dann leicht zu Anschuldigungen und zu Selbstvorwürfen (uneinsichtig zu sein, verbohrt, gefühllos oder dumm), oder es kommt zu Unterstellungen (den Gesprächspartner an der Nase herumzuführen, eigentlich gar nichts ändern zu wollen u. ä.). Die Person ist dann von sich und der Umwelt zunehmend mehr enttäuscht oder in ihren Zweifeln bestätigt. In ihren Zweifeln an sich und den anderen gerät sie schließlich ins Verzweifeln.

Hier stellt sich die Frage: Wie können wir verstehen, daß Menschen, die in anderen Lebensbereichen kompetent und lernfähig sind, sich im problematischen Bereich so verhalten, daß eine Lösung nicht erreicht und geradezu verunmöglicht wird? Oder, um ein Beispiel zu gebrauchen: Wie kommt es, daß eine Person, die sich bemüht, ihre Partnerschaft für beide befriedigend zu gestalten, sich immer wieder verkannt erlebt und innerlich vereinsamt, obwohl sie doch genau das Gegenteil anstrebt? Oder: Wie können wir verstehen, daß eine Frau, die über ihre Beziehung zu ihrem Ehemann „nicht klagen kann", über ein Symptom klagt, das sie körperlich spürt?

Die individuelle Erlebniswelt – die persönliche Realität

Der Mensch verhält sich nicht direkt zu der Welt, die ihn umgibt, sondern ist gezwungen, sich mit Hilfe seiner Sinnesempfindungen und Denkprozesse sein persönliches Universum zu schaffen, als dessen Mittelpunkt er sich erlebt. Diese Erlebniswelt baut sich auf aus allem, was im Organismus vor sich geht (also auch alle Wahrnehmungen von der Außenwelt) und bewußtseinsfähig ist.

Dieses mehr oder weniger bewußte Konzept oder Bild von der Welt benutzt der Mensch, um seine Möglichkeiten und Grenzen abzuschätzen und sein Verhalten zu steuern. Man könnte sagen: Der Mensch schafft sich eine Landkarte (Modell, Repräsentation), um sich mit ihrer Hilfe in der Landschaft (Welt) besser zurechtzufinden. Unsere Repräsentation der Welt bestimmt in hohem Maß, wie wir die Welt erleben, welche Möglichkeiten wir wahrnehmen und welche Wahl wir jeweils treffen.

„Eine Landkarte ist nicht das Territorium, das sie repräsentiert, aber hat, wenn sie korrekt ist, eine ähnliche Struktur – und das macht ihre Brauchbarkeit aus" (Korzybski, 1933; eigene Übersetzung). Zwischen der Welt und einem individuellen Weltbild (Erlebniswelt) bestehen zwangsläufig Unterschiede. Diese beruhen darauf, daß

1. wir nur gewisse Bereiche der physikalischen Phänomene sinnlich erfassen können;
2. unsere Sinneszellen nicht einfach ‚abbilden", sondern schon auf dem Zellniveau eine aktive Auswahl und Strukturierung der Wahrnehmungsreize erfolgt;

3. unsere bewußte Wahrnehmung sich des sprachlichen Denkens bedienen muß (zur Begriffsbildung) und somit auch durch die Grenzen der Sprache eingeengt wird;
4. unsere bewußte Wahrnehmung kanalisiert und begrenzt wird durch sozial anerkannte Weisen, etwas so und nicht anders wahrzunehmen, und durch gemeinsam aufrechterhaltene Vorstellungen über die Realität (z. B. Weltbilder oder Welt*anschauungen*, gleichgültig, ob es sich dabei um politische, religiöse oder wissenschaftliche handelt);
5. die Entwicklung der individuellen Erlebniswelt bestimmt wird durch die individuellen Erfahrungen, die jeder einzelne Mensch auf der Grundlage seiner persönlichen Erlebnisse und seiner einzigartigen Lebensgeschichte hat.

Die subjektiven Realitäten, die wir entwickeln, variieren mit unseren persönlichen Erfahrungen. Somit gelangt jeder zu einer unterschiedlichen Landkarte von der Welt und lebt in einer von den anderen verschiedenen Wirklichkeit.

So gesehen ist es für das Verständnis von Menschen, die ständig ‚anstoßen' (und an denen ‚man Anstoß nimmt') oder die sich ‚nicht zurechtfinden' (und ‚bei denen man sich nicht auskennt'), nicht hilfreich, sie als böse, verrückt oder krank zu bezeichnen und zu behandeln. Tatsächlich versuchen sie, im Rahmen der von ihnen wahrgenommenen Möglichkeiten die ihnen gerade am geeignetsten erscheinende Wahl zu treffen. Daher ist es – im Rahmen ihrer jeweiligen Wirklichkeit – durchaus sinnvoll, was sie tun und wie sie es tun.

Um zu verstehen, welche Funktion dieses Verhalten für sie hat, ist es notwendig, *die Person in ihrer subjektiven Realität aufzusuchen*, um quasi mit ihren Augen ihre Welt zu betrachten. Mit anderen Worten: Um das Erleben und Handeln einer Person zutreffend verstehen zu können, muß man es so sehen, wie die Person es selbst wahrnimmt. Dazu ist es erforderlich, *sich in das innere Bezugssystem* (Wahrnehmungsfeld, Weltbild, Erlebniswelt, Realität) dieser Person *hineinzuversetzen.*

Partnerschaftlich-therapeutischer Dialog

Wenn jemand immer wieder nur das gleiche denkt und sich immer wieder nur das gleiche vorstellt, verändert er nichts. Wenn er jedoch in Gegenwart einer anderen Person seine Gedanken und Vorstellungen ausdrückt und lautwerden läßt, so daß er sich dabei selbst zuhören kann, dann ist die Chance, daß sich bei ihm etwas verändert, schon deutlich größer.

Wenn er hingegen seine Gedanken, Erlebnisse und sein gegenwärtiges Empfinden in einen lebendigen Dialog mit einem aktiven Gesprächspartner einbringt, so daß dieses Gespräch von beiden sinnvoll erlebt wird, dann kann für diese Person tatsächlich ein *Prozeß der Selbstentdeckung und zunehmenden Verwirklichung* der ihr eigenen Möglichkeiten beginnen. Dies ist weniger von den Gesprächsinhalten als von der *Art* bestimmt, wie die beiden miteinander umgehen.

Sobald der Therapeut mit seinen Worten das zutreffend widergibt, was der Klient inhaltlich geäußert hat, fährt der Klient fort, über seine Situation zu berichten und seine Mitteilungen noch weiter zu differenzieren. Er merkt, daß der Therapeut ihm zuhört. Wenn es aber schließlich darum geht, mit dem Klienten vom inhaltlich orientierten ‚Darüber-Reden' zu einem tieferen Verständnis des mit dem Gesagten verbundenen *persönlichen Erlebens* und zu den *persönlichen Bedeutungen* zu gelangen, wie sie von ihm tatsächlich und stimmig gefühlt werden, dann ist es notwendig, den Austausch so zu gestalten, daß sich der Klient auch umfassender und damit ‚tiefer' *verstanden fühlen* kann. Hierzu ist es erforderlich, die Aufmerksamkeit über das inhaltlich Gesagte hinaus zu erweitern und ganzheitlich wahrzunehmen. Indem der Therapeut die jeweils ganz eigene „Sprache des Klienten", ebenso seinen Sprechausdruck, seine Körpersprache und die Art wahrnimmt, wie er konkret sein Verhalten entwikkelt und einsetzt, kann es ihm gelingen, sich allmählich in die Erlebniswelt des Klienten hineinzuversetzen. Wenn er diese Wahrnehmungen benutzt, um sich in den Klienten einzufühlen und sie in geeigneter Weise in seine eigene Kommunikation einbezieht, kann er das so Verstandene seinem Klienten einfühlsam mitteilen (widerspiegeln). Dieser wird dadurch häufiger das Erlebnis der Übereinstimmung haben zwischen dem, was er auszudrücken versucht und dem, was sein Therapeut ihm mitteilt. Damit erlebt er den Therapeuten als eine Person, die ihn wirklich versteht und der er weiter vertrauen kann.

Das folgende Beispiel (aus Gerl & Peter 1982) mag dies verdeutlichen:

Fall 1: (Hier gelingt es dem Therapeuten nicht, sich auf den Klienten in seiner Sprache einzustellen)

Kl: „Ich weiß nicht, ob Sie sich das vorstellen können: Wenn ich abends nach Hause gehe, *sehe* ich's schon auf mich zukommen: Ich sperre auf, da steht sie (Ehefrau) in der Küche, *sagt* kein Wort und würdigt mich keines Blickes."

Th: „Sie fühlen sich da recht enttäuscht (?)"

Kl: „Na ja – was *heißt* ‚enttäuscht' ... Ich weiß nicht, wie ich Ihnen das *klar*machen soll ..."

Fall 2: (Hier gelingt dem Therapeuten der Kontakt mit dem Klienten und seinen ,Teilen')
Kl: (äußert sich wie oben)
Th: „Ja, ich *seh'* – da *schaut's* für Sie recht *duster* aus (?)"
Kl: „Ja, kann man wohl *sagen*" (nickt dabei mit dem Kopf)
Th: „... und da würd' ich gerne ein bißchen in Sie hinein*horchen* können, was sich da *meldet.*" (nickt dabei mit dem Kopf)
Kl: „Am liebsten würd' ich da *wortlos* kehrtmachen und die Tür hinter mir zu*hauen.*"
Th: „Ja – kehrtmachen und zu*hauen* – ohne ein Wort zu *sagen.*"
Kl: „Ja, was soll ich denn da überhaupt noch *sagen*?" (hebt fragend die Schultern)
Th: (hebt fragend die Schultern) „Ja, was könnten Sie denn Ihrer Frau da noch *sagen*?"
Kl: „... daß ich mich ... ausgesprochen beschissen *fühle.*"

Im Verlaufe der Gespräche, und je weiter Therapeut und Klient an die Grenzen des Wahrnehmungsfeldes des Klienten, in die Zone des Gewahrwerdens bisher unterdrückter oder nicht bewußt gewordener Erfahrungen gelangen, erhält ihr gemeinsames Tun den Charakter eines partnerschaftlich sich gegenseitig unterstützenden Bemühens um die Erfassung, Klärung und Weiterentwicklung der sich abzeichnenden Erlebnisinhalte. Damit der Klient das Angebot des Therapeuten, ein *partnerschaftlicher Begleiter und Beistand* auf seiner persönlichen Entdeckungsreise zu sein, annehmen kann, muß er in der Lage sein, dieses Angebot wenigstens ansatzweise auch so zu verstehen und für sich zu akzeptieren. Früher galt dies als das Hauptkriterium für die *Indikations*entscheidung – ob eine Gesprächspsychotherapie bei einer bestimmten Person angezeigt war.

Nun gilt unzweifelhaft, daß es letztlich in den Entscheidungsbereich des Klienten fällt, ob er sich und mit wem er sich einläßt, ob und mit wem er seine therapeutische Arbeit beginnt. In der konkreten Situation begegnet er aber einem *Menschen,* keiner ,Methode'. Bei dieser Begegnung ist es dann mit ausschlaggebend, wie es diesem Therapeuten gelingt, sich angemessen selbst darzustellen und die Bedeutung seines Angebotes für den Klienten plausibel zu machen.

Je eingeengter und unklarer sich ein Therapeut dabei zeigt, um so schneller tritt beim Klienten ,Widerstand gegen die Therapie' auf bzw. ein bereits vorhandener Widerstand wird verstärkt. Je klarer und vertrauenswürdiger sich der Therapeut in dieser entscheidenden Anfangssituation zeigt und je mehr sich der Klient mit seinen unterschiedlichen Bedürfnissen respektiert und gut aufgehoben fühlen kann, um so stimmiger und befriedigender wird das, was sich in dieser Beziehung entwickelt.

Ob sich ein Klient auf das ‚Abenteuer der Begegnung' mit sich selbst und dem Therapeuten einläßt, wird also wesentlich davon beeinflußt, inwieweit jener wirklich bereit ist, den Klienten als einen einzigartigen Menschen zu sehen und ihn in seiner ganz persönlichen Welt voller eigener Bedeutungen aufzusuchen – unvoreingenommen und bereit, damit auch etwas hinzuzulernen, was ihn selbst verändern mag. Dies kann ihm letztlich nur gelingen, wenn er – gerade auch in Situationen, die ihm schwierig erscheinen – für seinen Klienten als die Person, die er ist, *real zugegen* bleibt.

Klientenzentrierte Therapie

„Die klientenzentrierte Orientierung ist eine sich ständig weiterentwickelnde Form der zwischenmenschlichen Beziehung, die Wachstum und Veränderung fördert. Sie geht von folgender Grundannahme aus:

Jedem Menschen ist ein Wachstumspotential zu eigen, das in der Beziehung zu einer Einzelperson (etwa einem Therapeuten) freigesetzt werden kann. Voraussetzung ist, daß diese andere Person ihr eigenes reales Sein, ihre emotionale Zuwendung und ein höchst sensibles, nicht urteilendes Verstehen in sich selbst erfährt, zugleich aber dem Klienten mitteilt. Das Einzigartige dieses therapeutischen Ansatzes besteht darin, daß sein Schwerpunkt mehr auf dem Prozeß der Beziehung selbst als auf den Symptomen oder ihrer Behandlung liegt." (Rogers 1977)

Für die therapeutische *Beziehung*, die das Medium des psychotherapeutischen Prozesses ist, bringt der Therapeut eine *Grundhaltung* ein, die es ihm ermöglicht, gegenüber seinem Klienten *emotional annehmend/akzeptierend, einfühlsam/verstehend* und *ehrlich/stimmig* zu sein bzw. zu werden. Diese Aspekte einer ganzheitlichen Einstellung können beschrieben werden als ‚Akzeptanz', ‚Empathie' und ‚Kongruenz':

Akzeptanz: Der Therapeut nimmt den Klienten als eine Person in ihrem eigenen Recht und in ihrer eigenen Pflicht, mit eigenen Wahrnehmungen und Werten und mit ihren eigenen Möglichkeiten an. Dies ermöglicht dem Therapeuten ein freies und *vorbehaltloses Wahrnehmen und Respektieren* des Klienten und dessen individueller Erlebniswelt. Mit Hilfe eines so verstandenen *Akzeptierens* gelingt es dem Therapeuten, seinen Klienten als Person allmählich umfassender zu verstehen und an seinem Erleben Anteil zu nehmen. So kann sich eine Therapeut-Klient-Beziehung entwickeln, die durch *persönliche Wertschätzung und emotionales Zugewandtsein* gekennzeichnet ist.

Empathie: Wenn es dem Therapeuten gelingt, den Klienten so anzunehmen, wie dieser gerade ist, und sich in dessen Realität hineinzuversetzen, beginnt er Anteil zu nehmen und einfühlend mitzuerleben, wie dieser seine persönliche Welt wahrnimmt und sich selbst erlebt. Und er lernt zu verstehen, wie sein Klient dazu kommt, gerade so und nicht anders zu handeln und wie der Klient selber innerlich dazu steht. Diese Entwicklung eines genauen und *einfühlenden Verstehens* erfordert, daß der Therapeut selbst einen möglichst freien Zugang zu seinem Prozeß des inneren Erlebens hat – um sich ‚einstimmen' und um selber ‚mitschwingen' zu können, um sensibel wahrzunehmen, wie es sich da anfühlen mag, was da anklingt, wenn sich etwas meldet, wie es sich zeigt und was es wohl mitteilen möchte. Gleichzeitig muß der Therapeut in der Lage sein, die Unterscheidung klar aufrechtzuerhalten, daß es *um das Erleben des Klienten geht.* Der Therapeut darf an diesem Anteil nehmen, es transformieren helfen – aber nicht in ihm aufgehen. Mit Hilfe seiner Empathie kann der Therapeut präziser und umfassender wahrnehmen – und er kann das so Erkannte für den Klienten annehmbar widerspiegeln, gerade weil hier nicht zwei individuelle Realitäten miteinander vermischt oder verwechselt werden. Sein Handeln wäre nicht mehr therapeutisch, wenn es von Sympathie- oder Solidaritätsbedürfnissen bestimmt und zu ‚geteilter Verwirrung' führen würde. Der um ein *empathisches* Verstehen bemühte Therapeut respektiert die Eigenständigkeit und damit das grundsätzliche Voneinander-Getrenntsein der einzelnen Personen. In diesem freien ‚Auf den Klienten zentriert sein' ist es ihm möglich, seinem Klienten einfühlsam, und ohne ihn von seinem inneren Prozeß wegzulenken, *mitzuteilen,* was er als sein Begleiter unvoreingenommen und mit offenen Sinnen wahrgenommen und verstanden hat. Der klientenzentrierte Therapeut versteht diese Mitteilungen als ein *Angebot,* das der Klient annehmen und direkt verwenden, korrigieren, verwerfen oder erstmal beiseite legen kann. Anhand der jeweiligen Reaktion des Klienten bemüht sich der Therapeut herauszufinden, was als nächster Schritt geeignet sein könnte, das Erfassen und Verstehen jenes Erlebens zu ermöglichen, für das der Klient die Unterstützung des Therapeuten braucht, z. B. für das Auffinden und Beleuchten eines spannungsverursachenden inneren Konfliktes oder beim subtilen Ertasten und *Innewerden* eines Bedürfnisses, das zuvor *verleugnet* wurde oder nur in einer *verzerrten* Weise wahrgenommen und daher nicht wirklich befriedigt werden konnte.

Der Therapeut kann die Reaktion des Klienten auch benutzen, um zu überprüfen, inwieweit seine Wahrnehmungsrichtung und die Geschwindigkeit seines Fortschreitens mit der des Klienten übereinstimmen, und sich gegebenenfalls zu korrigieren. Gerade hierfür ist es erforderlich, daß der Therapeut nicht nur die sprachlichen Äußerungen, sondern das gesamte Ausdrucksverhalten seines Klienten beachtet.

Kongruenz: Wenn der Therapeut sich selbst, mit seinen Möglichkeiten, mit seinen Bedürfnissen und gerade auch mit seinen Grenzen voll akzeptiert, dann benötigt er in der Begegnung mit seinem Klienten keine Fassade, sondern ist einfach *die Person, die er ist.* Im Rahmen seiner Tätigkeit wird er natürlich bestimmte Dinge bevorzugt tun und äußern, aber er wird es nicht nötig haben, sich hinter diesen Dingen zu verstecken. Er kann frei darüber in selbstverantwortlicher Weise verfügen und braucht *sich und dem andern nichts vorzumachen.* Was er tut und was er *von sich äußert,* befindet sich *in Übereinstimmung mit dem, wie er es erlebt.* Ein solcher Therapeut wird als *echt* (oder ‚kongruent') erlebt. Der Klient kann sich an einem solchen Gesprächspartner zutreffend orientieren und unnötige Unsicherheit abbauen. Leistungsängste bzw. überhöhte Erwartungen an sich und an den Therapeuten werden angesichts dieses ‚menschlichen' Partners reduziert, da sie in einer Beziehung wie dieser offensichtlich nicht nötig sind. Genauso wie der Therapeut kann sich auch der Klient freier fühlen, er selbst zu sein. Er kann beginnen, neue Erfahrungen zu machen, sich etwas zu trauen – zu vertrauen. Dies gilt insbesondere für jene Situationen, bei denen er mit sich selbst uneins ist und sich im Konflikt erlebt. Ein ehrliches, sich selbst akzeptierendes Verhalten kann gerade darin bestehen, daß ein Zwiespalt erkannt und angesprochen wird. Wenn der Therapeut *offen ist für seine Selbstwahrnehmung* und *bereit, dieses Erleben seinem Klienten mitzuteilen,* wenn diese Mitteilung angemessen, vielleicht sogar notwendig oder vom Klienten verlangt wird, dann wird er als Person für den Klienten *transparent.* Wenn der Therapeut in der Lage ist, in der Beziehung zu seinem Klienten *sich und seine Gefühle zu leben,* fördert er eine direkte und persönliche Begegnung, ein Zusammentreffen von Person zu Person. Diese Bereitschaft, zu sich zu stehen und sich ehrlich auszudrücken, verringert Barrieren und taktisches Verhalten; sie fördert auf seiten des Klienten einen offeneren und stimmigen Ausdruck dessen, was er tatsächlich bei sich erlebt. Sie fördert eine lebendige Beziehung zwischen zwei wirklichen Menschen, die beide nicht perfekt sind.

Der Klient – Selbsterfahrung und Weiterentwicklung

„Der Klient ist selbstverantwortlich, kein Objekt einer Behandlung. Der Klient ist in der Lage, seine eigenen Entdeckungen zu machen, seine eigenen Schlüsse zu ziehen. Die Therapiesitzung ist die Stunde des Klienten." „Je offener ein Organismus für Erfahrungen ist, je unverfälschter und genauer er diese wahrnimmt und integriert – um so optimaler funktioniert er. ... Dem Menschen wohnt (dabei) eine Tendenz inne, alle seine Fähigkeiten auf solche Weise zu entwickeln, daß sie seinen Organismus – Geist und Körper – erhalten und verbessern." (Rogers & Wood 1977)

Wenn der Klient zumindest ansatzweise in die Lage kommt, das oben skizzierte Beziehungsangebot des Therapeuten so zu erleben, wie es von diesem intendiert ist, dann beginnt er einen *persönlichen Prozeß*, in dem er zu einer *Erweiterung und Integration seines Erlebens und Handelns* gelangen kann.

Der therapeutische Prozeß kann beschrieben werden als die Erwiderung des Klienten auf das, was ihm der Therapeut in der Beziehung anbietet. Wenn eine Person erlebt, daß ihr Gesprächspartner, während sie ihre Gedanken und Gefühle auszudrücken versucht, mit beständiger Akzeptanz zuhört und sich um ein präzises Verstehen bemüht, dann wird sie zunehmend fähiger, auf sich und ihr inneres Erleben zu achten. Sie wird bereit wahrzunehmen, wie sie sich tatsächlich fühlt und wie sie mit sich innerlich umgeht. Hierbei kann sie mit Gefühlen, Einstellungen und Phantasien in Kontakt kommen, die zuvor so bizarr, so furchterregend, so lächerlich oder so verrückt erschienen, daß sie abgespalten oder von der Bewußtwerdung ausgeschlossen waren. Wenn sie diese versteckten und ‚schlimmen' Aspekte ihres Selbsterlebens deutlich werden läßt, erlebt sie, daß die Achtung und emotionale Anteilnahme des Therapeuten für sie davon nicht erschüttert wird. Er respektiert ihre Gefühle und ihr Verhalten und bemüht sich weiter zu verstehen, welche Funktion sie für die Person in ihrem Kampf um ihr Überleben und in ihrem Bemühen um Selbstverwirklichung haben. Und allmählich *übernimmt die Person die gleiche Haltung sich selbst gegenüber;* sie *lernt sich verstehen und akzeptieren wie sie ist.*

In dieser therapeutischen Atmosphäre, in der das Fehlen jeglicher Bedrohung die Person ermuntert, in ihrer Selbstwahrnehmung fortzuschreiten, eigene Möglichkeiten im Erleben und Handeln zu entdecken und weiterzuentwickeln, in dieser zwischenmenschlichen Beziehung erschließt sich ihr eine neue Möglichkeit zu *sein* und zu *werden.*

Schließlich, wenn die Person gelernt hat, in selbstakzeptierender Weise mehr auf ihre eigenen, organismischen Botschaften zu achten, wird sie in ihrem Erleben und Verhalten stimmiger. Sie erlebt sich *echter* und *freier*, mehr von sich auszudrücken. Sie kann sich weiterentwickeln in Richtungen, die für einen Menschen natürlich sind und seinen sich verändernden Bedürfnissen gerecht werden.

„So gesehen hat Psychotherapie im *Freisetzen* der dem Individuum immanenten Fähigkeiten zur Selbstbestimmung und Selbstverantwortung zu bestehen, nicht in der Behandlung eines passiven Patienten. Daher auch bestimmt nicht der Therapeut die *Ziele der Therapie.* Was er tut, zielt eher auf eine *Veränderung der Art und Weise* ab, *wie der Klient mit seinen Erfahrungen umgeht.* Der Therapeut leistet *Hilfestellung,* damit der Klient die Hemmnisse überwinden lernt, die seine Selbstaktualisierung blockieren. Der Klient kommt dann in die Lage, die *ihm adäquaten Ziele* inhaltlich selbst zu bestimmen." (Gerl & Pieritz 1979).

Integratives klientenzentriertes Handeln

Aus dem bisher Gesagten läßt sich erkennen, daß es sich bei der klientenzentrierten Orientierung und der Methode, die sich aus ihr entwickelt hat, um einen vom Wesen her offenen, undogmatischen Ansatz handelt. Carl Rogers selbst legte in seiner umfangreichen Forschungstätigkeit ausdrücklich Wert darauf, daß Erfahrungen nicht in ein vorformuliertes theoretisches Konzept gepreßt wurden, sondern sich alle theoretischen Formulierungen auf der Grundlage präziser, wiederholbarer und überprüfbarer Beobachtungen entwickelten. „Indem wir also zu verstehen und zu erklären versuchen, was geschehen ist und überprüfbare Hypothesen über zukünftige Erlebnisse formulieren, macht unsere therapeutische Effektivität Fortschritte" (Rogers & Wood 1977).

In diesem therapeutischen Ansatz steht es dem Therapeuten grundsätzlich frei, alles, was er kann und weiß, in angemessener Weise, d. h. klientenzentriert in die konkrete Arbeit mit seinem Klienten einzubeziehen. (Dies bedeutet nicht automatisch, daß jeder Therapeut in seinem persönlichen Lern- und Integrationsprozeß schon soweit fortgeschritten ist, daß er dazu auch in der Lage ist.) Dieses integrierte Handeln unterscheidet sich essentiell von einem unsystematischen Nebeneinander-Verwenden verschiedener therapeutischer Techniken. Der klientenzentrierte Therapeut hat von seinem methodisch-theoretischen Ansatz her die Möglichkeit, mit zunehmender beruflicher Erfahrung und

Weiterbildung eine Vielfalt hilfreicher Handlungsweisen *auf der Basis seiner Person zu integrieren.*

Innerhalb des klientenzentrierten Ansatzes, der sich in einer ständigen Weiterentwicklung befindet, wurde einer der wesentlichsten Fortschritte durch Eugene T. Gendlin mit seiner Methode des *Focusing* erzielt. Dies ist eine systematische Weise, den Klienten mit seinem Erleben in Kontakt kommen zu lassen auf jener Ebene in ihm, auf der die wirkliche, den gesamten Organismus umfassende Änderung fühlbar geschieht. „Die meisten Psychotherapien bestehen in einem *Darüber-Reden,* das nicht hinabreicht und das berührt, was in uns Veränderung braucht. So wissen wir dann mehr, was falsch ist, ohne tatsächlich damit zu arbeiten. Focusing nimmt direkt Berührung auf mit der konkreten Ebene in uns, wo unsere Probleme tatsächlich sind. Die Ebene in uns, wo diese Faßbarkeit ist, ist unterhalb des Denkens und der Gefühle. Sogar wenn wir unsere Gefühle intensiv empfinden, bringt es uns oft nicht in Berührung mit dem, wo sie herkommen.

Das Erlebnis des Focusing läßt Dich, wenn Du es einmal gehabt hast, Dein eigenes inneres Dasein spüren. Mit Focusing weiß man, wenn man sich ändert; es ist eine konkrete organismische Erfahrung. Der Organismus, innerlich angefühlt, ist ein ganzes Stück weiser als der Geist. Der Organismus speichert und integriert die Millionen von Details, die Du so gar nicht denken kannst, außer eines nach dem andern" (Gendlin 1979; eigene Übersetzung).

Mit anderen Worten, Focusing ist eine am persönlichen Erleben orientierte Methode, um gezielt den *ganzheitlichen* ‚Focusing-Prozeß' in der Person zu fördern. Wenn der Klient diesen *körperlich spürbar* ablaufenden Prozeß erfährt, hat er sinnhafte Erlebnisse in einer Weise, die ihm absolute Gewißheit vermittelt, die eigentliche Bedeutung des fokussierten Erlebnisinhaltes gefunden zu haben. In diesem Prozeß, der (solange er nicht unterbrochen wird) sich *aus eigenem Antrieb fortsetzt,* kann er aus sich selbst (oder: aus der ‚Weisheit des Organismus') sich weiter Hilfe kommen lassen.

Transkript

Das folgende Transkript veranschaulicht die am Klienten und seinem Erleben orientierte therapeutische Arbeit mit einer 33jährigen Klientin (verheiratet, ohne Kinder, berufstätig als Lehrerin). Sie war von ihrem Hausarzt überwiesen worden wegen einer Störung des Geschmacksinnes ohne organischen Befund und des Verdachts auf eine depressive Gemütsstörung.

Nachdem im Erstgespräch ca. 15 Minuten vergangen sind, in denen Erwartungen abgeklärt wurden und die Klientin verschiedene Dinge ansprach, ohne sich auf etwas weiter einzulassen, macht sich der Therapeut bewußt, daß die Arbeit, so wie sie jetzt läuft, für ihn ‚fade' zu werden beginnt. Gleichzeitig nimmt er bei der Klientin Anzeichen einer analogen Empfindung wahr, insbesondere, wenn er ihre untere Gesichtshälfte und die Mundbewegungen beachtet. (Die Selbstwahrnehmung des Therapeuten führt hier zur Sensibilisierung für die Klientin und zur rechtzeitigen Thematisierung eines bei ihr gerade ablaufenden Erlebens.)

Th: „... das alles, das schmeckt Ihnen *gar* nicht mehr (?)"
Kl: „Hmmh ... (nickt) ... ich weiß nicht, ob Sie da was mit anfangen können (Th: „Ja?")
– aber es ist schon eigenartig ... ich meine das mit dem bitteren Geschmack im Mund; den habe ich jetzt schon seit Wochen. Wie wenn irgendetwas mit meinen Geschmacksnerven nicht stimmt."
Th: „... und ‚bitter' – das trifft die Sache am besten (?)"
Kl: „Ja, ja – das ist doch komisch (?)"
Th: „– da wissen Sie im Augenblick einfach nichts mit anzufangen (?)"
Kl: „Ja, genau."
Th: „Können Sie sich vielleicht 'mal ein bißchen Zeit geben und bei sich nachschauen geh'n: ‚Wo bei dem Ganzen ist etwas bitter für mich, jetzt? Wo ist mein Leben bitter geworden?'"
Kl: „Hmmh ... (Pause) ... Ich bin jetzt schon die ganze Zeit einfach nicht mehr in der Lage, schon rein körperlich wird mir alles zu viel – und ich kann meinen ganzen Verpflichtungen nicht mehr nachkommen ... so wie ich das früher von mir gewöhnt war."
Th: „Sie fühlen sich da ... kraftlos (?)"
Kl: „Ja, ich habe nicht mehr die Energie (wiegt Kopf hin und her; macht Mundbewegungen, als würde sie etwas abschmecken)."
Th: „... aber – da ist noch was (?)"
Kl: „Ja, da ist noch was ... (Pause) ... Ich habe das früher nie so gekannt bei mir – aber Dr. N. hat ja auch gemeint, ich könnte eine Depression haben." (Blickt zum Therapeuten)
Th: „... eine Depression haben – das ist es jetzt, was Sie beunruhigt (?)"
Kl: „Ja, es ist halt so die ganze Sache, wie ich mir mein Leben, meine Zeit und alles eingeteilt habe. Irgendwie geht's schon, aber manchmal ... da wird's mir zu eng und ich kriege Angst, das geht nicht auf."
Th: „Sie fürchten, etwas zu versäumen, das für Sie persönlich wichtig ist (?)"
Kl: „Ja ..." (zögert)
Th: „Sie brauchen es mir nicht unbedingt zu sagen, was es ist. ... Wenn Sie mir aber einfach deutlich machen könnten, wenn Sie was Bestimmtes meinen, dann können wir damit fortfahren."
Kl: „Ich kann Ihnen das schon sagen (Räuspern). Wissen Sie, mit meinem Mann – also irgendwie kommt's mir immer, daß es vielleicht doch etwas mit meiner Beziehung zu meinem Mann zu tun hat. Aber ich kann's nicht genauer sagen."

Th: „Sie haben da so eine Ahnung ... es ist eher vage; Sie spüren es bloß: Da, in dieser Richtung ist was (?)"
Kl: „Ja, da ist was ..."
Th: „... und wir wissen noch nicht, was es ist – aber Sie können spüren, wie es da ist (?)"
Kl: „Ja ..."
Th: „Ja, vielleicht, wie es sich um die Körpermitte herum anfühlt."
Kl: (prompt:) „Angespannt."
Th: „*Angespannt* – das ist gleich da; das übertönt alles." (Kl. nickt) „Vielleicht ist da noch etwas – darunter ... dahinter ... oder daneben – etwas, das nur ein bißchen mehr Zeit und Ruhe braucht, damit es sich zeigen kann." (Pause)
„Manchmal, wenn man die Augen zu hat, kann es ganz von alleine deutlicher werden ..."
(Kl schließt nach einigen Sekunden die Augen.)
„Nehmen Sie sich ruhig die Zeit ... einfach hier sitzen und ein bißchen offen sein für das, wie es sich körperlich anfühlt – angesichts dieser ganzen Sache: ‚Meine Beziehung zu meinem Mann' – und einfach warten, eine Minute oder so, ... was *vom Gefühl* her auftauchen mag ... irgendetwas, das Sie sehen ... hören ... oder fühlen können ..." (Pause, ca. 25 Sek.)
Kl: (minimale Veränderung von Atemmuster und Gesichtsausdruck)
Th: „Da ist etwas (?)"
Kl: „Hmmh (nickt, öffnet Augen) – so was wie „zurückziehen" ...
Th: „... *zurückziehen* ... können Sie damit in Kontakt bleiben – es so ein bißchen betasten, wie es sich innen anfühlt (?)"
Kl: (schließt wieder die Augen) nach ca. 10 Sek.: „Es ist eher, daß sich da was *zusammen*zieht ..."
Th: „Ja ... *zusammen*zieht ... irgendwas zieht sich da zusammen."
Kl: „Hmmh ... wie so eine ... eine Faust ... wie so eine Hand, die sich zusammenzieht zu einer Faust."
Th: „... zusammenzieht zu einer Faust" (Kl nickt) „Schauen Sie sich das ruhig 'mal an, was sich da zeigen mag ..."
Kl: „Im Augenblick sehe ich nur die Faust ..."
Th: „Gut. Verweilen Sie ruhig bei diesem Zusammenziehen, bei dieser Faust und wie es sich anfühlt, um die Körpermitte herum ... vielleicht ein bißchen ausprobieren: Wie paßt das zueinander?" (Pause, ca. 20 Sek.)
„Manchmal verändert sich da noch was, oder es taucht noch ein anderes Wort oder Bild auf ..."
Kl: „Ja ... *hart machen* ..."
Th: „Ja ... *hart machen* ..."
Kl: (beißt auf Unterlippe)
Th: „Da ist noch was (?)"
Kl: (nickt ... zögert)
Th: „Schauen Sie sich's ruhig selbst erst an. Sie brauchen es mir nicht schon zu sagen. ... Vielleicht braucht es noch etwas – mehr Raum." (Kl nickt) „Und schauen Sie, wo Sie ihm einen guten Platz geben können ..."

Kl: (nickt; zeigt Zeichen tieferer Rührung)

Th: (nach ca. 10 Sek.) „,... und Sie können hier einfach sitzen und es spüren ... was immer es Ihnen zeigen mag ..." (Pause, ca. 25 Sek.)

Kl: (nickt mehrmals mit Kopf, atmet tiefer ein und aus, mit dem Ausatmen geht eine zustimmende Bewegung, ein Loslassen durch den ganzen Körper. Die Kl öffnet die Augen und nimmt Blickkontakt mit dem Th auf.)
„Das war jetzt ganz eigenartig ..." (Th: „Ja [?]")
„Da ist plötzlich ‚Laß' mich nicht allein!' dagewesen; wie so ... ein Aufschrei." (Th: „Hmmh")
„,...und ich war froh, daß Sie mir da Zeit gelassen haben ..."

Th: „Ja, dieses ‚Laß mich nicht allein', das braucht Raum ..."

Kl: „Ja – und irgendwie kam dann alles zusammen. ... Ich hab's irgendwie schon geahnt, aber ich wollt's nicht sehen – vielleicht wegen der Konsequenzen ..." (Th: „Ja?") „,... daß ich mit meinem Mann zu keinem Kind komme. Ich hab' immer wieder klein beigegeben. Und zu Beginn war ja ganz klar, daß wir Kinder haben wollten. Aber dann, so im Laufe der Jahre, da hatte er immer so gute Argumente, daß wir's uns besser jetzt noch nicht leisten sollten. Und jetzt heißt es plötzlich schon: Über Dreißig wird das Kinderkriegen immer riskanter ... und wir schlafen auch kaum noch zusammen."

Th: „Und das klingt *bitter.*"

Kl: „Das *ist* bitter ... mein Gott! ..." (Pause, ca. 10 Sek.)

Th: „Sie sind *bestürzt* darüber (?)"

Kl: „Ja, schon – aber eigentlich auch nicht. ... So *deutlich* habe ich's noch nicht gesehen ... aber es ist schon so ..."

Th: „Ich erlebe es so, als würden Sie sich jetzt erst mit diesem Gedanken, mit dieser Möglichkeit, richtig vertraut machen (?)"

Kl: „Ja, stimmt ... und ich sehe mich da gar nicht hinaus, was ich jetzt da tun soll ... aber es ist sicher besser, daß ich das jetzt so klar sehe."

(aus Gerl 1982, gekürzt)

In den folgenden siebzehn Therapiekontakten (im wöchentlichen Abstand) arbeitet die Klientin an der Lösung ihres inneren Konfliktes zwischen Strebungen nach Sicherheit/Geborgenheit und nach Selbstausdruck/Weiterentwicklung. Mit zunehmender persönlicher Integration kommt sie allmählich besser in die Lage, auch ihrem Ehemann gegenüber ihre Bedürfnisse klarer zu äußern und zu ihren Gefühlen zu stehen. Hierfür erweisen sich auch Rollenspiele als dienlich, bei denen der Therapeut stellvertretend für den Ehemann der Ansprechpartner ist.

Die Klientin nimmt dann an einer ‚personzentrierten Encounter-Gruppe' teil, die sich an zwei Wochenenden und acht Abenden trifft. Daraufhin kommen Therapeut und Klientin noch fünfmal zur Einzelarbeit zusammen, zunächst im zweiwöchigen, dann im monatlichen Abstand. Die Klientin stellt dann fest, daß sie auf weitere therapeutische Kontakte verzichten kann. Beide stimmen überein, ihr Arbeitsbündnis zu lösen und vereinbaren noch einen Termin für ein Nachgespräch in vier Monaten.

Bei diesem Nachgespräch berichtet die Klientin von einem dazwischenliegenden Urlaub mit ihrem Mann, bei dem sie es genießen konnte –, ohne Programm –, einfach nur zu faulenzen. Sie hat sich entschlossen, es sich auch zuhause etwas einfacher zu machen, um mehr Raum für sich zu haben. Die sexuellen Kontakte mit Ihrem Mann sind jetzt befriedigender und wieder häufiger. Sie denkt daran, die Pille abzusetzen, auch wenn sich ihr Mann von der Aussicht, Vater zu werden, „nicht gerade begeistert" zeigt. Auf Befragen erwähnt sie, daß die Geschmacksstörung, die der Anlaß für ihr Kommen gewesen war, nicht mehr aufgetreten sei; die Dinge würden ihr „so schmecken, wie sie sind".

Anmerkungen zur Indikation und Therapeutenwahl

Wenn sich jemand, wie man häufig lesen kann, als ‚Gesprächstherapeut' bezeichnet, ist damit noch keinerlei Gewähr dafür gegeben, daß diese Person in der Lage ist, eine klientenzentrierte Haltung in der Praxis zu realisieren – weder in einfachen Gesprächssituationen, bei denen der Klient sich selbst darstellt und sein Erleben exploriert, noch in komplexeren Situationen, bei denen der Klient implizit durch Verhaltensarrangements oder durch mehr oder weniger deutliche Anspielungen oder Fragen auch die Beziehung zwischen sich und seinem Therapeuten thematisiert. Auch das Absolvieren der Ausbildung einer Therapiegesellschaft (wie der ‚Gesellschaft für wissenschaftliche Gesprächspsychotherapie' (GwG)) ist alleine noch keine Gewähr dafür, daß dieser ‚Gesprächspsychotherapeut (GwG)' in seinem persönlichen Lernprozeß ausreichend weit fortgeschritten ist, um in entscheidenden Situationen der therapeutischen Beziehungsarbeit angemessen wahrnehmen und handeln zu können.

Der wesentlichste Aspekt dieser Frage wurde bereits vorne (S. 98) diskutiert. Der Klient wird nicht mit einer ‚klientenzentrierten Methode' zusammentreffen, sondern mit einem Menschen, der auf der Grundlage seiner persönlichen, klientenzentrierten Haltung mehr oder weniger integriert über therapeutische Handlungsmöglichkeiten verfügt. Deren Umfang und Integrationsgrad hängen vom Entwicklungsstand dieser Person (Therapeut) ab. Entsprechend gestaltet sie durch ihr konkretes Handeln – mehr oder weniger frei, flexibel und klientenbezogen – ihr therapeutisches Beziehungsangebot.

Mit anderen Worten, es ist entscheidend, daß sich ein Therapeut nicht an einzeln herausgegriffene Konzepte seines therapeutischen Ansatzes klammert, die – auf diese Weise dann falsch gewichtet – ein eingeengtes, starres Wahrnehmen und Handeln zu rechtfertigen scheinen. Der klientenzentrierte Therapeut hat sich ganz und ausschließlich auf das einzustellen, was für die hilfesuchende Person notwendig ist, um ihre persönliche Entwicklung zu fördern. Und hierfür braucht er für sich selbst die nötige Freiheit und Selbstakzeptanz – damit er gerne und kreativ mit seinem Klienten zusammenarbeiten kann.

Dies bedeutet in der Konsequenz zum Beispiel auch, daß er es als *seine* (vorläufige) Grenze akzeptiert, wenn ihn ein Klient mit Erlebnisweisen konfrontiert, die ihm selbst bisher nicht zugänglich waren bzw. bei denen er sich selbst nicht ausreichend sicher fühlt. Und es bedeutet ebenfalls, daß er erkennt, wenn es – für den Klienten erreichbar – einfachere oder effektivere Hilfsmöglichkeiten gibt. Zum Beispiel ist es ökonomischer, bei einem Klienten, der unter einer Phobie leidet, die sich als einfach konditionierte Furcht-/Vermeidungsreaktion herausstellt, ein verhaltenstherapeutisches Training durchzuführen. Sofern der Therapeut ein Psychologe mit klinischer Spezialisierung (meist schon während seines Universitätsstudiums) ist oder als ‚Klinischer Psychologe' vom Berufsverband Deutscher Psychologen (BDP) anerkannt wurde, dürfte er in der Regel dazu selbst in der Lage sein.

Zur *Prognose* kann generell folgendes gesagt werden: Natürlich ist es für einen Klienten, der bereits zu Beginn der Therapie ein höheres Maß an *Selbstempathie/-akzeptanz* aufbringt, leichter und schneller möglich, deutliche Fortschritte zu machen. Selbstempathie ist ein Indikator für die Fähigkeit des Klienten, auf konstruktive Weise Beziehung aufzunehmen – mit sich und dem Therapeuten. Ebenso lassen sich bei einem Klienten dann *weitergehende* Veränderungen und Lösungen seiner Probleme erwarten, wenn diesen ein *innerer Konflikt* bzw. eine Inkongruenz zwischen dem tatsächlichen Erleben und Handeln und den Erwartungen, die der Klient an sich selbst hat (‚Selbstkonzept') zugrunde liegt.

Die *Dauer* klientenzentrierter Therapien wird mit 20–120 Stunden berichtet. In seltenen Fällen sind sie auch kürzer oder länger. Das Stundenhonorar ist Bestandteil des therapeutischen Arbeitsvertrages und vom jeweiligen Therapeuten zu bestimmen. In den meisten Fällen treffen sich Therapeut und Klient einmal pro Woche. Gruppentreffen finden mitunter auch an Wochenenden statt und können sich dann über zwei bis drei Tage erstrecken.

An den Klienten: Für jeden, der selbst dafür Sorge tragen will, daß seine Therapie unter günstigen Bedingungen konstruktiv

verläuft, kann die Empfehlung gegeben werden, sich nach ca. drei Sitzungen ernsthaft folgende drei Fragen zu stellen:
- Fühle ich mich von meinem Therapeuthen persönlich angenommen, und fühle ich mich von dem, was er mir sagt, wirklich angesprochen?
- Fühle ich mich zunehmend freier, meinem Therapeuten gegenüber von mir und meinen Empfindungen, wie ich es tatsächlich erlebe, zu sprechen?
- Werde ich durch unsere gemeinsame Arbeit irgendwie zuversichtlicher, daß ich weiterkommen werde (auch wenn ich im Augenblick vielleicht noch gar nicht weiß, wie)?

Wenn Sie diese Fragen nicht mit ‚ja' oder ‚eher ja' beantworten können, teilen Sie dies Ihrem Therapeuten deutlich mit. Wenn Sie dann im Gespräch darüber sich selbst und ihn ernsthaft, persönlich und ehrlich erleben, dann können Sie dies als ein gutes Zeichen dafür sehen, daß es sich jetzt für Sie doch lohnt, weiterzumachen. Falls sich diese Qualität jedoch nicht entwickelt, teilen Sie dies ihrem Therapeuten unmißverständlich mit! Vielleicht lassen Sie sich und Ihrem Therapeuten dann noch ein paar Tage Zeit, um ruhig nochmal darüber zu schlafen, und sehen Sie dann beim nächsten Treffen nach, wie es jetzt ausschaut. Sollte sich immer noch nichts ändern, sagen Sie Ihrem Therapeuten, daß Sie die gemeinsame Arbeit beenden werden. Vielleicht kann er Ihnen bei der Suche nach einem anderen Therapeuten behilflich sein.

Sie haben dann ein paar Stunden investiert und dabei u. a. gelernt, wie Sie sich selbstverantwortlich handelnd aus einer Beziehung zu einem Therapeuten zurückziehen und einen neuen Weg einschlagen können. Die Möglichkeit, daß zwei Menschen sich *verfehlen* und keine hilfreiche Beziehung entsteht, gibt es natürlicherweise auch bei der Begegnung eines Klienten mit einem Therapeuten.

Empfohlene Literatur: Gendlin, E. T.: Focusing, Salzburg: Otto Müller, 1980. *Rogers, C.:* Therapeut und Klient, München: Kindler, 1977.

5. Gestalttherapie

Dirk Revenstorf

Gestalttherapie, eine humanistische Therapieform

Gestalttherapie ist ebenso wie die Gesprächstherapie eine humanistische Therapieform und unterscheidet sich damit sowohl von der Psychoanalyse wie auch von der Verhaltenstherapie in programmatischer Weise. Freuds bekannte Formulierung, Therapie bestehe darin, „... das neurotische Elend in gemeines Unglück" zu verwandeln, zeigt, wie sehr die Psychoanalyse auf die negativen Aspekte des menschlichen Befindens konzentriert ist. Humanistische Therapieformen dagegen fragen nach den positiven Seiten der menschlichen Existenz und streben danach, die Blockierungen zu überwinden, die das Individuum davon abhalten, diese positiven Seiten zu verwirklichen. Die analytische Position geht davon aus, daß der Mensch durch kulturelle Repressionen daran gehindert wird, seine primären Motive auszuleben und die Welt dabei als lustvoll zu erfahren (vgl. Freuds ‚Unbehagen in der Kultur', 1929). Er gerät als Kind in den Konflikt zwischen Luststreben und Strafandrohung, der sich als Widerstreit von Lust und Angst bzw. Schuld im Erwachsenenleben fortsetzt. Dieser Konfikt kann nach psychoanalytischer Auffassung vermieden werden, wenn die kulturfeindlichen Triebe in genitale, d.h. außerfamiliäre und heterosexuelle Bindungen überführt oder in sozial akzeptable Aktivitäten sublimiert werden. Das Menschenbild der Psychoanalyse erscheint noch pessimistischer, wenn man Freuds Annahme des Todestriebes (‚Jenseits des Lustprinzips', 1921) hinzunimmt, der zur Selbstzerstörung und nach außen gewendet zur Aggression gegen den Mitmenschen führe. Die schädlichen Folgen der inzestorischen und aggressiven Natur des Menschen können nach Freuds Auffassung nur durch große Anstrengungen des Individuums unterdrückt werden.

Die humanistische Psychologie dagegen geht nicht davon aus, daß die ursprünglichen Bedürfnisse des Menschen zerstörerisch sind und unterdrückt werden müßten. Vielmehr führe das spontane Ausleben der eigenen Antriebe im allgemeinen zu einer befriedigenden Lebensform (vgl. Schutz, ‚Freude', 1973). Libido und Aggression werden als sozial wünschenwert erachtet; da sie Annäherung und Abgrenzung der Individuen voneinander steuern. Ihr freier, nicht übersteigerter oder zurückgehaltener Ausdruck ist nicht nur ungefährlich, sondern ermöglicht eine soziale Interaktion, die durch Echtheit gekennzeichnet ist.

Auch die Verhaltenstherapeuten haben sich von der Psychoanalyse distanziert, und zwar mit dem Argument, daß Neurose und Psychose qualitativ nichts Abartiges darstellten. Denn auch ihnen liege Lernen zugrunde, wie es auch das normale Verhalten im Bereich der Leistung oder der sozialen Kompetenz steuert. Die Lerntheorien, auf die sich die Verhaltenstherapie beruft, beschreiben den Erwerb von Gewohnheiten für die Schule und die Sozialisation in gleicher Weise wie für die Neurose und Psychose. Die Lernprinzipien gelten sogar noch allgemeiner: nicht nur für menschliches Verhalten, sondern auch für das Verhalten von Tieren wie Katzen, Hunden oder Ratten. Die kognitiven Ansätze der Verhaltenstherapie haben dem allerdings einiges spezifisch Menschliche hinzugefügt (vgl. Bandura 1975; Mahoney 1975).

Die humanistische Psychologie wendet sich gegen eine solche Reduktion des menschlichen Verhaltens auf das Animalische; und zwar sowohl gegen die psychoanalytische Deutung allen Verhaltens als sexuell oder aggressiv als auch gegen die Lerntheorie als generelle Verhaltensgrundlage. Sie richtet ihre Aufmerksamkeit auf das, was den Menschen von den Tieren unterscheidet: das Bewußtsein des eigenen Erlebens, die Suche nach Sinn, die Übernahme von Verantwortung, Flexibilität und Kreativität im Verhalten, Intimität und Spontaneität im Sozialkontakt. Maslow (1960), der Kreativität und Selbstverwirklichung untersuchte, hat festgestellt, daß Menschen, die im Leben das tun, was ihnen vorschwebt, die das erreichen, was sie sich vornehmen, sei es normenkonform oder revolutionär, durch diese Merkmale ausgezeichnet sind. In den humanistischen Therapien geht es um diese Ziele: nicht allein um die Behebung von Defiziten, wie es in der Psychoanalyse und in der Verhaltenstherapie angestrebt wird, sondern darüber hinaus um das Wachstum des Individuums zur Entfaltung seiner Möglichkeiten. Diese Therapieformen wenden sich daher nicht nur an den leidenden Neurotiker und Psychotiker, sondern ebenso an den angepaßten und übersozialisierten Menschen, der seine Möglichkeiten erweitern will.

Prinzipien der Gestalttherapie

Erleben

Gestalttherapie ist durch bestimmte Merkmale charakterisiert, die sie von anderen humanistischen Therapieformen unterscheidet. Sie ist nicht wie die Transaktionsanalyse (Berne 1975) oder die Primärtherapie (Janov 1970) auf die Aktivierung der Vergangenheit konzentriert, obwohl sie ebenfalls stark affektive Erlebnisse anstrebt. Gestalttherapie untersucht das aktuelle Verhalten und seine Blockaden. In der Therapie werden Verhaltensmuster zwar behandelt, deren Ursprung in der Vergangenheit liegt, im Vordergrund steht jedoch nicht die Erkenntnis des Zusammenhanges mit früheren Erlebnissen, sondern die Erfahrung neuer Reaktionsmuster. Ein Klient hat seit Jahren nicht geweint, weil er damit das Eingeständnis der Schwäche und die Gefahr der Kritik vermeidet. Wenn es ihm in der Therapiestunde gelingt, Trauer nicht nur zu empfinden, sondern auch auszudrücken, dann hat er eine neue Erfahrung gemacht. Sie ist für ihn wichtiger als die – sich ohnehin einstellende – Erkenntnis, welches erzieherische Mißgeschick seiner Eltern den Grund dazu gelegt hat, daß er diese Gefühlsregung bisher so stark reguliert hat. Die Erfahrung, daß es keine negativen Folgen haben muß, wenn er derartige Gefühlsregungen zuläßt, erleichtert ihn subjektiv und ist geeignet, eine Veränderung im Selbstbild und im Verhalten des Betreffenden einzuleiten.

Wahrnehmung

Die Gestalttherapie fördert die Wahrnehmung der inneren und äußeren Realität. Der neurotische Mensch leidet u. a. daran, daß er vermeintlich kritische Ereignisse und Regungen vermeidet. Er blendet Teile seiner Wahrnehmung aus und vermeidet es, Gedanken oder Handlungen zu Ende zu führen. Das bringt mit sich, daß er den Kontakt zur Umwelt und auch zu sich selbst verliert; sein Erleben verarmt, das Verhalten wird oft richtungslos – mehr durch Vermeidung als durch Zielsetzung bestimmt. Die Furcht vor dem Unglücklichsein führt dazu, daß wir den Kontakt einschränken: ein Handeln, das wir mit Langeweile und Unzufriedenheit bezahlen (vgl. Polster & Polster 1975, S. 128). Die Kontaktfähigkeit wiederherzustellen ist ein wesentliches Ziel der Gestalttherapie. Ein Klient hat Kopfschmerzen. Er wird aufgefordert, die Schmerzen genauer zu beschreiben. Er fühlt sie hauptsächlich in den Augen und beschreibt das als Ermüdung. Bei genauer Nachfrage zeigt sich, daß die Ermüdung verknüpft ist mit der Anstregung, aufmerksam zu sein – und zwar aufmerksam, um einen dummen Eindruck zu vermeiden. Dazu gedrängt, einen dummen Eindruck zu machen und zu überprüfen, wie er das empfindet, nennt der Klient den Therapeuten einen albernen Kerl, ist belustigt und die Kopfschmerzen sind verschwunden. Dieses Beispiel einer durch Verkrampfung bedingten Kopfschmerzreaktion zeigt, wie die anfängliche Wahrnehmung im nebulösen Eindruck der Ermüdung endet. Bei genauem Hinsehen spürt der Klient jedoch, wie damit seine Anspruchshaltung zusammenhängt, die er als Anstrengung erlebt, aber aufrechterhält, um einen anderen Zustand, nämlich den, als dumm dazustehen, zu vermeiden. Die genaue Wahrnehmung führt in diesem Beispiel zur sofortigen Auflösung des Symptoms – und damit zu der positiven Erfahrung, daß Kontakt mit den Bedürfnissen und Empfindungen Erleichterung verschafft und eine positive Beziehung zum Gegenüber ermöglicht.

Selbstunterstützung

Ein drittes Prinzip der Gestalttherapie ist es, das Individuum aus seiner bequemen Haltung der vermeintlichen Abhängigkeit von anderen zu lösen. Symptome sind bequem, weil sie entlasten. Der Klient leidet unter einem Schuldkomplex, unter einer Wahnvorstellung oder einer Perversion scheinbar wie unter einem fremden, bösen Einfluß. In Wirklichkeit litt er vielleicht einmal unter einem traumatischen Einfluß oder einer fehlinterpretierten Erfahrung. Zum Zeitpunkt der Behandlung leidet er vermutlich jedoch an sich selbst. Perls, der Begründer der Gestalttherapie, nimmt hier einen individuumzentrierten Standpunkt ein, indem er gesellschaftliche Mißstände und Systemzwänge als Begründung psychischer Verformung nicht gelten läßt. Einschränkungen faßt er als Herausforderung auf; er sagt: „Es ist die Idee, den Menschen unserer Zeit zum Leben zu erwecken und ihn zu lehren, wie er seine inneren Kräfte nutzen kann, um ein Führer zu sein, ohne Rebell zu werden, eine Mitte zu haben und nicht Hals über Kopf zu leben ..." (1973, S. 173). Der gesunde Mensch übernimmt nach Auffassung der Gestalttherapie für das, was er tut und ausdrückt, die Verantwortung. Das entspricht der existentialistischen Auffassung, daß es für den Menschen als Individuum letztlich keine externe Norm gibt, sondern er immer für sich selbst entscheiden muß. In diesem Sinne wird der Ängstliche in der Therapie dazu gebracht, die Kritik, die er von außen befürchtet, selbst gegen sich zu formulieren und sie zu überwinden. Der Schuldbeladene wird dazu gebracht, den Ärger, den er auf sich zu ziehen glaubt, selbst zu äußern, die Erniedrigung, die der Schamgequälte spürt, selbst auszusprechen. Der Neurotiker wird also angehalten, für die affektiven Beeinträchtigungen, die er der Umwelt anlastet, selbst die Verantwortung zu übernehmen und sich gegen die Einschränkungen zu entscheiden, die er sich selbst auferlegt. Im Prinzip kann das folgenden Verlauf nehmen, hier am fiktiven Beispiel einer Prüfungsangst skizziert:

Stufe 1: Zum Therapeuten: „Ich habe Angst zu versagen."
Stufe 2: Zu sich selbst: „Du kannst nichts!"
Stufe 3: Aktivierung der Gegenposition: „Ich hab genug getan."
Stufe 4: Überprüfung der Gegenposition: „Kann ich dazu stehen?"
Stufe 5: Neuentscheidung: „Ich werde nur dieses und nicht mehr tun."
Stufe 6: Umsetzung ins alltägliche Handeln.

Der angedeutete Verlauf wurde hier in vieler Hinsicht abstrahiert. Dadurch wird nicht klar, welche Widerstände entstehen können, bis die Person bereit ist, die Gegenposition (3) zu übernehmen und erkennt, daß die Angst einem internalisierten, aber eigentlich der Person fremden Anspruch entspringt, der von anderen übernommen wurde (2). Dazu müssen häufig die elterlichen Erziehungseinflüsse wachgerufen werden. Um die Gegenposition (3) zu stärken, kann der kindliche Trotz zur Unterstützung aktiviert werden. Die Überprüfung der Gegenposition (4) entspricht der Übernahme der Verantwortung. Die Entscheidung (5) kann revisionsbedürftig sein und die Umsetzung ins alltägliche Handeln (6) ist ein langwieriger Prozeß.

Das Vorgehen des Gestalttherapeuten

Frustration

Die Gestalttherapie gilt als konfrontativ. Das trifft insofern zu, als der Therapeut sich nicht schützend vor den Klienten stellt, um ihn von seinen Problemen oder der feindlichen Umwelt abzuschirmen. Die Psychoanalyse sieht ein wesentliches therapeutisches Mittel darin, daß der Klient in der Interaktion mit dem Therapeuten eine schlecht bewältigte Beziehung aus der Vergangenheit neu erlebt (Übertragung) und die damit zusammenhängenden Konflikte gemeinsam mit dem Therapeuten einer Analyse unterzieht. Die Gesprächstherapie sieht ein wesentliches therapeutisches Mittel darin, daß der Therapeut dem Klienten unbedingte Wärme entgegenbringt, so daß dieser seine Probleme angstfrei ansprechen kann. Die Verhaltenstherapie gewährt dem Klienten beratende Unterstützung bei der Analyse seiner Probleme und bei der Ausarbeitung von Lösungen. Der Gestalttherapeut bietet dem Klienten keine Beziehung an, um Übertragungen vorzunehmen; er läßt ihn nicht in erster Linie sich aufgehoben fühlen, wie in der Gesprächstherapie, und er berät ihn nicht, wie der Verhaltenstherapeut. Vielmehr hält der Gestalttherapeut den Klienten an, sich negative wie positive Regungen zuzugestehen und sie zu durchleben. Das kann schmerzhaft sein, aber auch bewegend. Im allgemeinen läßt es den Klienten sein Verhalten in einem neuen Licht sehen. Er geht davon aus, daß der Klient eine starke Tendenz hat, problematische Inhalte und Gefühle zu vermeiden. Auf diese Weise erhält er seine Neurose aufrecht. Die Vermeidung war früher vielleicht einmal Notwehr des Organismus, ist jetzt jedoch überflüssig und beschränkt nur dessen Handlungsfreiheit unnötig. Daher zeigt der Gestalttherapeut dem Klienten, wo und wie er Gefühle und Inhalte vermeidet und läßt ihn in sogenannten Experimenten erleben, was passiert, wenn er die Vermeidung überwindet. Das ist oft frustrierend. Die Frustration jedoch ist für Perls der Weg zur Heilung. Seine Ergänzung zur lerntheoretischen Auffassung der Entwicklung der Persönlichkeit kann in der Annahme gesehen werden, daß der Mensch nicht nur durch positive Erlebnisse, sondern gerade auch durch negative Erfahrungen lernt. Allerdings nur, wenn er die Frustration erträgt und die Trauer, Angst oder Aggression zu erleben wagt. Dazu braucht der Klient einen Anstoß, den ihm der Therapeut dadurch geben kann, daß er ihn genau beobachtet und Lücken oder Inkongruenzen im verbalen oder nichtverbalen Ausdruck aufgreift. Der Therapeut ist Resonanzkörper für das Erleben des Klienten und bringt Dinge zum Ausdruck, die andernfalls unterschwellig bleiben. Er motiviert den Klienten, diese Inhalte auszuloten. Er führt ihn zur Konfrontation mit dem negativen Affekt und zu dessen Überwindung.

Regeln und Experimente

Um die Selbstverantwortlichkeit und die Bewußtheit zu fördern, werden eine Reihe von therapeutischen Techniken verwendet. Sie orientieren sich an praktischen Grundsätzen, die als Regeln zusammengefaßt werden (Levitzky & Perls 1970; vgl. auch Revenstorf 1983).

Die wichtigsten Regeln sind folgende:

1. *Hier und Jetzt:* Alle Probleme soll der Klient im Hinblick auf seine augenblicklichen Gefühle und Einstellungen behandeln. Nicht was er zu einem bestimmten Zeitpunkt in der Vergangenheit seiner Mutter oder anderen Konfliktpersonen gegenüber empfunden hat, ist hilfreich, sondern was jetzt in ihm vorgeht, wenn er daran denkt.

2. *Interaktion:* Der Klient soll nicht über eine Person oder Sache reden, sondern sich mit ihr in der Gegenwart (siehe Regel 1) auseinandersetzen. Das geschieht in Dialogen, Darstellungen und Rollenspielen.

3. *Ich-Sätze statt Fragen:* Der Klient wird angehalten, Dinge über sich auszusagen. Weder allgemeine Formulierungen („es gibt ...“, „man kann ...“ usw.) noch Fragen werden zugelassen. In beiden Fällen verlegt der Klient die Verantwortung nach außen: Im ersten Fall umgeht er es, deutlich zu machen, daß es sich um seine Meinung handelt, im zweiten Fall sucht er Unterstützung beim Therapeuten.

4. *„Wie“ statt „Warum“:* Der Therapeut stellt Fragen. Er fragt aber nicht nach den Gründen. Vielmehr läßt er sich beschreiben, was in dem Klienten vorgeht. Er ist am Prozeß interes-

siert, denn darin spiegelt sich die Struktur einer Fehlhaltung wider, ebenso wie sich darin auch der Ansatzpunkt zur Veränderung findet.

5. *Bewußtheit:* Der Therapeut fragt häufig nach, wie sich der Klient fühlt, wenn er dies oder jenes sagt bzw. tut. Was er empfindet, was er sieht, was er denkt, was er sich wünscht, was ihm fehlt und ähnliche Fragen dienen dazu, den Klienten überprüfen zu lassen, welche persönliche Bedeutung die Dinge für ihn haben, ihn wahrnehmen zu lassen, welche Bedürfnisse bei ihm vorhanden sind.

6. *Nichts erzwingen:* Der Therapeut soll den Klienten weder ausfragen noch zu Handlungen oder Einverständnissen drängen. Er kann beim Offensichtlichen bleiben: wenn sich im verbal Geäußerten eine Lücke abzeichnet, dann hilft die Beachtung des nonverbalen Ausdrucks weiter. Wenn der Klient zur Zeit bestimmte Dinge nicht tun oder ansprechen kann, dann kann der Therapeut untersuchen, was ihn daran hindert, wie er sich selbst daran hindert. Dadurch wird das Problem des ‚Widerstandes' unterlaufen.

Der Therapeut veranlaßt den Klienten immer wieder dazu, durch Experimente neue Erfahrungen zu sammeln. Viele dieser Übungen kommen in abgewandelter Form immer wieder vor, so daß sie den Eindruck eines Standardrepertoires an Techniken machen. Tatsächlich gibt es aber unendlich viele gestalttherapeutische Übungen. Sie werden am besten aus der Situation heraus entwickelt bzw. müssen zu ihr passen. Gestalttherapeutische Übungen standardisiert einzusetzen (z. B. für alle Teilnehmer einer Gruppe oder in einer festgelegten Abfolge bei einzelnen Klienten) ist meist unergiebig. Zur Veranschaulichung solcher Experimente sollen einige Beispiele gestalttherapeutischen Vorgehens dargestellt werden.

Dialoge

Neurotisches Verhalten ist häufig durch Konflikte gekennzeichnet: Ich habe eine Wut auf jemanden, aber ich habe auch Angst, sie auszudrücken. Ich möchte dominant sein, aber ich schäme mich dessen. Ich möchte meinen sexuellen Interessen nachgehen, habe aber Schuldgefühle. Ich möchte faul sein, aber ich empfinde die Verpflichtung zu arbeiten. Ein nicht-neurotischer Mensch findet Lösungen, indem er zu gegebener Zeit das eine oder das andere tut. Ein neurotischer Mensch ist gefangen in der Polarität der Wünsche, die ihn in der Schwebe halten und ihn handlungsfähig machen. Der Gestalttherapeut veranlaßt den Klienten, beide

Pole zuzulassen und sie zu artikulieren. Dies geschieht häufig in Form eines Dialoges. Der Klient nimmt dabei abwechselnd beide Positionen ein, wie das folgende Beispiel zeigt:

Therapeut: Was empfinden Sie?
Klient (Albert): Ich fühle Spannung – wie ein Band um meinen Kopf.
Th: Spielen Sie das Band: „Ich bin das Band, das Druck auf Alberts Kopf ausübt und ich ...“
Kl (Band): Ich halte Albert zusammen, damit er nicht vor Größenwahn platzt. Er ist verrückt, er meint, die Welt würde sich nach seiner Nase richten.
Th: Nun lassen Sie Albert antworten.
Kl (Albert): Ich weiß, wie man die Welt regiert, ich kann es ebensogut wie andere.
Th: Das klang recht kindlich und naiv.
Kl: Ich kann mir nicht nehmen, was ich will. Ich will beides, die Zuwendung und die Ansprüche an die Welt.
Th: Können Sie sich irgend etwas dazwischen vorstellen?
Kl: Ich müßte weich sein – wie passiv, wie feminin.
Th: Können Sie versuchen, weich zu sein und feminin?
Kl: Eine grauenhafte Vorstellung.
Th: Gut, machen Sie das Gegenteil.
Kl: Sowas wie: „Halt den Mund! – Mach deine Arbeit!“ Das klingt wie mein Vater, so möchte ich nicht sein. Aber es tut mir leid, daß ich mich nicht mit ihm ausgesöhnt habe, bevor er starb.
Th: Lassen Sie Ihren Vater antworten.
Kl (Vater): Du konntest es nicht anders wissen; du warst zu jung.
Th: Ihr Vater klang weich und warm.
Kl: Er war es aber nicht. Vielleicht habe ich mir einen solchen Vater gewünscht.
Th: Es war die Stimme, die Sie ihm gegeben haben.
Kl: Vielleicht habe ich ihn unterschätzt.
Th: Sagen Sie das zu Albert.
Kl: Albert, ich unterschätze dich. Du kannst mehr, als du im Moment tust – aber ich fühle mich unecht, wenn ich das sage.
Th: Sehen Sie, was Sie jetzt machen? Da ist wieder das Band, das Sie zusammenhält und zurückhält, das zu tun, was Sie möchten.
Kl (zum Therapeuten): Sie spielen hier den lieben Gott und ich soll das nicht können?
Th: Was empfinden Sie?
Kl: Wärme. Ich bringe die Leute zum Lachen und das freut mich.
Th: Spielen Sie noch ein bißchen den lieben Gott.
Kl: Ich gebe dir die Erlaubnis Gott zu sein. Du strahlst Wärme aus, und dabei kannst du die Welt haben – es muß ja nicht für immer sein – (zum Therapeuten) ich könnte das alles auch alleine schaffen.

(Verkürzt nach Simkin 1976, S. 21 ff.)

Der Dialog zeigt, wie die vermeintlichen Gegensätze für den Klienten vereinbar werden. Der Therapeut bringt den Klienten dazu, die selbstbewußte Position einzunehmen und vermittelt ihm dadurch, daß die Wärme dabei nicht zu fehlen braucht. Im Dialog wird auch andeutungsweise klar, woher die falsche Einschätzung selbstbewußten Handelns kommt. Der selbstbewußte Vater hatte Druck auf den Klienten ausgeübt und ihm so die selbstbewußte Haltung unannehmbar gemacht. Im Dialog zwischen den verschiedenen Seiten der Person wird beides möglich. Die als fremd empfundenen Teile (Projektionen) können zurückgewonnen werden. Dadurch wird in diesem Fall die phobische Haltung gegenüber selbstbewußtem Auftreten beseitigt, und die der Person eigentlich fremden Teile (Introjekte) können entfernt werden – hier die väterliche Arroganz. Der Klient assimiliert auf diese Weise das, was für ihn vorher nicht akzeptabel war, und bringt es auf eine für ihn passende Form.

Der Therapeut gibt dem Klienten viele Hilfen, seine Schwierigkeiten zu überwinden. Er führt ihn dahin, auf seine Empfindungen zu achten, um auf Veränderungen aufmerksam zu werden; er stößt ihn auf ‚rückfälliges Verhalten', er läßt ihn Umkehrungen spielen von dem, was der Klient möchte, falls er dem direkten Wunsch nicht nachkommen kann. Er läßt ihn sich in der Phantasie mit seinem Vater unterhalten, um deutlich zu machen, woher diese Einstellung kommt, und anderes mehr.

Reizüberflutung

Es ist eine allgemein anerkannte Tatsache, daß sich neurotisches Verhalten in der Vermeidung bestimmter Inhalte und Verhaltensweisen äußert. Der Gestalttherapeut versucht den Klienten dahin zu bringen, daß er diese Vermeidung aufhebt. Der Klient soll sich Regungen gestatten, die ihm als unerträglich erscheinen, wie z. B. aggressiv zu sein gegenüber den Eltern, in Depression zu versinken oder auch seine Angst einfach zur Schau zu stellen. Er durchlebt dann das Unsagbare, stellt fest, daß es eventuell unangenehm ist, aber nicht unerträglich. Dadurch wird die Erwartungsangst, nämlich die Angst vor der Angst, verhindert. Häufig sieht der Klient im Augenblick des Durchlebens einer starken Erregung außerdem einen Zusammenhang mit früheren unabgeschlossenen Erlebnissen. Der folgende Fall einer depressiven Klientin mag hierfür ein Beispiel geben.

Die Klientin berichtet mit schwächer werdender Stimme, wie hilflos und nichtig sie sich fühlt, wenn ihr Mann sie kritisiert. Der Therapeut bittet sie, die Hilflosigkeit zu beschreiben und ihr nicht auszuweichen. Sie äußert:
Kl: Ich bin klein – nichts wert.

Th: Was brauchen Sie?
Kl: Hilfe, Schutz.
Th: Wer kann Ihnen das geben?
Kl: Mein Mann.
Th: Sagen Sie es ihm. (Sie tut es in einer Phantasieübung.) Wie fühlen Sie sich dabei?
Kl: Sicher (weint).
Th: Was macht Sie traurig?
Kl: Es erinnert mich an meinen Onkel, der mir das geben konnte, für den ich aber unwichtig war.
Th: Was haben Sie bei Ihrem Onkel gesucht?
Kl: Sicherheit, die ich bei meinem Vater nicht hatte, weil er brutal war und ich ihn verachtet habe.

Die Klientin befindet sich in einer depressiven Stimmung, die zunächst in unerklärlicher Weise durch das Verhalten des Mannes ausgelöst wurde. Indem der Therapeut sie bittet, die Depression ganz zu erleben und auszuleuchten, stellt sie fest, daß dahinter ein unerfülltes Sicherheitsbedürfnis steht. Sicherheit, die sie als Kind von ihrem Vater nicht erhalten und bei ihrem Onkel gesucht hat. Sie erfährt, daß diese Reaktion nicht ursprünglich mit ihrem Mann zusammenhängt; daß sie bei ihm etwas vermißt, was sie wohl kaum in der Form bei ihm finden wird. Sie erlebt daher die Depression nicht mehr als unerklärlich, sie steht ihr nicht mehr hilflos gegenüber.

Solche Konfrontationen mit dem vermiedenen Gefühl ähneln stark der Reizüberflutung in der Verhaltenstherapie. Der Klient wird dazu gebracht, als schrecklich empfundene Regungen zuzulassen und ihnen dabei auf den Grund zu gehen. Er stellt fest, daß sie in ihrer Auswirkung nicht katastrophal sind, und findet häufig einen Sinnzusammenhang, der eine Neubewertung seines Problems ermöglicht.

Phantasie-Übungen und Rollenspiele

Wenn der Klient sich bereitgefunden hat, den Schritt zu wagen, die widerstreitenden Positionen, die sich in der Schwebe halten und ihn handlungsunfähig machen, zu artikulieren, oder wenn er den blockierten Gefühlen Ausdruck verleiht, stößt er häufig auf unabgeschlossene Konflikte mit Bezugspersonen wie Eltern, Geschwistern oder anderen Personen in der näheren Umgebung. Der Gestalttherapeut analysiert nun nicht mit dem Klienten zusammen, warum eine Beziehung in der Vergangenheit zu ungelösten Konflikten führte, sondern läßt den Klienten diese Beziehung neu durchleben. Er inszeniert eine Auseinandersetzung mit der nicht anwesenden, möglicherweise schon längst verstorbenen Bezugsperson.

Rüdiger ist ein angenehmer, bescheidener junger Mann. Er wirkt zurückhaltend, ist vorsichtig in der Wortwahl und abwägend in seinem Urteil. In einer Arbeitsgruppe hatte er sich von anderen Teilnehmern die Führung aus der Hand nehmen lassen – ohne zu protestieren.

Kl: Ich hab es einfach laufen lassen.
Th: Wie empfindest du das?
Kl: Unter Gleichberechtigten steht es mir nicht zu, mich über die anderen zu stellen.
Th: Was sagst du zu dir selbst?
Kl: Das darfst du nicht.
Th: Sag den Satz zu Ende.
Kl: Dazu bist du zu dumm.
Th: Sag das noch einmal.
Kl: Dazu bist du zu dumm.
Th: Wer sagt das zu dir?
Kl: Mein Vater hat das immer gesagt.
Th: Was kannst du ihm entgegnen?
Kl: Ich habe ihm schon soviel gesagt. Er hört nicht zu. Es ist wie gegen eine Wand geredet.
Th: Anworte jetzt.
Kl: (Schweigt.)
Th: Was denkst du?
Kl: Daß es keinen Zweck hat.
Th: Was fühlst du dabei?
Kl: Ich bin traurig.
Th: Sag es ihm.
Kl: (Schluckt und schweigt.)
Th: Sag ihm etwas in der Art wie: „Es ist schade, daß du es nicht kapierst, was ich will. Aber ich werde auch ohne dich zu meinem Ziel kommen.“
Kl: Es ist traurig, daß du mich nicht verstehst. Aber ich werde auch ohne dich das erreichen, was ich mir vorgenommen habe.
Th: Was antwortet er?
Kl: Er lacht und wendet sich ab.
Th: Was empfindest du?
Kl: (Weint leise.)
Th: (Setzt sich still zu ihm und legt ihm die Hand auf die Schulter. Nach einer Weile:) Wie geht es dir?
Kl: Besser. Ich weiß, daß ich ihn nicht ändern kann, und will ohne seine Wertschätzung auskommen.

In diesem Dialog setzt sich der Klient mit seinem Vater auseinander und kommt dabei bis zu dem Punkt, wo er sich die Trauer über die mangelnde Anerkennung durch ihn eingesteht. Diese

Situation ist im Prinzip nicht neu für ihn, aber sie wird nicht wie sonst vom Klienten abgewürgt. Der Klient sieht einen Zusammenhang zwischen seinem geringen Leistungsanspruch und der mangelnden Anerkennung, die er von seinem Vater erhält, und erlebt sowohl durch den Therapeuten wie auch die Gruppe in diesem Falle auf andere Weise Anerkennung: er gesteht sich seine Trauer ein und wird so von den Anwesenden akzeptiert.

Derartige Dialoge führen Auseinandersetzungen mit Konfliktpersonen in der Phantasie zu Ende, was im Leben bisher nicht möglich war. Häufig ergibt sich daraus eine veränderte Haltung gegenüber dieser und anderen Personen. Eine Klientin hatte Schwierigkeiten, sich im Betrieb durchzusetzen. Sie wurde herumgestoßen und als Frau unter Männern nicht für voll genommen. In einer Phantasie-Übung wurde zunächst klar, daß sie keinen Mut hatte, Forderungen zu stellen, weder den Mitarbeitern noch ihrem Chef, noch ihrem Mann, noch, wie sich zeigte, ihrem Vater gegenüber. In einer Phantasie-Übung kommt zunächst ihr bisher unterdrückter Zorn gegen den Vater zum Ausdruck, und sie kann sich ihm gegenüber mit ihren Wünschen und Forderungen im Rollenspiel artikulieren. Darauf nimmt der Therapeut die Rolle des Chefs ein und läßt die Klientin mit ihm Situationen aus dem Berufsalltag durchspielen. Dabei kann die Rolle zunehmend schwieriger gestaltet werden. In den Zeiten zwischen den nächsten Therapiestunden führt die Klientin im Sinne von Hausaufgaben Gespräche mit ihrem Vater, ihrem Mann und ihrem Vorgesetzten im Beruf durch, wobei sie entsprechend der Absprache bestimmte Forderungen formuliert (den Vater um einen Gefallen bitten, vom Mann mehr Freiraum für Eigenständigkeit fordern und im Betrieb mißliebige Tätigkeiten ablehnen, die ihr aufgebürdet werden). Die Klientin fühlt sich dabei wohl, ihre Forderungen vorzubringen, macht aber die Erfahrung, daß sie dadurch auch auf Ablehnung stößt, da die Umwelt sie nicht mehr in der gewohnten Rolle erlebt. Wahrscheinlich übertreibt sie ihre Durchsetzung in der Anfangsphase auch. Bis zu einer assimilierten Form neuer Verhaltensweisen ist es meist ein langer Weg: von der Blockade des Bedürfnisses über die wahrgenommene Hemmung zum zunächst exhibitionistischen Ausdruck, nachdem die Hemmung überwunden wurde, bis zu einer Form, die mit dem übrigen Verhaltensrepertoire der Person in Einklang steht.

Theoretischer Hintergrund

Lebensphilosophie

Gestalttherapie ist eine neuere Therapieform, die sich aus verschiedenen Quellen herleitet. Sie will nicht nur eine Technik zur Behebung von Neurosen und Persönlichkeitsstörungen, sondern auch eine Lebensphilosophie sein. Dabei vertritt sie eine *existentialistische Position:* Es gibt für das Individuum keine verbindliche Norm; es kann sich zur Rechtfertigung für sein Denken und Handeln auf nichts berufen als auf sich selbst. Diese Verantwortung ist schwer zu ertragen, wenn das Individuum an seinem Selbstwert zweifelt – wie es der Neurotiker tut. Er sucht dann Unterstützung außerhalb. Um dies zu erreichen, manipuliert er die Mitmenschen, um sie dazu zu bringen, ihm die gewünschte Unterstützung zu geben. Die Gestalttherapie erzieht den Menschen wieder zur *Selbstverantwortung* – die er nur auf sich nimmt, wenn er sich selbst akzeptiert. Daher ist die Grundlage der Gestalttherapie das vielzitierte sogenannte Paradox: „Akzeptiere dich wie du bist und du wirst dich ändern."

Erst wenn der Mensch seine negativ bewerteten Regungen und Gefühle gelten lassen kann, hat er die Kraft, sich neu zu entscheiden und sein Verhalten zu ändern. Die negative Bewertung der Person ist jedoch selbst induziert. In der Therapie wird gezeigt, daß diese Bewertung überflüssig ist. Hier kommt die *humanistische Grundhaltung* zum Ausdruck, daß im Menschen die positiven Regungen überwiegen. Es bedarf nur eines Anstoßes, um eine *Selbstregulation* zur Gesundung in Gang zu setzen.

Persönlichkeitstheorie

Zur neurotischen Verformung kommt es durch Mechanismen, die der psychoanalytischen Theorie der Abwehr entlehnt sind. In der Gestalttherapie heißen sie: Introjektion, Projektion, Konfluenz, Retroflektion, Deflektion und Desensitivierung. Im Lernprozeß muß der Mensch ständig neue Inhalte aufnehmen und verdauen. Übernimmt er sie unverdaut, dann bleiben sie Fremdkörper, gegen die sich der Organismus ständig wehrt (*Introjektion)* und die so seine Energie aufzehren.

„Ich muß dies und das schaffen!" ist der introjizierte Leistungsanspruch, unter dem ein Mensch u. U. leidet. „Sonst verachtet *man* mich" ist die nach außen verlegte Selbstverachtung, die in Wirklichkeit das eigene Urteil darstellt *(Projektion).* In beiden Fällen versucht die Person sich Unterstützung von außen zu sichern; durch Übernahme einer akzeptierten Rolle, z. B. des Braven (Introjektion), und durch Entlastung in der eigenen Abwertung (Projektion). Das erstere kommt in dem Wörtchen ‚muß', das zweite in dem Wörtchen ‚man' zum Ausdruck.

Der neurotische Konflikt kann auch als Kontaktproblem gesehen werden. Der Mensch macht einen ständigen Wechsel von Abgrenzung und Annäherung den anderen gegenüber durch. Die Abgrenzung bringt eventuell den Verlust der Nähe mit sich, die Annäherung eventuell den Verlust der Identität. Der Organismus wechselt daher zwischen beiden Interaktionsformen. Der überzogene Kontakt *(Konfluenz)*, nämlich die Unfähigkeit, sich zu lösen, ist eine Form der Kontaktschwäche. Die andere Form der Kontaktschwäche kommt in der übertriebenen Abgrenzung zum Ausdruck: Die Person tut sich das an, was sie anderen antun möchte *(Retroflektion)*, – z. B. sich selbst bestrafen – oder was sie von anderen erhalten möchte – z. B. Zärtlichkeit, Zustimmung; oder sie erkennt ihre eigenen Regungen nicht *(Deflektion)* bzw. nimmt nicht wahr, was die Umwelt von ihr möchte *(Desensitivierung)*.

Der neurotische Mensch sucht daher geregelten Kontakt und Unterstützung in den sozialen Interaktionen. Dies wird z. B. durch Rituale garantiert. Eine derartige Lebensform, die am wenigsten spontan ist, nennt Perls das klischeehafte Leben; es äußert sich in Transaktionen wie „Guten Tag, wie geht es Ihnen, grüßen Sie Ihre Frau" *(Klischeephase)*. Auch die Übernahme bestimmter Rollen kann der Identitäts/Nähe-Konflikt und das Unterstützungsproblem regeln *(Rollenphase)*. Verzichtet der Mensch auf die Rolle, dann macht er sich möglicherweise ein eigenes Programm für sein Leben; er investiert dabei viel Energie in diesen Plan, der ihn weitgehend festlegt *(implosive Phase)*. Alle drei Lebensformen entsprechen dem, was Fromm (1945) „die Flucht vor der Freiheit" genannt hat. Der Mensch muß sich mangels einer animalischen Instinktleitung ständig für sein Leben entscheiden, was sehr belastend sein kann. Verzichtet er auf eine derartige eigene Reglementierung, so ist er häufig hilflos in der Wahl zwischen den Möglichkeiten gefangen: ohne Außenlenkung und Innenlenkung ist er blockiert *(Engpaß)*. Wenn er jedoch seine Bedürfnisse stets erkennt und sein Leben nach ihnen einrichtet, indem er nicht nur mit seinem Inneren, sondern auch mit den Gegebenheiten der Umwelt in Kontakt bleibt, dann lebt er spontan, frei und ohne Zwang *(explosive Phase)*. Das ist das Lebensideal, welchem die Gestalttherapie den Menschen näherbringen möchte. Sie will ihn dazu bringen, seine Bedürfnisse prägnant wahrzunehmen. Damit wird an eine These der Gestaltpsychologie angeknüpft, wonach dem Menschen eine Tendenz zur prägnanten Wahrnehmung angeboren ist. Der Mensch lebt gesund, wenn er Bedürfnis„gestalten" schließen kann oder sie zumindest nicht aus dem Auge verliert. Andernfalls drängen sie als unabgeschlossene Aufgaben auf Beendigung und beschäftigen das Individuum ständig. Eine große Zahl solcher unabgeschlossener Aufgaben stellt eine Belastung dar, die nur noch wenig Aufmerksamkeit und Energie für die aktuelle Lebensbewältigung läßt.

So ist die Gestalttherapie eine existentialistisch-humanistische Lebensphilosophie, eine einfache Neurosentheorie und eine ganzheitliche Psychotherapie. Der empirischen Forschung hat sie sich aufgrund dieses komplexen Anspruches bisher kaum geöffnet. Vielmehr spricht sie den Menschen – als Antithese zur Überanpassung in unserer Zeit – als mögliche Lebensalternative an.

Empfohlene Literatur: Perls, F. S.: Grundlagen der Gestalt-Therapie. München: Pfeiffer, 1973. *Polster, E., Polster, M.:* Gestalttherapie. München: Kindler, 1973.

6. Körperorientierte Psychotherapie

Frank-M. Staemmler

Wilhelm Reich als Begründer körperorientierter Psychotherapie

Die Entwicklung körperorientierter Psychotherapieformen begann mit Wilhelm Reich. Als ein Schüler von Sigmund Freud setzte er sich in den 30er Jahren in wesentlichen Punkten von seinem Lehrer ab; dieser hatte der körperlichen Erfahrung des Menschen im Hinblick auf die Entstehung psychischer Störungen zwar eine gewisse Bedeutung beigemessen, sich in der Therapie aber nicht direkt, sondern nur vermittelt über das Medium Sprache auf den Körper bezogen. Mit seinem Buch ‚Charakteranalyse' und in seiner therapeutischen Praxis brach Reich mit der in der Freudschen Psychoanalyse praktizierten Trennung von Körper und Seele und fing an, den menschlichen Körper direkt in die psychotherapeutische Arbeit miteinzubeziehen.

In den psychoanalytischen Kreisen, in denen er seine Ideen zunächst vortrug, hatte man sich bislang in der Hauptsache damit befaßt, welche Kindheitssituationen zu welchen intrapsychischen Konflikten führten und welche Gefühle dabei verdrängt wurden. Reich zeigte nun jedoch auf, *wie* der menschliche Organismus diese Verdrängung vollzog und hob dabei die Bedeutung körperlicher Vorgänge, besonders der willkürlichen Muskulatur und der Atmung, hervor. Er erkannte, daß das Anspannen von Muskeln sowie die Einschränkung der Atmung dazu dienen können, die Intensität von Gefühlen und Empfindungen zu mindern und zu verdrängen; so beschrieb er den Charakter eines Menschen als das individuelle Muster solcher körperlicher Abwehrvorgänge und prägte dafür den Begriff *Charakterpanzer.* Konsequenterweise begann er dann auch bald, aktiv durch Eingriffe am Körper seiner Patienten deren muskuläre Spannungen in die Behandlung miteinzubeziehen, was unter den Psychoanalytikern jener Zeit als Skandal empfunden wurde.

Beispiel aus einer körperorientierten Therapiestunde

Der Klient, ein 32jähriger Bürokaufmann, kommt zu seiner 17. Gruppensitzung. Er hatte um Psychotherapie nachgesucht, weil er sich im Kontakt mit anderen Menschen, besonders im Umgang mit Frauen, ängstlich, unbeholfen und unbedeutend fühlte. Er berichtet von einem Traum, der ihn in der vorangegangenen Nacht sehr beängstigt habe und dessen Bedeutung er nicht verstehe. Der Therapeut bittet ihn, seine Kleidung bis auf eine Badehose abzulegen und sich auf eine Matratze am Boden zu legen. Dann fordert er den Klienten auf, den Traum so zu erzählen, als ob er ihn im Moment gerade erlebe.

Klient: Ich stehe in einem hohen, großen Raum mit weißen Wänden, und mir gegenüber ist jemand, der mir irgendwie bekannt vorkommt. Aber gleichzeitig erscheint er mir sehr bedrohlich, und ich habe sehr viel Angst, weil ich etwas von ihm will, das ich ihm geliehen habe. Aber er will es mir nicht zurückgeben.

Therapeut: Was spürst du im Moment in deinem Körper?

Kl: Ich habe Herzklopfen und schwitze. Und hier (legt seine Hand auf einen Punkt dicht unterhalb seines Bauchnabels) tut's weh.

Th: Hm, spüre da hinein und schau den an, der dir da gegenübersteht.

Kl: (schaut mit geschlossenen Augen leicht nach oben, während er den Kopf in den Nacken legt und die Schultern hoch und nach vorne zieht; seine Brust fällt in sich zusammen.) Das Gefühl geht jetzt weg.

Th: (beginnt, mit langsamen, kräftigen Bewegungen die Schultermuskulatur des Klienten zu dehnen, indem er mit seinen Händen vom Hinterkopf aus den Nacken und die Schultern entlangstreicht.)

Kl: (atmet zunehmend tiefer und schneller, fängt an zu zittern, schlägt die Oberschenkel übereinander und zieht die Knie hoch.) Au, au (weint), das tut so weh, (schreit:) au!

Th: Was tut so weh?

Kl: Da unten ..., mein ... Glied und so (schluchzt heftig).

Th: Was siehst du vor deinem inneren Auge?

Kl: Da steht jemand ... Nein! (kreuzt die Arme fest über der Brust und schiebt die Schultern weit vor, wird dann ruhiger. Es tritt eine Pause ein.)

Th: Was ist deine Stimmung im Moment?

Kl: Etwas Angst und auch traurig.

Th: (fängt an, an der Brustmuskulatur des Klienten zu arbeiten; mit einem gewissen Druck bewegt er seine Hände vom Brustbein aus auf beiden Seiten in Richtung auf die Vorderseite der Schultern zu und auf die Armansätze hin; dabei wird die Atmung des Klienten wieder tiefer.) Was für ein Gefühl kommt jetzt auf?

Kl: Enttäuschung (fängt wieder an zu weinen).

Th: Schau ihn an und sag ihm, wie du dich fühlst.

Kl: (vorwurfsvoll) Ich bin so enttäuscht von dir! (schluchzt:) Ich hab immer gedacht, es wäre nur die Mama, aber jetzt sehe ich: du auch.

Th: Wie nennst du ihn? Sprich ihn direkt an!

Kl: Papa. – Papa, ich bin so enttäuscht, (lauter:) so enttäuscht!

Th: Sag das nochmal!

Kl: (wütend) Ich bin so enttäuscht? (schlägt mit beiden Fäusten auf die Unterlage) Warum hast du das gemacht? Ich wollte dir doch gar nichts tun! (weint heftig)

Th: (nach einer Weile) Sprich weiter zu ihm.

Kl: Ich hätte nicht gedacht, daß du so was machst. Ich bin so enttäuscht! Das tut so weh.

Th: „*Du* tust mir so weh!"

Kl: Du tust mir so weh! Hör auf! (laut:) Hör auf! (schreit wütend:) Hör auf, du Schwein, hör auf! (bäumt sich auf) Du tust mir weh! *Hör auf*!!! – (schluchzt wieder:) Ich will dir doch die Mama gar nicht wegnehmen, (ruhiger:) ich will doch nur auch mal zu ihr ins Bett, du brauchst mir doch nicht gleich so weh zu tun ... (Es tritt eine Pause ein.)

Th: Was hast du jetzt für ein Gefühl für ihn? Sag's ihm.

Kl: (versöhnlich) Ich kann ja verstehen, daß du Angst gehabt hast, die Mama war ja auch nie so lieb zu dir.

Th: Wie fühlst du dich jetzt?

Kl: Ruhiger. Und friedlich, erleichtert.

Th: Und in deinem Körper?

Kl: Warm, besonders im Unterleib.

Th: Kannst du deinem warmen Unterleib eine Stimme geben? Was sagt der?

Kl: Ich ... ich bin auch da. Ja, (lacht) ich bin auch da! Ich gehöre auch dazu, ja!

Th: Wie fühlst du dich, wenn du das sagst?

Kl: Stark, (noch etwas unsicher:) männlich.

Th: Willst du mal zu ein paar Leuten hier in der Gruppe gehen und ihnen sagen: „Ich bin ein Mann!"?

Kl: Ja! (lacht:) Das ist gut. (geht herum) Ich bin ein Mann, ich bin ein Mann! Ich bin ein *Mann*!!!

Dieses Beispiel macht anschaulich, wie der Körper des Klienten in den therapeutischen Prozeß einbezogen wird: die Kommunikation zwischen den Beteiligten findet ebenso auf körperlicher wie auf sprachlicher Ebene statt; der Ausdruck von Empfindungen ist nicht ein Sprechen über Gefühle, sondern physische Emotion, eine Bewegung, die körperlich erfahrbar und sichtbar wird; die Aufmerksamkeit richtet sich mit gleicher Intensität auf Gedanken, bildhafte Vorstellungen, Körperwahrnehmungen und Stimmungen – alle Aspekte der Person werden berührt und kommen in Kontakt miteinander.

Und hierin liegen sowohl Grundannahme als auch Ziel körperorientierter Psychotherapie: die Ganzheitlichkeit des Menschen. Der Mensch ist ein ganzheitliches Wesen, das nicht einen Körper oder einen Geist ‚hat', sondern Körper *und* Geist *ist.* Diese nur in unserer Sprache abgegrenzten Begriffe sind in Wirklichkeit verbundene Aspekte desselben Organismus, deren Verbindung infolge zivilisatorischer und erzieherischer Einflüsse nur mangelhaft erfahren wird. Die Folge sind Störungen dieses Organismus, die es durch ein Wieder-erlebbar-Machen seiner Einheit aufzuheben gilt.

In diesem Sinne ist die Bezeichnung ‚körperorientierte' ‚Psycho'-therapie natürlich nicht korrekt und müßte durch einen Begriff wie ‚Ganzheitliche Therapie' ersetzt werden. Allerdings gehen auch andere Therapieformen, wie z. B. die Gestalttherapie, von der Ganzheitlichkeit des Menschen aus. In der körperorientierten Therapie wird der Körper des Klienten jedoch konsequent in die Praxis einbezogen. Ein Gestalttherapeut z. B. interessiert sich zwar auch sehr für das, was sein Klient körperlich ausdrückt und erlebt, greift jedoch nicht systematisch und unmittelbar am Körper ein. Eine Verbindung von gestalttherapeutischen mit körperbezogenen Methoden wird aber gerade wegen ihrer Übereinstimmung im Grundsatz von vielen Psychotherapeuten vollzogen und vom Autor selbst unter der Bezeichnung ‚Gestalt-Körper-Therapie' praktiziert.

Körperorientierte Psychotherapieformen

Unter dem Begriff ‚körperorientierte Psychotherapie' werden neben einer Reihe weniger bekannter Verfahren hauptsächlich die folgenden zusammengefaßt:

- Neo-Reichianische Analyse, wie sie von Anhängern des Reich-Mitarbeiters und von Reich sozusagen inthronisierten Erben Elsworth Baker (1980) angewandt wird.
- Bioenergetik (auch: Bioenergetische Analyse), die wohl bekannteste Körpertherapieform; ihr Hauptvertreter ist der Reich-Schüler Alexander Lowen (1976).

- Core-Therapie nach John Pierrakos (1974), ebenfalls Reich-Schüler sowie zunächst Partner von Lowen, von dem er sich später trennte und auch inhaltlich absetzte.
- Biorelease (oder: Biodynamische Psychologie) nach Gerda Boyesen (vg. M.-L. Boyesen 1978 und E. Boyesen 1978), einer Schülerin des Reich-Freundes Ola Raknes (1973).
- Therapie des direkten Körperkontakts nach Malcolm Brown (1977), der stark mit der bioenergetischen Schule verwachsen ist.
- Life-energy-therapy nach Stephano Sabetti (1979), der östliche Heilmethoden wie z. B. Akkupressur miteinbezieht.
- Strukturelle Integration nach Ida Rolf (1977) (auch ‚Rolfing' genannt), eine Methode, die von ihrer Begründerin in der Beschäftigung mit Massage, Chiropraktik und anderen – mehr medizinisch – am Körper orientierten Verfahren entwickelt wurde und sich erst in den letzten Jahren zunehmend auch psychotherapeutisch versteht (siehe Johnson 1980).

Ganzheitlicher Ansatz

Alle diese Methoden leiten ihre Annahme von der Ganzheitlichkeit des Menschen aus einem energetischen Denkmodell ab, das gewisse Ähnlichkeiten mit den Vorstellungen östlicher Lehren hat: Der Mensch wird als ein energetisches System begriffen; seine Energie ist – wie Elektrizität – selbst nicht wahrnehmbar, wohl aber sind es deren vielfältige Manifestationen wie Materie, Wärme, Bewegung oder Bewußtsein. Diese Energie, von Reich ‚Orgon' und ‚Bioenergie' genannt, ‚strömt' oder ‚fließt' diesem Denkmodell zufolge in bestimmten ‚Kanälen' in der Art rhythmisch pulsierender Wellen durch den menschlichen Organismus, wo sie an verschiedenen Orten und in verschiedenen Manifestationen ihre jeweiligen Funktionen erfüllt. ‚Blockierungen' im Körper, z. B. chronische Muskelspannungen, Fehlhaltungen oder unausgewogene Entwicklungen der Körperstruktur, können diesen Energiefluß in bestimmten Bereichen des Körpers reduzieren oder gar unterbrechen und dadurch zu Störungen in einer oder mehreren Funktionen führen. In anderen Worten: Das individuelle Muster von Energiefluß und -blockierung in einem Menschen bestimmt die Art und Weise, wie er denkt, geht, spricht, fühlt, seinen Körper im Verlauf seiner Entwicklung ausbildet, Kontakt zu anderen Menschen herstellt, unter welchen körperlichen Symptomen er leidet, wie er Energie oder Erregung in sich wahrnimmt. Stanley Keleman, ein profilierter körper-orientierter Psychotherapeut, drückt es so aus (1980, S. 49f.):

„Wenn ich starre Haltungen habe, so bestimmen diese nicht nur meine starre Weltanschauung, sondern auch meine eintönige Gefühlswelt und meine festgefahrene Handlungsweise, die zur Starrheit meines Leibes gehören ... Meine Haltungen fügen sich zusammen und bilden Grenzen, die meine Erregung zurückhalten ... Ich verkrampfe meine Muskeln in Händen, Armen, Mund, Brust, Bauch und Beinen. Das macht mich vorsichtig, konservativ und mißtrauisch ... Wenn wir erregt sind, die Erregung annehmen und zu ihr stehen, entwickeln wir Haltungen, die unsere Grenzen erweitern. Wir gehen auf die Welt zu. Wir strecken die Arme aus und weiten die Brust. Das Herz geht uns auf. Wir fühlen uns weit werden und sehen die Welt und uns selbst als freundlich an."

Damit kommt Bewegung in den Menschen: sein Körper, seine Verhaltensweisen, seine Gedanken werden flexibler, und er kann die bislang in Spannungen gebundenen Energien auf befriedigendere Weise zur Bewältigung seiner gegenwärtigen Realität einsetzen.

Die Entstehung neurotischer Verspannungen

Häufig haben diese Spannungen eine lange Geschichte, die bis in die Kindheit eines Menschen zurückreicht. Für ein Kind, in der Abhängigkeit von Eltern, ohne die reale Chance, sich diesen notfalls langfristig zu entziehen, kann es eine zum psychischen Überleben sinnvolle und kreative Leistung darstellen, bestimmte Konflikte nicht auszutragen, sondern die mit ihnen verbundenen Gefühle zu unterdrücken. So mag z. B. schon ein Säugling sich entscheiden, sein Bedürfnis nach Nähe besser nicht mehr auszudrücken und sein sehnsüchtiges Weinen herunterzuschlucken, wenn er die Erfahrung machen muß, daß die Eltern sich davon gestört fühlen und mit Nichtbeachten oder gar bedrohlichem Ärger darauf reagieren. Er beginnt, den von unten in seinem Körper aufsteigenden Impuls zum Weinen z. B. durch Anhalten des Atems und Anspannen der Halsmuskulatur am Ausbruch zu hindern und im Zusammenhang damit seine Sehnsucht zu betäuben. Hat er dieses Verhaltensmuster ein paar Monate oder Jahre immer wieder praktiziert, wird es allmählich zum Automatismus, d. h. er bemerkt überhaupt nicht mehr, daß er seinen Hals anspannt und daß er tief in sich eine große Sehnsucht trägt.

In diesem Stadium seiner Entwicklung schützt ihn dieser Mechanismus vor einem Schmerz, der für den kindlichen Organismus kaum erträglich wäre. Aller Wahrscheinlichkeit nach wird er sich aber auch als Erwachsener noch diesem Muster folgend verhalten und seine tiefen Bedürfnisse herunterschlucken anstatt sie mitzuteilen, obwohl diese jetzt durchaus die Chance hätten, befriedigt zu werden. Und selbst wenn er erneut enttäuscht würde, könnte er als Erwachsener diesen Schmerz besser verkraften als in der Kindheit.

Was damals also sinnvoll gewesen sein mag, hat heute seinen ursprünglichen Sinn verloren und wirkt auf das Wohlbefinden des Betroffenen einschränkend. So haben die chronischen Spannungen in seinem Hals in Verbindung mit der flachen Atmung womöglich dazu geführt, daß seine Stimme dünn und kraftlos klingt, so daß er sich mit seinen Wünschen, wenn er sie schon einmal äußert, kaum Gehör verschaffen kann. Außerdem leidet er vielleicht an einer Krankheit der Schilddrüse. Und wahrscheinlich geht er mit der bitteren Philosophie durch sein Leben, daß der Mensch eben letzten Endes einsam und Glück eine Illusion sei. In Psychotherapie kommt er dann im Alter von 35 Jahren, weil er die Idee hat, daß es vielleicht doch etwas mit ihm selbst zu tun haben könnte, daß er nach einer ganzen Reihe von oberflächlichen Beziehungen zu Frauen noch immer keine Partnerin gefunden hat, bei der er sich wirklich angenommen, verstanden und befriedigt fühlt.

Das Vorgehen des körperorientierten Psychotherapeuten

Wie in vielen anderen Therapieformen wird zunächst die Vergangenheit und die Gegenwart des Klienten exploriert; danach macht sich der körperorientierte Psychotherapeut nun auch ein genaues Bild vom Körper des Klienten. Dies geschieht durch Fragen nach der körperlichen Geschichte (Krankheiten, Verletzungen, Beschwerden, derzeitiges Befinden usw.), nach Bereichen des Körpers, in denen der Klient sich wohl bzw. angespannt fühlt, und danach, wo in seinem Körper er bestimmte Gefühle wie Wut, Angst, Trauer oder Freude hauptsächlich wahrnimmt. Darüber hinaus findet auch eine eingehende Körperdiagnostik statt, vorwiegend durch Betrachtung (‚body-reading') und, falls notwendig, durch spürendes Ertasten; gelegentlich werden auch Fotografien mitherangezogen, letzteres allerdings hauptsächlich zur Kontrolle und Dokumentation der im Verlauf der Therapie eintretenden körperlichen Veränderungen.

Der Therapeut achtet dabei auf alles, was am Körper seines Klienten wahrnehmbar ist, auf die Proportionen (z. B. Verhältnis von Ober- zu Unterkörper, von Rumpf zu Gliedern, von Kopf zu Körper), die Ausbildung verschiedener Muskelgruppen, Färbung und Beschaffenheit der Haut, warme und kalte Körperbereiche und die Art der Atmung (z. B. mehr in die Brust oder mehr in den Bauch). Er läßt den Klienten vielleicht auch bestimmte Bewegungen machen, um zu sehen, wo sein Körper flexibler und wo er steifer ist. Er macht sich auch ein Bild von dem Verhältnis der Körperachsen zueinander (z. B., ob sich die Schultern waagrecht auf dem Rumpf befinden oder schräg) und von der Art und Weise, wie der Klient steht (z. B. mehr auf den Ballen und Zehen, mehr auf den Hacken, nach hinten oder nach vorn geneigt).

Alle diese Informationen tragen zu dem Gesamteindruck davon bei, wie der Klient gelernt hat, sich durchs Leben zu bewegen, wie er sich ver-hält, welche Ein-Stellungen er hat, wie er Stand-Punkte bezieht, wie er sich mit dem versorgt, was er braucht, wie er sich ausdrückt oder zurückhält, kurz: wer er als körperliches Wesen ist. Der Therapeut gewinnt auf diese Weise ein umfassendes Verständnis von der Persönlichkeit und der Problematik seines Klienten und gleichzeitig eine ganze Reihe von Hinweisen darauf, wo die therapeutische Arbeit auf körperlicher Ebene ansetzen kann.

Hierfür verfügt der Körpertherapeut über eine Menge verschiedener Methoden; sie reichen von der Anleitung zu aufmerksamen Spüren über vielfältige Übungen für Atmung und Muskulatur (Lowen 1979) bis zu Massage-ähnlichen Techniken, bei denen von sanftem Auflegen der Hand bis zu kontrolliert ausgeübtem Druck die ganze Spannweite körperlicher Berührung zur Verfügung steht. All dies soll den Klienten dabei unterstützen, die Energien und Blockaden in seinem Körper deutlicher und bewußter wahrzunehmen, ihre Bedeutung für seinen Umgang mit sich und seiner Umwelt zu erfassen sowie schrittweise Änderungen geschehen zu lassen.

Dem oben beschriebenen Ziel der Ganzheitlichkeit sowie der Methode entsprechend sollen diese Veränderungen den Klienten in seiner Ganzheit berühren: Sein Verhalten, sein Empfinden und Wahrnehmen, sein Denken und darüberhinaus noch sein Körper sind in diesen Prozeß einbezogen.

Das bedeutet: körperorientierte Psychotherapie soll zu einer grundsätzlichen, strukturellen Veränderung des Klienten führen, sie tangiert nicht nur isolierte Bereiche oder Aspekte seiner Person, geschweige denn nur seine Symptome. Wer primär lediglich an seinen Symptomen etwas ändern möchte, für wen die Auseinandersetzung mit dem eigenen Wesen nicht im Vordergrund seines Interesses steht, der findet in der körperorientierten Psychotherapie nicht das, was er sucht. Der Wunsch, den Kern der eigenen Person kennenzulernen und sich als Mensch in seiner ganzen Vielfältigkeit weiterzuentwickeln, ist Voraussetzung dafür, daß der Klient eine körperorientierte Psychotherapie erfolgreich für sich nutzen kann. Er muß viel Zeit und Energie sowie die Bereitschaft mitbringen, sich nicht nur während der Therapiestunden, sondern auch in seinem Alltag, z. B. durch das tägliche Durchführen von Atemübungen, für sich selbst zu engagieren. Er muß akzeptieren, daß Wohlbefinden und Glück nicht nur aus der Abwesenheit von Schmerz und Unzufriedenheit bestehen, daß sie vielmehr in dem aktiven Prozeß persönlichen Wachsens in der Auseinandersetzung mit sich selbst und der Umwelt zu finden sind – ein Prozeß, der viel Lebendigkeit und Freude mit sich bringen kann.

So verstanden, steht körperorientierte Psychotherapie nicht nur Menschen zur Verfügung, die sich als krank, gestört oder nicht normal empfinden. Jeder kann für sich davon profitieren, sei es in der Form einer langfristigen Einzel- oder Gruppentherapie oder auch nur gelegentlich durch die Teilnahme an einer Selbsterfahrungsgruppe.

Natürlich gibt es für manche Menschen Situationen oder Phasen in ihrem Leben, in denen grundlegende Veränderungen, die zunächst Unsicherheit mit sich bringen und eine Belastung darstellen, eine Überforderung bedeuten würden. Jeder sensible Therapeut, gleich welcher Orientierung, wird dies wahrnehmen, respektieren und danach handeln. Ein körperorientierter Therapeut muß in solchen Fällen verstärkt darauf achten, daß vorhandene Blockaden nicht schneller aufgelöst werden, als dies der Klient vor dem Hintergrund seiner augenblicklichen Lebenssituation verkraften kann, ohne neue Blockierungen aufbauen zu müssen aus der Angst heraus, seinem Alltag sonst nicht mehr gewachsen zu sein.

Aus diesem und anderen Gründen (vgl. Petzold 1977; Staemmler 1981) sollten Therapiesuchende, die sich für eine körperorientierte Methode entscheiden, eine besonders gründliche Wahl ihres Therapeuten treffen und sich nicht nur ein genaues Bild von dessen fachlicher Qualifikation, sondern auch von seiner persönlichen Integrität verschaffen.

Um eine alte indische Redewendung zu benutzen: Der Körper des Menschen ist der Tempel, in dem sein Gott lebt. Er sollte darauf achten, daß dieser Tempel mit Respekt und Feingefühl betreten wird.

Empfohlene Literatur: Johnson, D.: Wie der Körper des Proteus – Rolfing und die menschliche Flexibilität, Essen: Synthesis, 1980. *Keleman, S.:* Dein Körper formt dein Selbst. München: Moderne Verlagsges., 1980. *Lowen, A.:* Bioenergetik – Therapie der Seele durch Arbeit mit dem Körper. Reinbek: Rowohlt, 1979. *Lowen, A. Lowen L.:* Bioenergetik für Jeden – Das vollständige Übungshandbuch. Gauting: Kirchheim, 1979. *Reich, W.:* Charakteranalyse. Frankfurt: Fischer TB, 1970.

7. Psychodrama

Wolfram Bender und Joachim Gneist

Das Psychodrama zählt zu den humanistischen und erlebnisorientierten Psychotherapien und geht auf J. L. Moreno (1890–1974) zurück, der diese Therapieform aus den spontanen Rollen- und Stegreifspielen von Kindern abgeleitet hat. Außerdem hat Moreno messende Verfahren zur Diagnostik und Beschreibung von Gruppenstrukturen (Soziometrie) entwickelt, die auch in den Therapiegruppen des Psychodramas angewandt werden können. Psychodrama ist in erster Linie eine Gruppentherapie, kann jedoch auch in der Einzeltherapie (Monodrama) eingesetzt werden. Im Rahmen des Psychodramas können mit Hilfe des heute zur Verfügung stehenden umfangreichen Methodeninventars analytisch-tiefenpsychologische, verhaltenstherapeutische oder soziotherapeutische Akzente gesetzt werden. Dies ermöglicht einen großen Anwendungsspielraum des Psychodramas und läßt seinen Einsatz für sehr unterschiedliche Aufgaben und Personenkreise zu. Über die verschiedenen Psychodramatechniken besteht Verwandtschaft zu Verfahren wie Gestalttherapie (Fritz Perls und Moreno haben jahrelang zusammengearbeitet), katathymes Bilderleben (gemeinsamer Nenner ist die Imagination) und den körperorientierten Verfahren. Die entscheidende Eigenart des Psychodramas besteht darin, daß Erlebnismaterial, z. B. Konflikte und Problemsituationen, aber auch Wünsche und Hoffnungen, mit Hilfe und Unterstützung des Therapeuten und der anderen Gruppenmitglieder in Handlungsszenen umgesetzt, durchgespielt und nachbesprochen werden. Eine besondere Begabung, etwa in Richtung schauspielerischer Fähigkeiten, ist für Psychodrama nicht erforderlich, bisweilen sogar eher hinderlich.

Beschreibung des Verfahrens

Eine typische Sitzung einer Psychodramagruppe verläuft in drei Phasen: Die *Erwärmungsphase* (30–45 Minuten) hat diagnostisch-anamnestische Zielsetzung; hier soll zunächst jenes Erlebnis- und Konfliktmaterial erinnert und gesammelt werden, das die Grundlage für die psychodramatische Arbeit in der Spielphase bildet. Diese *Spielphase* (50–90 Minuten) hat psychokathartische Zielsetzung; durch Wiederholen im Rollenspiel sollen emotionale Erfahrungen gewonnen werden. Die abschließenden *Inte-*

grationsphase (30–45 Minuten) hat analytisch-kommunikative Zielsetzung: die Vermittlung rationaler Einsichten. Im folgenden sollen diese drei Phasen näher beschrieben werden.

Erwärmungsphase

Nach Eröffnung der Gruppensitzung soll es in dieser Psychodramaphase zu einer Aktivierung und einem Sich-Öffnen der Gruppenmitglieder kommen, Erwartungsängste sollen abgebaut werden, und der Gruppenprozeß in der Begegnung miteinander soll beim einzelnen oder der Gruppe als ganzer das Konflikt- und Erlebnismaterial aufzufinden helfen, das dann in der Spielphase gestaltet werden soll. Dieser Erwärmungsprozeß läuft in unterschiedlich fortgeschrittenen Therapiegruppen unterschiedlich rasch ab; stärker gestörte oder behinderte Gruppenmitglieder brauchen eine längere Erwärmungszeit. Die Aufgabe des Psychodramaleiters ist es, anzuregen und zu sondieren, was in der Gruppe vorliegt.

Techniken in der Erwärmungsphase sind etwa:

Blitzlicht: Jeder Teilnehmer äußert nach kurzer Besinnungsphase, was er jetzt gerade wahrnimmt, fühlt und tun möchte.

Identifikation mit einem Teil: Die Gruppenmitglieder werden aufgefordert, sich in der Ich-Form sprechend in einen Gegenstand, Kleidungstück oder einen Körperteil hineinzuversetzen. Beispiel: Eine Teilnehmerin sagt in der Rolle ihres dunkelblauen Rockes: „Ich bin so stumpf und farblos; Ingrid (die Teilnehmerin) trägt mich immer, wenn sie sich selbst nicht mag und sich am liebsten in eine Ecke verkriecht."

Dialog im Gehen: Gespräch zwischen Leiter und Gruppenteilnehmer, wobei die äußere gemeinsame Bewegung auch den psychischen Prozeß in Gang bringen soll.

Indirekte Vorstellung: Nachdem sich die Gruppenmitglieder in Paaren zusammengefunden haben und gegenseitig Informationen über sich vermittelt haben, stellt jeweils das eine Gruppenmitglied das andere der gesamten Gruppe vor und umgekehrt. Ferner eignen sich noch eine Vielzahl von nonverbalen Übungen gut als Erwärmungstechniken.

Spielphase

Nachdem sich in der Erwärmungsphase das Thema der Spielphase herauskristallisiert hat, z. B. Konflikt- oder Erlebnismaterial eines Gruppenmitgliedes oder auch ein gemeinsames Gruppenproblem oder Gruppenthema, wird in der Spielphase dieses Material in Szene gesetzt und gespielt, wobei verschiedene Psychodramatechniken angewendet werden. Inhalte dieser Spielphase können Protagonistenspiele sein, in denen ein Gruppenmitglied ein aktuelles Problem bzw. seine psychische Situation darstellt und dabei vom Psychodramaleiter sowie von Gruppenmitgliedern, die spezifische Rollen übernehmen, unterstützt wird. Ebenso gibt es Gruppenspiele über ein gemeinsames Gruppenthema. Materialien der Spielphase können auch Träume, Märchen, Zukunftsprojektionen und anderes sein.

Wichtige psychodramatische Techniken der Spielphase sind:

Das Doppeln: Hierbei steht der Psychodramaleiter, Co-Therapeut oder ein erfahrenes Gruppenmitglied hinter dem Protagonisten und fühlt sich in dessen Haltung, Tonlage und Gestimmtheit ein. Er spricht in der Ich-Form aus, was den Protagonisten gerade bewegen könnte. Gutes Doppeln hilft dem Protagonisten tiefer ins Erleben hineinzukommen und unterstützt damit ganz wesentlich den psychotherapeutischen Prozeß. Zumeist wird das Doppeln einfühlend und stützend sein, es kann jedoch auch erkundend (explorierend), verdeutlichend, konfrontierend und sogar paradox verwendet werden. Das Doppeln ist kein ‚Einreden', der Protagonist nimmt erfahrungsgemäß nur das an, was für ihn stimmt. Deshalb ist ‚falsches' Doppeln (etwa von einem unerfahrenen Gruppenmitglied) nicht problematisch und führt meist dazu, daß der Protagonist sofort ‚richtigstellt', indem er sein anderes inneres Erleben ausspricht. Das Doppeln knüpft an früheste Zweierbeziehungen von scheinbar unbegrenzter Nähe und Identität zwischen Ich und Du (Mutter mit ihrem Säugling) an.

Das Spiegeln: Hierbei ahmt ein Gruppenmitglied – meist auf Aufforderung des Leiters hin – in einem Spielabschnitt den Protagonisten in Haltung und Sprache möglichst genau oder etwas akzentuiert nach. Durch diese Konfrontation kann der Protagonist zur Selbsterkenntnis und gegebenenfalls Änderung seines Verhaltens kommen. Wird erwartet, daß der Protagonist durch eine solche Konfrontation stärker belastet wird, so kann man ihm für die Szene ein Gruppenmitglied stützend zur Seite geben. Das Spiegeln entspricht in der kindlichen Entwicklung dem Erleben und Benennen des ‚Ich'.

Der Rollentausch: Hierbei nimmt der Protagonist in einer Spielszene die Rolle eines anderen ein; soweit wie möglich denkt, fühlt, spricht und handelt er wie dieser andere. In der kindlichen Entwicklung entspricht der Rollentausch der Stufe der Du-Erkenntnis, wenn z.B. das Kind in der Lage ist, sich in die Rolle seiner Mutter zu versetzen.

Weitere Techniken der Psychodrama-Spielphase sind Beiseitereden und innerer Monolog, Aktionssoziogramm (die Gruppenmitglieder verteilen sich in räumlicher Nähe und Distanz, wie es ihrer gegenseitigen Sympathie oder Antipathie entspricht). Besondere Formen des Aktionssoziogramms sind das soziale Atom (Moreno) (bei dem der Protagonist seine wichtigen sozialen Bezugspersonen von Gruppenmitgliedern darstellen läßt und sie entsprechend um sich gruppiert) und das Spektrogramm (die Gruppenmitglieder ordnen sich räumlich zwischen zwei Extrempolen, z. B. Aktiv/Passiv entsprechend ihrer Selbstwahrnehmung ein).

Während die Bereitschaft zu Protagonistenspielen, bei denen sich ja einer Einzelner mit seinen Problemen einbringt, eher zunimmt, wenn die Gruppe sich besser kennt und Ängste abgebaut oder reduziert sind, eignen sich *Stegreifspiele* besonderes gut für den Gruppenanfang.

Beispiel: Nachdem sich in der Erwärmungsphase kein Protagonist herauskristallisiert hatte und die Gruppenmitglieder den Wunsch äußern, sich erst einmal besser kennenzulernen, findet sich als gemeinsame Möglichkeit für ein Spiel, das Kontakte ermöglicht, das Thema ‚Fußgängerzone'. Unter Beteiligung aller Mitglieder entwickelt sich dann sehr rasch ein Spiel, bei dem die Thematik Kontaktaufnahme mit Anbieten/Annehmen im Vordergrund steht. Es finden sich Verkäufer, die einen Obstladen, ein Reisebüro und ein Kaufhaus eröffnen (im Kaufhaus gibt es auch immaterielle Dinge wie Mut, Toleranz u. ä. zu kaufen); (‚Magic shop'), durch vom Leiter bzw. Co-Leiter eingebrachte kritische Ereignisse wie den Herzanfall eines Mannes (gespielt vom Co-Leiter) oder einen plötzlich einsetzenden Platzregen, entstehen gemeinsame Aktionen. Nach aktiver Beteiligung aller Gruppenmitglieder in der Spielphase wird in der Nachbesprechung deutlich, daß es jetzt den Gruppenmitgliedern viel leichter fällt, miteinander umzugehen, daß Gemeinsamkeiten und Berührungspunkte gefunden sind und die Kontaktängste sich reduziert haben.

Eine andere Möglichkeit des Gruppenspiels ist das *Märchenspiel.* Hierbei kann ein bekanntes oder auch von den Gruppenmitgliedern spontan erfundenes Märchen den Spielstoff ergeben.

Beispiel: In der zurückliegenden Gruppensitzung hatte das Gruppenmitglied Ingrid einen Traum gespielt. Sie hatte sich dabei in einer neuen Wohnung, in einem riesigen Bett befunden und war angstvoll erwacht. Die psychodramatische Darstellung des Traumes ergab, daß sich bei Ingrid auf dem Hintergrund kindlicher Verlassenheitsängste ganz aktuelle Befürchtungen einstellten, von ihrem jetzigen Partner verlassen zu werden. In der folgenden Gruppensitzung wird eingangs das Thema ‚Partnerbeziehung' von der Gruppe wieder aufgenommen, und einige Teilnehmer schlagen spontan vor, dieses Problem in einem Märchenspiel aufzugreifen. Die Gruppenmitglieder einigen sich auf das Märchen ‚Froschkönig' und lesen es zunächst vor (dies gibt den Teilnehmern die gleiche Ausgangsinformation; im Spiel selber kann und soll es durchaus zu Abweichungen von der Vorlage kommen). Ingrid wird von der Gruppe in die Rolle der Prinzessin gewählt, ein sie eher ängstigender Mann (Gerhard) in die Rolle des Frosches und späteren Prinzen. Eine andere Paarbeziehung, die dann auch inhaltlich im Spiel zum Tragen kommt, ergibt sich durch die Wahl des Königs und der Königin (beide sind im Originalmärchen eigentlich nur Rangfiguren), und schließlich entsteht eine dritte, unerwartete Paarbeziehung daraus, daß ein männlicher Teilnehmer sich wünscht, die goldene Spielkugel zu sein, und es auch sehr genießt, durch den Garten zu rollen, während eine Teilnehmerin den Brunnen darstellt, in den die Kugel dann hineinfällt. Im Prozeß des Märchenspiels fällt nun auf, daß sich der Ekel der ‚Prinzessin' hauptsächlich gegen das gemeinsame Essen mit dem Frosch richtet und daß ihr Angstpegel am höchsten steigt, als sie den Frosch ‚an die Wand werfen' soll. In der Nachbesprechung wird ihr ihre Eß- und Aggressionshemmung bewußt und auch, wieviel ihr im Leben dadurch entgeht, daß sie weder richtig zuzupacken noch sich durchzusetzen wagt. Auch die Interaktion zwischen den Rollenträgern von König und Königin und zwischen Kugel und Brunnen werfen Schlaglichter auf die Lebensgeschichte der betreffenden Gruppenmitglieder. So legt dieses Märchenspiel zum Gruppenthema ‚Partnerschaft' Beziehungen und Übertragungen in der Gruppe offen und trägt zur Klärung und Bearbeitung bei (die übertragungsfreie und auf gegenseitige Einfühlung beruhende Beziehung zwischen zwei Menschen nennt Moreno ‚Zweifühlung'). Für Ingrid ist es möglich, einen Teil ihrer Versagens- und Verlustängste abzubauen, eine aktive, zupackende Rolle für das Leben zu erproben und das Ergebnis auch ein Stück zu genießen.

In fortgeschrittenen Gruppen oder auch Ausbildungsgruppen, in denen der Schwerpunkt auf der Selbsterfahrung liegt, nimmt das *Protagonistenspiel* den überwiegenden Raum ein, da es dem einzelnen Gruppenmitglied die intensivste Möglichkeit gibt, sich selbst zu erfahren und an sich zu arbeiten.

Beispiel: Ingrid, die sich in der Erwärmungsphase bei der vom Leiter vorgeschlagenen Identifikationsübung in die Rolle ihres stumpfen und farblosen Rockes hineinversetzt hatte und dabei die Rockträgerin Ingrid wie in eine Ecke verkrochen empfand, möchte an diesem Bild, das sie stark berührt, weiterarbeiten und wird damit Protagonistin des folgenden Spieles. Ingrid wird also in eine durch Stühle angedeutete Ecke gesetzt und vom Leiter aufgefordert, laut zu denken. Ein Gruppenmitglied stellt sich als Doppel hinter die Protagonistin und unterstützt sie. Nachdem die Protagonistin erst Gefühle der Beengung und Einschränkung, aber auch des Geschütztwerdens in ihrer Eckenposition verbalisiert hat, fällt auf, daß ihre Stimme höher und kindlicher wird und einen quengelig-resignativen Unterton bekommt. Auf die Frage des Leiters, wo sie jetzt sei, gibt Ingrid ganz spontan an, sie fühle sich wieder wie in ihrem Elternhaus, etwa im Alter von zwölf Jahren, es seien gerade Sommerferien und ihr stehe eine Szene vor Augen, in der ihr Vater, ihre Mutter und die zwei Jahre jüngere Schwester vorkomme. Ingrid sucht nun mit Hilfe des Leiters geeignete Gruppenmitglieder für die Rollen ihrer Eltern und der Schwester aus (für die Schwester wählt sie eine recht hübsche und selbstbewußte Gruppenteilnehmerin, mit der sie in den vorigen Gruppenstunden nicht gut zurechtgekommen ist), wobei sie kurze Charakterisierungen abgibt, die es den Teilnehmern erleichtern sollen, in die entsprechenden Rollen zu schlüpfen. Außerdem doppelt die Protagonistin die Familienmitglieder ein, d. h. sie stellt sich der Reihe nach hinter sie und spricht aus, was die handelnden Personen dieser Szene gerade denken. In der folgenden Spielszene geht es dann darum, daß der Vater eine seiner Töchter auf eine kurze Reise mitnehmen kann; eigentlich hat er es schon seiner Tochter Ingrid versprochen, aber die jüngere Schwester überredet, bittet und schmeichelt so lange, bis schließlich Ingrid zurücktritt und die Schwester mit dem Vater fährt. Von der Mutter wird Ingrid anschließend für ihre altruistische Haltung gelobt und als die Vernünftigere der beiden Schwestern hingestellt („die Klügere gibt nach"). Ingrid, die an ihrem Vater sehr hängt und selber gern mitgefahren wäre, ist resigniert, enttäuscht, fühlt sich der Schwester unterlegen und in die Ecke gedrängt. Sie realisiert weinend in einem Selbstgespräch (Psychokatharsis), daß sie in Konkurrenzsituationen gegenüber der hübscheren und durchsetzungsfähigeren Schwester eigentlich immer nachgegeben und nie richtig für ihre eigene Sache gekämpft habe. Der Leiter läßt die Szene noch einmal wiederholen, wobei die Rolle von Ingrid durch ein anderes Gruppenmitglied nachgespielt wird (Spiegeln) und Ingrid neben dem Leiter stehend als Beobachterin Gelegenheit zur Kommentierung hat. Sie wird beim Betrachten der gespiegelten Szene ganz aufgeregt und ärgerlich und meint schließlich: „Die Ingrid soll sich doch nicht übertölpeln lassen und endlich energisch dazu stehen, was sie will, so schwach ist sie nun ja auch nicht." Nachdem sich Ingrid sozusagen aus kritischem Abstand heraus selbst diesen Rat gegeben hat, schlägt ihr der Leiter vor, in einer Szene einmal zu probieren, wie es ist, wenn sie diesen Rat befolgt. Ingrid wählt eine Konkurrenzsituation mit einer Kollegin am Arbeitsplatz, bei der es darum geht, wer das bessere Arbeitszimmer bekommt. Es wird in der folgenden Spielszene deutlich, daß es Ingrid noch schwerfällt, das rechte Maß an Durchsetzungsfähigkeit zu finden, aber ein erster Versuch ist gemacht, und Ingrid bekommt von den anderen Gruppenmitgliedern positive Rückmeldung und Ermutigung.

Dies Protagonistenspiel zeigt u. a. die Vielseitigkeit des Psychodramas: Während in der ersten Spielszene aus einer Hier-und-Jetzt-Situation (sich wie in einer Ecke fühlen) analytisch-tiefenpsychologisch der Weg zu Konfliktmaterial in der Biographie der Patientin führt (Schwierigkeiten in der Auseinandersetzung mit der Schwester), so wird in der zweiten Spielszene eher verhaltensmodifizierend vorgegangen (Probehandeln) und versucht, die gewonnenen Einsichten zur Änderung des alten Verhaltens einzusetzen und ein neues Verhalten einzuüben (Durchsetzung gegenüber der Arbeitskollegin).

Eine besondere Form des Protagonistenspiels ist das *Traumspiel.* Hierbei ist ein vollständiger Traum oder eine einzelne Traumszene Inhalt des Spiels.

Beispiel: Hans berichtet, er habe einen Traum gehabt, der ihn stark beschäftige und berühre. Insbesondere eine kurze Sequenz des Traumes, deren (tiefere) Bedeutung ihm unklar sei, stehe ihm deutlich vor Augen. Als Rahmenhandlung beginnt das Traumspiel im Zimmer, in dem Hans vor drei Tagen diesen Traum geträumt hatte. Der Leiter läßt nach Beschreibung und angedeuteter Einrichtung des Zimmers Hans sich mit einer Decke auf den Boden legen und noch einmal „laut denken", was ihm an diesem Abend vor dem Einschlafen durch den Kopf gegangen ist. Hans erwähnt dabei, er habe dieser Tage eine Feriengrußkarte von seinen Eltern bekommen. Nachdem sich Hans wie im Schlaf entspannt hat und ihm sein Traumbild wieder deutlich vor Augen steht, wird dieses Bild in Szene gesetzt. Hans trägt in seinem Traum eine Art Monteuranzug und hat den Auftrag, in einer Fabrik eine Reparatur durchzuführen. Er kommt in eine sehr verlassen wirkende leere und staubige Fabrikhalle, und sein Blick fällt auf ein morsches Holzgestell im Hintergrund, an dem mehrere rostige Eisenketten hängen. Hans ist unschlüssig, wie und wo er seinen Reparaturauftrag ausführen soll, zögert und will sich eigentlich schon wieder zum Gehen wenden. An dieser Stelle läßt der Leiter Hans einen Rollentausch mit dem morschen Holzgestell vornehmen (die Rolle von Hans wird von einem anderen Gruppenmitglied übernommen), und als Ketten hängen sich mehrere Gruppenmitglieder so an den Protagonisten, daß Hans in eine gebückte Haltung kommt, in der er aber erstaunlich ausdauernd verharrt und fast provozierend stabil wirkt. Indem Hans als dieses Holzgestell laut seine Gedanken ausspricht, wirkt er gegenüber seiner Rolle als Monteur so deutlich verändert, daß ihn der Leiter fragt, wer er jetzt eigentlich sei, und Hans wird es schlagartig bewußt (Evidenzerlebnis, Psychokatharsis), daß er in der Rolle seines Vaters ist. Er kann nun auch die verschiedenen Belastungen (Ketten) des Vaters benennen, u.a. die Enttäuschung darüber, daß der Sohn Hans nicht den Weg gegangen ist, den sich der Vater für ihn gewünscht hatte. Im folgenden findet dann in Fortsetzung der Thematik, aber aus dem eigentlichen Traum herausführend, eine längere Auseinandersetzung zwischen dem Vater, der von einem Gruppenmitglied verkörpert wird, und Hans statt. Es wird deutlich, daß sich in der Vatergestalt die Züge des realen Vaters und des von Hans internalisierten Vaters (Über-Ich-Anteile) mischen, außerdem zeigt sich die starke Bindung an den Vater, bei der neben Ablehnung, Enttäuschung und Konkurrenzgefühlen doch ein starkes Bedürfnis nach gegenseitiger Anerkennung, Verständnis und Liebe besteht (Ich-Anteile). Das Spiel klingt aus, indem Hans wieder spielt, daß er aus seinem Traum erwacht und im Bett liegt; nun soll er sich das Traumerlebnis noch einmal laut denkend durch den Kopf gehen lassen.

Dieses Traumspiel zeigt u.a., daß es im Psychodrama sinnvoll ist, auch Gegenstände oder z.B. Begriffe wie Trauer, Sehnsucht, Leere, wenn sie eine wichtige Rolle spielen, personifiziert darstellen zu lassen. Dies steht in Parallele zur gestalttherapeutischen Arbeit mit Träumen, bei der in gleicher Weise der Klient sich mit den einzelnen Gegenständen und Bildern seines Traumes identifizieren und in der Ich-Form laut seine Gedanken aussprechen soll (Beispiel aus einem Traum, in dem ein See vorkommt: „Ich bin der See, ich bin tief und kann einem Schwimmer gefährlich werden, aber an der Oberfläche zeige ich freundliche und spielerische kleine Wellen ..."); es kommt lediglich nicht zum Rollentausch mit dem Antagonisten, weil in der Gestalttherapie keine Mitspieler eingeführt werden.

Beziehungsklärung in der Gruppe: Bestehen mehrere Angebote zu Protagonistenspielen, so kann ein Vorspiel mit Auseinandersetzung zwischen den Anwärtern sinnvoll sein, wobei sich auch die anderen Gruppenteilnehmer einschalten und gegebenenfalls abstimmen können. Hierbei zeigt sich oft, daß Protagonisten, die ein latentes Gruppenthema aufgreifen, mit ihrem Spielwunsch leichter durchkommen, da sie auf Resonanz und Interesse der Gruppe stoßen. In die Entscheidung des Protagonisten für bestimmte Mitspieler geht auch zumeist seine aktuelle Beziehung zu diesen Gruppenmitgliedern ein, die sich durch das Spiel auch verändern kann. So wurde Ingrid das bei ihr schon in früheren Gruppensitzungen aufgetretene Unterlegenheitsgefühl gegenüber der Mitspielerin, die sie dann in ihrem Protagonistenspiel für die Rolle ihrer Schwester wählte, unter lebensgeschichtlichem Aspekt verstehbar: Ingrid hatte den Konflikt mit ihrer Schwester unbewußt auf dieses Gruppenmitglied übertragen. Nach dem Spiel war der Weg frei für eine realistischere Beziehung.

Möglichkeiten, psychodramatisch mit Konflikten in der Gruppe umzugehen, sind:
- verbale Klärung (die Kontrahenten sitzen sich auf Stühlen gegenüber);
- vertauschte Rollen (die Kontrahenten vertreten jeweils die Gegenseite);
- Sekundanten-Spiel (die Kontrahenten wählen sich ein oder mehrere Gruppenmitglieder, die für sie mit der Gegenseite verhandeln).

Wenn auch der Protagonist im allgemeinen besonders von der Sitzung profitiert, in der er aktiv seine eigene Problematik dargestellt hat, so können Gruppenmitglieder aus der ‚passiven' Zuschauerposition heraus in der Identifikation mitgehen und durchaus emotional stark beteiligt sein. Dies wird dann zumeist im ‚Sharing' und ‚Feedback' (siehe unten) deutlich und fördert eine Gruppenatmosphäre des gegenseitigen Verstehens, der Nähe und des Vertrauens.

Integrationsphase

Nach Beendigung der Spielphase soll in der Integrationsphase das Erleben aufgearbeitet und rationale Einsicht vermittelt werden. Hierzu zeigen die Gruppenmitglieder ihre gefühlshafte Anteilnahme am (Protagonisten-)Spiel z. B. in der Form, daß sie kurz über ähnliche Ereignisse aus ihrer eigenen Biographie berichten, die durch das Spiel aktualisiert wurden (Sharing). Die Gefühlsreaktion der Gruppe kann im Sharing auch darauf hinweisen, daß der Protagonist mit der Gruppe etwas agiert hat (Beispiel: ein Protagonist läßt in seinem Spiel eine offensichtliche Aggressionsproblematik hinter auffällig vorgeschobener Harmonie und Freundlichkeit verschwinden, und seine nicht gelebte und gezeigte Aggression wird erst im Sharing deutlich: fast alle Gruppenmitglieder haben während des Spiels zunehmend Ärger und Spannung bei sich verspürt).

Im *Feedback* (Rückmeldung) berichten Protagonisten und die Mitspieler über ihre Erlebnisse und Erfahrungen in den verschiedenen Rollen (die nicht aktiv beteiligten Gruppenmitglieder können über die Rollen, in die sie sich beim Zusehen eingefühlt haben, ein Identifikations-Feedback geben). Durch den Rollenwechsel und insbesondere durch das Feedback der am Spiel beteiligten Gruppenmitglieder wird dem Protagonisten eine erweitere und sozusagen von verschiedenen Blick- und Standpunkten differenzierte Sicht auf sein Problem eröffnet. Damit das Feedback auch in dieser Richtung wirksam sein kann, muß der Leiter darauf achten, daß das Feedback konkret, beschreibend, angemessen klar und korrekt ist und nicht allgemein, bewertend, interpretierend und Motive suchend. Beispiel aus der Feedback-Phase: Nach dem Protagonistenspiel von Ingrid bekommt sie von dem Gruppenmitglied, das ihre jüngere Schwester gespielt hat, das Rollenfeedback: „Es war für mich einfach, als jüngere Schwester zu dominieren, da du mir kampflos den Platz beim Vater überlassen hast.“ Im Rollentausch mit der jüngeren Schwester hat die Protagonistin Ingrid im Spiel ihre vernachlässigte selbstbewußte und durchsetzungsfähige Seite erleben können und sich in dieser Rolle gut gefühlt.

Das Gruppensetting

Art und Anzahl der Gruppenteilnehmer: Im allgemeinen werden die Psychodrama-Gruppen zwischen acht und zwölf Personen umfassen; hinzu kommt dann noch der Leiter, ein Co-Therapeut und gegebenenfalls ein Ausbildungskandidat, eine Krankenschwester oder ein Sozialarbeiter der entsprechenden Einrichtung etc. Ein Verhältnis von 50% Männern : 50% Frauen in der Gruppe sowie eine breite Altersstreuung ist empfehlenswert.

Dauer: Für die einzelnen Sitzungen sind 1½–2½ Stunden anzusetzen (3 Stunden und mehr kommen lediglich bisweilen in Ausbildungsgruppen vor). Diese Sitzungen können einmal in der Woche stattfinden oder auch fraktioniert, also z. B. einmal im Monat ein Wochenende mit 4 Sitzungen. Die Gesamtdauer einer Psychodrama-Gruppe wird zwischen 25–100 Sitzungen liegen und variiert je nach Zielsetzung der Gruppe und Problematik der einzelnen Gruppenmitglieder.

Zielgruppen für Psychodrama: Klienten von Beratungsstellen, Patienten in Klinik und Praxis, Schüler und Pädagogen (pädagogisches Rollenspiel), Einsatz in der Jugendarbeit, Erwachsenenbildung, in der Unternehmens- und Organisationsberatung sowie in der Supervision.

Inhaltliche Anwendungsschwerpunkte des Psychodramas:

a) langfristig die Lebensgeschichte aufdeckend und durcharbeitend, wobei ähnliche Phänomene wie bei der Analyse auftreten: Regression, Übertragung, Widerstandsarbeit.

b) konfliktzentriert und gegenwartsbetont im Sinne einer Fokaltherapie, hier bestehen auch Verbindungen zu den übenden Verfahren der Verhaltenstherapie.

c) zukunftsbezogen, wobei das konkrete Durchspielen einer in naher oder ferner Zukunft anstehenden Problemsituation mit Hilfe der Gruppenmitglieder wirksamer ist als das Probehandeln im Denken.

d) Psychodrama zur Förderung von Kreativität, Spontaneität und Rollenflexibilität, das dem Leiter und den Gruppenmitgliedern gemeinsam Freude und Spaß macht und damit einen erfrischenden Kontrast zu den vielen ‚ernsten' Dingen des Lebens setzen kann.

Modifikationen des Psychodramas sind: Soziodrama, Behaviordrama, didaktisches Theater.

Kontraindikationen und Einschränkungen: Wie für jede Gruppentherapie ist auch für Psychodrama ein Gruppenfähigkeit zu fordern, d. h. die einzelnen Gruppenmitglieder müssen imstande sein, 1½–2½ Stunden an einem Gruppenprozeß aktiv teilzunehmen. Während akute Psychosepatienten (Schizophrenien, manisch-depressive Erkrankung) meist nicht gruppenfähig sind, sind Psychosepatienten in der Remission oder mit abklingender Symptomatik keine Kontraindikation für Psychodrama, wenn der Psychodrama-Leiter psychiatrisch erfahren ist. Wie für andere Gruppen gilt auch im Psychodrama, daß Mitglieder mit Suchtproblematik (z. B. Alkoholiker) besser in einer Gruppe aufgehoben sind, in der nur Patienten mit entsprechender Problematik sind. Auch Patienten mit starken sozialen Ängsten müssen unter Umständen in Einzeltherapie auf die Teilnahme an einer Gruppe vorbereitet werden.

Schlußbemerkung

Der vorliegende Überblick über die Gruppenarbeit mit dem Psychodrama beinhaltet schwerpunktmäßig Methoden sowie beispielhafte Handlungs- und Spielverläufe, deren Motive und Bearbeitung.

Wie jede Therapieform hat auch das Psychodrama seine spezifischen Gefahren, mißverstanden und mißbraucht zu werden: Psychodrama hat nichts mit bloßem Aktionismus zu tun. Auch im Psychodrama wird zwischen therapeutischer Arbeit und untherapeutischem Ausagieren unterschieden. Im relativ strukturierten Rahmen des Psychodramas, der den Teilnehmern gleichzeitig viel Raum für Spontaneität und Phantasie gibt, muß deshalb, wie bei jeder anderen Psychotherapie, konzeptgeleitet und therapiezielorientiert vorgegangen werden.

Das Psychodrama als vorwiegend therapiebezogenes Verfahren bedient sich keiner grundsätzlichen neuen Theorie der Entstehung psychischer Erkrankungen, es läßt sich somit sowohl vom Hintergrund analytischer, ich-psychologischer und auch lerntheoretischer Ansätze begründen (bezüglich Morenos Rollentheorie siehe Literatur im Anhang). Wie schon oben beschrieben, entsprechen z. B. Doppeln, Spiegeln und Rollentausch einer kreativen Umsetzung analytischer Theorie in praktisches Therapievorgehen.

Der Vorteil von Psychodrama gegenüber anderen Therapiemethoden scheint darin zu liegen, daß Psychodrama in seinem Therapieablauf den natürlichen Zusammenhängen und Verwicklungen des Alltagslebens besonders gerecht wird: Erst was erlebt, getan und gesprochen wurde, kann hinterher sinnvoll gedeutet werden. Um diesen Vorteil wirklich nützen zu können, bedarf es allerdings der besonderen Sensibilität eines behutsamen Leiters. Zum Erwerb psychosozialer Kompetenz in der Psychodramatherapie benötigt der Leiter ebensosehr eine gründliche Selbsterfahrung und Kontrolle wie auch eine für alle Begegnungsmöglichkeiten offene, belastungsfähige und ausdauernde Persönlichkeit.

Es mag sein, daß Psychodrama ebenso wie andere intensive Erlebnistherapien Konfliktmaterial schneller auffindet. Die notwendige Durcharbeitung des Konfliktmaterials kann jedoch auch im Psychodrama nicht mit technischen Kunstgriffen verkürzt werden, sie ist wie in jeder ernst zu nehmenden Psychotherapie nur durch ruhige, kontinuierliche Arbeit in kleinen Schritten zu erreichen (Prozeß des persönlichen Wachstums bzw. Nachreifung). Der geübte Leiter wird seine Souveränität eher in Zurückhaltung ausüben und phasen- und strukturgerecht vorgehen, z. B. stützend und ermutigend bei depressiven, wahrnehmungs- und realitätsfördernd bei hysterischen Patienten.

Empfohlene Literatur: Leutz, A.: Das klassische Psychodrama nach J. L. Moreno. Berlin, Heidelberg, New York: Springer 1974. *Moreno, J. L.:* Gruppenpsychotherapie und Psychodrama. Einleitung in die Therapie und Praxis. 2. Aufl. Stuttgart: Thieme, 1973. *Schützenberger-Ancelin, A.:* Psychodrama. Ein Abriß, Erläuterungen der Methoden. Stuttgart: Hippokrates, 1979. *Yablonski, L.:* Psychodrama. Die Lösung emotionaler Probleme durch das Rollenspiel. Stuttgart: Klett, 1978.

8. Imaginative Verfahren

Christoph Kraiker

Wenn man nach Gemeinsamkeiten zwischen den verschiedenen Therapieformen sucht, wird man fast überall einerseits eine intensive Kommunikation zwischen Klient und Therapeut finden, andererseits die Mobilisierung und Bearbeitung von imaginativen Prozessen, also Vorstellungen, Phantasien, Träumen und Tagträumen. Die psychoanalytische Methode der freien Assoziation hat es mit aufsteigenden Bildern, Erinnerungen und Gedanken zu tun und – so ziemlich am anderen Ende des Spektrums – die verhaltenstherapeutische Technik der systematischen Desensibilisierung (s. S. 179ff.) verwendet gezielt eingesetzte Vorstellungsübungen. Mit Imaginationen wird in der Oberstufe des Autogenen Trainings gearbeitet, im Katathymen Bilderleben, sie entstehen in der klinischen Hypnose, durch therapeutische Metaphern, während primärtherapeutischer Sitzungen, sie werden durch Traumdeutung interpretiert, und auch die zahlreichen Phantasie- oder Rollenspiele, wie sie im Psychodrama, der Gestalttherapie, der Transaktionsanalyse oder der Verhaltenstherapie durchgeführt werden, muß man als Ausdruck imaginativer Fähigkeiten des Menschen verstehen. Die These Freuds, Denken sei Probehandeln, läßt sich auf die Phantasie insgesamt verallgemeinern. In der Phantasie stellen wir uns mögliche Welten vor und handeln in diesen Welten. Phantasieren und Vorstellen sind eher Tätigkeiten als Wahrnehmungen ohne Gegenstand. Wenn ich mir eine Blume vorstelle, dann hat dies größere Ähnlichkeit mit dem Malen einer Blume als mit dem Sehen einer Blume.

Zu den möglichen Welten gehören die Welten der Zukunft. Unsere Phantasie beschäftigt sich – ob wir wollen oder nicht – immer wieder mit Dingen, die passieren werden oder vielleicht passieren könnten. Das hat große Vorteile: Man kann vorherplanen, sich auf neue Situationen einstellen, sich auf Zukünftiges freuen. Aber es kann auch verhängnisvolle Wirkungen haben: Der seelisch leidende Mensch wird oft durch die Vorstellung zukünftiger Katastrophen in einen Zustand andauernden Schrekkens, körperlicher Anspannung, der Lähmung oder hochgradiger Erregung versetzt. Neurosen wirken durch innere Bilder von zukünftigem (und auch vergangenem) Unheil.

Da Phantasien offenbar eine so wichtige Rolle im Mechanismus der Neurosen spielen, ist es auch naheliegend, Phantasieprozesse in der Psychotherapie nutzbar zu machen – wie es auch geschieht. Häufig entstehen sie eher als Nebenprodukt anderer Maßnahmen, bei einigen Techniken wird die menschliche Vorstellungsfähigkeit auch direkt eingesetzt. Wie überall im Bereich der Psychotherapie gibt es auch hier zahlreiche verschiedene Methoden. Man kann aber deutlich zwei Gruppen von Vorgehensweisen unterscheiden. In der ersten wird von den imaginativen Fähigkeiten gezielt und systematisch Gebrauch gemacht, um die Bewältigung schwieriger Situationen und die Ausübung bestimmter Fertigkeiten vorzubereiten. Dazu gehören z. B. alle im Artikel über Verhaltenstherapie beschriebenen Techniken des mentalen Trainings. In der zweiten Gruppe werden Phantasieprozesse durch die Vorgabe bestimmter Bilder oder Motive in Gang gesetzt und dann weitgehend ihrer eigenen Dynamik überlassen; man wartet ab, in welche Richtung sie sich entwickeln, und arbeitet dann mit den so entstehenden tagtraumähnlichen Gebilden weiter. Beispiele für Phantasieübungen aus dieser zweiten Gruppe gibt es sehr viele. In Deutschland zeichnen sich jedoch zwei Verfahren aus durch die Anerkennung und Verbreitung, die sie gefunden haben. Dies sind die schon erwähnten Methoden der Oberstufe des Autogenen Trainings von J. H. Schultz und das Katathyme Bilderleben von H. Leuner.

Die Oberstufe des Autogenen Trainings

Es handelt sich hierbei um eine Form der Selbstwahrnehmung oder Selbstschau durch die meditative Entfaltung verschiedener Betrachtungsthemen oder -gegenstände in aufeinander aufbauenden Stufen. Vorausgesetzt wird – nach J. H. Schultz – die Beherrschung der Unterstufe des Autogenen Trainings, also die Fähigkeit, durch die entsprechenden Übungen einen Zustand tiefer innerer Ruhe zu erreichen. Der Klient lernt, in diesem Zustand von sich heraus die Themen der verschiedenen Ebenen in der Vorstellung zur Entfaltung zu bringen. Diese Ebenen können etwa so beschrieben werden:

1. Das Entstehenlassen von Farben vor dem inneren Auge. Wird allmählich eine Farbe dominant, heißt sie die Eigenfarbe. Angestrebt wird, solche Farben schnell und sicher vorstellen zu können, auch als Vorbereitung für die weiteren Stufen.

2. Die imaginative Betrachtung bestimmter, konkreter Gegenstände, wobei bereits symbolische Darstellungen psychischer Prozesse auftauchen können.

3. Die imaginative Darstellung allgemeiner Werte wie Friede, Freundschaft, Glück und die Versenkung in die sich entwickelnden Phantasien.

4. Die innere Betrachtung eines Erlebnisses, das einen sehr intensiven und ersehnten Gefühlszustand repräsentiert.

5. Die imaginative Vergegenwärtigung des Bildes einer anderen Person.

6. In tiefer Versenkung Fragen zur eigenen Situation an sich selbst stellen und die eventuell sich darstellenden Antworten aufnehmen.

Von verschiedenen Autoren werden in neuerer Zeit auch andere Phantasieübungen verwendet, wie z. B. das Tauchen auf den Meeresgrund oder das Besteigen eines Berges – eines der zahlreichen, symbolträchtigen Motive, wie sie ähnlich auch beim Katathymen Bilderleben (s. u.) eingesetzt werden. Die Übungen werden von den Klienten still und nach innen gekehrt durchgeführt, danach dem Therapeuten geschildert und gegebenenfalls mit ihm gemeinsam bearbeitet. Die dadurch unter günstigen Umständen erreichbare Tiefe der Erfahrung und Selbstwahrnehmung ist schwer nachvollziehbar, wenn man die Kraft und Intensität solcher imaginativer Vorgänge nicht selbst erlebt hat. Ob das Beherrschen der Unterstufe des Autogenen Trainings wirklich unabdingbare Voraussetzung für die Wirkung solcher imaginativ-meditativer Techniken ist, erscheint zweifelhaft, da diese auch auf wirksame Weise durch einfache Entspannungs- und Ruheinstruktionen eingeleitet werden können, wie sich etwa beim Katathymen Bilderleben zeigt.

Das Katathyme Bilderleben

Das Katathyme Bilderleben oder Symboldrama ist eine weitgehende standardisierte Therapieform, die seit etwa 1950 von H. Leuner entwickelt und in zahlreichen Publikationen dargestellt wurde. Es ist tiefenpsychologisch orientiert insofern, als unbewußte Antriebe und Konflikte angenommen werden, Abwehrmechanismen wie Regression und Projektion, traumgestaltende Prozesse wie Verdichtung, Verschiebung, Symbolisierung, außerdem werden Übertragung und Gegenübertragung berücksichtigt (s. S. 64ff.), auch wenn die Auseinandersetzung damit nicht so zentral ist wie bei der klassischen Psychoanalyse.

Das fundamentale technische Prinzip ist auch beim Katathymen Bilderleben die Auslösung und Bearbeitung imaginativer Prozesse. Als Ausgangspunkte dienen eine Reihe von Standardmotiven, die – gewissermaßen nach ihrer psychischen Brisanz geordnet – in eine Grund-, Mittel- und Oberstufe eingeteilt sind. Der Klient liegt oder sitzt in bequemer Stellung, die Augen sind geschlossen, er selbst oder der Therapeut induzieren Entspannung und Ruhe durch entsprechende Anleitungen, Autogenes Training oder eine andere passende Methode. Dann wird der Klient aufgefordert, sich eines dieser Motive vorzustellen und über die entstehenden inneren Erlebnisse zu berichten. Diese Schilderungen lassen in der Vorstellung des Therapeuten selbst entsprechende Bilder und Phantasien entstehen, so daß er nicht nur mit dem hörenden und reflektierenden Verstand, sondern auch mit seiner eigenen Imagination die inneren Vorgänge des Klienten in sich aufnimmt. Der Therapeut überläßt das Phantasiegeschehen nach Möglichkeit der eigenen Entwicklung; manchmal fragt er nach bestimmten Einzelheiten, der augenblicklichen Stimmung, gibt Anregungen, um den Vorstellungsablauf weiterzuführen, oder er schlägt vor, in der imaginierten Welt bestimmte Handlungen durchzuführen. Diesen Anleitungen entsprechen für die drei Stufen eine Reihe von sogenannten Regieprinzipien, die im Zusammenhang mit anderen therapeutischen Techniken eingesetzt werden.

Die Standardmotive der Grundstufe sind:

1. *Die Wiese*: Die Vorstellung einer Wiese wird häufig zur Einleitung der therapeutischen Arbeit verwendet, da sie vertraut ist und vorwiegend angenehme Empfindungen auslöst. Man kann sie anschauen, auf ihr spazierengehen usw. „Neurotisch gestörte Patienten projizieren jedoch hier bereits ihre Probleme. So kann die Wiese bei Depressiven unfruchtbar, braun und abgebrannt sein; Menschen mit zwanghafter Persönlichkeitsstruktur, die sich

eingeengt fühlen, finden nicht selten eine kleine, von Stacheldraht eingezäunte Wiese." (Leuner 1980, S. 21)

2. *Der Bach*: Beim Durchwandern der Wiesenlandschaft wird der Klient gebeten, sich einen Bach vorzustellen. Er kann dem Bach aufwärts (zu seinem Ursprung) oder abwärts (zu seinem Ziel) folgen. Vielleicht stellen sich ihm Hindernisse in den Weg, oder er gerät in einen Sumpf, oder er findet einen See, in dem er schwimmen kann, oder die Quelle, aus der er trinkt. In diesen zahlreichen Symbolen können typische Probleme (und auch Vorzüge) des Klienten sichtbar werden.

3. *Der Berg*: Dem Klienten wird von der Wiese aus ein Berg gezeigt, und er wird aufgefordert, sich ihm zu nähern und ihn zu besteigen. Auch hier können Hindernisse auftauchen, oder der Berg erweist sich als Berglein ohne Anspruch. Oben angekommen, kann man den Rundblick genießen. Generell spricht dieses Motiv den Leistungsbereich sowie Autoritäts- und Rivalitätsprobleme an.

4. *Das Haus*: Psychoanalytisch gilt das Haus als verschlüsseltes Bild der eigenen Person. Das Haus wird von außen betrachtet und beschrieben, dann tritt man ein und inspiziert die verschiedenen Räume, Küche, Schlafzimmer, Keller, Speicher. Leuner (1980) nimmt an, daß sich hier auch Hinweise auf Partnerbeziehungen sowie die Abhängigkeiten von Eltern, Großeltern, Geschwistern und anderen wichtigen Personen ergeben.

5. *Der Waldrand*: Der Klient schaut von der Wiese aus in den Wald hinein, der das Reich des Unbewußten symbolisiert, wie es sich auch in vielen Märchen zeigt. Er kann als bedrohlich oder aber auch als beschützend, bergend erlebt werden. Es können Tier- oder Menschengestalten aus ihm heraustreten, und damit treten unbewußte Wünsche oder Befürchtungen ins Helle.

Diese fünf Standardmotive machen das Repertoire der Grundstufe aus. In der Mittel- und Oberstufe (für fortgeschrittene und voll ausgebildete Therapeuten) kommen – kurz erwähnt – noch folgende Motive hinzu: Begegnung mit wichtigen Personen, z. B. Vater, Mutter, Geschwister, Partner; Motive zur Prüfung der Einstellung zu Sexualität und Aggressivität; Motive zur Darstellung des Ich-Ideals; Motiv der Höhle; Motiv des Sumpfloches; ferner eine Reihe von Hilfsmotiven.

Der Klient überläßt sich der Dynamik seiner Phantasiebilder nicht ganz passiv, sondern er kann vom Therapeuten zu verschiedenen Formen imaginativen Handelns ermutigt werden. Von diesen schon genannten Regieprinzipien sind die wichtigsten:

Für die Grundstufe:

1. Das Prinzip des *Versöhnens*. Der Klient wird angehalten,

sich eher angstauslösenden Symbolgestalten zu nähern, sie freundlich anzusprechen, durch Berührung und zärtliche Gesten versöhnlich zu stimmen.

2. Das Prinzip des *Nährens* und *Anreicherns.* Feindseligen Gestalten wird Nahrung angeboten, sie werden zum Essen bewegt, bis sie satt und friedfertig sind.

Für die Mittelstufe:

3. Das Prinzip des *inneren Schrittmachers.* Der Klient vertraut sich einer ihm wohlgesonnenen und hilfreichen Figur an, etwa einem Tier, einem alten Mann, einer Fee, die ihn führen und ein Stück weiterbringen auf seinem Weg.

4. Das Prinzip der Konfrontation. Der Klient wird angespornt, vor bedrohlichen Phantasiefiguren nicht auszuweichen, sondern ihnen standzuhalten; er soll sie genau betrachten und beschreiben, besonders den Ausdruck der Augen, und versuchen, sie mit Blicken zu bannen. Durch diese Konfrontation entsteht meist Angst, die idealerweise mit Hilfe des Therapeuten ausgehalten und durchgestanden werden kann, bis die Symbolfiguren ihren bedrohlichen Charakter verloren haben.

Für die Oberstufe:

5. Das Prinzip des *Erschöpfens* und *Minderns.* Aggressive Regungen gegen feindselige Gestalten können dadurch in die Tat umgesetzt werden, daß die Gestalt (ein böses Tier, ein Geist, eine Hexe) durch die Landschaft, über Stock und Stein gejagt wird, bis sie erschöpft niedersinkt und stirbt. Die Wirkung dieses Regieprinzips zeigt sich in Wandlungsphänomenen, d.h. spontan auftretenden Veränderungen im Verhalten und bei anderen Phantasieinhalten.

6. Das Prinzip der *magischen Flüssigkeiten.* Hier wird der starke Symbolgehalt des Wassers und anderer Flüssigkeiten (Milch, Speichel, Urin) nutzbar gemacht. Der Klient kann in der Vorstellung einen Bergsee durchschwimmen, mit Wasser massiert werden, aus einer klaren Quelle trinken, im Meer baden usw. Es gibt zahlreiche Berichte über die günstige Beeinflussung psychosomatischer Symptome durch diese „katathyme Hydrotherapie" (Leuner 1980).

Anleitungen zum Handeln in der Vorstellungswelt des Klienten sind eine von mehreren Möglichkeiten des Umgangs mit dem in der Imagination auftauchenden Material. Daneben können vom Therapeuten je nach seinem Ausbildungsstand noch andere therapeutische Techniken eingesetzt werden. Die einfachste ist das *übende Vorgehen.* Dabei werden die Standardmotive der Grundstufe immer wieder in der Phantasie durchgespielt, ohne jedoch interpretiert zu werden. Ein Verfahren der Mittelstufe ist die assoziative Technik; hier wird der Klient angeregt, ausgehend von einem bestimmten Motiv seine Bilderwelt sich frei entfalten zu lassen, sozusagen in Bildern zu assoziieren statt in Worten wie bei der klassischen Psychoanalyse. Dabei kann es zu spontanen Altersregressionen kommen, d.h. der Klient erlebt noch einmal (meist schlimme) Erlebnisse aus seiner Jugend, seiner Kindheit, ja sogar aus seinem ersten Lebensjahr – eine Erscheinung, die in massiver Weise auch bei anderen Therapieformen, z.B. der Primärtherapie (s. S. 74ff.) auftritt. Eine dritte Möglichkeit ist das Nach-Träumen und Fortführen des Nacht-Traumes. Er kann so zu einer Lösung oder einem Abschluß gebracht werden, die zunächst nicht zu finden waren.

Im Lauf der letzten Jahrzehnte wurden zahlreiche andere Techniken entwickelt, sowohl für die Einzel- wie die Gruppentherapie, es wurden die Verwendungsmöglichkeiten von Musik untersucht und zahlreiche Einsatzgebiete, auch in der Therapie von Kindern und Jugendlichen, erkundet. Wer sich intensiver informieren will, findet in der vorgeschlagenen Literatur genügend Material.

Das Katathyme Bilderleben, zusammenfassend gesagt, steht zwischen den übenden Verfahren (z.B. Autogenes Training) und der großen psychoanalytischen Therapie. Es ist eine Kurztherapie mit einer Dauer von normalerweise etwa 20 bis 30 Stunden. Leuner gibt an, daß das Katathyme Bilderleben sinnvoll bei folgenden Störungen einsetzbar sei:

1. Sogenannte neuro- bzw. psychovegetative Störungen und psychosomatische Krankheitsbilder mittelschwerer Art;
2. Abbau der funktionalen oder psychischen Komponente bei internen oder anderen Erkrankungen;
3. Angstzustände und Phobien;
4. Neurosen mit vorwiegend psychischer Manifestation mit Ausnahme von Zwangsneurosen;
5. charakterneurotische Anpassungsstörungen;
6. psychoneurotische und charakterneurotische Störungen im Kindesalter;
7. Anpassungsstörungen im Pubertäts- und Jugendalter.

Es sei dagegen nicht geeignet bei:

1. Mangelnder Intelligenz mit einem IQ unter 80;
2. Psychosen akuter oder chronischer Art oder psychosenahen Zuständen;
3. hirnorganischen Syndromen;
4. ausgeprägten depressiven Verstimmungen (auch neurotischer Art);
5. ausgesprochen hysterischen Neurosen;

6. mangelnder Motivation, selbst für die einfache nicht-aufdeckende Therapie (Leuner 1980, S. 50f.).

Empfohlene Literatur: Krapf, G.: Hypnose – Autogenes Training – Katathymes Bilderleben. In: *Eicke, D.* (Hrsg.): Die Psychologie des 20. Jahrhunderts, Bd. III. Zürich: Kindler, 1977. *Leuner, H.* (Hrsg.): Katathymes Bilderleben – Ergebnisse in Theorie und Praxis. Bern, Stuttgart, Wien: Hans Huber, 1980. *Leuner, H., Horn, G., Klessmann, E.:* Katathymes Bilderleben bei Kindern und Jugendlichen. München, Basel: Ernst Reinhardt, 2. Aufl. 1978. *Rosa, K. R.:* Das ist Autogenes Training. München: Kindler, 1973. *Schultz, J. H.:* Das Autogene Training. Stuttgart: Thieme, 13. Aufl. 1970.

9. Selbsterfahrungsgruppen

Johannes Wiltschko

Erleben

Stellen Sie sich vor, eine Hausfrau, ein Angestellter, eine Ärztin, ein Student, eine Lehrerin und ein arbeitsloser Psychologe treffen sich zufällig – sagen wir im Bahnhofsrestaurant von Verona. Sie warten auf den um drei Stunden verspäteten Schnellzug nach Deutschland. Im Restaurant sitzen auch Italiener. Die sechs deutschsprechenden Leute finden sich nach und nach an einem Tisch zusammen. Was wird passieren? Man wird ins Gespräch kommen, der eine früher, der andere später: ,,Woher kommen Sie?", ,,Wohin fahren Sie?", ,,Wie war der Urlaub?", ,,Was machen Sie sonst?". Die Männer werden wahrscheinlich bald von ihrem Beruf (oder von dem Beruf, den sie gern ausüben würden) erzählen, die Frauen von ihren Kindern (oder davon, daß sie keine haben).

Unterhalb dieser Ebene des Gesprächs wird sich aber jede der anwesenden Personen mit ganz anderen Fragen beschäftigen und peinlich vermeiden, davon etwas verlauten zu lassen: ,,Wer ist mir hier sympathisch?", ,,Welchen Eindruck werden sie von mir haben?", ,,Bin ich auch so selbstsicher wie der/die?", ,,Wie kann ich es nur anstellen, öfter ins Gespräch zu kommen?" Und es werden sich vielleicht Wünsche anmelden: ,,Den/die möchte ich gerne kennenlernen.", ,,Der/dem möchte ich am liebsten verbieten, so dummes Zeug zu schwätzen.", ,,Ich möchte mehr beachtet werden."

Neben diesen inneren Selbstgesprächen werden die Teilnehmer der Tischrunde auch bemerken, daß sie körperliche Empfindungen haben, die mit der Situation zusammenhängen: der eine spürt ein enges Gefühl in der Brust (fühlt sich ‚beklemmt'), der andere spürt ein schlaffes Gefühl in Gesicht und Armen (fühlt sich ‚gelangweilt'), die eine spürt, wie ihr Herz klopft (fühlt sich ‚aufgeregt'), die andere spürt ein warmes Gefühl im Bauch (fühlt sich ‚wohl'). Der eine oder andere stellt vielleicht auch fest, daß er während des Gespräches Phantasien, innere Bilder, hat: Er mag sich als Patient der anwesenden Ärztin oder sein Kind als Schüler der Lehrerin sehen, stellt sich den Mann der Hausfrau vor oder wie es wohl gewesen wäre, mit dem Studenten gemeinsam in der Toscana gewesen zu sein.

Alle diese drei Erlebensebenen: die inneren Selbstgespräche, die körperlichen Empfindungen und die inneren Bilder sind immer in uns vorhanden, was wir auch gerade tun oder nicht tun. Wir können uns entscheiden, unsere innere Aufmerksamkeit auf sie zu lenken oder auch nicht, und wir können uns entscheiden, ob und was wir von dem innerlich Wahrgenommenen nach außen mitteilen wollen. Normalerweise entscheiden wir uns dafür, gar nicht zu bemerken, was in uns vorgeht, und erst recht nicht, anderen etwas davon zu zeigen. Zu sehr haben wir Angst davor, dann ‚irgendwie nicht gut dazustehen'. Weil wir ‚gut wirken wollen', unterziehen wir unser Denken, Fühlen und Handeln einer ständigen Kontrolle und glauben, dadurch ‚liebenswerter', ‚tüchtiger' und ‚angesehener' zu erscheinen.

Dummerweise funktioniert dieses Verhalten nicht besonders gut: Auch die Mitglieder unserer Tischrunde haben längst herausgefunden – natürlich ohne darüber zu sprechen –, wer dem anderen sympathisch ist und wer nicht, wer sich gerade wohlfühlt und wer nicht, wer viel und wer wenig Selbstvertrauen hat und wer offen ist und wer sich versteckt. Keinem der Anwesenden dürfte eine lückenlose Kontrolle seiner selbst gelungen sein, denn der Körper (die Haltung, die Gestik, die Mimik) und der Klang der Stimme sprechen aus, was die Worte verschweigen möchten, und wir alle können die Körpersprache schon lesen, ehe wir sprechen lernen. Zum Glück ist das so: denn je mehr wir uns ver-halten und kontrollieren, desto ‚dünner' und wirkungsloser werden die Beziehungen zwischen uns und desto unbefriedigter und einsamer fühlen wir uns. (Wenn wir manchmal diese Kontrolle doch zu gut beherrschen, wehrt sich unser Organismus und wird ‚krank'.)

Diese Wirkungslosigkeit verhaltener Beziehungen wird wahrscheinlich auch unserer Tischrunde widerfahren: Während man offiziell ausgetauscht – also ausgesprochen – hat, wie erfolgreich jeder in Beruf und Familie oder sonst im Leben ist, und während man einige Urlaubserlebnisse voneinander kennengelernt hat (die man nicht der Erlebnisse halber erzählt hat, sondern um sich dabei in ein bestimmtes Licht zu setzen) und jeder insgeheim – also unausgesprochen – Vermutungen über die Person des anderen angestellt hat (sich also eigentlich für etwas interessiert hat, worüber *nicht* gesprochen wurde), ist der Zug eingefahren und man geht auseinander – so fremd, wie man sich zusammengesetzt hatte.

Stellen Sie sich jetzt einmal vor, unsere Tischrunde würde sich plötzlich dazu entschließen, das Thema, über das gerade gesprochen wird, fallenzulassen und statt dessen das auszusprechen, was jeder gerade innerlich erlebt: also die Selbstgespräche laut werden zu lassen, die Körperempfindungen zuzulassen und auszudrücken, die inneren Bilder zu beschreiben.

Diese Vorstellung wird Ihnen vielleicht im ersten Augenblick etwas unbehaglich sein. Wenn Sie aber Gelegenheit hätten, die Tischrunde weiter zu beobachten, wären Sie wahrscheinlich erstaunt, wie schnell sich Erleichterung unter den Leuten breitmachen würde, und Sie würden sich wundern, wieviel Offenheit und Vertrauen in den nächsten zwei Stunden herrschten. Denn hinter der Angst, nicht gut anzukommen, steckt in jedem von uns auch eine große Sehnsucht, sich zu zeigen, wie man ist, und in dem, was sich da zeigt, angenommen und verstanden zu werden. Und in jedem von uns steckt eine große Fähigkeit, andere anzunehmen und zu verstehen. Unsere Sehnsucht und unsere Fähigkeit zu offenen, verständnisvollen Beziehungen sind gleichermaßen groß, aber unsere Ängstlichkeit hindert uns ständig daran, zu leben, wie wir gerne möchten.

Die gleichen Erfahrungen könnte unsere Tischrunde machen, hätte sie sich nicht zufällig im Bahnhofsrestaurant getroffen, sondern in einer ebenso zufälligen Zusammensetzung zu einer Selbsterfahrungsgruppe, beispielsweise im Gruppenraum einer psychologischen Praxis. Dieser Gruppenraum ist mit einem weichen Teppich ausgelegt. Jeder Teilnehmer hat es sich mit Hilfe von ein, zwei Kissen bequem gemacht, und trotzdem sitzt jeder ängstlich da und kann sich beklemmt, gelangweilt, aufgeregt oder auch wohlfühlen. Da keiner weiß, was genau geschehen wird (ein verbindliches Thema ist ja offensichtlich nicht vorhanden), wartet jeder ab, in der Hoffnung, der Gruppenleiter werde etwas vorschlagen; dies tut er jedoch nicht, wie sollte er wissen, was ansteht? Er sitzt da, genauso wie alle anderen, und ‚tut' nichts, genauso wie alle anderen.

Obwohl keiner etwas tut, geschieht viel – bei jedem einzelnen –, und jeder fühlt, wie die Spannung im Raum ansteigt. Jeder beobachtet abwechselnd sich selbst und die anderen. Einer faßt sich dann doch plötzlich ein Herz (u. U. auch der Gruppenleiter) und sagt: „Ich kann diese Spannung nicht mehr aushalten, ich muß irgendwas machen" (und gleichzeitig fühlt er, wie die Spannung in ihm nachläßt: er hat schon etwas ‚gemacht', nämlich Mut gefaßt, sich ein wenig bewegt, Luft geholt, die anderen angeschaut, gesprochen und mitgeteilt, wie es ihm jetzt gerade geht). Keiner sagt ihm, was er machen soll. Statt dessen hört er von zwei anderen Personen, daß es ihnen ebenso geht; sie beschließen zueinanderzurücken und sich mehr über das zu sagen, was sie gerade erleben.

Zwischen drei Personen beginnt ein Austausch, ein gegenseitiges Sich-Mitteilen, eine *Begegnung*.

Begegnung

Begegnung heißt auf Englisch *encounter.* Carl Rogers, der als Mitbegründer der Humanistischen Psychologie auch die Klientenzentrierte Psychotherapie (siehe S. 93 ff.) entwickelt hat, begann in den 40er Jahren mit Gruppen zu experimentieren und nannte bald darauf seine Form der Gruppenarbeit ‚Encounter-Gruppe'. Unabhängig von Carl Rogers interessierten sich zur gleichen Zeit auch Kurt Lewin und seine Mitarbeiter für die dynamischen Abläufe in Kleingruppen. Aus ihren Gruppenexperimenten (den sog. ‚Trainings-Gruppen' oder ‚T-Gruppen') entwickelten sie die Gruppendynamik (s. S. 160f.). Carl Rogers und Kurt Lewin gelten als die Begründer der Selbsterfahrungsgruppen, obwohl bereits 20 Jahre früher J. L. Moreno in Wien mit seiner Form des Stegreiftheaters, aus dem er dann das Psychodrama entwickelte (siehe S. 133 ff.), gruppentherapeutisch arbeitete. Gegen Ende der 60er Jahre begannen sich die Selbsterfahrungsgruppen in den Vereinigten Staaten stark auszubreiten. Unter den Stichworten *personal growth* und *human potential movement* wurde die Auffassung vertreten, Gruppenarbeit solle nicht nur Personen vorbehalten bleiben, die ihre Probleme psychotherapeutisch bearbeiten wollen. Die Erfahrung in Gruppen könne gerade auch denjenigen, die als ‚gesund' gelten, zu neuen Lebensformen verhelfen. Selbsterfahrungsgruppen wurden als geeignet angesehen, jedem zu helfen, seine ‚inneren Potentiale', seine schöpferische Energie, Kreativität und Spontaneität zu entdecken und zu entwickeln. Die Bedeutung der Selbsterfahrungsgruppen wird heute im allgemeinen etwas nüchterner gesehen. Als – vielleicht einziges – gemeinsames Merkmal der vielfältigen Formen von Selbsterfahrungsgruppen gilt, daß sie nicht zum Ziel haben,

Psychotherapie zu betreiben; d.h. tiefsitzende Probleme (Symptome) mit langer Geschichte bei den einzelnen Gruppenmitgliedern aufzuarbeiten, sondern vielmehr die Erlebens- und Verhaltensmöglichkeiten der Teilnehmer wahrnehmbar zu machen und zu erweitern. Derartige Selbsterfahrungsprozesse können natürlich durchaus auch therapeutische Auswirkungen haben. Wir wollen zunächst zurückkehren zu den Anfängen der Selbsterfahrungsgruppen. Carl Rogers hatte in den 40er Jahren aufgrund seiner Erfahrung in der psychologischen Beratung und Psychotherapie bereits ein Konzept über die Entwicklung positiver zwischenmenschlicher Beziehungen ausgearbeitet. Dieses übertrug er nun auf die Beziehungen, die in Kleingruppen entstehen.

Rogers' Beziehungskonzept geht auf den Freud-Schüler Otto Rank zurück und weist viele Ähnlichkeiten mit den Ideen von Martin Buber auf. Auch für Carl Rogers steht die *personale Begegnung* im Zentrum seiner Auffassung über zwischenmenschliche Beziehungen. Begegnung kann nicht gemacht oder irgendwie technisch herbeigeführt werden, sie muß geschehen. Wir können lediglich die Bedingungen schaffen, dieses Geschehen eher zu ermöglichen. Rogers' Verdienst ist es, diese Bedingungen genau untersucht und beschrieben zu haben. Dabei handelt es sich nicht um äußerliche Bedingungen, sondern um innere Haltungen (Einstellungen), die wir in uns entdecken, pflegen und nach außen verwirklichen können, so daß sie uns personale Begegnung ermöglichen. Carl Rogers hat diese Bedingungen in Form von drei Grundeinstellungen beschrieben:

1. Ich halte es für wichtig und ich bin darum bemüht, eine Übereinstimmung zu finden zwischen dem, wie ich bin *(meinem wahren Selbst)*, und dem, was ich von mir wahrnehme *(meinem Selbst-Bild)*, und dem, was ich von mir zeige *(meiner Selbst-Mitteilung)*. Carl Rogers nennt diese Grundeinstellung *Kongruenz*. In einfachen Worten ausgedrückt heißt das: Ich will versuchen, mir selbst und anderen nichts vorzumachen, sondern so zu sein, wie ich bin.

2. Dazu ist es erforderlich, daß ich es wichtig finde und daß ich mich darum bemühe, mich selbst so anzunehmen, wie ich bin, und andere so anzunehmen, wie sie sind. Diese Grundeinstellung wird *Akzeptanz* genannt: Ich wage den Versuch, mich und andere Personen zu akzeptieren, ohne daran Bedingungen zu knüpfen. Das heißt auch, mir selbst und anderen gegenüber keine Bewertungen zu treffen, keine Urteile zu fällen.

3. Dazu ist es erforderlich, daß ich es wichtig finde und daß ich mich darum bemühe, mich selbst in meinem Erleben einfühlsam zu begleiten und zu versuchen zu verstehen, was in meinem Erle-

ben geschieht, wenn ich so fühle, so denke, so handle, und was das für mich bedeutet; und gleichzeitig auch andere Personen in ihrem Erleben einfühlsam zu begleiten und zu versuchen zu verstehen, was in ihrem Erleben geschieht, wenn sie so fühlen, so denken, so handeln, und was das für sie bedeutet. Diese Grundeinstellung heißt *Empathie.*

Wenn Sie die Beschreibungen dieser drei Grundeinstellungen lesen, ist es wichtig zu bemerken, daß Sie nicht aufgefordert werden, so zu sein, sondern dazu, *in diese Richtung* zu leben. Der *Prozeß der Entwicklung* in diese Richtung, nicht das Ankommen an einem Ziel, ist entscheidend für das Ermöglichen von Begegnung. Wenn in einem zwischenmenschlichen Zusammensein sich zumindest ein Beziehungspartner darum bemüht, diese drei Grundeinstellungen zu verwirklichen, entsteht ein Beziehungsprozeß, in dem Begegnung geschehen kann.

Es ist jedoch nicht so, daß jemand (z. B. der Gruppenleiter) diese Bedingungen einfach schafft, und dann geschieht diese Begegnung (z. B. zwischen Gruppenmitgliedern). Das Wort Prozeß meint ja eine dialektische Wechselwirkung (sozusagen ein gegenseitiges ‚Sich-Anstecken‘) zwischen den beteiligten Personen. Wenn jemand ein bißchen Kongruenz, Akzeptanz und Empathie verwirklicht, ermöglicht er dies dem anderen damit auch. Das wirkt auf den ersten wieder zurück und führt dazu, daß auch er wieder etwas offener, annehmender und einfühlsamer sein kann usw.

Warum nimmt nun die Begegnung einen so zentralen Stellenwert ein? Sie ist nicht nur deshalb so bedeutungsvoll, weil wir alle nach lebendigen, befriedigenden Beziehungen streben, sondern weil es auch unmöglich ist, daß wir uns außerhalb zwischenmenschlicher Beziehungen verwirklichen. Persönliches Wachstum geschieht nicht, wenn ich für mich alleine über mich nachdenke, und auch nicht, wenn ich einsame Entschlüsse fasse, mich in Zukunft zu ändern. Persönliches Wachstum ist nur möglich im konkreten Austausch mit anderen Personen, und die Art und Weise der Beziehung zu ihnen bestimmt, ob ich mich entwickeln und entfalten kann oder ob ich in meiner Entwicklung stecken bleibe, ja sogar ‚krank‘ werde. Carl Rogers hat mit der Formulierung der drei Grundeinstellungen also nicht nur die Bedingungen für konstruktive zwischenmenschliche Beziehungen beschrieben, sondern gleichzeitig auch die notwendigen Bedingungen für persönliche Entwicklung, für *Selbst-Entfaltung.*

Encounter-Gruppen

In einer Encounter-Gruppe sollen also Beziehungsprozesse zwischen den Gruppenteilnehmern möglich werden, die dem einzelnen Teilnehmer helfen, sich selbst kongruenter wahrzunehmen, anzunehmen und zu verstehen. Sie sehen also: die drei Grundeinstellungen, die Entwicklung konstruktiver zwischenmenschlicher Beziehungen und die Selbstentfaltung bedingen sich gegenseitig. Die Bedingungen für die Entwicklung derartiger Beziehungsprozesse stellen die Gruppenteilnehmer selbst her. Von ihnen wird nicht erwartet, daß sie sich offen und ehrlich zeigen, daß sie die anderen Teilnehmer bedingungsfrei annehmen und einfühlsam verstehen, von ihnen wird nur erwartet, daß sie mit diesem Wunsch kommen: sich um Offenheit, Anteilnahme und Verständnis zu bemühen und sich darin gegenseitig zu unterstützen. Der ‚Gruppenleiter' ist ebenso Teilnehmer wie jeder andere auch. Er verfügt über keine Tricks, die ‚machen', daß sich die Teilnehmer begegnen, wohl aber über Ausbildung und Erfahrung, den Gruppenprozeß wahrzunehmen und hilfreich zu unterstützen. So ist er selbst darum bemüht, sich offen zu zeigen und die Teilnehmer akzeptierend und verständnisvoll in ihrem eigenen Sich-Zeigen und Sich-Ausdrücken zu begleiten. Er tritt nicht als Experte, sondern als Mensch in Erscheinung, mit seinen eigenen Wünschen und Ängsten, mit seinen eigenen Wahrnehmungen dessen, was geschieht. In Encounter-Gruppen wird er deshalb auch nicht ‚Leiter', sondern *Facilitator* genannt, was sich im Deutschen nur unzulänglich mit ‚Erleichterer' oder ‚Helfer' wiedergeben läßt.

Das Thema in einer Encounter-Gruppe sind also nicht so sehr Probleme einzelner Teilnehmer (wenngleich die Sorgen der einzelnen zur Sprache kommen werden, sofern sie es wollen), auch nicht frühere Erlebnisse (die ‚Kindheit'), sondern das, was jetzt in diesem Moment (im *Hier und Jetzt*) gerade geschieht: Was jeder einzelne jetzt gerade wahrnimmt, was er denkt, fühlt und empfindet, was er möchte, wovor er Angst hat, was er jetzt gerade tut. Wenn A. etwas über sich ausdrückt, so entstehen bei B. Reaktionen (Wahrnehmungen, Gefühle, Wünsche, Ängste etc.), und diese Reaktionen können sowohl als Rückmeldung für A. nützlich sein als auch B. Aufschlüsse über sich selbst bringen. Weil die Teilnehmer nicht als Träger von Rollen oder Funktionen (z. B. als Arzt, Hausfrau ...) angesprochen werden, sondern als Menschen, so wie sie sind, also in ihrem ‚Selbst', sprechen wir von Selbst-Erfahrungs-Gruppen.

Eine Encounter-Gruppe umfaßt gewöhnlich sechs bis zwölf

Teilnehmer und ein bis zwei Facilitators. Meist trifft sie sich im Workshop, d.h., daß die Gruppenmitglieder für zwei bis fünf Tage zusammen sind und täglich sechs bis acht Stunden gemeinsam in der Gruppe verbringen. Häufig finden solche Workshops an Orten statt, wo die Gruppenmitglieder auch gemeinsam wohnen können. Es werden aber auch Encounter-Gruppen durchgeführt, in denen sich die Teilnehmer über einen längeren Zeitraum hinweg (3–12 Monate) regelmäßig (meist einen Abend pro Woche oder an einem Tag des Wochenendes) treffen. Ein Workshop verläuft meistens intensiver und gibt dem einzelnen wichtige Erfahrungsimpulse; eine kontinuierliche Gruppe erlaubt hingegen einen kontinuierlichen Prozeß des Sich-Selbst-Kennenlernens.

Die Teilnahme an einer Encounter-Gruppe ist vor allem dann angezeigt, wenn Sie das Gefühl haben, daß Sie mehr darüber erfahren möchten, wie Sie ‚wirklich sind', wenn Sie sich Erfahrungen darüber wünschen, wie Sie sich im Kontakt mit anderen Personen verhalten und wie Sie von anderen Personen gesehen werden; wenn Sie lernen wollen, intensivere und befriedigendere Beziehungen einzugehen, als es Ihnen bisher möglich war. Sie werden vor allem dann von einer Encounter-Gruppe Gewinn haben, wenn Sie neugierig sind und gerne erfahren möchten, wie andere auf Sie reagieren, wenn Sie sich unverstellt zeigen. Wenn Sie im Augenblick in einem starken Konflikt stehen (z.B. einem länger bestehenden Partnerproblem) oder schon längerwährende persönliche Probleme oder Symptome haben, sollten Sie sich für eine Einzel- oder Gruppen-*Therapie* entscheiden.

Weitere Formen von Selbsterfahrungsgruppen

In den letzten zehn Jahren sind auch in Europa, analog den amerikanischen *growth-centers*, Selbsterfahrungs- und Therapiezentren entstanden, in denen die verschiedensten Formen von therapeutischen Gruppen und Selbsterfahrungsgruppen angeboten werden. Wenn Sie im Veranstaltungsprogramm eines solchen Zentrums auf die Ankündigung einer Encounter-Gruppe treffen, dann muß das, was in dieser Gruppe geschieht, nicht unbedingt dem entsprechen, was Sie gerade über Encounter-Gruppen gelesen haben. Viele Gruppenleiter und Therapeuten benutzen diesen Begriff heute nämlich für ihren persönlichen Stil der Gruppenleitung. Der Begriff Encounter hat sich in den letzten 15 Jahren sehr verbreitet und inhaltlich stark ausgeweitet.

Deshalb spricht man manchmal, wenn man die von Carl Rogers begründete Form der Gruppenarbeit meint, von *basic en-*

counter, um sie von diesen erweiterten Encounter-Gruppen zu unterscheiden.

Encounter-Gruppen in diesem weiten Sinn beinhalten alle Formen von Gruppenarbeit, die nicht in erster Linie psychotherapeutische Ziele haben, sondern das Hier und Jetzt des Beziehungsgeschehens in der Gruppe betonen. Diese Gruppenformen haben sich zwar aus der Urform des *basic encounter* entwickelt, sie weichen aber insofern grundsätzlich von der von Carl Rogers intendierten Encounter-Gruppe ab, als der Gruppenleiter oft mehr Macht und mehr Verantwortung übernimmt. In solchen Encounter-Gruppen setzt der Gruppenleiter, entsprechend seiner Ausbildung und Erfahrung, verschiedene therapeutische Methoden ein, um bei den Teilnehmern Erlebensprozesse rascher in Gang zu setzen. Besonders häufig werden Elemente aus der Gestalt- und Körpertherapie verwendet, ebenso Meditations-, Imaginations- und Interaktionsübungen, und es haben auch verschiedene Medien wie z. B. Musik, Ton, Farben Eingang gefunden.

Die Gruppenarbeit wird dadurch stark *leiterzentriert*. Der Gruppenleiter wird zum Experten, zum Kenner von Techniken und Übungen, die er den Teilnehmern – teils sanfter, teils nachdrücklicher – anbietet. Das kann die Teilnehmer rascher zu zentralen Erlebnissen führen, gleichzeitig entstehen dadurch aber auch grundsätzliche Probleme, die ich später in knapper Form ansprechen werde. Häufig wird solchen Gruppenleitern von den Teilnehmern mehr Macht zugeschrieben, als diese wirklich haben. Es ist oft schwierig, sich der Faszination zu entziehen, die entsteht, wenn ein Mensch (Gruppenleiter) bei anderen starke Gefühle und eindrucksvolle Erlebnisse hervorrufen kann, besonders dann, wenn die Techniken und Mittel nicht ohne weiteres durchschaubar sind.

Durch diese Erweiterung des Begriffs ‚Encounter-Gruppe' wird dieser ebenso unbestimmt wie der Begriff ‚Selbsterfahrungsgruppe'. Da nun beide Begriffe nichts über die Methoden aussagen, die vom Gruppenleiter angewendet werden, ist es nützlich, sich vorab darüber informieren zu lassen. Nahezu jede psychotherapeutische ‚Schule' hat im Laufe der Zeit auch Methoden für die Gruppenarbeit entwickelt. So haben z. B. auch alle tiefenpsychologischen Schulen (die ursprünglich die ‚klassische' Form der Einzeltherapie praktizierten) Gruppenmethoden eingeführt. Die Freudsche (Psychoanalyse), die Adlersche (Individualpsychologie), die Jungsche (Analytische Psychologie), wie auch die verschiedenen Richtungen der Neo-Analyse führen Gruppentherapien durch und veranstalten auch Selbsterfahrungsgruppen. Die einzelnen Richtungen der Humanistischen Psychologie arbeiten im allgemeinen ohnehin im Gruppensetting, allerdings oft in der Form der ‚Einzeltherapie in der Gruppe' (Gestalt, Bioenergetik, Transaktionsanalyse etc.), ebenso das Psychodrama, das für sich in Anspruch nehmen kann, die erste in der Gruppe durchgeführte Form von Therapie zu sein.

Wenn Ihnen gesagt wird, der Gruppenleiter praktiziere eine Kombination verschiedener Methoden, ist es gut, genauere Informationen einzuholen. Es werden leider auch Selbsterfahrungsgruppen von Personen durchgeführt, die keine qualifizierte psychotherapeutische Ausbildung haben, sondern ein Gemisch ihrer eigenen persönlichen Erfahrungen anbieten (die sie z. T. bei irgendwelchen oft zweifelhaften ‚Gurus' gesammelt haben). Manchmal arbeiten solche Gruppenleiter aufgrund ihrer hervorragenden persönlichen Kompetenzen sehr gut und verantwortungsvoll, es ist aber empfehlenswert, sie im persönlichen Vorgespräch vor Beginn der Gruppensitzungen kennenzulernen.

Gruppendynamik, Themenzentrierte Gruppen, Selbsthilfe-Gruppen

Zur gleichen Zeit wie Carl Rogers begann Kurt Levin in den USA mit Kleingruppen zu experimentieren. Sein Interesse war dabei weniger auf das Wachstum der Person in einer Gruppe gerichtet, sondern darauf, welche Struktur und welche Dynamik sich zwischen Menschen entwickelt, wenn sie eine gewisse Zeit zusammen sind. Die hier ablaufenden Prozesse werden als *Gruppendynamik* bezeichnet. Wenn Sie vor allem Erfahrungen darüber machen möchten, wie Sie sich durchsetzen können, wie Sie sich an die Wand drücken lassen, welche Hierarchien und Abhängigkeiten sich in der Gruppe entwickeln, so ist für Sie eine gruppendynamische Veranstaltung angezeigt. Sie werden sich in Situationen wiederfinden, die sie aus dem Alltag kennen: aus dem Betrieb, in dem Sie arbeiten, aus Ihrem Freundeskreis usw. Dabei kann Ihnen klar werden, wie Sie mit solchen Situationen umgehen: wie Sie es anstellen, z. B. immer das ‚Mauerblümchen' oder immer der ‚Boß' zu sein. Da es nicht Ziel dieser Gruppen ist, wachstumsfördernde Bedingungen zu schaffen, wie sie in einer sicheren, unbedrohten Atmosphäre möglich sind, können gruppendynamische Erfahrungen manchmal ziemlich unangenehm sein („niemand ist auf mich eingegangen", „alle haben mich ‚auseinandernehmen' wollen"); sie können Ihnen aber auch helfen herauszubekommen, wie Sie sich in Gruppen verhalten und was Sie anders machen können, um das zu erreichen, was Sie eigentlich wollen. Die Forschung auf diesem Gebiet hat eine Vielzahl von Gesetzmäßigkeiten in bezug auf die strukturellen und dynamischen Aspekte von Kleingruppen ergeben, die jeder Gruppenleiter kennen muß. Gruppendynamsiche Erkenntnisse werden heute vor allem in Organisationen (Betrieben, Behörden, Teams) verwandt, um die vorhandenen Beziehungen durchschaubarer, die Zusammenarbeit reibungsloser zu gestalten. Auch im Ausbildungswesen haben gruppendynamische Erkenntnisse wesentliche Fortschritte gebracht.

Kurz erwähnt sollen auch die vielfältigen Formen *themenzentrierter* Selbsterfahrungsgruppen werden. Solche Gruppen können sich aufgrund gemeinsamer Aufgaben, Rollen in der Gesellschaft, Problemen usw. zusammenfinden wie z. B. Frauengruppen, Männergruppen, Gruppen für Jugendliche oder Kinder, Selbsterfahrungsgruppen für bestimmte Berufe, für Kranke (Multiple Sklerose-Kranke, Alkoholabhängige etc.). Dadurch werden ganz von selbst bestimmte Themen in den Vordergrund gerückt. Eine Gruppe kann sich aber auch zum Bearbeiten bestimmter Themen bilden, z. B. Kindererziehung, Sexualität, Sterben und Tod, geschlechtsspezifisches Rollenverhalten, Kreativität, Partnerfragen etc. In themenzentrierten Gruppen kann ebenfalls mit den verschiedensten Methoden gearbeitet werden. Der Schwerpunkt kann dabei mehr auf Selbsterfahrung oder auch mehr auf dem Erlernen und Üben bestimmter Fähigkeiten und Fertigkeiten liegen. Ruth Cohn hat für themenzentrierte Gruppen eine besondere Methode entwickelt, die ihre Wurzeln sowohl in der Psychoanalyse als auch in der Humanistischen Psychologie hat (*themenzentrierte Interaktion*, TZI) und inzwischen in vielen themenzentrierten Gruppen zur Anwendung kommt.

Selbsthilfegruppen werden meist von Personen gebildet, die ähnliche Probleme haben und miteinander daran arbeiten wollen, diese Probleme zu überwinden. Häufig wird dazu zunächst ein Psychotherapeut als ‚Starthilfe' hinzugezogen. Die Gruppe arbeitet dann selbständig weiter, der Psychotherapeut bleibt als Berater erreichbar. Selbsthilfegruppen haben den großen Vorteil, daß sie weitgehend unabhängig sind vom ‚Psycho-Markt': Sie kosten nichts, und die Gefahr, daß die Selbstverantwortung der Teilnehmer in einer Abhängigkeit zum Gruppenleiter aufgehoben wird, ist von vornherein ausgeschlossen. Dabei darf aber nicht übersehen werden, daß natürlich auch in Selbsthilfegruppen dynamische Prozeße ablaufen, die, wenn sie unbeachtet bleiben, rasch zu einem heillosen Durcheinander von Gefühlen und Phantasien zwischen den Gruppenteilnehmern führen können. Solche Situationen können dann oft von den Gruppenmitgliedern alleine nicht mehr aufgelöst und bewältigt werden. Es ist deshalb ratsam, in solchen Fällen auf die Hilfe von erfahrenen außenstehenden Personen zurückzugreifen. Die Selbsthilfeorganisation ‚Anonyme Alkoholiker' (AA) ist allgemein bekannt als beispielhaft erfolgreiche Selbsthilfegruppe.

Eine besondere Bedeutung der Selbsthilfe-‚Bewegung' liegt m. E. darin, daß dadurch das reiche Erfahrungswissen der Psychotherapie nicht Geheimkunst der Psychotherapeuten bleibt, sondern entmystifiziert wird: Jeder Mensch kann sich dieses Wissen aneignen und zunutze machen, um sich selbst zu helfen und um zu lernen, auch für andere Menschen ein hilfreicher Partner zu sein. Es scheint sich abzuzeichnen, daß sich dieser Selbsthilfeansatz auch auf die Selbsterfahrungsgruppen im allgemeinen auswirkt. Ich vermute, daß es in Zukunft nicht mehr in erster Linie darum gehen wird, in Gruppen durch die Kunst eines Experten bedeutsame Erlebnisse zu haben, sondern zu lernen, *wie* ich mit mir selbst und anderen umgehen kann, so daß mein Leben und meine Beziehungen sinnvoller, bedeutungsvoller und befriedigender werden. Das, was der Therapeut weiß, kann und macht, soll transparent werden und dadurch für den Gruppenteilnehmer erfahrbar und nachvollziehbar werden.

Carl Rogers hat mit seinem *LaJolla-Programm* in den letzten zehn Jahren eine Form der Selbsterfahrung entwickelt, in der die Teilnehmer gleichzeitig auch befähigt werden, Selbsterfahrungsprozesse wahrzunehmen und zu unterstützen. Die Teilnehmer nehmen also nicht nur Gruppenerlebnisse mit nach Hause, sondern auch Erfahrungen darüber, wie solche Erlebnisse ermöglicht werden können. Das LaJolla-Programm wird seit einigen Jahren auch in Europa regelmäßig durchgeführt.

Noch konsequenter hat sich Carl Rogers bedeutender Schüler Gene Gendlin dafür eingesetzt, therapeutisches know-how weiter zu geben, um die Selbsthilfe zu unterstützen. Er hat in vielen amerikanischen Städten Selbsthilfegruppen ins Leben gerufen, in denen die Teilnehmer voneinander lernen, den Erlebensprozeß in sich zu entdecken und zu fördern, der auch in erfolgreichen Psychotherapien zu persönlichen Veränderungen führt. Für die Teilnehmer dieser Gruppen ist es zur Bewältigung von Problemen und persönlichen Krisen meist nicht mehr nötig, fremde Hilfe zu beanspruchen. Gendlin nennt seine Methode, die inzwischen auch bei uns erlernbar ist, *Focusing*.

Wozu Selbsterfahrungsgruppen?

Wahrscheinlich haben Sie sich beim Lesen dieser Seiten ab und zu gedacht: Das wäre ja schrecklich, wenn wir – wie hier anscheinend vorgeschlagen wird – ständig mit allen Leuten über unsere inneren Erlebnisse reden müßten, im Bahnhof, im Restaurant, zu Hause, im Betrieb. Richtig. Ich bin sicher, es wäre schrecklich. Es scheint mir deshalb notwendig, das Thema ‚Selbsterfahrungsgruppen' zum Schluß mit etwas mehr Abstand anzuschauen, so daß wir es in einem größeren Rahmen betrachten können.

Selbsterfahrungsgruppen – ebenso Psychotherapie – sind eine typische ‚Erfindung' unserer Industriegesellschaft. Auffallend an unserem gegenwärtigen Leben ist ja, daß es immer schwieriger zu werden scheint, *in Beziehung zu sein;* in Beziehung mit uns selbst, mit anderen Menschen, mit dem, was wir arbeiten, mit dem, was wir überhaupt wahrnehmen, fühlen, denken und tun. Nicht nur die Arbeitszeit, auch die Frei-Zeit ist mehr und mehr geregelt, organisiert, vorherbestimmt. Frei-Raum, in dem nicht vorgeschrieben ist, wie wir denken und fühlen sollen, ist immer weniger vorhanden. Wir brauchen aber Frei-Raum, um mit uns selbst und mit anderen zusammenzusein, ohne Anpassungsleistungen vollbringen zu müssen; Frei-Raum, in dem wir ausprobieren können, wer wir selber sind, was wir wollen und wie wir es wollen. Stattdessen macht sich Beziehungslosigkeit, Einsamkeit breit.

Selbsterfahrungsgruppen stellen genau das, was fehlt, zur Verfügung: eine offene Situation ohne Vorschriften, einen Freiraum ohne Bewertung und ohne Kritik, einen Raum, in dem jeder einfach er selbst sein kann. Wäre das, was in solchen Gruppen geschieht, im ‚normalen' Alltag möglich, gäbe es diese Gruppen nicht. Sie sind wie ein Zufluchtsort in einer Umgebung der Entfremdung, der Einsamkeit. Es ist wichtig, sich klarzumachen, daß wir in dieser Umgebung leben, nicht außerhalb. Deshalb bleiben wir grundsätzlich auch als Teilnehmer einer Selbsterfahrungsgruppe innerhalb dieser Umgebung. Wir können nicht aus ihr ‚aussteigen'. Der Frei-Raum muß bezahlt werden. Dieser Umstand verdeutlicht, daß Selbsterfahrungsgruppen Teil des gesellschaftlichen Systems und nicht Ausweg sind. Das, was in Selbsterfahrungsgruppen geschieht, ist – überzeichnet – das Gegenstück zu dem, was ‚rundherum' geschieht. Deshalb ist die Verführung groß, Selbsterfahrungsgruppen als eine ‚Gegenwelt' zu sehen, in der es schöner ist zu leben. Die Folge einer solchen Sichtweise ist die Bildung einer Subkultur mit all ihren Merkmalen von Sucht und Gurutum. Es kann aber nicht darum gehen, künstliche Scheinwelten gegen Eintrittsgeld zu errichten und diese immer perfekter auszustatten.

Ich möchte ganz klar sagen, daß Gruppen keine Alternative zum Leben bieten. Ich bin der Meinung, daß man ‚im Leben' mindestens soviel erfahren kann wie ‚in Gruppen'. Der Alltag ist allerdings oft so komplex, daß wir ihn nur ‚überleben', nicht aber ‚erleben' können. Eine Selbsterfahrungsgruppe kann dann für eine bestimmte Zeit eine Hilfe sein: Das Künstliche an einer Gruppe entsteht ja dadurch, daß bestimmte Aspekte der Realität ausgeklammert werden. Eine Gruppensituation ist wie eine Lebenssituation, nur einfacher. So nimmt die Wahrscheinlichkeit zu, daß ich das, was geschieht, wahrnehmen, für mich ordnen und es so erleben und verstehen kann. Und aus dem, was durch mein Erleben Bedeutung gewinnt, kann ich Konsequenzen ziehen. Ich kann Entscheidungen treffen, ich kann lernen. Und nichts anderes heißt ‚Selbstverwirklichung'. Diese Lernprozesse führen aber nur dann zu persönlichen Veränderungen, wenn sie aus der Gruppensituation in die Lebenssituation übertragen werden können. Dieser ‚Transfer' muß Ziel der Gruppenarbeit sein. Die Bedeutung der Selbsterfahrungsgruppen liegt m. E. darin, daß sie einen Freiraum zum Experimentieren darstellen, so etwas wie einen Sandkasten, in dem wir ausprobieren können, was uns außerhalb dieses Sandkastens noch zu schwierig erscheint. Der Sinn dieser Experimente liegt darin, für das Leben außerhalb zu proben, um dann im Leben immer wieder Aufführungen zu wagen. Die Erfahrungen, die ich beim Aufführen des Geprobten gewinne, machen die eigentliche Veränderung aus.

Für uns Gruppenleiter heißt das: Wir sollen den Gruppenteilnehmern nicht mit Hilfe unseres Handwerkszeuges etwas vorzaubern, sondern ihnen das Handwerkszeug aushändigen und Ihnen zeigen, wie sie es benützen können. Gene Gendlin hat das kürzlich so ausgedrückt: Fangt nicht Fische für Eure Klienten, sondern lehrt sie zu fischen! Auf diese Weise können wir vielleicht einen kleinen Beitrag leisten, der um sich greifenden Entfremdung entgegenzuwirken.

Praktische Hinweise

Selbsterfahrungsgruppen werden von verschiedensten Seiten angeboten: Von psychologischen Praxen, von Gruppenzentren, von Volkshochschulen und auch von Einzelpersonen. Gruppenzentren und größere psychologische Praxen verschicken auf Anfrage ihr Veranstaltungsangebot.

Es empfiehlt sich, mit dem Gruppenleiter ein Vorgespräch zu vereinbaren und sich über die verwendeten Methoden vorab zu informieren. Sollten Sie bereits in psychotherapeutischer Behandlung sein, besprechen Sie Ihren Wunsch, an einer Selbsterfahrungsgruppe teilzunehmen, mit ihrem Psychotherapeuten.

Die Krankenkassen übernehmen die Kosten für Selbsterfahrungsgruppen nicht.

Empfohlene Literatur: Cohn, R.: Von der Psychoanalyse zur themenzentrierten Interaktion. Von der Behandlung Einzelner zu einer Pädagogik für alle. Stuttgart: Klett-Cotta: 4. Aufl. 1980. *Gendlin, E.T.:* Focusing. Technik der Selbsthilfe bei der Lösung persönlicher Probleme. Salzburg: Otto Müller, 1981. *Moeller, M.-L.:* Selbsthilfegruppen. Reinbek: Rowohlt, 1978. *Rogers, C.R.:* Entwicklung der Persönlichkeit. Stuttgart: Klett-Cotta, 1973. *Rogers, C.R.:* Encounter Gruppen. Das Erlebnis der menschlichen Begegnung. München: Kindler, 1974. *Seifert, W.:* Gruppendynamik – Veränderung durch Selbsterfahrung. Köln: Kiepenheuer & Witsch, 1975. *Schutz, W. C.:* Freude. Gruppentherapie, Sensitivity-Training, Ich-Erweiterung. Reinbek: Rowohlt, 1973.

C. Transpersonale Psychotherapie
(Ziel: Persönlichkeitsentfaltung; Schwerpunkt: Transzendenz)

Das Ideal der Humanistischen Psychologie und ihrer Verfahren ist die ganzheitliche, voll funktionsfähige Persönlichkeit: ein Mensch, der sich befreit hat von seinen seelischen und körperlichen Blockaden und somit zu seiner positiven Grundstruktur und zu seinen optimalen Möglichkeiten vorgedrungen ist, was ihn befähigt, sich selbst und andere zu akzeptieren, spontan und kreativ zu sein, sich verändern zu können und frei seine ‚wahren' Bedürfnisse wahrnehmen zu können. Diese Zielbestimmung kann positiv verstanden werden, und dementsprechend kann sich ein Mensch im guten Sinne danach entwickeln; sie kann genausogut mißverstanden und mißbraucht werden.

Verschiedene humanistische Psychologen und Psychotherapeuten haben betont, daß die Entwicklung des Menschen über diese Ebene der Selbstaktualisierung noch hinausgehen kann in Erfahrungen, die die Person selbst transzendieren. Diese eine Bedeutung von *transpersonal* im Sinne von ‚jenseitig' bzw. ‚über die Person hinausgehend' findet sich wieder in der ersten Definition der transpersonal orientierten Psychotherapie, wie Sutich sie (1973) gegeben hat: „Transpersonale Psychotherapie ist die Therapie, die direkt oder indirekt mit der Erkennung, Akzeptierung und Realisierung von Grenzerfahrungen befaßt ist. Es geht also um die psychologischen Prozesse, die sich auf die Verwirklichung solcher Zustände beziehen wie ‚Erleuchtung', ‚mystische Vereinigung', ‚Transzendenz', ‚kosmische Einheit', usw. und ebenso um die psychologischen Bedingungen und psychodynamischen Prozesse, die direkt oder indirekt eine Barriere für solche transpersonalen Realisierungen sind."

Mit dieser Definition wurden Methoden eingeladen, sich als psychotherapeutische Verfahren zu verstehen, die in der traditionellen Psychotherapie bislang eher im Abseits standen oder sogar abgelehnt wurden; dazu gehören z. B. Meditationspraktiken aus dem Osten, bewußtseinserweiternde Drogen (siehe Grof, 1978), Isolationserfahrungen (siehe Lilly, 1976) sowie mystische und schamanische Riten aller Art (siehe Krippner & Villoldo, 1976). Obwohl ernstzunehmende Forscher bemüht sind, Ordnung in das Chaos zu bringen (siehe Tart, 1978), wurde die transpersonale Psychotherapie vor allem in den USA und zunehmend auch bei uns zum Tummelplatz einer unüberschaubaren Vielzahl von Methoden und Praktiken. ‚Wachstumsbewegung', ‚personal growth', ‚healing' oder ‚spiritual exercise' sind nur einige Schlagworte auf dieser Psychoszene. Hier ist es selbst für einen Fachmann schwer, die Spreu vom Weizen zu trennen, pure Modeerscheinungen als solche zu erkennen und zu unterscheiden von jenen Bemühungen, die von Ernsthaftigkeit und Verantwortungsbewußtsein getragen sind.

Die *Psychosynthese* des italienischen Psychoanalytikers Roberto Assagioli (1978), aber auch die *Anthroposophie* Rudolf Steiners stellen zwei Ansätze dar, die hinreichend ausgearbeitet sind und sich im praktisch-therapeutischen bzw. -pädagogischen Handeln soweit etabliert haben, daß sie hier hätten vorgestellt werden können. Die Psychosynthese ist vor allem in Italien, den USA und in Kanada als transpersonales psychotherapeutisches Verfahren verbreitet, und die Anthroposophie ist in der Schweiz und in Deutschland über die Schriften Rudolf Steiners wie auch durch die ‚Waldorf-Schulen' bekannt.

Die *initiatische Therapie* von Karlfried Graf Dürckheim und Maria Hippius haben wir unter anderm deshalb ausgewählt, weil sie den Begriff ‚transpersonal' anders versteht und sich deutlich abhebt von jenen Extremformen, die die Bedeutung mehr auf ‚trans' denn auf ‚personal' legen. In der initiatischen Therapie wird *transpersonal* mit ‚durch die Person hindurch' übersetzt und verstanden als Hinabsteigen in das Personeninnere, als Hindurcharbeiten durch die vielen Schichten und Schalen der Persönlichkeit zum inneren transpersonalen Kern. Der Körper wird nicht als zu grob, zu ungeistig und deshalb als hinderlich für das transzendierende Bewußtsein angesehen. In der initiatischen Therapie wird der Körper als Einheit verstanden, in der und durch die transpersonale Erfahrungen realisiert werden müssen.

Individuation wird begriffen als die Inkorporation der Transzendenz, d.h. die Verkörperung des Jenseitigen. Damit greift die initiatische Therapie die christliche Lehre von der Menschwerdung Gottes in moderner und zugleich alter Form wieder auf.

10. Initiatische Therapie

Burkhard Peter und Rüdiger Müller

„Wovon man nicht sprechen kann,
darüber muß man schweigen"
Wittgenstein

„Keine Angst mehr haben vor dem Tod – einen Sinn sehen, der jenseits ist von Sinn und Unsinn dieser Welt – und in einer Liebe stehen, die nichts mehr zu tun hat mit Sympathie und Antipathie – das sind Zeichen des weltüberlegenen Weisen." In dieser Beschreibung zeichnet Karlfried Graf Dürckheim (1973, S. 87) die Idealform eines Menschen, dem der Durchbruch zu seinem Kern oder Wesen gelungen ist und der die Integration seines Welt-Ichs mit seinem Wesen vollzogen hat.

Der doppelte Ursprung des Menschen

Ausgangspunkt der initiatischen Therapie ist der „doppelte Ursprung des Menschen": neben seinem weltlichen Sein wird der Mensch auch in seinem spirituellen Sein begriffen, in seiner Verbindung zum Göttlichen bzw. zum All-Einen. Über die weltlichen Bedürfnisse hinaus werden auch jene transzendenten Sehnsüchte angenommen und ernstgenommen, die in den traditionellen Therapieformen und in den verweltlichten Religionen in der Regel keine Heimat mehr finden. Von dieser Warte aus gewinnt z.B. der Begriff vom menschlichen Selbstbewußtsein einen umfassenderen Sinn:

„Ist der Mensch nur in seinem Welt-Ich gegründet, dann hängt sein Selbst-Kraftbewußtsein von dem ab, was er hat, weiß und kann; das im Wesen gegründete Selbst-Kraftbewußtsein aber in dem, der er ist. So bewährt sich dieses gerade dann, wenn er, von der Welt her gesehen, nichts mehr hat, weiß oder kann; und gerade, wenn ihn Vernichtung bedroht, fühlt er sich fest gegründet in einem anderen Leben, unvernichtbar in dem, der er *ist*. Dies kann das Geschenk einer Großen Erfahrung sein.

Das Selbst-Wertbewußtsein des Welt-Ichs hängt ab von der Schätzung durch andere. Das im Wesen gegründete Selbst-Wertbewußtsein ist davon völlig unabhängig. Ja es wird erfahren gerade dort, wo die Welt einen ablehnt, nicht versteht oder verachtet. Es ist die Basis einer königlichen Unabhängigkeit.

Das Selbst-Wirbewußtsein des Welt-Ichs hängt ab vom Vorhandensein gesicherter Kontakte, faktischer Verbundenheit mit einem Du und Geborgenheit in einer Gemeinschaft. Im Wesen gegründete Geborgenheit in einem ‚Wir', das heißt das wahre Selbst-Wirbewußtsein, wird erfahren gerade in Augenblicken der Ausgeschlossenheit von der Welt, in der Trostlosigkeit eines Alleingelassenseins, in der Einsamkeit. Gerade auf dem Hintergrund eines Alleinseins in der Welt spürt der im Wesen Gegründete die Zugehörigkeit zu einem ihn bergenden, überweltlichen Ganzen, durchströmt von Liebe. Auch dieses kann das bleibende Geschenk einer Großen Erfahrung sein." (Dürckheim 1973, S. 93f.)

Jenseits der neurotischen und psychosomatischen Störungen sieht Dürckheim die Angst vor dem Tod, die Verzweiflung am Widersinn der Welt und die Trostlosigkeit in der Einsamkeit als die drei Grundnöte des Menschen an, die aus den drei Grundanliegen des an die Welt gebundenen Menschen entstehen: gesichert zu leben und zu überleben bzw. möglichst lange zu leben; sinnvoll zu leben und gerecht behandelt zu werden; in einer akzeptierenden und liebevollen Gemeinschaft zu sein.

Neben dem weltlichen Leiden an einer nicht voll funktionierenden psychischen und physischen Gesundheit steht das metaphysische Leiden im Vordergrund, das seine Ursache in der Trennung des Menschen von seinem überpersönlichen Wesen hat. Existentielle Einsamkeit und Verunsicherung sowie Zweifel am Sinn des Daseins trotz der Zugehörigkeit zu einer Gemeinschaft, trotz materieller Sicherheit und Abwesenheit von körperlicher oder seelischer Krankheit sind die Leidensmerkmale, die anzeigen können, daß die Verbindung mit dem Wesenskern fehlt. Dürckheim sieht für den westlichen Menschen die Gefahr, einseitig seinem Welt-Ich zu folgen und dabei in Leistungsstreben und Rationalität zu erstarren. Andererseits sieht er auch für den östlichen Menschen den Nachteil des anderen Extrems, sich von allen weltlichen Verpflichtungen zu befreien und ausschließlich nach dem losgelösten All-Einen (Nirwana) zu suchen. In der christlichen Lehre jedoch erkennt Dürckheim die Chance, östliche und westliche Ausrichtung zu verbinden, indem der Mensch durch konkrete Gestaltung und Handlung in der Welt von seinem göttlichen Ursprung Zeugnis ablegt.

Wenn der Mensch seinen inneren Auftrag ablehnt und seinen himmlischen Ursprung verleugnet, entsteht sein existentielles Leiden, für das es bereits die Bezeichnung ‚existentielle Neurose' gibt: ein fühlbares und erfahrbares Leid ohne konkrete Leiden. Das Symptom dieser existentiellen Neurose ist das Unvermögen, an die Bedeutung, Wahrheit, Nützlichkeit oder den Sinn des Daseins zu glauben. Die verschiedenen sozialen und beruflichen Rollen werden zwar gut bis sehr gut gespielt, da sich der Mensch an die Gesellschaft und ihre Normen bestens angepaßt hat; dennoch empfindet er eine große Leere und erlebt keine Erfüllung mehr. Es kommt zu dem Gefühl der Banalität und Langeweile, zu Depressionen und krisenhaften Zuspitzungen, die sich auch in Form massiver Verhaltensstörungen äußern und aus der Sicht klassischer Diagnoseverfahren leicht mit dem Stempel der Krankhaftigkeit versehen werden können. Was sich bei dem Betroffenen an extremen Erfahrungen und Reaktionen zeigt und die Grenzen von Raum, Zeit und Kausalität zu überschreiten scheint, wird in der Initiatischen Therapie jedoch als positiver Ausdruck des nach Verwirklichung strebenden Wesenskernes interpretiert; Hippius hat hierfür den Begriff ‚initiatische Schizoidie' (siehe Müller 1981, S. 196ff.) geprägt. Das existentielle Leiden kann also in seiner Eigendynamik und Eigengesetzlichkeit ein Appell wie auch ein Anstoß sein, den inneren Weg zu gehen und sich auf die Suche zu machen nach einer neuen befreienden Wirklichkeit.

Der initiatische Weg

Den initiatischen Weg betreten heißt, den bisherigen Lebensweg als Umweg oder Irrweg zu begreifen und den Schritt zu tun, sich einem Wegbegleiter oder Führer anzuvertrauen, der auf diesem Weg schon ein Stück vorausgegangen ist und dessen Schwierigkeiten und Gesetzmäßigkeiten selber kennt. Voraussetzung ist eine Stufe der Reife, auf der grobe neurotische Fehlhaltungen bereits überwunden sind, auf der der Mensch seine überpersönliche Bestimmung erkennt und nach ihrer Erfüllung trachtet. Auf diesem Weg gibt es kein Ziel, das man eines Tages erreicht haben wird, wie z. B. die Symptomfreiheit bei traditionellen Therapien. Der Weg selbst wird zum Ziel.

Gewöhnlich wird der Anfang des Weges gekennzeichnet durch das *initiatische Erlebnis*, das anstößt, verwirrt und oft schon verändert. Silvia Ostertag hat es für sich so beschrieben (1981, S. 11f.):

„Als ich zum ersten Mal den Cellisten Pablo Casals spielen hörte, ist etwas Seltsames in mir vorgegangen. Es war bei den Zermatter Meisterkursen, und zu jedem Unterricht waren auch Teilnehmer zugelassen, die nur zuhören wollten. Zu denen gehörte ich, eine von vielen. Casals unterrichtete, und ich erinnere mich an den Augenblick, in dem er seinen Bogen in die Hand nahm und einen Ton vorspielte, einen einzigen Ton. Es war sicher nicht so, daß ich vorher geschlafen hätte. Aber im Augenblick, da dieser Ton erklang, war es mir, als würde ich erwachen; schlagartig und sanft zugleich.

Während ich jetzt daran denke, möchte ich erzählen, was geschehen ist; und zugleich spüre ich, daß ich das Erlebte selbst nicht aussagen kann.

Es war so, als habe dieser Ton ein Ohr in mir erreicht, das es bisher noch gar nicht gab. Es war mir, als habe dieser Ton alle Hüllen durchdrungen und mich im Innersten getroffen. In einem Innersten, das ich bis dahin nicht wahrgenommen hatte. Und doch war mir dieses Innerste mit einem Male mehr vertraut als alles, was ich an mir kannte; sonst würde ich es nicht mein Innerstes nennen.

Als dieser eine Ton verklungen war, fand ich mich für einen Augenblick unsicher, ob Casals ihn überhaupt gespielt hatte, oder ob es nur gerade ganz still im Raum gewesen war. Und wenn ich ihn beschreiben wollte ... es war ein Ton, in dem alle Töne klangen, und in dem zugleich alle Stille war.

Ich sehe wohl das Widersprüchliche in dem, was ich erzähle. Ich bemerke, wie Worte sich gegeneinander stellen, wo sie vom Ganzen, Ungeteilten reden wollen, das im Erleben war.

Als ich nach dieser Stunde bei Casals hinausging, durch den Raum und zwischen den Menschen hindurch, da ist mir aufgefallen, daß meine Schritte anders waren, leichter als je zuvor. Auch die Menschen kamen mir verändert vor. Waren sie alle von dem einen Ton so sehr bewegt worden oder hatte nur ich andere Augen, ihnen zu begegnen? Ich weiß es nicht. Daß ich Casals zum ersten Mal hörte, ist jetzt viele Jahre her. Ich habe nicht nur jenen Ton nicht vergessen, sondern von jenem Erlebnis an danach gesucht, selbst so zu werden, daß mein Hören und mein Tun sich für diesen ‚Ton‘ in allem Leben öffne.“

Nicht jede initiatische Erfahrung führt dazu, daß Menschen diesen neuen inneren Weg einschlagen und ihn weitergehen. ‚Initiare‘ heißt anfangen, einführen, hineinführen in einen Raum und in ein Geschehen, das sich wesentlich unterscheidet von dem Neuen, das man üblicherweise erlebt. Dürckheim übersetzt initiare mit „das Tor zum Geheimen öffnen“. Dieses Tor kann mit einem Male weit aufgehen oder nur ein wenig und vorübergehend sich öffnen; es kann wieder zuschlagen und sich erst langsam, nach und nach wieder weiten. Dürckheim nennt dieses Erlebnis ‚Seinsfühlung‘ bzw. ‚Seinserfahrung‘ und beschreibt damit den nur kurzen Kontakt bzw. das überwältigende Erlebnis der *Initiation.* Oft sind es Grenzerfahrungen zwischen Leben und Tod oder auch Sternstunden im gewöhnlichen Alltag, die ernstgenommen werden sollen in ihrem verpflichtenden Kern, um der Bestimmung des Menschen gerecht zu werden. Da solche Erfahrungen für das gewöhnliche Bewußtsein zu unfaßbar und unbegreiflich sind, werden sie oft als bloße Stimmungen abgetan, als kurze Verrücktheiten disqualifiziert, der Situation zugeschrieben und gewöhnlich vergessen oder verdrängt.

Um sensibilisiert, d. h. feinfühlig zu werden für initiatische Erlebnisse, sie erkennen und bewahren zu können, soll sich das menschliche Differenzierungsvermögen entwickeln, ein ,,Organ zur Seinsfühlung" ausbilden, z. B. durch das Erinnern früherer Erlebnisse, vor allem aus der Kindheit. In der Therapie wird gerade die Kraft dieser Erlebnisse betont, die nach Verwandlung und Gestaltwerdung drängen, damit der Klient bzw. Schüler die existentielle Aussage solcher Erlebnisse versteht und annimmt. Für weitere Übungen, die das Unterscheidungsvermögen für die neue Qualität wecken sollen, werden vielfältige Medien und Materialien eingesetzt: Selbsterfahrung am Musikinstrument, Tanz, Mandala-Zeichnen, Tast- und Gestaltübungen mit Tonerde etc. So sollen die Sinne entwickelt werden vom ,,Grobsinnlichen über das Feinsinnliche zum Übersinnlichen". Erst durch die *Einsicht* in die Bedeutung initiatischer Erlebnisse kann der innere Weg der Erkenntnis begangen werden. Zunächst gilt es, des Unterschiedes zwischen Welt-Ich und Wesens-Ich gewahr zu werden. Hierbei können Träume helfen oder die Betrachtung der alltäglichen Widersprüche, die wir erfahren, wie z. B. Unaufrichtigkeit oder Ungerechtigkeit.

Die tiefenpsychologische Arbeit muß sich mit den persönlichen und kollektiven ,Schatten' befassen; gemeint sind jene persönlichen und kollektiv ins Unbewußte verdrängten Teile des Menschen, die das weltliche Bewußtsein weder verstehen noch akzeptieren kann. Bei ihrer Arbeit mit den sogenannten Schattenkräften orientiert sich die initiatische Therapie an der Analytischen Psychologie C. G. Jungs, die in ihrem Verständnis vom Menschsein dem initiatischen Gedanken näher ist als andere tiefenpsychologische Schulen. Heute werden auch Elemente aus humanistischen und transpersonalen Verfahren benutzt, wie z. B. auch die Selbsterfahrung im Isolationstank nach Lilly. Es sollen die Gegensätze, unter denen der Mensch leidet, wie z. B. männlich – weiblich, gut – böse, Licht – Schatten, erkannt und miteinander versöhnt werden.

Zu dem Erlebnis und der Einsicht muß die *Übung* kommen, um auf dem initiatischen Weg fortzuschreiten. Die absolute Notwendigkeit der Übung wird von Dürckheim immer wieder betont (z. B. 1973, S. 153 f.):

,,Wohl erfolgt bereits in der Seinserfahrung, ja nach ihrer Tiefe, eine Umwandlung des Menschen. Ganz der gleiche bleibt er nie. Aber selbst mehrere Erleuchtungserlebnisse, in denen das Sein für einen Augenblick im Dunkel seines Welt-Daseins aufblitzt, geben noch keine bleibende Verwandlung. Dazu bedarf es treuer Übung. Sie ist der Lebensnerv des nun beginnenden, von einem neuen Sinn bewegten Lebens.

Dazu, daß es den neuen Sinn erfüllen kann, müssen drei Voraussetzungen da sein: das *Erlebnis,* die *Einsicht,* die *Übung.* Diese drei Faktoren gehören zusammen und spielen auf dem Weg fortwährend zusammen. Wo die Einsicht in den Sinn der Erfahrung sich weitet, vertieft sich alsbald das Erleben, und beides zusammen treibt in den nächstfälligen Schritt der Verwandlung mit Hilfe der Übung, die, je fester sie in der Treue des Übenden verankert ist, an Präzision und Wirkkraft gewinnt."

Übung ist das ständige Wiederholen eines bestimmten Tuns bis zu seiner vollständigen Beherrschung. Das Ziel ist jedoch nicht Perfektion, sondern die Chance, vormals gebundene Kräfte freizusetzen (siehe z.B. Herrigel 1975). Dürckheim betont die „Treue in der Übung", die ständiges Wiederholen und Disziplin verlangt, um das bisher erreichte „einzuleiben", die Erfahrung zu integrieren und sie so zu schützen vor dem „Widersacher" der alles Erreichte zu zerstören trachtet (1973, S. 111):

„Es ist eine eigentümliche Sache, daß die Seinserfahrung unfehlbar den Widersacher auf den Plan ruft. Wo das Wesen erscheint, taucht die Widerwelt auf. Der Widersacher ist eine Macht, die das gottgewollte Leben verhindert oder zerstört. Je eindeutiger und unbedingter ein Mensch sich zum Überweltlichen hinfindet und in seinen Dienst tritt, um so gewisser ist der Widersacher zur Stelle und bemüht, ihn vom rechten Weg abzubringen. Das ist keine fromme Mär, sondern eine Erfahrungstatsache, die nicht psychologisch aufgelöst werden kann. Ist ein Mensch durch eine Seinserfahrung gesegnet, dann vergehen keine vierundzwanzig Stunden, und es widerfährt ihm etwas, das ihm den Segen der Stimmung verdirbt, in die die Erfahrung ihn befreiend und verpflichtend versetzt hat."

Verfahren der initiatischen Therapie

Die initiatische Therapie zeichnet sich heute durch eine große Methodenvielfalt aus. Alle therapeutische Arbeit steht jedoch immer im Dienste der Durchlässigkeit zum Wesenskern und will verwandelnd wirken. Auch wenn viele Verfahren aus anderen Therapierichtungen angewandt werden, ist das Ziel nicht eine pragmatische Effizienz wie z.B. eine angenehme Erfahrung bei der Leibarbeit, Entspannung oder interessante subjektive Einsichten; es soll vielmehr immer die Transzendierung des alltäglichen Daseins angestrebt werden. Das Verdienst von Dürckheim und Hippius liegt darin, sowohl meditative Techniken aus dem Osten wie auch westliche kreative und tiefenpsychologische Verfahren so anzuwenden, daß sie sich gegenseitig ergänzen und wirksame Hilfe auf dem initiatischen Weg sein können.

„Der Ruf nach dem Meister"

„Der Ruf nach dem Meister bedeutet eine Absage an die Rolle des bisherigen Erziehers und Lehrers, sofern diese den Anspruch erheben, dem Menschen nicht nur Wissen und Können zu vermitteln, sondern ihn auch zu einem rechten Menschen und für ein rechtes Leben heranzubilden; denn in ihrem Bilde des ‚Rechten' fehlt das Entscheidende: der verpflichtende Bezug zur ‚Transzendenz' und der in ihm gegründeten Möglichkeit zu der menschliches Sein vollendenden Reife.

Wo der Mensch nur auf Durchsetzungskraft, nützliche Leistung und Wohlverhalten ausgerichtet wird, bleibt sein eigentliches Menschsein im Schatten. Heute drängt nun der Mensch, der eigentlich gemeint ist, ans Licht und verlangt nach Anerkennung und Führung. Wer aber kann die Führung übernehmen? Nur wer in eigener Erfahrung um den himmlischen Ursprung des Menschen *weiß* und dieses Wissen im anderen zu bestätigen oder zu wecken und zur Antriebskraft zu einem neuen Leben zu machen vermag! [...] Der Führer auf diesem Weg ist der *Guru,* der *Meister.* So muß in unserer Zeit zu all den bisherigen ‚Berufen', die sich des Menschen annehmen – Arzt, Lehrer, Erzieher, Therapeut, Seelsorger – hinzukommen der Sachwalter der Wirklichkeit, die dem Menschen kraft seines himmlischen Ursprungs zu wissen und planmäßig zu entwikkeln aufgegeben ist. Einen Schritt in diese Richtung scheint die Therapie unserer Zeit zu gehen." (Dürckheim 1973, S. 215f.)

Initiatische Therapie verlangt vom Therapeuten, daß er sein psychotherapeutisches Handwerk gut beherrscht (was man von jedem guten Therapeuten erwarten kann), darüber hinaus aber, daß er auf dem Weg der ‚Durchlässigkeit' seiner Person dem Klienten/Schüler bereits ein gutes Stück vorausgegangen ist. Dann kann der Therapeut zum Meister werden. Nicht mehr nur Einfühlungsvermögen, Akzeptieren und Wertschätzen, sondern Vorbild, Strenge und Wärme machen den Meister aus. Ziel dieser Schüler-Meister-Beziehung in Anlehnung an den japanischen Zen ist jedoch die Erweckung der eigenen Meisterinstanz im Schüler, mit deren Hilfe er sich früher oder später wieder von seinem Meister wird lösen können.

Meditation

Im Gegensaz zum üblichen Verständnis der Meditation als Entspannungsübung, die dem Meditierenden ein Abschalten von der Alltagshektik, Stille und Ruhe anbietet, ihn aber nicht in seinem Grunde verändert, wird Meditation von Dürckheim (1973, S. 242) als „Verwandlungsübung" verstanden:

„Meditation als Übung auf dem geistlichen Wege erfüllt ihren Sinn nur als Übung zur Verwandlung! Der Sinn der Meditation als einer Verwandlungsübung ist eine Verfassung, in der der ganze Mensch als Geist, Seele und Leib durchlässig wird für das ihm in seinem Wesen innewohnende göttliche Sein, fähig, sich seiner inne zu werden in seinem Erleben und durch sich offenbar werden zu lassen in der Welt. Der Sinn der Meditation als Verwandlungsübung ist die zum Sein hin gewährleistete Durchlässigkeit der Person – auf daß das Sein in ihr und durch sie hervortönen (personare) kann in die Welt. Person meint eine zum göttlichen Sein hin durchlässige Form, eine geformte Durchlässigkeit des ganzen Menschen zur Bezeugung seines göttlichen Ursprungs in seinem endlichen Dasein."

Diesem Verständnis ensprechend ist die wesentliche Meditationsform die des *Za-Zen* (sprich Sasén). Im Unterschied zu den sogenannten gegenständlichen Meditationsformen (siehe S. 247f.), bei denen die Wahrnehmung auf ein bestimmtes Meditationsobjekt gerichtet ist, bedeutet Za-Zen einfach das „Sitzen in der Unbeweglichkeit des Leibes". Das Ziel des Za-Zen ist ‚Satori', ein Erlebnis der Erleuchtung. Nach Dürckheim stellt Satori kein Privileg des Zen-Buddhismus dar; es kann eine Ausgangserfahrung bzw. Initiation sein, die dazu dient, den initiatischen Weg zu beschreiten, nicht aber, um im Erlebnis stehenzubleiben. Im Zen selbst werden Bilder, Gefühle und andere Zeichen aus dem Unbewußten als unwichtig, wenn nicht gar als störend angesehen; in der initiatischen Therapie dagegen ist der Schüler bemüht, diese ‚Schatten' wahrzunehmen, anzunehmen und in die Person zu integrieren. Sie dienen zunächst der Selbsterkenntnis und Reifung, und schließlich kann der Schüler durch sie hindurchdringen und zum bildlosen Urgrund gelangen.

Neben dieser passiven Übung des Za-Zen werden auch aktive Übungen der Meditation gefördert, z. B. das ‚geführte Zeichnen', Bogenschießen, T'ai Chi etc. Wie im Zen ist jedoch „der Alltag als Übung" gemeint (Dürckheim 1973, S. 253ff.), in dem sich die transpersonale Erfahrung zu bewähren hat.

Psycho-Therapie

Psychotherapeutische Arbeit und tiefenpsychologische Erkenntnis sind auf dem initiatischen Weg insofern von Bedeutung, als es der „tiefenpsychologischen Bereinigung des Unbewußten" bedarf, um nicht ein Opfer von Illusionen zu werden, die den Menschen glauben lassen, der Transzendenz und der Transparenz näher zu sein, als er es tatsächlich ist (siehe Dürckheim 1973, S. 217ff.). Insbesondere die Tiefenpsychologie C. G. Jungs, aber auch Verfahren aus der humanistischen Psychotherapie – wie z. B. Gestalt, Psychodrama oder aktive Imagination – werden für diese Aufgabe verwendet.

Personale Leibtherapie

In Abgrenzung zu den meisten körperorientierten Verfahren macht Dürckheim eine begriffliche Unterscheidung zwischen Körper und Leib, wenn er sagt, „der Körper, den man hat – der Leib, der man ist". Er hebt damit die übliche Bewertung des Körpers als Instrument hervor, das in Ordnung zu sein hat, haltbar, elastisch und leistungsstark. Demgegenüber betont er den „Leib, der man ist" als im Dienste der inneren Verwandlung stehend; dieser soll die notwendige Durchlässigkeit für das Wesen besitzen (siehe Dürckheim 1973, S. 169ff.). In der personalen Leibtherapie lernt der Schüler zwar auch, eingefleischte Fehlhaltungen wahrzunehmen und durch Übung zu beseitigen. Ziel dieser Arbeit ist jedoch ‚Hara', nämlich sowohl die körperliche Zentrierung im Bauch, wie sie auch von anderen Körpertherapien angestrebt wird, als auch die „Erdmitte des Menschen". Im Hara ist der Mensch „frei von der Vorherrschaft des kleinen Ichs und gelassen verankert in seiner Erdmitte. Besitzt er Hara, dann vermag er in gleicher Weise den Forderungen der Welt und denen des inneren Weges freier und gelassener zu genügen" (Dürckheim 1971, S. 97).

Als Methoden kommen sowohl bioenergetische Körper-, Atem- und Bewegungsverfahren zur Anwendung, wie auch Übungen aus der Eutonie (siehe S. 251f.). Außerdem werden Übungen aus der japanischen Tradition wie Aikido, Bogenschießen oder Schwertkampf eingesetzt.

Das geführte Zeichnen

Nach Maria Hippius haben bestimmte Zeichen eine archetypische Bedeutung und Wirkkraft; Halbkreis, Kreis, Wellenlinie, Spirale oder Lemniskate (∞) haben eher weiblichen Charakter, während gerade Linien in allen Variationen eher männliche Bedeutung besitzen. Durch ständiges Einüben solcher Urzeichen soll der Schüler in direkten Kontakt mit seinen Tiefenschichten treten. Wesentlich dabei ist das aktiv-meditative Wiederholen eines einzigen Zeichens, so daß „sowohl die Spaltung zwischen dem Zeichnenden und seinem Zeichen als auch die zwischen dem Zeichnenden und seinem Zeichnen aufgehoben wird" (Hippius 1966, S. 70). Die Indikation zu einem bestimmten Zeichen trifft der Therapeut aus der jeweiligen Verfassung des Schülers, aus einem seiner Träume oder aus der jeweiligen Situation heraus. Im Anschluß an das Tun soll der Schüler seine Erfahrung oder seine

Erkenntnis ausdrücken und so zu einem tieferen Verständnis seiner selbst gelangen. Müller (1981, S. 297) beschreibt anhand eines Beispieles Sinn und Wirkung des geführten Zeichnens:

„Ein 26jähriger Mann erlebt beim Zeichnen des Kreises, der am Anfang seines Zeichenprozesses steht, eine unheimliche Höhle, in deren Innern er unbekannte Gefahren erahnt. Nach zwei Stunden im Verlauf einer Woche beginnt er, das Innere zeichnerisch zu erforschen. Er entdeckt darin ein riesiges, verschlingendes Ungeheuer, das auch ihn zu vereinnahmen droht. Zugleich assoziiert er Kindheitserinnerungen, in denen seine Großmutter eine dominante Rolle spielt. Im Verlauf des Zeichenprozesses ist er in der Lage, das Ungeheuer in seinen furchtbaren Aspekten anzuschauen und auch zeichnerisch zu objektivieren. Damit gibt er den bisher ihn besetzenden Kräften des Archetyps der Großen Mutter Gestalt, so daß die Faszination und Angst zugleich vor dieser numinosen Komplexität ihren Ausdruck und ihr Ende finden kann. In diesem Fall erfuhr sich der Zeichner auch in seiner eigenen Schattenqualität seines potentiellen großen Weiblichen, auch in seinem furchtbaren Aspekt, der ihm in den Zeichnungen bewußt wurde. In anderen Stunden konnte er im Umgang mit Ton-Erde die Höhle und ihren Inhalt plastisch ausgestalten und objektiv konkretisieren. Die Angst wurde be-greifbar und verwandelte sich durch den Erkenntnis- und Erlebnisakt in eine schöpferische und befruchtende Kraft. Durch solch konkret wieder erlebte und exerzitienhafte Arbeit konnte der Gefahr begegnet werden, daß der Schüler sich mit dem Archetyp identifiziert hielt und mit ihm identisch wurde. Die Führung durch den wegbegleitenden Therapeuten verlangte ein sehr genaues Einspüren, wieweit er sich mit dem Schüler verantwortlich auf den Entdeckungsweg der Selbsterkenntnis machen konnte und durfte, in dem hochdynamische Kräftekonstellationen aus dem Unbewußten freiwurden.

Im beschriebenen Fall konnte der Zeichner auf dem Papier alle Assoziationen und Beeindruckungen ausleben und akzeptieren lernen, damit einen Teil seiner eigenen Schattenrealität integrieren und die Basis für die Inkorporation der unbewußten Energetik schaffen."

Indikation

Initiatische Therapie versteht sich als Hilfe auf der Suche nach dem Wesenskern. Damit spricht sie vor allem jene Menschen an, die Sehnsucht haben. Weniger die konkreten psychischen und psychosomatischen Beschwerden als vielmehr die Erfahrung des existentiellen Leidens, der Sinnlosigkeit und der Leere des gut Angepaßtseins kann einen Menschen dazu bringen, sich auf den Weg zu machen, der kein Ziel hat, dessen Wirksamkeit vielmehr erfahren wird durch Tun.

Die äußeren praktischen Möglichkeiten der initiatischen Therapie entsprechen denen anderer Verfahren: Einzeltherapie, Gruppentherapie, Wochenendworkshops oder längere Aufenthalte in dafür vorgesehenen Begegnungsstätten.

Empfohlene Literatur: Dürckheim, K. Graf: Vom doppelten Ursprung des Menschen, Freiburg: Herder TB, 1973. *Müller, R.:* Wandlung zur Ganzheit – Die initiatische Therapie nach Karlfried Graf Dürckheim und Maria Hippius, Freiburg: Herder, 1981. *Ostertag, S.:* Einswerden mit sich selbst – Ein Weg der Erfahrung durch meditative Übung, München: Kösel, 1981.

D. Problemorientierte Psychotherapie

Zwei profane Gründe trugen Anfang der 60er Jahre zu der schnellen Verbreitung verhaltenstherapeutischer Techniken in Deutschland bei: Zum einen machte die klassische Verhaltenstherapie mit ihrer Betonung des äußeren Verhaltens unter Vernachlässigung uneinsehbarer innerer bzw. unbewußter Prozesse die therapeutische Situation für den Therapeuten wie für den Klienten übersichtlicher und sicherer. Zum anderen wurde sie auch für Versicherungsträger attraktiv, da sie als symptombezogene Therapie in der Regel nur 20–50 Stunden benötigte. Gegenüber einer analytischen Behandlung ist dies zumindest kostenmäßig ein bedeutsamer Unterschied, über den sich auch die Psychoanalytiker schon Gedanken gemacht hatten. Ihre Form der problemorientierten Therapie nannten sie Fokaltherapie, um hervorzuheben, daß der Therapeut in dieser Behandlungsform seine Aufmerksamkeit nur auf einen eng begrenzten Bereich (Focus) konzentriert und versucht, nur für diesen Problembereich möglichst effektive Hilfe zu leisten.

Die klassische Hypnose wurde schon immer als reine Symptombehandlung verstanden und konnte bei einfacher Symptomatik in kurzer Zeit recht wirkungsvolle Erfolge erzielen. Ihr wurde manchmal abgesprochen, eine ‚echte' Psychotherapie zu sein – ein Vorwurf, den spätestens Milton H. Erickson mit seiner Form der klinischen Hypnose widerlegen konnte. Diese versteht sich primär als pragmatische Therapieform, wenn auch manchmal längere Behandlungszeiten notwendig sind. Ebenso verhält es sich mit den aus ihr abgeleiteten Formen der systemorientierten Paar- und Familientherapie.

Wesentliche Merkmale aller psychotherapeutischen Verfahren, die kürzere Behandlungszeiten beanspruchen (dazu gehören auch Beratung, Focusing und Neurolinguistisches Programmieren), sind 1. die Konzentration des Therapeuten auf einen begrenzten und umschriebenen Problembereich und 2. die Anwendung bestimmter Techniken, die die notwendigen Veränderungen in dieser Behandlungszeit wirksamer als andere herbeiführen. Dies ist allerdings abhängig davon, ob es einerseits möglich ist, einen solchen Problembereich sinnvoll abzugrenzen, und ob es andererseits Therapeut und Klient gelingt, die für beide richtige und sinnvolle ‚Technik' zur nötigen Veränderung auch zu finden und anzuwenden.

11. Verhaltenstherapie

Christoph Kraiker

Man kann Neurosen und andere seelische Schwierigkeiten so verstehen, daß manche Menschen im Laufe ihres Lebens bestimmten Problemen gegenüber keine wirksamen Bewältigungsstrategien entwickeln, sondern sich so verhalten, daß diese Probleme immer schlimmer werden. Viele haben z. B. vor bestimmten Situationen Angst und gehen ihnen nach Möglichkeit aus dem Weg. Das mag auch ganz vernünftig sein, wenn es sich um eine relativ unwichtige Angelegenheit handelt. Wenn es aber eine wichtige Sache ist, die man nicht ständig vermeiden kann oder sollte, dann wird durch solche Vermeidungstendenzen die Angst u. U. immer stärker. Jemand scheut den Kontakt mit anderen Menschen, weil er sich ihnen gegenüber unsicher und unterlegen vorkommt, er gerät in immer größere Isolierung, seine Ängste vor Begegnungen werden intensiver, bis ihn schließlich schon der Gedanke daran in Panik versetzt, bis er also eine ausgewachsene soziale Phobie hat.

In der Verhaltenstherapie wurde aufgrund solcher Überlegungen eine allgemeine Vorgehensweise bei der Behandlung von Störungen entwickelt. Im Zentrum der Aufmerksamkeit steht nicht die Frage, wie die biographischen Hintergründe dieser Störung aussehen, sondern folgende Punkte:

1. Was genau sind die Probleme, die den Klienten gegenwärtig belasten?
2. Was sind die Gründe für das Weiterbestehen dieser Schwierigkeiten?
3. Wie kann man dem Klienten bessere Möglichkeiten der Auseinandersetzung vermitteln – und in dieser Vermittlung besteht dann im wesentlichen die Therapie.

Man kann sich vorstellen, daß es zahlreiche Möglichkeiten gibt, ein so definiertes Therapieziel zu erreichen. Tatsächlich sollte man besser nicht von Verhaltenstherapie sprechen, sondern von Verhaltenstherapien, da viele verschiedene Techniken eingesetzt werden und ständig neue Varianten und Kombinationen von Techniken dazukommen. Der Begriff Verhaltenstherapie ist also ein zusammenfassender Name für mehrere Verfahren, die meist noch eigene Bezeichnungen besitzen. Dem Leser dieses Buches wird vielleicht auffallen, daß einige der hier beschriebenen Techniken in ähnlicher Form auch bei anderen Therapien angewandt werden. Das Training von Fertigkeiten beim Problemlösen wird also in verschiedenen Zusammenhängen eingesetzt, und eine klare Abgrenzung zwischen den einzelnen Formen der Psychotherapie ist nicht immer möglich.

Die Systematische Desensibilisierung

Diese ziemlich abstrakten Prinzipien möchte ich jetzt praktisch erläutern, und zwar am Beispiel der sogenannten ‚Systematischen Desensibilisierung'. Das ist eine Technik, die zur Behandlung von Ängsten entwickelt wurde, und sie ist in vieler Hinsicht grundlegend, da sie die am besten untersuchte Therapiemethode überhaupt ist. Sie ist grundlegend ferner, weil sich die wichtigsten Prinzipien der Verhaltenstherapie anhand ihres Vorgehens demonstrieren lassen und weil sie sich vielseitig einsetzen läßt, da die Bewältigung von Angst häufig das im Vordergrund stehende Problem ist. Von der systematischen Desensibilisierung gibt es eine ursprünglich von J. Wolpe (1958) entwickelte Version, die man das Standardmodell nennen könnte, und zahlreiche Varianten, die in den letzten Jahren und Jahrzehnten eingeführt wurden.

Wir betrachten zunächst das Standardmodell; es läßt sich zweckmäßigerweise in vier Teile gliedern:

a) Analyse der Faktoren, die für das Auftreten von Angst verantwortlich sind;
b) Erstellung einer Hierarchie von angstauslösenden Situationen;
c) Entspannungstraining;
d) Imaginatives Durcharbeiten der Hierarchie in entspanntem Zustand.

Dazu folgende Anmerkungen:

Zu a). In jeder angstmachenden Situation gibt es verschiedene Elemente, die das Ausmaß der Angst bestimmen. Nehmen wir als Beispiel die (weit verbreitete) Angst, vor anderen Leuten zu sprechen, etwa eine Rede zu halten oder einen Bericht vorzutragen. Hier können mehrere Dimensionen das Angstniveau beeinflussen:

1. Die Anzahl der Zuhörer (je mehr, desto unangenehmer);
2. Vertrautheit mit den Zuhörern (je fremder, desto schlimmer);
3. Freundlichkeit oder Feindseligkeit der Zuhörer;
4. Ob es sich um Autoritätspersonen handelt oder nicht;
5. Grad der eigenen Vorbereitung – fühlt man sich sicher oder nicht – und so weiter.

Im Analyseteil der systematischen Desensibilisierung (im folgenden mit SD abgekürzt) versucht man herauszubekommen, welche solcher Faktoren für die Ängste eines Klienten bedeutsam sind und auf welche Weise sie es sind.

Zu b). Die Erstellung einer Hierarchie bedeutet, daß man sich mit dem Klienten zusammen eine Reihe von Situationen ausdenkt, die in unterschiedlichem Ausmaß angsterregend sind. Diese Situationen werden in eine Reihenfolge gebracht, und zwar derart, daß man mit einer sehr einfachen Situation anfängt (in unserem Beispiel mit einem Bericht über den letzten Urlaub vor ein paar Freunden), dann immer schwierigere einführt, und die Liste mit einer sehr bedrohlichen enden läßt (etwa vor allen Betriebsangehörigen eine Geburtstagsrede für den Chef zu halten). Alle diese Situationen – meist sind es zehn bis zwanzig – werden möglichst konkret beschrieben und schriftlich (z. B. auf Karteikarten) festgehalten.

Zu c). Schon in den ersten Sitzungen kann der Klient in eine der gängigen Entspannungstechniken eingeführt werden. Meist ist dies die sogenannte ‚Progressive Muskelentspannung' (s. S. 244ff.), da diese am schnellsten zu erlernen ist, es lassen sich aber auch Autogenes Training (s. S. 240ff.), entspannende Selbstinstruktionen, Atemübungen u. ä. einsetzen. Der Klient soll dadurch lernen, seine häufig vorhandene chronische Anspannung wahrzunehmen und sich zu Hause oder in bestimmten Situationen besser entspannen zu können; außerdem wird die Entspannung beim Durcharbeiten der Angsthierarchie eingesetzt.

Zu d). Dieses Durcharbeiten ist der zentrale Teil der SD. Die nach ihrem angsterregenden Charakter geordneten Situationsbeschreibungen liegen bereits vor. Der Klient, der in der Regel sitzt oder liegt, wird in einen entspannten Zustand versetzt und dann aufgefordert, sich die am wenigsten bedrohliche Situation möglichst genau vorzustellen. Dann erhält er weitere Entspannungsanweisungen, anschließend wird die Vorstellung wiederholt, bis sie keine Angst mehr auslöst. Nun wird die nächste Situation auf die gleiche Weise bearbeitet, und dieser Prozeß wird in mehreren Sitzungen fortgeführt, bis alle Situationen der Angsthierarchie ohne Erregung imaginiert werden können.

Wichtige, immer wieder verwendete Prinzipien der Verhaltenstherapie lassen sich schon bei der Standardmethode der SD erkennen. Sie sollen kurz beschrieben werden:

1. *Das Prinzip des mentalen Trainings*: Es hat sich gezeigt, daß viele Fertigkeiten bis zu einem gewissen Grad in der Vorstellung geübt werden können. Dies gilt auch für motorische Fertigkeiten, z.B. Skispringen oder Basketballspielen. Wir alle haben uns schon in der Phantasie auf bestimmte Aufgaben vorbereitet, die wir in Angriff nehmen wollten. Außerdem wissen wir, daß schon der Gedanke an bestimmte Dinge Angst hervorrufen kann, aber auch Wut, Ärger, Sehnsucht, Freude und andere Gefühle – deutlich etwa bei der Eifersucht. Unsere Vorstellungen und Gedanken können also in einem gewissen Sinn die Realität vertreten, und wir können in der Vorstellung stellvertretend handeln. Deswegen wird angenommen – und diese Annahme ist in zahlreichen Untersuchungen bestätigt worden –, daß wir auch in der Realität eine Situation besser bewältigen, wenn wir sie zuvor bereits in der Vorstellung bewältigt haben. Nur deshalb sind die Vorstellungsübungen der Systematischen Desensibilisierung sinnvoll, die ursprünglich eingeführt wurden, weil die Übungen in realen Situationen häufig sehr umständlich und manchmal unmöglich sind.

2. *Das Prinzip der Gewöhnung durch Konfrontation*: Es ist eine experimentell immer wieder erwiesene Tatsache, daß man durch ständiges Vermeiden einer angstmachenden Situation niemals die Angst davor verlieren wird. Man kann die Angst nur verlieren, wenn man sich dieser Situation stellt, und zwar immer wieder. Dies ist eine Erfahrung, die viele Menschen im Alltag bereits gemacht haben. Das Durcharbeiten der Hierarchie ist nichts anderes als eine derartige systematische Konfrontation, die man jedoch nach Möglichkeit zu erleichtern sucht, damit der Klient nicht von allzu großer Angst überschwemmt wird. Die Entspannung, die Nähe des Therapeuten, die Möglichkeit, auf den Fortgang der Desensibilisierung selbst Einfluß zu nehmen, sind derartige Hilfen. Die wichtigste Unterstützung ist jedoch durch das dritte Prinzip gegeben.

3. *Das Prinzip der allmählichen Annäherung (Sukzessive Approximation)*: Der Klient soll lernen, bestimmte Probleme besser zu bewältigen; dazu muß er sich den Problemen stellen. Wie bei fast allen Lernprozessen wird auch hier meist so vorgegangen, daß man mit ganz einfachen Aufgaben beginnt und – wenn diese gemeistert sind – zu immer schwierigeren übergeht, bis man auch mit der schwierigsten fertig wird. Bei der SD fängt man mit einer ziemlich harmlosen Situation an und arbeitet sich allmählich vor zu denen, die mehr und mehr Angst machen. Hilfreich ist dabei

die Übertragung von Lerneffekten: wenn man schon die leichteren Probleme bewältigen kann, dann sind die anderen auch einfacher als vorher. Auch bei sonstigen Therapieformen, die auf die eine oder andere Weise mit Konfrontationen arbeiten – und das tun die meisten –, wird häufig in abgestufter Form vorgegangen. Ein gutes Beispiel dafür sind die aufeinander aufbauenden Übungen des Katathymen Bilderlebens (s. S. 147ff.).

Varianten der Systematischen Desensibilisierung und zusätzliche Techniken

Konfrontation in vivo: Wenn irgend möglich, versucht man einige Übungen nicht nur in der Vorstellung, sondern auch in der Realität durchzuführen. Dies kann z.B. im Rollenspiel geschehen, wenn es um soziale Ängste geht, oder auch in der Alltagswelt. Höhenangst, Platzangst, Angst vor dem Fahren mit Aufzügen, Straßenbahnen, U-Bahnen können auf diese Weise systematisch desensibilisiert werden, wobei die Übungen oft zuerst in der Vorstellung, dann in der Realität durchgeführt werden. Durch die Begegnung mit der Realität wird die Fähigkeit, diese vorzustellen, natürlich verbessert, außerdem wird die Übertragung der Therapiefortschritte von der therapeutischen Sitzung in die Alltagswelt sichergestellt.

Einübung von Bewältigungsstrategien: Das Ziel einer Systematischen Desensibilisierung ist es nicht, die Klienten ganz angstfrei zu machen. Das wäre völlig unrealistisch. Angst ist ein Teil des Lebens und kann nicht vollständig abgeschafft werden. Wichtig ist eine Reduktion der Angst, so daß sie bewältigbar wird, und die Fähigkeit, Dinge zu tun, die man tun will, obwohl sie mit Angst verbunden sind. Diese Fähigkeit kann ebenfalls in der Therapie trainiert werden, indem man sich verschiedene Handlungsmöglichkeiten überlegt, die in Streßsituationen eingesetzt werden können, und diese in der Vorstellung und der Realität einübt. Ein Beispiel sind eher bedrohliche Auseinandersetzungen mit anderen Personen, denen ein Klient immer aus dem Weg geht. Hier können Handlungs- und Gesprächsstrategien erarbeitet und in verschiedenen Versionen durchprobiert werden.

Modellernen: Es ist eine Binsenweisheit, daß ein großer Teil des Lernens durch Imitation geschieht. Dies macht man sich in der Therapie dadurch zunutze, daß der Klient die Möglichkeit erhält, andere Personen im Umgang mit bestimmten Problemen zu beobachten, bevor er sich selbst mit ihnen auseinandersetzt. Das ‚Vorbild' wird Modell genannt, daher die Bezeichnung Modellernen. Häufig übernimmt der Therapeut die Rolle des Modells: er zeigt z. B., wie man sich in bestimmten Situationen entspannen kann, er demonstriert, wie man eine Katze hält und streichelt (im fortgeschrittenen Stadium der Behandlung einer Katzenphobie), er geht vor einem Patienten mit Höhenangst eine steile Treppe hoch. Wenn die Behandlung in einer Gruppe durchgeführt wird, können auch die Gruppenmitglieder für bestimmte Aufgaben als Modell eingesetzt werden.

Selbstinstruktionstraining: Wir begleiten viele unserer Handlungen mit Selbstgesprächen, z. B. mit Kommentaren oder Aufforderungen. Diese Selbstgespräche können sehr destruktiv sein, besonders, wenn sie ausgesprochen negativistisch sind. Dazu gehören Bemerkungen wie: „das schaff' ich nie", „das ist ja nicht zum aushalten", „das geht bestimmt schief", „was bin ich für ein Trottel im Vergleich mit denen da", „was sollen nur die Leute von mir denken" und so weiter. Da solche Selbstgespräche das Verhalten und die Emotionen beeinflussen, ist es oft hilfreich, die angstauslösenden und entmutigenden Formulierungen zu erkennen und dann durch andere zu ersetzen, die den Tatsachen besser entsprechen. Statt ständig zu wiederholen „das schaffst du nie" kann man sich etwa die Formulierung angewöhnen „vielleicht schafftst du es doch, und wenn nicht heute, dann vielleicht morgen; man kann es jedenfalls probieren". Die Bedeutung von Selbstgesprächen für die Entstehung und Behandlung von Störungen wird besonders von der rational-emotiven Therapie hervorgehoben und in dem entsprechenden Abschnitt (s. S. 187ff.) ausführlicher besprochen.

Forcierte Konfrontation (oder Reizüberflutung): Bei einigen Klienten kommt es nicht so sehr darauf an, neue Verhaltensstrategien zu entwickeln, sondern sie müssen in erster Linie die Fähigkeit erwerben, starke Erregungen und Ängste einfach auszuhalten. Hier kann es angebracht sein, nach einer geeigneten Vorbereitung die Klienten direkt in die angstauslösende Situation zu bringen und sie zu ermutigen, so lange darin zu bleiben, bis das Erregungsniveau wieder abgesunken ist, bis sie also die Erfahrung gemacht haben, daß es auszuhalten war. Dort, wo es angezeigt ist, bringt dieses Vorgehen schnelleren Erfolg als die Standardform der Systematischen Desensibilisierung. Am häufigsten wird es bei ziemlich abgegrenzten Situationsphobien eingesetzt, also etwa bei Ängsten vor großen Höhen, U-Bahn fahren, Angst vor Aufzügen u. ä., wenn sonst keine gravierenden Schwierigkeiten vorliegen.

Techniken der Verhaltensmodifikation

Oft stehen nicht Probleme und Belastungen durch überstarke emotionale Reaktionen im Vordergrund, sondern Verhaltensdefizite, das Nicht-Können von Dingen, die man eigentlich können sollte, oder sogenannte ‚schlechte Gewohnheiten' wie Rauchen, zu viel essen, zu viel trinken, Nägel beißen und ähnliches. Im ersten Fall besteht die Aufgabe darin, sich bestimmte Fähigkeiten anzueignen, im zweiten Fall gilt es, die Kontrolle über unerwünschte Impulse wiederzuerlangen. Hier spielen die Prinzipien von *Belohnung* (Verstärkung) und *Bestrafung* (Abschwächung) von Verhaltensweisen eine wichtige Rolle. Werden Mittel zur Verstärkung und Abschwächung gezielt eingesetzt, spricht man auch von ‚operanten Verfahren', von ‚Verhaltensmodifikation' oder auch von ‚Verhaltensformung'. Greifen wir aus dem reichhaltigen Katalog von Störungen zwei typische und allgemein verbreitete Probleme heraus: das ständige Vor-sich-her-schieben von Dingen, die eigentlich erledigt werden müßten (z. B. bestimmte Briefe oder Abrechnungen erledigen, sich auf ein Examen vorbereiten), und das ständige Tun von Dingen, die man lieber unterlassen möchte, z. B. Rauchen oder Plätzchen essen. In beiden Fällen ist man sich über die möglichen langfristigen Nachteile seines Verhaltens durchaus im klaren, aber es gelingt trotzdem nicht, es zu ändern. Man kann das so verständlich machen, daß die unangenehmen Folgen jeweils erst sehr viel später eintreten, während die angenehmen Folgen mit dem Verhalten unmittelbar verbunden sind und es so aufrechterhalten. Die Plätzchen schmecken nämlich jetzt gut, aber dick wird man erst im Laufe von Monaten oder Jahren. Die Zigaretten bereiten mir jetzt großen Genuß, aber die Bronchitis oder der Lungenkrebs folgen erst in Jahrzehnten. Die Abwendung von einer unangenehmen Arbeit verschafft mir jetzt Erleichterung, und das dicke Ende kommt erst in ein paar Wochen. Wenn das, was ich tue, sowohl positive wie negative Konsequenzen hat, dann wirken sich normalerweise *die* Konsequenzen am stärksten aus, die meiner Tätigkeit unmittelbar folgen. Eine Änderung meines Verhaltens setzt in diesem Fall eine Änderung dieser Verhältnisse voraus, d. h. es müssen – wie man es mit einem Fachwort formuliert – neue Kontingenzen eingeführt werden.

Das Prinzip Selbstkontrolle

Der Aufbau oder Abbau von Verhaltensweisen durch systematisch eingesetzte Belohnungen oder Bestrafungen muß letzten

Endes von dem Klienten selbst durchgeführt werden, der dadurch indirekt Kontrolle, das heißt die rationale Verfügbarkeit über sich selbst, wiedergewinnt. Dies gilt nur in Fällen extremer Beeinträchtigungen nicht, z. B. bei schwer geistig Behinderten oder manchen Psychosen, ebenso natürlich bei ganz kleinen Kindern. Die Fähigkeit zur Selbststeuerung ist in der Verhaltensmodifikation unter der Bezeichnung ‚Selbstkontrolle' bekannt; damit ist nicht in erster Linie so etwas wie Selbstbeherrschung gemeint, sondern die überlegte Lenkung des eigenen Verhaltens im beschriebenen Sinn. Dem Klienten, der unangenehme Arbeiten vor sich her schiebt, könnte man z. B. folgendes raten: Er soll sich am Anfang relativ leichte Aufgaben vornehmen und erst allmählich zu schwierigeren übergehen (dieses Prinzip der Verhaltensformung ist verwandt mit der schon erwähnten Technik der sukzessiven Approximation). Er soll es nach Möglichkeit so einrichten, daß der Beginn der Arbeit ihn nicht aus einer angenehmen Tätigkeit herausreißt (weil dies eine Art Bestrafung darstellen würde), sondern, wenn es irgend geht, aus einer noch unangenehmeren. Er soll vorher festlegen, welche Belohnungen er sich für die erfolgreiche Erledigung dieser Aufgaben geben will, und soll von diesen Belohnungen dann auch reichlich Gebrauch machen. Dabei soll er auch auf seine inneren Prozesse der Selbstbelohnung und Selbstbestrafung achten, z. B. soll er sich bewußt auch bei leichten Aufgaben loben, statt in den Fehler zu verfallen, derartige Erfolge als unwichtig und belanglos abzuwerten. Nach Möglichkeit soll er sich für seine Arbeiten feste Zeiten und einen festen Ort einrichten, damit sich allmählich auch feste positive Gewohnheiten herausbilden können. In der Verhaltensmodifikation spricht man dabei häufig von Stimulusdiskrimination; damit ist gemeint, daß eine Tätigkeit, die immer wieder in einer bestimmten Situation ausgeübt wird, durch das Eintreffen dieser Situation, oder durch ihr Herbeiführen, mehr und mehr erleichtert wird.

Dort, wo es um das Ablegen einer unerwünschten Gewohnheit wie z. B. des Rauchens geht, ist die Angelegenheit im allgemeinen viel schwieriger. Bestrafungen, d. h. unmittelbare negative Konsequenzen für das Rauchen einzuführen ist zwar möglich, ein derartiges Programm wird aber von den meisten Klienten nicht gerade enthusiastisch durchgeführt. Man denke z. B. an die Vereinbarung, für jedes gebrauchte Päckchen Zigaretten in die Kasse einer verhaßten politischen Partei einen bestimmten Geldbetrag einzuzahlen. Vernachlässigt würde dabei auch die Tatsache, daß dem Klienten ein lustverschaffendes Verhalten ersatzlos gestrichen werden soll, was auch nicht besonders motivierend ist. Ein anderer Weg ist der, nach einem Verhalten zu suchen, das unvereinbar ist mit der unerwünschten Gewohnheit, und dieses systematisch aufzubauen, wobei man die schon beschriebenen Techniken anwenden kann. Im einfachsten Fall würde man eben für das Unterlassen Belohnungen einführen, aber auch das ist nicht ganz einfach, da man den Versuchungen rund um die Uhr ausgesetzt ist. Am ehesten erfolgversprechend ist noch die ständige Vergegenwärtigung der angenehmen Konsequenzen, die man von einer Änderung erwartet. So kann das Nicht-Essen von Plätzchen belohnt werden durch Phantasien über die wiedergewonnene Schlankheit, Schönheit, Beweglichkeit, und sexuelle Attraktivität; das Nicht-Rauchen durch die Vorstellung von wiedergewonnener körperlicher Kondition, Frische, Klarheit des Kopfes, nikotinfreier Finger, weißer Zähne und gespartem Geld. Außerordentlich wichtig und hilfreich ist dabei die Unterstützung und Ermutigung durch andere Personen, so wie sie z. B. in den Gruppen der ‚Anonymen Alkoholiker' oder in verschiedenen Diätclubs angeboten wird.

Hauptanwendungsgebiete der Verhaltensmodifikation oder Verhaltensformung ist das Training von Basisfertigkeiten bei retardierten Kindern (z. B. selbst essen, sich anziehen, einfache Sätze formulieren), die Wiederherstellung verlorengegangener Fähigkeiten bei chronisch psychotischen Patienten, das sogenannte ‚Selbstsicherheitstraining', d. h. der allmähliche Aufbau sozialer Kompetenzen, und das schrittweise Training von Arbeitstechniken oder anderen Fertigkeiten, so wie es ja fast immer im Unterricht geschieht, sei es, daß man schreiben lernt oder Geige spielen oder Tanzen und Singen.

Zusammenfassung

In der Verhaltenstherapie geht es darum, aktuelle Probleme zu lösen; zu diesen Zweck hat sie eine große Zahl von Techniken und Methoden entwickelt, die hier nur zum Teil und skizzenhaft beschrieben werden konnten. Es sollte dabei in erster Linie deutlich gemacht werden, daß die Verhaltenstherapie ein sehr aktives und intensives Engagement der Klienten verlangt, da man ihm zwar zeigen kann, welche Wege zur Problembewältigung existieren, er diese Wege aber schließlich allein gehen muß, unbeschadet aller Unterstützung, Hilfe und Anregung, die er von dem Therapeuten empfangen kann. Es ist meine Überzeugung, daß diese Anstrengungen niemandem erspart bleiben, der sein Verhalten tatsächlich ändern will. Es ist aber *auch* meine Überzeugung, daß dies nicht das einzig lohnenswerte Ziel einer Therapie ist. Verhaltenstherapeutische Maßnahmen können daher meines Erachtens ohne allzu große Schwierigkeiten mit anderen therapeutischen Verfahren kombiniert werden oder sie ergänzen oder von ihnen ergänzt werden.

Verhaltenstherapie wird in Deutschland in vielen Kliniken und von vielen niedergelassenen klinischen Psychologen und Ärzten praktiziert. Neben der Psychoanalyse gehört sie gegenwärtig zu den Standardverfahren und wird, wie diese, unter bestimmten Bedingungen von den Krankenkassen bezahlt. In der zeitlichen Dauer variiert sie sehr stark; sie kann in ein paar Sitzungen vorbei sein oder bis zu einem Jahr dauern, bei außerordentlich hartnäckigen Problemen wie etwa manchen Zwangsneurosen sogar noch länger.

Empfohlene Literatur: Davidson, P.O. (Hrsg.): Angst, Depression und Schmerz – Verhaltenstherapeutische Methoden zur Prävention und Therapie. München: Pfeiffer, 1980. *Fliegel, S.*, u.a.: Verhaltenstherapeutische Standardmethoden. München: Urban & Schwarzenberg, 1981.

12. Rational-emotive Therapie

Christoph Kraiker

Die Rational-emotive Therapie wurde von dem New Yorker Psychotherapeut Albert Ellis vor etwa dreißig Jahren begründet und seitdem ständig weiterentwickelt, methodisch verfeinert und für zahlreiche Anwendungsgebiete einsetzbar gemacht. Ellis hatte längere Zeit als Psychoanalytiker gearbeitet und sich bald mit der unangenehmen Tatsache konfrontiert gesehen, daß viele Patienten trotz erfolgreicher und auch klärender Einsicht in die lebensgeschichtlichen Zusammenhänge ihrer Probleme die neurotischen Symptome beibehielten, sich nicht änderten. Was aber ist für die Dauerhaftigkeit doch so unangenehmer Erscheinungen wie Ängste und Aggressionen verantwortlich? Die Antwort auf diese Frage ist der Grundgedanke der rational-emotiven Therapie und sie lautet, auf das Wesentliche konzentriert: Die Menschen behalten ihre unangemessenen emotionalen Reaktionen und Verhaltensweisen bei, weil sie sich – mehr oder weniger unbewußt und automatisch – ständig irgendwelchen Unsinn vorsagen, den sie einmal als Kinder gelernt haben. Sie haben sich eine Reihe von irrationalen, unvernünftigen Vorstellungen und Gedanken zugelegt, sie ziehen daraus ständig falsche Schlüsse, und diese falschen Schlüsse belasten dann ihr ganzes Leben. Es ist also nicht so, daß sie von bestimmten Anlässen oder Situationen ängstlich oder wütend gemacht werden, sondern es sind ihre Gedanken, die sie zu diesen Situationen haben, ihre Interpretationen der Vorgänge, was letztlich für ihre negativen Emotionen und für ihr gestörtes Verhalten verantwortlich ist. Mit der Psychonalayse geht die rational-emotive Therapie also davon aus, daß neurotische Verhaltensweisen ihren Ursprung in der Kindheit haben, sie behauptet jedoch, daß für das Aufrechterhalten der Neurosen die Art und Weise verantwortlich ist, wie die Menschen gewohnheitsmäßig zu sich selbst sprechen. Mit der Verhaltenstherapie ist sich die rational-emotive Therapie einig, daß die gegenwärtigen Probleme, das gegenwärtige Verhalten in der Therapie angegangen werden müssen, sie legt jedoch nicht so großen Wert auf die Vermittlung von nach außen gerichteten Fähigkeiten, sondern strebt sozusagen eine ‚Umstrukturierung' der Denkweise ihrer Patienten an.

Dieses Vorgehen kann am besten mit dem sogenannten A–B–C Schema verdeutlicht werden. A steht hier für die auslösenden Bedingungen, C steht für die Konsequenzen (Angst, Erregung, Wut, Vermeidungsverhalten etc.), und B steht für die Denkprozesse (im Englischen ‚beliefs'), die dafür verantwortlich sind, daß die auslösenden Bedingungen eben jene unangenehmen Konsequenzen nach sich ziehen. Ellis hat im Laufe der Zeit viele verschiedene irrationale Gedanken analysiert und beschrieben. Aus einer Liste von den elf bedeutsamsten (Ellis 1978, S. 63ff.) sollen hier beispielhaft die beiden ersten genannt werden.

Irrglaube Nr. 1: Die Meinung, es sei für jeden Erwachsenen absolut notwendig, von praktisch jeder anderen Person in seinem Umfeld geliebt oder anerkannt zu werden.

Irrglaube Nr. 2: Die Meinung, daß man sich nur dann als wertvoll empfinden dürfe, wenn man in jeder Hinsicht kompetent, tüchtig und leistungsfähig ist.

Man kann, wenn man will, diese beiden Formulierungen auch ins Negative kehren und zusammenfassen: Es ist eine furchtbare Katastrophe, wenn man von anderen Leuten gehaßt oder verachtet wird. Und in der Tat findet man häufig, daß die Angst, sich zu blamieren oder sich lächerlich zu machen, verachtenswert zu sein, an der Wurzel von vielen neurotischen Gewohnheiten liegt. So gibt es etwa Leute, die nie andere Menschen zu sich einladen und es nach Möglichkeit vermeiden, andere Menschen zu besuchen, weil sie denken, daß sie vielleicht nervös wirken oder irgendetwas verpatzen oder auch nur die anderen langweilen, so daß diese vielleicht etwas schlechtes über sie denken; diese Vorstellung ist so unerträglich, daß sie ein solches Risiko nicht eingehen. Wenn sie einer derartigen Einladung aber nicht ausweichen können, dann fangen sie unter Umständen schon Tage vorher an zu zittern.

In der A–B–C Analyse wird zunächst festgestellt, unter welchen Bedingungen (A) die unangemessenen Symptome auftauchen, dann wird untersucht, wie diese Symptome und neurotischen Strategien (C) im einzelnen ausssehen, und schließlich wird präzise nachgefragt, welche Gedanken jeweils von A nach C führen. Das wichtigste Element der darauf aufbauenden Therapie wird durch den Buchstaben D abgekürzt, der für Disputation oder Diskussion oder auch Debatte steht. Ellis formuliert das so: „Um Fortschritte zu erzielen, muß der Therapeut unablässig die früheren, speziell aber die gegenwärtigen unlogischen Denkweisen und selbstbehindernden Verbalisierungen des Patienten entlarven, indem er a) ihn nachdrücklich darauf hinweist bzw. ihm bewußt macht; b) ihm zeigt, inwiefern sie seine Schwierigkeiten und seine Depressionen verursachen bzw. aufrechterhalten; c) ihm genau demonstriert, welches die unlogischen Glieder in seiner internalisierten Satzkette sind; und d) ihn lehrt, umzudenken, diese (und ähnliche) Sätze in Frage zu stellen, ihnen zu widersprechen und durch andere zu ersetzen, damit seine internalisierten Gedanken logischer und fruchtbarer werden." (Ellis 1978, S. 61)

Auf das Beispiel unseres Klienten mit Kontaktscheu angewandt könnte dies etwa folgendermaßen aussehen: Zunächst wird ihm deutlich gemacht, daß er Gedanken hat von der Art „das ist ja furchtbar, wenn ich auf die anderen unsicher und nervös wirke", „wenn die anderen mich langweilig finden, bin ich bis auf die Knochen blamiert und kann mich nirgendwo mehr sehen lassen", „wenn ich irgendeiner Diskussion oder einer Bemerkung nicht folgen kann, oder nicht gleich die richtige Antwort weiß, bin ich ein furchtbarer Versager, die anderen werden mich für einen Idioten halten, und das kann ich nicht aushalten". Man zeigt dem Klienten, daß es Gedanken dieser Art sind, die seine Ängste verursachen, indem man ihn daran erinnert, daß die Ängste schon auftreten, wenn er nur über solche Situationen nachdenkt, bevor er sich also überhaupt in ihnen befindet. Als nächstes wird man ihn darauf hinweisen, daß es zwar wünschenswert sei, wenn man von allen anderen Leuten für gelassen, brillant und souverän gehalten wird, daß es aber 1. keine Katastrophe ist, wenn es sich nicht so verhält, daß man 2. einfach nicht damit rechnen kann, daß alles immer perfekt läuft, und daß sich 3. durchaus damit leben läßt, wenn man von dem einen oder anderen für einen Trottel gehalten wird, denn der eigene Wert hängt nicht von der Meinung anderer Leute ab, auch wenn diese nicht ganz unwichtig ist. Schließlich könnte man diese und weiterführende Gedanken zusammenfassen und den Klienten instruieren, in kritischen Situationen die Überlegungen nachzuvollziehen und sich angemessenere Interpretationen und Instruktionen zu geben, als das bisher geschah.

Dieses Vorgehen kann unterstützt werden von mehreren ergänzenden Techniken. Häufig werden Hausaufgaben ähnlich wie in der Verhaltenstherapie gegeben, d. h. Anweisungen, sich den gefürchteten Situationen allmählich auszusetzen und die vorher besprochenen Selbstinstruktionen auszuprobieren. Das ganze kann vorher in der Imagination geübt werden, so wie es auch beim mentalen Training geschieht. Die rational-emotive Therapie kann in Gruppen und bei Kindern durchgeführt werden, und es lassen sich eine Reihe pädagogischer Prinzipien daraus ableiten. Das wichtigste therapeutische Mittel aber bleibt der Dialog, die entschiedene und beharrliche Auseinandersetzung mit den irrationalen Vorstellungen der Klienten – und den eigenen.

Die rational-emotive Therapie ist eine relativ sorgfältig untersuchte therapeutische Technik, die ihre Wirksamkeit auf methodisch überzeugende Weise nachgewiesen hat. Sie läßt sich auch gut in andere Verfahren integrieren und macht selbst in umfangreicher Weise Gebrauch von sehr vielen verschiedenen Strategien. In Deutschland ist sie seit etwa zehn Jahren einem größeren Kreis bekannt geworden und wird von mehreren Therapeuten allein oder in Kombination praktiziert, wenn auch nicht in dem Umfang wie die ‚klassischen' Therapieformen.

Die rational-emotive Therapie kann in Einzelsitzungen oder in Gruppen durchgeführt werden. Über die zu erwartende Dauer liegen keine klaren Angaben vor, sie scheint stark zu schwanken. Jedenfalls ist diese Therapieform erheblich kürzer als die klassische Psychoanalyse. Grob geschätzt kann man vielleicht mit zehn bis vierzig Stunden rechnen.

Die Kosten für eine rational-emotive Therapie werden von den Krankenkassen normalerweise nicht bezahlt. Häufig aber können Prinzipien der rational-emotiven Therapie als Teil einer (kognitiv orientierten) Verhaltenstherapie eingesetzt werden, und die Verhaltenstherapie wird wie die Psychoanalyse unter bestimmten Bedingungen von den Kassen übernommen.

Empfohlene Literatur: Ellis, A.: Die rational-emotive Therapie – Das innere Selbstgespräch und seine Veränderung. München: Pfeiffer, 1978. *Ellis, A., Grieger, R.* (Hrsg.): Praxis der rational-emotiven Therapie. München: Urban & Schwarzenberg, 1979.

13. Klinische Hypnose

Burkhard Peter

„Le coeur a ses raisons que la raison ne connaît point."
(„Das Herz hat seine Gründe, die der Verstand überhaupt nicht kennt.")
Pascal

Die klassische Hypnose

Eines der großen Mißverständnisse in der Geschichte der Hypnose war die Gleichsetzung von Hypnose mit Suggestion. Suggestion wurde definiert als ich-fremder Einfluß, den ein Hypnotiseur auf eine andere Person ausübt; und unter Suggestibilität wurde die kritik- und widerstandslose Annahme und Ausführung gegebener Suggestionsbefehle verstanden.

Jemanden zu hypnotisieren bedeutete demnach, ihm zu suggerieren, er werde in Schlaf oder Trance fallen und dies werde geschehen, ohne daß er sich dagegen wehren könne; hypnotisiert zu werden, hieß, nicht anders können, als solchen Suggestionen Folge zu leisten. Leistete jemand den gegebenen Suggestionen Widerstand und ließ sich nicht hypnotisieren, wurde dies seiner fehlenden Suggestibilität oder Suggestionsbereitschaft (oder der Unfähigkeit des Hypnotiseurs) zugeschrieben. Damit ließen sich die Menschen einteilen in Nicht-Suggestible und damit überhaupt nicht Hypnotisierbare, Hypersuggestible bzw. sehr leicht Hypnotisierbare und dem Spektrum zwischen diesen beiden Extremen der mehr oder minder Suggestiblen bzw. Hypnotisierbaren.

Auf dieser Annahme, die schon von Bernheim (1895), aber auch von neueren Hypnoseforschern (z.B. Hilgard 1965 oder Langen 1972) vertreten wurde, basiert die klassische Hypnose. Ihr Ziel war und ist es, den zu Hypnostisierenden in einen Zustand der Trance zu versetzen, um ihm dann mit Hilfe bestimmter hypnotischer Befehle wie z.B. er müsse keine Angst mehr haben oder solle nicht mehr traurig sein, er solle keine Schmerzen mehr haben oder nachts endlich einschlafen, von seinen Symptomen zu befreien.

Viele Menschen stellen sich – aus eigener Erfahrung oder vom Hören-Sagen – eine typische klassische Tranceinduktion etwa wie folgt vor (Chertok 1978, S. 159):

„Bei ... der Faszinationsmethode befindet sich der Arzt dem Patienten gegenüber, ungefähr 30 cm von ihm entfernt. Er muß ihn überragen, und wenn der Patient größer ist als der Arzt, läßt dieser ihn hinsitzen, während er selbst stehen bleibt. Dann faßt er ihn bei den Schultern, neigt ihn leicht vor und zurück, die Augen auf seine Nasenwurzel gerichtet. Dabei beginnt er mit einer Reihe von Suggestionen:

‚Sehen Sie mir in die Augen, Ihr Blick wird schwer, schwer, Ihre Arme werden sehr schwer, Ihre Beine werden schwer, Ihr ganzer Körper wird schwer. Ihre Augen sind müde, aber schließen Sie sie nicht, wenn Sie sie noch offenhalten können. Ihre Augenlider sind schwer wie Blei. Sie werden schlafen, schlafen.'

Nun macht der Arzt eine Pause. Wenn der Patient zu blinzeln beginnt, fährt der Arzt in bestimmterem Ton fort:

‚Ihre Lider zucken, Sie werden schlafen, schlafen, nichts kann Sie davon abhalten, Sie werden schlafen, schlafen.'

Sobald sich die Augen schließen, legt der Arzt seine Hand auf sie und sagt zum Patienten:

‚Ihre Lider sind wie verklebt, Sie können sie nicht öffnen, bevor ich Ihnen den Befehl dazu gebe.'

Jetzt muß man spätestens den Patienten in einen Sessel setzen."

Die darauffolgenden Suggestionen richten sich direkt gegen das spezielle Symptom. Bei Prüfungsangst könnte die Suggestionsformel etwa so lauten (Langen 1972, S. 98):

„Durch diese Behandlung kommen Sie in einen Zustand der inneren Ruhe. Sie werden sich vollkommen ruhig fühlen, vollkommen ruhig, sicher und gelassen. Besonders, wenn Sie an Ihr Examen denken, werden Sie spüren, wie dieses Gefühl der inneren Ruhe, des Abstands und der Gelassenheit in Ihnen wächst. Im Examen werden Sie ruhig und gelassen sein und Ihr ganzes Wissensgut greifbar haben. Es kommt ein Gefühl von Mut über Sie, aus dem heraus Sie sicher und gelassen auftreten ...".

Es wird davon ausgegangen, daß solche und ähnliche Suggestionen, während eines Trancezustandes gegeben, sicher genug wirken, daß eine Symptombesserung oder -beseitigung eintritt, und die klinische Praxis zeigt auch, daß dies in manchen Fällen zutrifft.

Die klassische Hypnose wird verstanden als reine Symptombehandlung ohne tiefergehende therapeutische Wirksamkeit. Bei schwerwiegenden neurotischen Störungen wird berechtigterweise auf die Gefahr der Symptomverschiebung, d. h. der Ersetzung des einen weghypnotisierten Symptoms durch ein neues, hingewiesen. Zum Teil abgelehnt oder kritisiert wird die klassische Hypnose noch aus folgenden Gründen: Zum einen wird die zeitlich oft sehr begrenzte Wirksamkeit der posthypnotischen Aufträge bemängelt. In der Tat haben solche in der Hypnose gegebenen Befehle, die das symptomatische Verhalten beeinflussen sollen, oft nur Stunden oder bestenfalls nur ein paar Tage dauernde Wirkung; so ist es verständlich, wenn dadurch zu Recht ein Abhängigwerden des Patienten vom Hypnotiseur befürchtet wird, der in regelmäßigen Abständen die gegebenen posthypnotischen Befehle aufzufrischen hat. Kritisiert wird auch das in vielen klassischen Hypnosebüchern dargestellte und in der Praxis oft auch demonstrierte Beziehungsgefälle zwischen Patienten und Hypnotiseur. Am deutlichsten ist dies wohl im Vorwort zu Chertok (1978, S. 7) beschrieben:

„Einen Menschen zu hypnotisieren bedeutet, Macht auf ihn auszuüben, einen Einfluß, der ihm etwas ‚suggeriert'. Zur Kraft des Hypnotiseurs muß jedoch die Schwäche des Hypnotisierten kommen, seine unbewußte Mitarbeit, damit die ‚Trance', der Zustand des ‚provozierten Somnambulismus', der ‚hypnotische Schlaf', durch Techniken erzeugt werden können, die entweder die *Suggestion* oder die *Suggestibilität* zu intensivieren trachten.

Der *Suggestionswert* der therapeutischen Handlung hängt zweifellos von der *Person* des Hypnotiseurs ab. Weniger von dem, was er ist, als von dem, was er zu sein scheint.

... Die Übertragung ist hier massiv und ‚wild'. Sie gleicht einem ‚Fluidum', dessen Wirkung notwendigerweise stark, wenn nicht gar überwältigend ist."

Suggestion und Hypnose

Es gibt Menschen, die ein hohes Maß an Suggestibilität gewissermaßen als persönliche Eigenschaft zu besitzen scheinen; diese sind in der Regel auch leichter zu hypnotisieren als andere, die nur wenig oder gar nicht suggestibel sind. Man gerät jedoch leicht in Gefahr, hohe Suggestibilität mit leichter Beeinflußbarkeit im Sinne von Willensschwäche bzw. geringer Ich-Stärke zu verwechseln. Hypnose kommt dann in die Nähe eines Wettkampfes, bei dem der Ausgang beweisen wird, wer den stärkeren Willen bzw. die stärkere Persönlichkeit besitzt. Manche Jahrmarktshypnotiseure haben zu diesem falschen Verständnis beigetragen.

Der Lernpsychologe Ernest R. Hilgard konnte jedoch im Rahmen eines umfangreichen Forschungsprogrammes in den 50er und 60er Jahren im Gegenteil folgendes feststellen: Hoch suggestible und damit auch leicht hypnotisierbare Menschen besitzen eine reiche Erfahrung und großes Interesse an Erlebnissen mit sich selbst; sie haben eine lebhafte Phantasie, keine Angst, die Realitätskontrolle zu verlieren, und besitzen eine relativ große innere Unabhängigkeit im Sinne des psychoanalytischen Begriffes Ich-Stärke. Daß die Suggestibilität eines Klienten eine notwendige Voraussetzung für eine Tranceinduktion sein soll, ist sehr fragwürdig. Mehrere Forscher haben zudem bezweifelt, daß Suggestion überhaupt ein wesentliches Charakteristikum von Hypnose sei. So konnte in einigen Experimenten (z. B. Barber 1969) nachgewiesen werden, daß Suggestionen auch dann wirksam sind, wenn keine Hypnose formal induziert wurde. Milton H. Erickson warnte in seinem ersten Aufsatz (1932) davor, die Übersuggestibilität mancher Menschen in Hypnoseexperimenten auszubeuten und zu mißbrauchen; nach anfänglicher guter Mitarbeit würden sie bald erfolgreich Widerstand gegen jede gegebene Suggestion zeigen, um unbewußt zu demonstrieren, daß sie die Kontrolle über ihr eigenes Verhalten noch in den eigenen Händen behalten.

Für die klassische Form der Hypnose scheint die Suggestion bzw. Suggestibilität eine notwendige Voraussetzung zu sein, denn diese direktive Form der Hypnose ist angewiesen auf die Existenz und Wirksamkeit gegebener Suggestionen und dem für Suggestionen empfänglichen Menschen. Vor allem vor dem Hintergrund des neueren Verständnisses von Trance einerseits und Hypnose als Technik der Kommunikation andererseits scheint es sinnvoll zu sein, zwischen Hypnose und Suggestion klar zu trennen. Sie sind zu unterscheidende Ereignisse, die jeweils in der konkreten Situation des Hypnoseexperimentes oder der Hypnotherapie miteinander verbunden werden können oder auch nicht, je nachdem wie es der Zweck und die gegebene Situation erfordern.

Die frühere Auffassung, daß Trance die Annahme von Suggestionen garantiert, hat zu vielen Mißverständnissen und Frustrationen sowohl bei Hypnotherapeuten wie auch bei deren Klienten geführt. Nur weil ein Klient in Trance ist, bedeutet dies nicht, daß er die Suggestionen des Therapeuten auch akzeptiert oder sogar ausführt.

Schon Wetterstrand (1902) hat darauf aufmerksam gemacht, daß zwischen der Annahme einer Suggestion und ihrer Umsetzung bzw. Ausführung durch den Klienten zu unterscheiden sei. Bestimmte Klienten, vermutlich beeindruckt von der Macht und dem Prestige des Hypnotiseurs, würden mit absolutem Vertrauen die direkt gegebenen Suggestionen akzeptieren, d. h. ihnen keinen wahrnehmbaren Widerstand entgegensetzen; dennoch könne der Einfluß dieser suggerierten Ideen auf ihr tatsächliches Verhalten z. B. ein bestimmtes Symptom sehr schwach bleiben. Hier fehle die Fähigkeit, die suggerierten Ideen umzusetzen in physiologische oder verhaltensmäßige Veränderungen. Andere Klienten wiederum setzten den direkten Suggestionen zunächst erheblichen Widerstand entgegen, bis sie sie schließlich akzeptierten; trotzdem – oder vielleicht gerade deswegen – würden solche Klienten die Suggestionen dann sehr leicht und schnell in die gewünschten Veränderungen umsetzen.

Auch in der neueren Form der Hypnotherapie werden Suggestionen verwandt. Man geht jedoch nicht mehr davon aus, daß der Klient passiv und willenlos alles ausführt, was der Therapeut ihm direkt suggeriert.

„Direkte Suggestion basiert primär, wenn auch unwissentlich, auf der Annahme, daß, was immer sich in der Hypnose entwickelt, ein Produkt der gegebenen Suggestion sei. Das impliziert, daß der Therapeut die Wunderkraft besitzt, beim Patienten therapeutische Veränderungen zu bewirken, und ignoriert die Tatsache, daß Therapie aus einer inneren Neusynthese des Verhaltens resultiert, die der Patient selbst zu leisten hat. Es stimmt zwar, daß direkte Suggestion eine Veränderung des Patientenverhaltens bewirken und zumindest vorübergehend zu einer symptomatischen Heilung führen kann. Eine solche ‚Heilung' ist jedoch einfach eine Reaktion auf die Suggestion und hat nicht jene Ressoziation und Reorganisation der Gedanken, der Einsicht und der Erinnerungen zur Folge, die für eine echte Heilung so wesentlich sind. Diese Erfahrung der Reassoziierung und Reorganisierung der eigenen Erlebniswelt ist es, was schließlich zur Genesung führt, nicht die Manifestation von reaktivem Verhalten, das bestenfalls nur den Beobachter zufriedenstellen kann." (Erickson & Rossi 1981, S. 23)

Die von Milton H. Erickson entwickelte Form der indirekten Suggestion sagt dem Klienten nicht, was er tun soll, sondern setzt eine komplexe Reihe innerer Reaktionen und Suchvorgänge in Gang, um dem Klienten bzw. sein Unbewußtes mögliche Lösungen selbst finden zu lassen. Die Autonomie des Menschen und die Möglichkeiten seiner individuellen Kreativität werden damit respektiert und gefördert.

Therapeutische Trance

In der klassischen Hypnoseliteratur wird oft der Begriff ‚hypnotischer Schlaf' gebraucht; das Adjektiv ‚hypnotisch' soll aussagen, daß es sich bei dem Zustand der Hypnose bzw. Trance nicht um den gewöhnlichen Schlaf handelt, sondern um einen anderen Bewußtseinszustand, der irgendwo zwischen dem Wachbewußtsein und dem Zustand des Schlafens liegt. Dietrich Langen (1972, S. 110) bezeichnet Hypnose noch als „künstlich erzeugten partiellen Schlaf"; diese Definition suggeriert, Hypnose habe tatsächlich etwas mit Schlaf zu tun. Eine Bezeichnung ‚partielles

Wachbewußtsein' würde inhaltlich zwar das gleiche meinen, hätte jedoch eine ganz andere Suggestivwirkung. Barber z. B. spricht lieber von einem „empfänglichen Wachzustand".

Die Schwierigkeit, nicht genau zu wissen, was Hypnose bzw. Trance ist, veranlaßte Theordore R. Sarbin (1959) dazu, Hypnose als intensives Rollenspiel anzusehen, während psychoanalytische Autoren spekulieren, durch Hypnose würden wesentliche realitätskontrollierende Ich-Funktionen außer Kraft gesetzt und es finde eine Regression zu kindhaften Funktionsweisen statt; je nachdem, ob die Tranceinduktion bzw. Hypnoseeinleitung autorität-befehlend oder permissiv-sanft gegeben wird, spricht man in der medizinischen Hypnoseliteratur gelegentlich sogar von ‚Vaterhypnose' oder ‚Mutterhypnose' (z. B. Langen 1972, S. 31).

Möglicherweise ist der Leser an dieser Stelle schon so verwirrt, daß er vielleicht nachprüfen sollte, ob er sich nicht schon in Trance befindet. Erfreulich einfach und vor allem für die hypnotherapeutische Praxis verwendbar ist das Verständnis Milton H. Ericksons von klinischer Hypnose bzw. therapeutischer Trance als sorgfältig geplanten Erweiterungen von alltäglichen Prozessen des normalen Lebens:

> „Ohne uns dessen ganz bewußt zu werden, erleben wir alle die ‚gewöhnliche Alltagstrance', wenn immer wir in einem Moment innerer Träumerei oder in Gedanken versunken sind. Während solcher Perioden verrichten wir unsere tägliche Routine nahezu automatisch; der größte Teil unserer Aufmerksamkeit ist eigentlich nach innen gerichtet, während wir uns irgendwie tiefer erleben und möglicherweise eine neue Perspektive haben oder gar ein Problem lösen. Und ähnlich können wir in der klinischen Verwendung der Trance aufnahmebereiter für unser inneres Erleben und unsere unverwirklichten Möglichkeiten werden, und zwar auf äußerst überraschende Art und Weise. Mit Hilfe der Suggestionen eines Therapeuten können diese Möglichkeiten erforscht und weiterentwickelt werden." (Erickson, Rossi & Rossi 1978, S. 17)

Schon früher wurde erkannt, daß Trance nicht bei allen gleich ist. Das Erlebnis der therapeutischen Trance ist für jeden Menschen anders und kann sich für ihn auch in der Zeit wesentlich verändern, je nach den besonderen inneren Bedürfnissen und den Erfordernissen der gegebenen Situation. In der Trance findet keine grundsätzliche Veränderung des Menschen statt. Weder die Person noch ihr Erfahrungsschatz werden ausgetauscht. Hypnose kann einem Menschen nichts wesensfremdes hinzufügen, noch kann sie ihm etwas nehmen, was in seinem Wesen begründet ist. Ein Hypnotherapeut kann sich also immer nur innerhalb jener grundsätzlichen Grenzen des Menschen bewegen, auch wenn diese weiter sind, als gemeinhin wahrgenommen wird.

Am besten läßt sich Trance vielleicht als zeitlich begrenzte Umverteilung von Kontrollinstanzen verstehen. Was im Wachbewußtsein das Handeln des Menschen zu bestimmen scheint, wird für die Dauer der Trance weniger wichtig; wichtige frühere Erfahrungen zum Beispiel, die vergessen scheinen, gewinnen wieder an Bedeutung und tragen dazu bei, das augenblickliche Empfinden, Denken und Verhalten neu zu organisieren.

„Beispielsweise kann Schmerzunempfindlichkeit der Hand direkt suggeriert werden und eine scheinbar adäquate Reaktion zur Folge haben. Wenn der Patient diese Anweisung jedoch nicht spontan so interpretiert hat, daß er das Bedürfnis nach einer inneren Reorganisation empfindet, wird diese Schmerzunempfindlichkeit klinischen Tests nicht standhalten, sondern sich als Pseudoanästhesie erweisen.

Eine wirksame Anästhesie wird besser dadurch induziert, daß man beispielsweise beim Patienten selbst psychische Aktivität mobilisiert, indem man ihm vorschlägt, sich an das Gefühl der Taubheit zu erinnern, das er nach einer Lokalanästhesie empfand oder nachdem ihm ein Bein oder ein Arm eingeschlafen war, und daß man ihm dann suggeriert, er könne jetzt ein ähnliches Gefühl in seiner Hand verspüren. Durch eine solche indirekte Suggestion wird der Patient befähigt, jene schwierigen inneren Prozesse der Desorganisation, Reorganisation, Reassoziation und der Projektion inneren realen Erlebens zu durchlaufen, um den Anforderungen der Suggestion zu genügen. Die induzierte Anästhesie wird somit zu einem Bestandteil seiner Erlebniswelt statt zu einer einfachen oberflächlichen Reaktion." (Erickson & Rossi 1981, S. 23)

Therapeutische Trance ist also nichts wesensfremdes. Daß manche Menschen sie so erleben, hängt mit der Kulturgeschichte unseres rationalen Denkens zusammen, die eine Trennung des äußeren und des inneren Geschehens vornahm und den Schwerpunkt der Aufmerksamkeit auf ersteres legte.

Wie sehr eine erfolgreiche therapeutische Trance nicht bloß das Kunststück eines begabten Hypnotherapeuten sondern gemeinsame Arbeit und das gegenseitige Bemühen von Therapeut und Klient sein können, zeigt das folgende Beispiel von Milton H. Erickson (Erickson & Rossi 1981, S. 87f.):

„Eine weitere Versuchsperson, eine Diplompsychologin, hatte große Schwierigkeiten, in eine tiefe Trance einzutreten. Nach mehreren Stunden intensiven Bemühens fragte sie schüchtern, ob sie einen Rat bezüglich der Technik geben könne, obwohl sie keine vorherige Erfahrung mit Hypnose hatte. Ihr Angebot wurde gern angenommen, worauf sie folgenden Rat erteilte: ‚Sie sprechen an diesem Punkt zu schnell; Sie sollten das sehr langsam und nachdrücklich sagen und immer wiederholen. Sagen Sie das zuerst schnell und warten Sie eine Weile und wiederholen Sie es dann langsam; und bitte, machen Sie hier und da eine Pause, um mich ausruhen zu lassen.'"

Mit ihrer Hilfe kam in weniger als einer halben Stunde eine tiefe Trance, fast ein Stupor, zustande. Sie wurde später extensiv für die verschiedensten experimentellen Arbeiten verwendet und unterwies andere in der Induktion tiefer Trancen.

Die Annahme einer solchen Hilfe ist weder ein Ausdruck von Unwissenheit noch von Inkompetenz; vielmehr ist es ein ehrliches Eingeständnis, daß die tiefe Hypnose ein gemeinsames Unterfangen ist, bei dem der Proband die Arbeit verrichtet und der Hypnotiseur den Probanden zu motivieren versucht, die notwendige Anstrengung zu unternehmen. Es ist ein Eingeständnis, daß kein Mensch die individuellen Lern- und Reaktionsmuster eines anderen restlos verstehen kann. Obwohl dieses Vorgehen am besten mit hochintelligenten, ernsthaft interessierten Versuchspersonen funktioniert, ist es auch bei anderen wirksam. Es stellt ein Gefühl des Vertrauens und der aktiven Beteiligung an einer gemeinsamen Aufgabe her. Außerdem dient es dazu, falsche Vorstellungen von den mystischen Kräften des Hypnotiseurs zu zerstreuen und die jeweiligen Rollen des Probanden und des Hypnotiseurs zu bestimmen.

Dieses Akzeptieren und Nutzbarmachen der Hilfe des Patienten ist das Hauptmerkmal unseres Ansatzes, der in scharfem Gegensatz zu den älteren autoritären Methoden steht, die in der Vorstellung des Laienpublikums und der Massenpresse noch tief verwurzelt sind. Die frühere fragwürdige Einstellung, wonach das Trance-Erlebnis mit passivem Gehorsam gleichzusetzen ist, wird bedauerlicherweise von Bühnenhypnotiseuren immer noch verbreitet. Vor mehr als einer Generation hat Erickson veranschaulicht, daß Kooperation und Selbstkontrolle wichtig sind ...“

Unbewußtes Funktionieren

Trance wird verstanden als aktives unbewußtes Lernen, befreit von den üblichen Beschränkungen des rationalen Denkens; als eine Zeit des Übens mit Hilfe jener unbewußten kreativen Potentiale, die der Mensch besitzt, ohne davon zu wissen oder sie zu gebrauchen.

Faszinierend an der Tranceerfahrung ist, daß die Dinge von selbst zu geschehen scheinen; es bedarf keiner bewußten Anstrengung, um beispielsweise den Arm während einer Armlevitation zu heben, denn er hebt sich wie von selbst. Ebenso leicht und mühelos können oft innere Umstrukturierungen und Neuorganisationen des Denkens und Fühlens erfolgen; ängstigende Inhalte oder Objekte verlieren ihren Schrecken und können neugierig und interessiert nach Überraschungseffekten abgesucht werden; schmerzhafte Erfahrungen können scheinbar mühelos mit gegenteiligen angenehmen Erlebnissen verknüpft werden, so daß zum Teil völlig neue Erfahrungsverbindungen erzeugt werden, die das menschliche Verhaltensrepertoire erweitern.

Bei den meisten Tranceerlebnissen ist ein Teil des bewußten Ich als Beobachter anwesend; der Klient überschaut ruhig die Szene und beobachtet gelassen, was im einzelnen geschieht. Unbewußtes Funktionieren meint also nicht völlige Bewußtlosigkeit und Willenlosigkeit des Klienten. Allerdings ist es oft gerade jene Beobachtungsfähigkeit, die Klienten dazu verleitet zu behaupten, sie seien nicht in Trance bzw. nicht hypnotisiert gewesen; dies kann eine Maßnahme sein, die in Trance stattgefundenen Ereignisse abzuwerten; so können Klienten ihr kritisches Denken benutzen, um genau das zu zerstören, was ihnen helfen kann, jene Probleme zu überwinden, deretwegen sie um Therapie nachsuchten. In manchen Fällen ist es daher angezeigt, diese Beobachterfunktion des Bewußtseins entweder ganz außer Kraft zu setzen oder besser, sie in irgendeiner Form zum Verbündeten zu gewinnen. Die Möglichkeiten hierzu sind vielfältig und machen moderne Hypnotherapie für den Klienten oft zu einem sehr ungewöhnlichen, verwirrenden und manchmal auch scheinbar langweiligen Ereignis.

Nicht das Bewußtsein selbst stellt in der Tranceerfahrung das Problem dar, sondern sein Bedürfnis, etwas lenken und kontrollieren zu wollen, was ohne Kontrolle nicht nur einfacher, sondern sogar besser abläuft, in vielen Fällen überhaupt nur ohne Lenkung stattfinden kann. Klinische Hypnose trachtet nicht danach, das Bewußtsein des Klienten auszuschalten, um dann freie Hand für irgendwelche geheimnisvollen Tricks zu haben; Teile des Bewußtseins dürfen und können anwesend sein, solange sie nicht eingreifen in Prozesse, die spontan und nach eigenen Gesetzen ablaufen. Es sind die grundsätzlich unterschiedlichen Funktionsweisen von Unbewußtem und Bewußtem bzw. des Primärprozesses und des Sekundärprozesses, die es ratsam erscheinen lassen, dem bewußten Denken nur eine beobachtende Funktion zuzugestehen. Die Logik des rationalen Denkens ist eine andere als die Logik des Herzens, wie Pascal es ausdrückte, wie sowohl die Psychoanalyse in ihrer Arbeit mit Träumen, Symbolen und freien Assoziationen als auch hirnphysiologische Forschungen es immer deutlicher zeigen. Unbewußte Prozesse kennen z. B. keine Zeitformen (kein „ich habe getan, ich werde tun, ich tue"), keine Negationen („tue dies nicht" bedeutet hier „tue dies") und keine anderen Modi der Sprache wie z. B. den Konjunktiv („ich könnte dies tun, aber ..." gibt es nicht; entweder es wird getan oder nicht). Für das Denken sind dies höchst verwirrende, d. h. rational eben unverständliche Arten der Logik und so ist es besser, den direkten Einfluß des Bewußten so gering wie möglich zu halten.

Trance als Bereich unbewußten Funktionierens schafft die Voraussetzungen, daß der Therapeut direkt mit dem Unbewußten des Klienten kommunizieren kann; er kann dies z. B. mit Hilfe von Metaphern tun, d. h. mit Geschichten, Bildern und Vergleichen, die die Situation des Klienten treffend wiedergeben, auf einen besonderen Aspekt aufmerksam machen, ohne ihn direkt anzusprechen, oder mögliche und unvermutete Lösungen anbieten, ohne sie aufzudrängen. Diese Art, Geschichten, Gleichnisse, Witze zu erzählen, war Ericksons bevorzugte Art, zu therapieren und seine Therapie zu lehren (siehe Zeig, 1980).

Das Bewußtsein abzulenken oder gar zu langweilen, es zu faszinieren oder zum Abschweifen oder Träumen einzuladen, geschieht eher beiläufig als direkt:

„*Bewußt und unbewußt*

Nun, es gibt verschiedene Arten, wie der Verstand funktionieren kann,
wie sich das Unbewußte mit dem Bewußten verbinden kann,
viele verschiedene Arten, wie das Unbewußte das Bewußte umgehen kann,
ohne daß das Bewußte weiß,
daß es gerade ein Geschenk bekommen hat. (Pause)

Latente Potentiale durch Implikation fördern

Die große Vielfalt psychischen Funktionierens.
Sie können in Trance gehen,
um eine ganze Menge von Dingen herauszufinden, die Sie tun können.
Und es sind so viel mehr, als Sie träumen können. (Pause)

Frühe Erfahrung hervorrufen

Sie können träumen und sich als kleines Kind sehen
und sich dabei fragen, wer dieses Kind ist. (Pause)

Regression in Kindheit genehmigen

Und Sie können beobachten, wie dieses Kind älter wird,
von Woche zu Woche,
von Monat zu Monat,
von Jahr zu Jahr.
Bis Sie schließlich fähig sind zu erkennen, wer dieses Kind ist,
das da aufwächst.
(Der Kopf von S scheint schwach zu nicken.)

Über Dissoziation Fähigkeiten fördern

Jeder Mensch hat Fähigkeiten,
die dem Selbst nicht bekannt sind,
Fähigkeiten, die das Selbst diskreditiert hat.
Wenn es eine Fähigkeit gibt, die das Unbewußte nicht anerkennen will,
kann es diese Fähigkeit prüfen,
sehr sorgfältig, sehr vollständig prüfen und, wenn es wünscht, diese Fähigkeit auslöschen,
aber das tut es mit einem adäquaten Verständnis der Tatsache, daß ein Auslöschen durchgeführt worden ist.

(Hier schildert Erickson 15 Minuten lang ein ziemlich komplexes klinisches Beispiel, wie das Unbewußte eine Erinnerung auslöschen kann.)"
(Erickson, Rossi & Rossi 1978, S. 61ff.)

Praxis der Klinischen Hypnose nach Milton H. Erickson

Therapeuten aus der Schule Milton H. Ericksons bevorzugen es eindeutig, wenn Klienten ihr Verhalten ändern, bevor sie Einsichten in ihre Probleme bekommen. Dies steht im deutlichen Widerspruch zu den traditionellen Einsichtstherapien. Erickson achtete sehr peinlich darauf, daß unbewußte Wahrheiten nicht das Bewußtsein erreichen, bevor dieses fähig ist, sie anzunehmen und zu integrieren. „Das Unbewußte schützt das Bewußte" oder „Dein Unbewußtes ist erheblich klüger als Dein Bewußtes" waren beliebte Redewendungen von ihm, die sein Verständnis von bewußtem und unbewußtem Funktionieren verdeutlichen. Es wird jedoch nicht in jedem Falle gefordert, das Bewußtwerden unbewußter Inhalte völlig zu verhindern, Einsichten völlig zu verwehren; vielmehr soll nach einem ökonomischen Prinzip von Nutzen und Notwendigkeit vorgegangen werden.

Die im folgenden geschilderten Beispiele, die hypnotherapeutisches Vorgehen in der klinischen Praxis darstellen sollen, stammen aus Falldarstellungen von Erickson (siehe z.B. Haley 1978) und aus meiner eigenen psychotherapeutischen Praxis. Hierbei sind selbstverständlich Daten und Situationen so verändert, daß die jeweiligen Klienten nicht identifiziert werden können.

Die Beispiele werden auch deutlich machen, daß der Ansatz der Hypnotherapie es nicht immer notwendig macht, Trance formal zu induzieren. Haley nannte deshalb das Ericksonsche Verfahren auch ‚strategische Therapie'; da dieser Begriff jedoch dem Verständnis und dem Vorgehen von Erickson nicht im vollen Umfange gerecht wird und überdies zu neuen Mißverständnissen führen kann, soll hier der ältere Begriff ‚Hypnotherapie' oder ‚Klinische Hypnose' beibehalten werden, auch wenn manche Vorgehensweisen denen in anderen Verfahren ähnlich sein mögen.

Widerstand vermeiden

Aus der Sicht der Hypnotherapie ist Widerstand eines der am meisten mißdeuteten Konzepte der Psychotherapie. Es wird nicht behauptet, daß es Widerstand nicht gibt; jeder Therapeut ist immer wieder damit konfrontiert. Jedoch wird der Therapeut sich immer zunächst selbst fragen müssen, welchen Teil er am Zustandekommen des Widerstandes geleistet hat, indem er z.B.

wesentliche, ganz persönliche Dinge des Klienten nicht genügend beachtet oder sogar mißachtet hat.

Die betrifft z. B. schon den rein äußerlichen Aspekt der Sprache; wie gut gelingt es ihm, sich in das besondere Muster hineinzufinden, mit dem der Klient seine Wahrnehmung und sein Denken organisiert und sprachlich ausdrückt. Bandler und Grinder (1981) haben mit linguistischen Methoden die Sprache von Milton H. Erickson untersucht und festgestellt, wie präzise er sich sprachlich auf den jeweiligen Klienten einzustimmen vermochte.

Schwerwiegendere Widerstände treten auf, wenn der Therapeut die Intimschwelle des Klienten verletzt und in Bereiche vordringt, die natürlicherweise das Schamgefühl des Menschen verletzen oder aus anderen Gründen tiefe Ängste mobilisieren. Einer erwachsenen Klientin z. B. war es bewußt, daß ihr Vater sie im Alter von ca. 14 Jahren auf eine sehr direkte inzestuöse Weise aufgeklärt hat. Schon nach einigen Stunden teilte sie in Trance mit, daß sie damals neben Scham und Angst auch sexuelle Empfindungen hatte; nur dies konnte auch ihre komplexe Symptomatik erklären, die aus Hautekzemen, starken Minderwertigkeitsgefühlen, häufigem Berufswechsel, panischer Angst vor anderen Männern sowie Ekelgefühle und Vaginismus beim Verkehr mit ihrem Mann bestand. Ungefähr ein Jahr lang hatte sie eine Amnesie für jenes quälende Geheimnis, d. h. sie erinnerte in dieser Zeit nicht die sexuellen Empfindungen, die sie anfangs im Trancezustand klar aussprechen konnte; bewußt waren ihr hier nur die Szene als solche und die Gefühle von Scham und Angst. In dieser Zeit unternahm ich auch keinen Versuch, diese Amnesie bzw. Verdrängung aufzubrechen und ihr unbewußtes Wissen bewußt zu machen, sondern begnügte mich mit einigen therapeutischen Teilerfolgen; so lernte sie z. B., mit ihrem Mann befriedigenden Verkehr zu haben, eigene Initiativen zu ergreifen und sich beruflich wie privat besser durchzusetzen. Nachdem auf diese Weise ihr Selbstvertrauen im Laufe eines Jahres gewachsen war, war es möglich, ihr unbewußtes Wissen auch bewußt werden zu lassen; danach erst verschwanden auch ihre Ekzeme und die panische Angst vor Männern.

Einsicht ist nicht immer nötig

Verhalten umzustrukturieren kann in vielen Fällen sehr schnell und effektiv geschehen, ohne daß ein Klient die Hintergründe seiner Problematik einzusehen braucht. Insbesondere in der Therapie von Kindern ist das Erlangen von Einsicht nicht nur meist ineffektiv sondern auch unangebracht, weil sie selbst und die Beziehung zu ihren Eltern leicht überfordert werden könnten.

Eine Mutter brachte ihre siebenjährige Tochter in Behandlung, da diese seit einem Jahr an nervösen nächtlichen Hustenanfällen litt, die dem Keuchhusten glichen, an dem sie im Alter von zwei Jahren für kurze Zeit erkrankt war. Ein ärztlicher Befund war ohne Ergebnis. Diese mehrmaligen Anfälle pro Nacht, manchmal auch tagsüber, waren regelmäßig von Erbrechen begleitet und hatten Mutter und Tochter erheblich strapaziert. Um so schnell wie möglich Entlastung zu schaffen und den fatalen Beziehungszirkel zu durchbrechen, der sich gebildet hatte, konzentrierte ich mich zunächst ganz auf das Symptom und erzählte dem Mädchen zum Teil in Anwesenheit ihrer Mutter von den Vorteilen und Nachteilen des nächtlichen Bettnässens in Form einer Geschichte über einen kleinen Jungen. An die Adresse der Mutter gewandt hob ich hervor, daß es sehr viele kreative und oft unübliche Möglichkeiten gibt, Aufmerksamkeit, Zuwendung und Fürsorge zu erlangen. Für das Mädchen bestimmt betonte ich, daß es für den Jungen anfangs zwar sehr angenehm war, im Traum zu urinieren, da er dazu ja nicht *auf die Toilette* hätte *gehen müssen* und der warme Urin zunächst *auch eine behagliche Wärme verbreiten* könne. Leider würde jedoch das nasse Bettuch *alle angenehmen Träume* voreilig zerstören, so daß der Junge *bald lernen* mußte, *vorher auf die Toilette zu gehen,* um *nachher kuschelig weiterschlafen und träumen zu können.* Das Ergebnis nach dieser ersten Stunde war, daß das Mädchen in der folgenden Woche nachts aufstand, zur Toilette ging und dort erbrach; die Mutter war jeden Morgen hoch erfreut darüber und lobte ihre Tochter, unter anderem natürlich auch aus dem eigennützigen Grund, endlich wieder durchschlafen zu können. Die zweite bis fünfte Stunde benutzte ich, um durch weitere Geschichten die Beziehung zwischen Mutter und Tochter und zu deren um zwei Jahre jüngeren rivalisierenden Schwester umzustrukturieren. Schon nach der dritten Stunde war das symptomatische Husten ganz verschwunden und auch die Tochter konnte durchschlafen. Eine weitere Beziehungklärung wurde leider durch den plötzlichen Umzug der Familie in eine andere Stadt unmöglich gemacht. Ein Brief mit einer Zeichnung des Mädchens zeigten nach einem dreiviertel Jahr, daß das Symptom nicht wieder aufgetreten und daß das Mädchen offensichtlich selbstbewußter geworden war.

Eine noch kürzere Symptombehandlung berichtete Erickson (in Haley 1978):

Ein pubertierendes Mädchen hatte sich immer mehr isoliert in der festen Überzeugung, daß seine Füße zu groß seien. Da es sich zudem weigerte, zu einem Therapeuten zu gehen, arrangierte Erickson eine ärztliche Konsultation bei der Mutter zu Hause. Während er nun intensiv die Mutter untersuchte, trat er dem Mädchen mit aller Kraft auf den Fuß, so daß es vor Schmerz aufschrie. Ärgerlich herrschte er es an: „Wenn Deine Dinger *lang genug gewachsen wären, daß ein Mann sie sehen könnte,* wäre das nicht passiert“ und wandte sich wieder seinen ärztlichen Verpflichtungen bei der Mutter zu. Noch am selben Abend bat das Mädchen um die Erlaubnis, ausgehen zu dürfen.

Die Wahrnehmung verändern

Eine ausgebildete Germanistin bat wegen ihrer Schlangen- und Mäusephobie um Behandlung. Tiefenpsychologisch vielleicht bedeutsam, reiste sie gerne ausgerechnet in jene exotischen Länder, in denen durchaus mit dem Auftauchen von Schlangen zu rechnen ist. Auch hier in Deutschland wurde das Fernsehen und das Lesen von Tageszeitungen zum Problem. Wirklich schwierig wurde es für sie an ihrem Arbeitsplatz, einem älteren Gebäude mit verdächtigen Raschel- und Kratzgeräuschen in den Wänden.

Nach sorgfältigem Erkunden der wesentlichsten Faktoren, fing ich schon gegen Ende der ersten Stunde an zu erzählen, wie üblicherweise die Prozesse der Wahrnehmung und der Empfindung vor sich gehen. An vielen einfachen und detailliert geschilderten Beispielen erklärte ich, daß sich beim Kleinkind zunächst von jedem sichtbaren Objekt *ein bestimmtes inneres Bild formen* würde; dieses innere Bild sei nie das Objekt selbst und *sei frei von bestimmten Bewertungen und Empfindungen.* Erst *durch tägliche Handlung verändere* sich *die Bedeutung* der inneren Bilder. *Ihre Qualitäten,* wie gut oder böse, freundlich, ängstlich oder langweilig, *gewinnen sie durch Handeln.*

Die Klientin hörte mir anfangs sehr gespannt und mit noch wacher Aufmerksamkeit zu; im Laufe meiner ausführlichen Schilderung, wie Kinder lernen, die Welt wahrzunehmen und zu erfahren, weiteten sich ihre Pupillen, ihr Blick und ihre Haltung wurden starr. Nun konnte ich beginnen, die Beispiele langsam und zunächst mehr symbolisch an ihre phobischen Objekte anzunähern. Ich redete z. B. von der Wahrnehmung eines auf dem Boden liegenden dünnen Seilstückes, von Flüssen, die sich durch schmale Täler schlängeln, von Igeln, die sehr flink laufen können, von Schmetterlingen, deren Flug nicht vorauszuberechnen ist, von der Vorstellung, das sanfte Fell eines Hasen zu streicheln, oder einen Regenwurm vom Boden aufzuheben – alles Erfahrungen, die neugierige Kinder machen, um die Welt zu entdecken. Direkt und indirekt legte ich jedoch immer die Betonung auf den Umstand, daß die inneren Bilder von äußeren Dingen erst *durch bestimmte Handlungen sich im Gefühl verändern* können.

Zum Ende der Stunde, als sie wieder wach war, trug ich ihr auf, sich Gedanken zu machen, wie sie sich eine Maus oder eine Schlange beschaffen könne; denn um den Effekt der Therapie zu testen, müsse sie notgedrungen ein solches Tier mit in die Therapie bringen; hier müsse sie es *unter meinen kritischen Augen betrachten und danach auch anfassen.*

Die nächsten Stunden verliefen grundsätzlich ähnlich; sie kam, setzte sich, und ich fing an zu erzählen und im Erzählen zu erklären, wobei der Bezug zu den phobischen Objekten immer deutlicher wurde, bis sie in der dritten Stunde nicht nur klar benannt, sondern auch Informationen darüber gegeben wurden, wie Mäuse und Schlangen leben und sich verhalten, wie sie sogar dressiert und *wie sie für bestimmte Dinge trainiert werden können.* Am Ende jeder Stunde erkundigte ich mich sehr genau nach ihren Fortschritten sich mindestens eines der Tiere zu beschaffen und mitzubringen. In der sechsten Stunde erschien sie mit einer Maus im Käfig und berichtete, sie hätte schon nach der ersten Stunde Schlangen in einem Schaufenster beobachtet und sei inzwischen auch mehrere Male im Tierpark gewesen, wobei ihre Aufenthaltszeiten im Terrarium immer länger geworden seien. Nachdem sie anschließend die Maus in ihrem Käfig zwei Wochen bei sich zu Hause hatte, konnte die Behandlung nach insgesamt acht Stunden, verteilt über ca. drei Monate, zu ihrer Zufriedenheit beendet werden.

Schmerzen kontrollieren

Einem Arzt mußte nach einem schweren Autounfall der rechte Arm amputiert werden. Nachdem er zwei Jahre lang vergeblich versucht hatte, seine Phantomschmerzen medikamentös und durch Autogenes Training zu bekämpfen, suchte er auf Empfehlung eines befreundeten Anästhesisten eine Hypnosebehandlung.

Eingangs machte er beiläufig die Bemerkung, daß er durch sein Studium und seinen Beruf naturwissenschaftlich zu denken gelernt habe. Ich begann daher die Tranceinduktion damit, daß ich Grundsätzliches über die visuelle Wahrnehmung und Wahrnehmungsverarbeitung erzählte; ich betonte auch, daß seine physiologischen Kenntnisse es ihm erleichtern würden, meine mehr psychologischen Ausführungen umzusetzen in ein physiologisches Bild dessen, was bei jeder Veränderung des Focus der Wahrnehmung auftrete.

Nach den ersten Anzeichen einer Tranceentwicklung lenkte ich seine Aufmerksamkeit auf seine linke Hand, die schon längere Zeit unbeweglich und steif dagelegen war und veranlaßte in weiteren Ausführungen über körpereigene Wahrnehmung eine Armlevitation (das unwillkürliche, langsame Heben eines Armes), die er starren Blickes verfolgte. Ich würdigte dieses erste demonstrative Phänomen der Trance und bemerkte danach, was seine Linke so gut könne, solle doch seiner Rechten nicht vorbehalten bleiben. Langsam wandte er seinen Blick zu seiner (nicht vorhandenen) rechten Hand, und da sich seine Augen langsam hoben, schien es, als sähe er tatsächlich seine rechte Hand sich kataleptisch bis in Schulterhöhe anheben. Ich wies ihn daraufhin, welche angenehmen Gefühle der Leichtigkeit und Schwerelosigkeit nun in seiner immer noch erhobenen linken Hand zu spüren seien und bekam durch Kopfnicken die Bestätigung, wobei sein Blick jedoch unbeweglich immer noch auf die (für mich nicht sichtbare) erhobene rechte Hand gerichtet war.

Die folgenden fünfzehn Stunden wurden verbracht mit weiteren Demonstrationen hypnotischer Phänomene. Zunächst wurden die Schmerzen in der rechten Hand und im rechten Ellbogen übertragen auf die linke Hand und den linken Ellbogen und, nachdem sie dort eine Zeitlang stabil wahrnehmbar waren, wurden die Schmerzen rechts langsam reduziert. Der Klient hatte dabei viel an inneren Um- und Neustrukturierungsprozessen zu leisten; er mußte eine Menge an paradoxen und verwirrenden Erlebnissen für sich irgendwie sinnvoll verarbeiten und so hatte er es anfangs nicht leicht, das Gelernte auch in den alltäglichen Situationen zwischen den Therapiestunden für sein Wachbewußtsein umzusetzen.

Das weitere Training bestand in negativen visuellen Halluzinationen, d. h. er bekam die Aufgabe, bestimmte Dinge wie z. B. einen Schrank, ein Fensterkreuz oder ein Bild aus seiner visuellen Wahrnehmung auszublenden, was er mit vollem Erfolg auch durchführte. So konnte dann bald auch die wohl schwierigste Aufgabe ausgeführt werden: den linken (vorhandenen) Arm aus der Wahrnehmung auszublenden und den rechten (nicht vorhandenen) einzublenden.

Da alle Stunden ausgefüllt waren mit Training, blieb kaum noch Gelegenheit, über seine schmerzhaften Empfindungen im rechten Arm zu reden; nur gelegentlich berichtete er, in Streßsituationen würden sie wieder auftreten, was ich damit kommentierte, er hätte nun ja einen exzellenten Streßdetektor und es obliege ihm, ihn sinnvoll zu benützen. Die ganze Behandlung zog sich über ein dreiviertel Jahr hin, wobei anfangs die Stunden wöchentlich und später in größeren Abständen gehalten wurden.

Da ich in den folgenden Jahren weiterhin freundschaftlich mit ihm verbunden war, riet ich ihm einmal im Spaß, aber durchaus mit ernstem Hintergrund, er solle es nicht zu weit treiben mit seiner erworbenen Fähigkeit der Schmerzbeseitigung; er hatte sich nämlich eine größere Brandwunde zugezogen und sich mangels Schmerzwahrnehmung nicht weiter darum gekümmert, so daß sie eitrig geworden war.

Das ausführliche Training in den verschiedenen hypnotischen Phänomenen hatte den Zweck, die inneren (unbewußten) Wahrnehmungsprozesse des Klienten zu stimulieren und flexibel zu machen, um danach alte Assoziationsmuster durch neue assoziative Verbindungen ersetzen zu können. Die vielen Umwege, die dabei beschritten wurden, kennzeichnen das Vorgehen der indirekten Formen der klinischen Hypnose. Beispielsweise wäre es natürlich möglich gewesen, die Schmerzen im rechten Arm direkt zu reduzieren; vermutlich hätte dieses direkte Vorgehen jedoch keinen auf die Dauer befriedigenden Erfolg erzielt, da die inneren Muster der Schmerzwahrnehmung dadurch nicht wesentlich verändert worden wären. Ich wählte deshalb das auf den ersten Blick widersinnige Vorgehen, zunächst zu den vorhandenen Schmerzen in der rechten auch in der linken Hand Schmerzen zu erzeugen. Die vermittelte Botschaft dieses zusätzlichen Schmerzes sollte sein: „Schmerz ist ein Produkt deiner Wahrnehmung“. Danach erst reduzierte ich den Schmerz rechts und übermittelte damit: „Du kannst *wählen, wo* du den Schmerz spüren willst“. Die in den negativen visuellen Halluzinationen enthaltene Botschaft war: „Du kannst *wählen, was* du wahrnehmen willst *und was nicht*“. Die positive visuelle Halluzination seiner rechten

Hand sollte abschließend mitteilen: „Du kannst auch etwas überraschendes und angenehmes wahrnehmen (nämlich deinen unversehrten und jetzt nicht mehr schmerzenden rechten Arm, so wie er früher war)".

Eines der schönsten Beispiele, wie Erickson Bilder, eine Geschichte und hierin eingestreute Suggestionen zur Schmerzbekämpfung benützte, ist das folgende: Bei einem krebskranken Floristen zeigten hohe Dosen schmerzstillender Mittel kaum noch eine Wirkung; der Patient war zudem sehr ruhelos und versuchte, sich vom Krankenbett aus noch um seine Geschäfte zu kümmern, so daß das Krankenhauspersonal ziemlich verzweifelt war.

Das folgende Transskript (Haley 1967, S. 516ff; übersetzt von Alida Jost und Burkhard Peter) ist nur ein kurzer Auszug aus dem mehrere Stunden dauernden Monolog von Erickson, der mit der Bitte ins Krankenzimmer gerufen wurde, er solle irgendetwas tun, aber auf keinen Fall als Hypnotiseur auftreten, da der Patient darauf vermutlich sehr allergisch reagieren würde:

„Joe, ich möchte gerne mit Ihnen reden. Ich weiß, Sie sind Blumenzüchter, Sie ziehen Blumen, und ich wurde aufgezogen auf einer Farm in Wisconsin, und auch ich zog gerne Blumen groß. Dies mache ich heute immer noch. Können Sie sich in diesen bequemen Stuhl setzen und mir zuhören. Denn ich werde Ihnen eine ganze Menge erzählen, aber nicht über Blumen, denn über Blumen wissen Sie mehr. *Dies ist es nicht, was Sie wirklich wollen.* (Der Leser wird bemerken, daß die im Text hervorgehobenen Stellen als eingestreute hypnotische Suggestionen gebraucht werden, die Silben, Wörter, Satzteile oder ganze Sätze sein können, mit einer leicht veränderten Betonung gesprochen.) Nun, während ich rede – und ich kann es mir dabei *sehr bequem machen – können Sie es sich ebenfalls sehr bequem machen und mir zuhören,* während ich über eine Tomatenpflanze spreche. Darüber zu reden ist schon eine merkwürdige Angelegenheit. Das macht einen *neugierig. Warum darüber reden,* über eine Tomatenpflanze? Du legst den Samen in die Erde und *Du kannst Hoffnung haben,* daß er wachsen und eine Tomatenpflanze werden wird, die mit ihren Früchten *Zufriedenheit und Erquickung bringen* wird. Der Samen nimmt Wasser auf und *es ist sehr einfach* für ihn, dies zu tun, denn die Regenschauer können *Frieden, Trost und Erquickung bringen* und die Freude darüber, daß man Blumen und Tomaten züchten kann. Dieses kleine Samenkörnchen, Joe, schwillt an und schickt kleine Würzelchen aus mit kleinen Cilien daran. Nun vielleicht wissen Sie nicht, was Cilien sind, aber es sind *Dinge, die wirksam sind* und dem Samen helfen zu wachsen, um aus dem Boden hervorzubrechen als eine sprießende Pflanze, und *Sie können mir zuhören, Joe,* deshalb werde ich noch mehr erzählen, und *Sie können mir noch mehr zuhören und sich wundern, einfach darüber staunen, was Sie wirklich lernen können* [...] Was nun die Tomatenpflanze betrifft, die wächst sehr langsam. *Sie können nicht sehen,* wie sie wächst, *Sie können nicht hören,* wie sie wächst, aber wachsen tut sie [...] Man könnte vielleicht sagen – und das ist wie ein Kind gesprochen – vielleicht könnte man sagen, die Tomatenpflanzen, *Sie fühlen sich wohl und voller Frieden,* während sie wachsen. Jeden Tag wachsen sie und wachsen und wachsen, und *es kann so tröstlich und wohltuend sein, Joe,* einer Pflanze beim Wachsen zuzuschauen und von ihrem Wachsen *nichts sehen und fühlen* aber *wissen, daß alles gut wird* für diese kleine Tomatenpflanze [...] Ich weiß nicht, ob man das so sagen könnte: die Tomatenpflanzen, *Joe, Sie können wirklich eine Art von Wohlsein empfinden.* Sie wissen, Joe, eine Pflanze ist etwas Wunderbares, und *es ist so schön, so wohltuend,* über eine Pflanze so zu reden, als wäre sie ein Mensch. Könnte man über diese Pflanzen sagen, *Joe, Sie haben gute Gefühle, angenehme Empfindungen,* wenn die winzig kleinen Tomaten zu wachsen beginnen [...]".

Erickson achtete sehr darauf, diese und ähnliche eingestreute Suggestionen mit immer neuen Worten, Satzteilen und Sätzen zu wiederholen und zu verändern. Nach einer kurzen Unterbrechung durch das Mittagessen, führte er die Erzählung über die Tomatenpflanze fort und gab weitere Suggestionen für die Aufrechterhaltung der erzielten Schmerzunempfindlichkeit, die bis zum Tode des Patienten vier Monate später so wirkungsvoll anhielt, daß nur noch eine geringe schmerzstillende Medikation nötig war.

Die Vergangenheit ändern

Eine 35jährige Frau kam wegen Fettsucht in Behandlung. Die ausführliche Befragung ergab, daß sie sich seit Jahren ausschließlich von Schokolade, Kuchen, Torten und anderen Süßigkeiten ernährte. Zudem war sie extrem sparsam, ohne dies jedoch so zu empfinden; sie hatte sich z. B. abgewöhnt, ihr Zimmer im Winter zu heizen. Wenn sie von der Arbeit nach Hause kam, legte sie sich ins Bett, las Bücher und aß nebenher Süßigkeiten. Ihre sozialen Kontakte waren auf ein Minimum beschränkt und obwohl sie sich danach sehnte, war sie noch nie mit einem Mann längere Zeit befreundet gewesen.

Nach einer sorgfältig eingeleiteten Tranceinduktion fragte ich sie nach dem wirklichen Grund ihrer ungewöhnlichen Eß- und Lebensgewohnheiten. In einer spontanen Altersregression antwortete sie mir mit der Stimme eines kleinen Mädchens, sie sei mit einem großen Stück Kuchen in ihrem Zimmer eingesperrt. Genaueres Nachfragen ergab, daß ihre Eltern, die ansonsten liebevoll und zugewandt waren, tagsüber voll beschäftigt waren und sie immer in der Obhut eines Kindermädchens ließen. Dieses Kindermädchen ließ jedoch öfters ihren Freund kommen oder vernachlässigte auf andere Arten ihre Pflichten; und die einfachste

Möglichkeit, vor ihr, der Kleinen, Ruhe zu haben, war offensichtlich, sie einzusperren und mit Süßigkeiten zu beruhigen. Die nun folgenden 35 Stunden der Behandlung verliefen äußerlich nach dem gleichen Muster: Sie kam, und wir wechselten ein paar alltägliche Sätze über das Wetter, aktuelle Ereignisse oder andere Belanglosigkeiten. Auf meine beiläufige Bemerkung hin, sie solle es sich doch bequem machen, ging sie spontan in Trance und regredierte in ein Alter von ca. vier bis sechs Jahren. Am Ende der Stunde weckte ich sie auf, indem ich den Gesprächsfaden des Stundenanfangs wieder aufnahm, und wir machten noch ein wenig Konversation. In der Altersregression war ich für sie nicht mehr Therapeut, sondern eine nicht näher definierte Person, mit der sie sich freundschaftlich unterhalten konnte. So überlegten und beratschlagten wir, was sie in ihrer mißlichen Lage des Eingesperrtseins am besten tun könne. Viele Vorschläge ihrerseits wurden diskutiert und viele Möglichkeiten erwogen, als nutzlos erkannt und wieder verworfen, bis sie schließlich das Bedürfnis hatte, das Kindermädchen zu bestrafen. So diskutierten wir nun mehrere Möglichkeiten einer effektiven Strafe: sie bei den Eltern zu verpetzen, trotzig sein, ihr gegen das Schienbein treten, laut schreien etc.; dies alles wurde als wenig erfolgversprechend verworfen. Schließlich kam uns die Idee, sie könnte das Kindermädchen in ihr Zimmer locken und es zum Süßigkeitenessen animieren; als es jedoch satt war und wieder gehen wollte, wurde es eingesperrt mit der Ankündigung, daß es nicht eher rausgelassen werde, als bis es den ganzen Kuchen, die ganze Torte und alle Schokolade aufgegessen hätte. Diese Prozedur wurde solange wiederholt, bis das Kindermädchen richtig dick und fett war. Erst jetzt schien das Rachebedürfnis des kleinen Mädchens gestillt und es konnte natürliches Mitgefühl entwickeln, als es sah, wie das Kindermädchen wegen seiner Unförmigkeit unglücklich war, darunter litt, daß sein Freund weggelaufen war, und wie die anderen es verächtlich anschauten. Dem kleinen Mädchen wurde klar: Sein Kindermädchen mußte dringend abnehmen und wieder normale Sachen essen, um wieder einen Freund zu bekommen und von anderen wieder geachtet zu werden. Aber wie? Ich glaube, wir haben alle Möglichkeiten mit ihren Vor- und Nachteilen besprochen, die die Verhaltenstherapie für Fettsüchtige anzubieten hat – natürlich in einer Form, wie es ein etwa 5jähriges Mädchen versteht. Das Kindermädchen entwickelte nämlich all die Widerstände, die üblich sind, wenn jemand gern viel und vor allem Süßes ißt, sich aber vorgenommen hat abzunehmen. Aber das kleine Mädchen hatte auch eine sehr große Motivation aus seinem Mitgefühl heraus und – unausgesprochen – vermutlich auch wegen seines schlechten Gewissens. Etwa zwei Drittel der 35 Behandlungsstunden beschäftigten wir uns damit, das Kindermädchen effektiv zu behandeln und fanden trotzdem leider keine Möglichkeit, es abzuspecken, ohne daß es bestimmte Dinge tun mußte wie z. B. weniger und vor allem normal essen.

So schwierig die Behandlung des Kindermädchens war, so einfach lief sie bei der 35jährigen Frau: Ohne daß wir je direkt darüber gesprochen haben, war sie normalgewichtig geworden, heizte ihr Zimmer, aß in Gaststätten oder kochte sich selbst etwas, lud Bekannte zum Essen ein und ließ sich gerne einladen. Ein halbes Jahr danach bekam ich von ihr einen Brief aus Griechenland, wo sie mit ihrem Freund Urlaub machte, den sie nach Ende der Therapie kennengelernt hatte.

In die Zukunft schauen

Ein 38jähriger Arbeitspsychologe war mit seiner aktuellen Lebens- und Arbeitssituation sehr unzufrieden; er haderte mit seiner Ehe, mit seinen Kindern und mit seinem Beruf. Alle Möglichkeiten privater und beruflicher Veränderungen schienen ihm jedoch wenig erfolgversprechend, mit gravierenden Nachteilen behaftet oder anderweitig undurchführbar. Es war ein schier endloser Zirkel von „Wenn dies, dann aber ...", und es schien unmöglich, einen Ausweg zu finden, obwohl er ein sehr intelligenter und empfindungsfähiger Mann war. Es war eine höchst deprimierende und depressive Angelegenheit, ihn zu sehen und mit ihm zu reden. Eine längere Behandlung war zudem durch viele weitere äußere Umstände für ihn nicht möglich.

So forderte ich ihn in Trance auf, statt in die Vergangenheit, in die Zukunft zu gehen, Jahr um Jahr weiter, und erst an einem Punkt anzuhalten, den ihm sein Unbewußtes zeigen werde. Dieser Punkt war ein sanfter Bergsattel, auf dem er sich wiederfand als älterer Mann. Auf seinen Stock gestützt und geschützt durch einen weiten grünen Umhang, blickte er ins Tal, wo junge Menschen ihrer täglichen Arbeit nachgingen, gehetzt und unzufrieden zum Teil, aber auch zum Teil zufrieden, bemüht und ernsthaft. Sehr lange, bedächtig und sorgsam betrachtete er das Treiben aus der Entfernung seines Alters und von seinem Berg herab, so daß ich mich selbst in Schwierigkeiten sah, seine abgeklärte Gelassenheit nachzuempfinden; aber auch meine Unfähigkeit, bedingt durch mein noch junges Alter, konnte er mit gelassenem Wohlwollen betrachten und mir mitteilen, daß es für viele Menschen normal sei, durch eine Phase der Ruhelosigkeit, der Konflikte und der Sorgen zu gehen, um daraus hervorgehen zu können mit Erfahrung und Sinn für das Wesentliche des menschlichen Daseins.

Aus seiner Zukunft und der Trance zurückgekehrt, war er sehr verändert, sehr ernsthaft, gefaßt und beinahe heiter. Seine Situation veränderte er in der Folgezeit nur in sehr kleinen Bereichen; er wurde zufriedener und sowohl in seiner Ehe wie auch in seinem Beruf selbstbewußter, ohne daß großartige oder dramatische Veränderungen stattgefunden hätten.

Mißerfolge

Auch in der Hypnotherapie kann es zu Mißerfolgen kommen, und es gehört zu den berufsethischen Verpflichtungen des Therapeuten, sich genau darüber Rechenschaft zu geben, warum er mit einem Klienten scheiterte; ob er den gerade für diesen Klienten richtigen Zugang nicht fand oder ob die spezielle Störung zu tief und fest verankert war, als daß eine Veränderung unter den gegebenen Umständen und in der gegebenen Zeit möglich war. In seinen Fortbildungsveranstaltungen hat Milton H. Erickson anhand eigener Beispiele seinen Schülern zu verdeutlichen versucht, daß es hoffnungslose Fälle gibt; selbst für einen der bemerkenswertesten und größten Therapeuten des Jahrhunderts, wie er oft genannt wurde, gab es Mißerfolge.

Der Begriff des Mißerfolges bezieht sich hier auf das In-Trance-Gehen einerseits und andererseits auch auf die therapeutischen Veränderungen durch die Utilisation (Gebrauch, Nutzbarmachen) der Trance oder anderer hypnotischer Interventionsformen.

Hinsichtlich der Tranceentwicklung berichtete Erickson (Haley 1967, S. 10f.) z.B. von einer Versuchsperson, bei der 300 Stunden intensives Trancetraining nötig waren, bevor sie in Trance gehen konnte; auch nach dieser ersten Tranceerfahrung waren noch 20 bis 30 Minuten zur Tranceinduktion erforderlich, bis eine befriedigende Trance erzielt werden konnte. Im normalen psychotherapeutischen Alltag sind solche Stundenzahlen illusorisch; ein klinisch tätiger Therapeut wird sich hier etwas anderes einfallen lassen. In der Regel sind die von Erickson genannten ca. sechs Stunden anfänglichen Trancetrainings genug, um bei der Mehrzahl der Klienten eine hinreichend tiefe Trance hervorzurufen und sie zu lehren, in Trance zu ‚arbeiten', d.h. jene innere Beweglichkeit und Kreativität herzustellen, die hypnotherapeutisches Arbeiten für den Klienten so mühelos erscheinen läßt und für den Therapeuten selbst so befriedigend macht.

Als Beispiele für therapeutische Mißerfolge möchte ich einen Fall aus meiner Praxis aufführen, um zu demonstrieren, daß die Klinische Hypnose für sich genommen keine Wunderwaffe ist.

Eine 75jährige Frau litt unter massiven Schlafstörungen; nach ihren Angaben konnte sie mit hochdosierten Schlafmitteln pro Nacht nur zwei bis drei Stunden schlafen. Die anfänglich sehr erfolgreichen posthypnotischen Aufträge verloren jedoch sehr bald ihre Wirksamkeit; und erst jetzt, nach sechs Stunden berichtete sie von ihrer desolaten ehelichen Situation; die Beziehung zu ihrem Mann war gekennzeichnet von jahrelanger Angst, Kränkung und Beleidigung. Aufgrund eines besonderen Ehevertrages wurde ihr zudem vom Rechtsanwalt, zu dem ich sie geschickt hatte, geraten, auf den Tod ihres um zehn Jahre älteren Mannes zu warten und sich nicht noch von ihm zu trennen. So beendete sie nach zehn Stunden die Behandlung, ohne bei ihren Schlafstörungen eine nennenswerte Besserung erreicht zu haben.

Dauer der Behandlung

Hypnotherapie steht allgemein in dem Ruf, eine plötzliche Symptombeseitigung hervorzurufen. Dieser eine Teil der Wahrheit verleitet leicht zu der Annahme, klinische Hypnose sei grundsätzlich eine Kurztherapie. Der andere Teil der Wahrheit ist jedoch – und ich hoffe, dies mit diesem Artikel auch deutlich gemacht zu haben –, daß der Klient selbst eine ganze Menge Arbeit an innerer Differenzierung, Um- und Neustrukturierung zu leisten hat. Solche Prozesse brauchen naturgemäß Zeit. Da die Hypnotherapie primär ein pragmatisches Verfahren ist und nicht von Anfang an auf die grundsätzliche Veränderung der Person zu einem wie auch immer definierten Ziel hin ausgerichtet ist, begnügt sich der Therapeut in der Regel mit dem Erreichen von Nahzielen wie z. B. der Beseitigung oder wesentlichen Erleichterung einer bestimmten Symptomatik. Für diese Zielbestimmung liegt die Behandlungsdauer zwischen 10 und 40 Stunden. Dies darf jedoch nicht darüber hinwegtäuschen, daß manche Behandlungen wesentlich länger dauern können, insbesondere dann, wenn sich die Umstrukturierungsprozesse auf große und wesentliche Teile der Persönlichkeit beziehen, wie dies z. B. bei den sogenannten Persönlichkeitsstörungen der Fall ist.

Eine als endogen-depressiv diagnostizierte 29jährige Klientin z. B. benötigte 1 1/2 Jahre, um auch in ihrem Bewußtsein erfassen zu können, was vorher in Symptomen wie Erstickungsanfällen, Anorexia nervosa (Magersucht), verdeckten Suicidversuchen, Anorgasmie etc. zum Ausdruck kam. In Trance konnte sie die Zusammenhänge bereits zu einem früheren Zeitpunkt klar mitteilen, ohne daß sich dadurch allerdings ihre Symptomatik verändert hätte: Als sie noch ein Kind war, hatte ihre Mutter mehrere Selbstmordversuche zum Teil in ihrem Beisein unternommen; bei ihrem um Jahre älteren Bruder verlief der Versuch tödlich; während der auf die Suicidversuche folgenden Krankenhausaufenthalte ihrer Mutter begann die Klientin als Kind wieder regelmäßig nachts einzunässen; der auf jede Weise überforderte Vater hatte sie morgens mehrere Male mit dem Gesicht in das nasse Bettzeug gedrückt, bis sie ohnmächtig wurde. Nachdem sie diese und andere schreckliche Bilder aus ihrer Kindheit mit vollem Bewußtsein, d. h. ohne in Trance zu sein, betrachten konnte, dauerte es nochmals über ein Jahr, bis sich konkrete Veränderungen in ihrem Leben zeigten: Sie begann zu studieren, bereinigte die Beziehung zu ihrem Freund und begann langsam wieder normal zu essen. Insgesamt dauerte die Behandlung 150 Stunden.

Gemeinsamer Nenner: Flexibilität

Diese wenigen Beispiele können nur einen begrenzten Einblick in die Vielfalt hypnotherapeutischen Handelns geben. Nicht die Störung als solche steht im Mittelpunkt des Interesses, sondern der Klient, der seine Symptome auf seine ganz persönliche Art dem Therapeuten präsentiert. Die Wahl einer bestimmten Technik richtet sich nicht im Sinne klarer differentialdiagnostischer Aussagen und Indikationsstellungen nach der Symptomatik des Klienten. Das technische Vorgehen entsteht erst aus der jeweiligen besonderen therapeutischen Beziehung zwischen Klient und Behandler. So unbefriedigend diese Forderung für wissenschaftliches Arbeiten im traditionellen Sinne sein mag, so unabdingbar erscheint es in der hypnotherapeutischen Praxis, daß der Therapeut sich flexibel genug auf den jeweiligen Klienten und dessen aktuelle Situation einstellt, daß er dessen bewußte Forderungen, Einstellungen, Klagen oder Wünsche aufnimmt und gleichzeitig auch dessen unbewußte (in nonverbalen Hinweisen erkennbare) Meinungen, Bedürfnisse oder Ängste annimmt und verwendet; sei es nun, daß er formal oder indirekt Trance induziert oder nicht; sei es, daß er des Klienten Biographie bzw. die vermutete oder tatsächliche Störungsursache in einer Altersregression berücksichtigt oder aber ohne bewußte Einsichten einfach konkrete Aufträge gibt; sei es, daß er den Klienten in tiefer Trance in die Zukunft projizieren läßt oder nur ausführlich mit ihm dessen derzeitige desolate Lebenssituation durchspricht, – all diesen ‚Techniken‘ ist gemeinsam, wirkungsvolle Anstöße für Veränderung zu geben und diese in der Folgezeit sorgfältig zu kontrollieren.

Erickson betonte seinen Schülern gegenüber immer wieder, eine bestimmte therapeutische Technik nur in Übereinstimmung mit der eigenen Persönlichkeit zu benützen, die Technik niemals losgelöst vom Therapeuten, seinem Klienten und ihrer Beziehung in der jeweils gegebenen Situation zu sehen: „Was nun die Technik betrifft, so ist es ganz wichtig, daß Sie bereit sind, diese oder jene Technik zu erlernen, und daß sie sich dann klarmachen, daß Sie als eigenständige Persönlichkeit ganz und gar anders sind als Ihre Lehrer, die Sie in einer bestimmten Technik unterwiesen haben. Sie müssen aus den verschiedenen Techniken die bestimmten Elemente herauslösen, die Ihnen gestatten, sich selbst als Persönlichkeit auszudrücken. Weiter ist es sehr wichtig, daß Sie sich bei jeder Technik im Klaren sind, daß jeder Patient, der zu Ihnen kommt, eine andersgeartete Persönlichkeit verkörpert, mit anderen Einstellungen und andersartigem Erfahrungshintergrund. Sie müssen auf ihn als Person mit eigenem Bezugsrahmen (frame of reference) für genau diesen Tag und in dieser unmittelbaren Situation zugehen. Halten Sie sich vor Augen, daß der Patient der wichtige Teil in dieser ganzen Therapeut-Patient-Beziehung ist, und nehmen Sie sich vor, es zu vermeiden, dieser oder jener bestimmten Technik ausschließlich zu folgen." (Erickson in Haley 1967, S. 534f., übersetzt von Alida Jost).

Neurolinguistisches Programmieren

John Grinder und Richard Bandler entwickelten aus ihren Studien bei Virginia Satir, Fritz Perls und vor allem bei Milton H. Erickson das Neurolinguistische Programmieren als eigenständiges Verfahren. Ihre Bemühungen waren darauf ausgerichtet, aus dem praktischen Können dieser therapeutischen ‚Zauberer' lern- und lehrbare explizite Handlungsmodelle abzuleiten. Da sie Ericksons Arbeiten am intensivsten untersucht hatten (siehe Bandler & Grinder 1975, sowie Grinder, DeLozier & Bandler 1977), lassen sich im Neurolinguistischen Programmieren viele seiner ‚Kunstgriffe' als leicht verständliche Anweisungen für den Therapeuten wiederfinden.

Als das Grundprinzip effektiven therapeutischen Handelns erkannten sie die Notwendigkeit, auf den Klienten in seinem So-Sein exakt einzugehen, ihn dort aufzusuchen, wo er sich gerade befindet (‚pacing'); sie meinen damit nicht nur, daß sich der Therapeut sprachlich an den Klienten anpaßt, sondern auch das Annehmen und Verwenden des sogenannten Widerstandes und der Symptomatik des Klienten, wie es Erickson auf eine meisterhafte Art praktiziert hatte. Ein gelungenes ‚pacing' führt in der Regel dahin, daß der Klient in seinem äußeren Verhalten und in seinen inneren Prozessen sich leicht zu therapeutischen Veränderungen führen läßt (‚leading').

Analog zu Erickson begreifen Bandler und Grinder den Menschen als eine aus mehreren bewußten und unbewußten Tendenzen bestehende Einheit. In der jeweiligen therapeutischen Situation muß erforscht werden, welche Tendenz z. B. eine Veränderung möchte, und welche andere (in der Regel unbewußte) gegen eine solche Veränderung etwas einzuwenden hat, beispielsweise, weil damit ein bestimmter (unbewußter) Vorteil aufgegeben werden müßte. Während in traditionellen tiefenpsychologischen Verfahren dieser ‚sekundäre (Krankheits-) Gewinn' als für die therapeutische Veränderung hinderlich angesehen wird und in der Regel durch Einsicht aufgegeben werden soll, benutzte ihn Erickson unmittelbar, um mit dessen Hilfe bzw. durch ihn die

Veränderung herbeizuführen. Während man bei Erickson jedoch oft nicht genau erkennen konnte, wie er diesen Vorgang des ‚Umdeutens' zustandebrachte, und daher gezwungen war, das überraschende Ergebnis seiner außerordentlichen Befähigung zuzuschreiben, gibt das Neurolinguistische Programmieren einfache und leicht nachvollziehbare Schritte dafür an und bietet somit dem rationalen (Bewußtseins-)Teil des Therapeuten jene Genugtuung der Einsicht, nach der er verlangt.

Das Neurolinguistische Programmieren hat wesentlich dazu beigetragen, das hypnotherapeutische Vorgehen Ericksons zum Teil verstehbar zu machen; es hat damit einen Beitrag zur ‚Entzauberung' der Hypnose geleistet.

Schlußbemerkung

Hypnose ist eines der ältesten psychotherapeutischen Verfahren. Trance-induzierende Techniken und Riten wurden schon sehr früh und in fast allen Kulturen dazu benutzt, körperliche und seelische Krankheiten zu heilen. Die jüngere Geschichte der Hypnose in Europa beginnt Ende des 18. Jahrhunderts, als der österreichische Arzt Anton Mesmer hysterische und andere Störungen dadurch heilte, daß er den Körper der Patienten mit Eisenstäben berührte, die vorher in ein Bad aus diversen Chemikalien getaucht waren; da er naturwissenschaftlich orientiert war, glaubte er, mit seinen Stäben einen ‚animalischen Magnetismus' übertragen und so das magnetische Fluidum im Körper des Patienten wieder ins rechte Lot bringen zu können. Sein äußeres Auftreten soll dabei sehr beeindruckend gewesen sein: langer Bart, stechender Blick, eigenartige, lang wallende Gewänder. Gerade weil er damit großen Erfolg hatte, konnte sich seine ‚Fluidumstheorie' – als tatsächliches physikalisches oder bloß psychologisches Phänomen verstanden – bis heute recht hartnäckig halten und der Hypnose eine Aura des Übersinnlichen, Mystischen und Außergewöhnlichen verleihen. Wissenschaftliche Untersuchungen der Hypnose, die vor allem in den USA seit Mitte dieses Jahrhunderts unternommen wurden, erbrachten leider auch keine eindeutigen Ergebnisse, so daß es heute letztlich immer noch dem Einzelnen überlassen bleibt, je nach Ausbildung, praktischer Erfahrung und Wissen das eine oder andere über Hypnose zu glauben und gemäß diesem Glauben (und dem Wissen über menschliche Prozesse) auch mehr oder weniger gute Erfolge mit Hypnose zu erzielen.

Es wird oft übersehen, daß es in der nach ihrem Selbstverständnis naturwissenschaftlich ausgerichteten Medizin sehr viele Glaubenssysteme, sprich Theorien beispielsweise über Entstehung und Heilung von Krebserkrankungen gibt. Obwohl man sicherlich keinen vernünftigen Zusammenhang zwischen Hypnose und Krebs feststellen kann, scheint es auch bei sehr vorsichtiger Beurteilung dennoch wirksam zu sein, neben anderen psychotherapeutischen Verfahren auch Hypnose bei der Krebsbehandlung – nicht nur zur Schmerzkontrolle – einzusetzen.

Empfohlene Literatur: Erickson, M.H., Rossi, E.L.: Hypnotherapie – Aufbau, Beispiele, Forschungen. München: Pfeiffer, 1981. *Haley, J.:* Die Psychotherapie Milton H. Ericksons. München: Pfeiffer, 1978.

14. Tiefenpsychologische Kurztherapie und Beratung

Antoon Houben

Theoretische Grundlagen und methodischer Ansatz

Kurztherapie und Beratung sind nah verwandte Verfahren, die vieles gemeinsam haben.

1. In beiden orientiert sich der Therapeut in seiner Diagnosenstellung, seinem Hilfsangebot und seinem Vorgehen an den Hypothesen und dem Erfahrungsschatz der Psychoanalyse. Dies sollte nicht als Bindung an die Freudschen Theorien verstanden werden. Zum einen haben Psychoanalytiker ihr theoretisches Wissen und ihr methodisches Arsenal seit Freud ständig fortentwickelt, korrigiert und erweitert. Zum anderen sind Kurztherapeuten und Berater seit einem Jahrzehnt vermehrt darum bemüht, ihre Disziplin auch aus der eigenen Forschung und Erfahrung heraus weiterzuentwickeln. Die meisten Praktiker in Kliniken und Beratungsstellen verstehen sich nicht als psychoanalytisch, sondern eher als tiefenpsychologische Therapeuten bzw. Berater. Sie haben in ihrer eigenen Praxis und Forschung unbewußte Mechanismen kennengelernt, die in der klassischen Psychoanalyse kaum berücksichtigt werden können. Sie wenden auch Spezialmethoden an (z.B. Vermittlung korrigierender Erfahrung, paradoxe Intervention, averbale Erlebnisvermittlung durch Übungen), die sie als für ihre eigene Aufgabe zweckmäßig kennengelernt haben.

2. Beides sind Kurzverfahren; ‚kurz' im Vergleich zu einer sich über mehrere Jahre erstreckenden, drei- bis viermal wöchentlichen Psychoanalyse. In den Kurzverfahren beabsichtigt man, in der Regel mit 10 bis 20 Sitzungen auszukommen. Diese Methoden sind aus der Einsicht entwickelt worden, daß Psychoanalyse,

angesichts der weiten Verbreitung und der Verschiedenartigkeit emotionaler Störungen, sozial betrachtet eine unzulängliche Methode ist.

Obwohl im relativen Vergleich zu den meisten anderen Ländern die Zahl der ausgebildeten Psychoanalytiker in der Bundesrepublik sehr hoch ist, übersteigt die Nachfrage bei weitem das Angebot. Wer das dringende Bedürfnis hat, für schweres Leiden psychoanalytische Hilfe zu finden, muß lange suchen und viele Absagen in Kauf nehmen. Wenn ihn endlich ein Analytiker zu einer Vorbesprechung einlädt, erfährt er am Ende bestenfalls, daß voraussichtlich in ein bis zwei Jahren mit einer Analyse begonnen werden könne. Hinzu kommt – und das hat noch mehr Gewicht: der Aufwand einer Psychoanalyse ist nicht jedermanns Sache. Wer sich in eine Psychoanalyse begibt, stellt sich einem einschneidenden Prozeß, der dem Analysanden ein allgemeines Umorganisieren seiner Persönlichkeit ermöglichen soll und ihn so zu seiner psychischen Gesundheit disponiert. Zu heilen ist, strikt betrachtet, kein vorrangiges Ziel der Psychoanalyse, sondern ihr Fernziel, das sich aus einer fortschreitend gelingenden Umorganisation notwendigerweise ergibt. Daher kann nicht unbedingt erwartet werden, daß eine rasche Lösung der Probleme oder Besserung der Beschwerden eintritt.

Psychoanalytiker wissen sehr wohl, daß ein Erfolg dieser Methode von einer Reihe Voraussetzungen abhängt. Deshalb prüfen sie in jedem Fall sorgfältig, ob einem bestimmten Patienten eine Analyse empfohlen werden kann. Außerdem: Nicht jeder, der Probleme hat oder unter seelisch bedingten Beschwerden leidet, kann oder will einen solchen Weg gehen. Wer sich z. B. durchwegs recht wohl in seiner Haut fühlt, aber neuerdings von seelischen Störungen bedrängt wird oder sich ratlos in einer schwierigen Situation verstrickt sieht, dürfte eher an rascher Linderung bzw. an einem brauchbaren Ansatz für eine Problemlösung interessiert sein.

3. Damit stoßen wir auf eine weitere Gemeinsamkeit von Kurztherapie und Beratung: in beiden Verfahren wird mit dem Patienten oder Klienten daran gearbeitet, ihm eine Veränderung seiner gegenwärtigen Notsituation zu ermöglichen. Im tiefenpsychologischen Verfahren nämlich geht man davon aus, daß Symptome, Beschwerden und Störungen darauf berufen, daß jemand zur Lösung seiner inneren Konflikte und Probleme nach einem eingefahrenen und unbewußt ablaufenden Muster verfährt. Weil ihm unbewußt, kann der Betreffende es nicht verändern. Er ist nicht in der Lage zu erkennen, was er macht, warum er es macht und in welche seelischen oder auch sozialen Verstrickungen er

sich dadurch bringt. Erst wenn er ein solches Muster bewußt erkennt und emotional erleben kann, warum er so agiert und reagiert, ergibt sich für ihn die Möglichkeit, seine Einstellung zu ändern, seine Situation angemessener einzuschätzen und sich in seinem Verhalten umzustellen.

4. Aus dem Gesagten geht hervor, daß es nicht Aufgabe des Therapeuten bzw. Beraters ist, irgendwelche Empfehlungen oder Ratschläge zu geben, wie der Klient sich besser oder gar richtig verhalten würde. Abgesehen davon, daß kaum je ein Therapeut für einen anderen Menschen treffsicher entscheiden kann, was in dessen Lage richtig ist, würde eine solche ‚Hilfe' leicht zu Bevormundung führen, die den Klienten in seiner Selbstverantwortung und Autonomie schädigen müßte.

Vielmehr sollen Therapie und Beratung als ein Arbeitsbündnis beider Beteiligten verstanden werden. Damit ist eine Beziehung gemeint, die auf seiten des Klienten vom Vertrauen und dem Gefühl, angenommen zu werden, geprägt ist und auf seiten des Therapeuten vom Zutrauen zu den seelischen Potentialen und Eigenkräften des Klienten. Selbstverständlich entwickelt und entfaltet sich eine solche Beziehung erst im Laufe der Begegnungen. Gemeint ist keineswegs blindes Vertrauen, welches eher zu einer passiven Erwartungshaltung als zu einer Kooperation führen würde.

Zum Arbeitsbündnis gehört ferner, daß beide Beteiligten ein Interesse an Themen entwickeln, die über die beklagten Beschwerden oder Probleme hinausgehen und die zu den tieferen unbewußten Gründen hinführen, welche die entstandene Problematik bedingt haben. Ein tiefenpsychologisch arbeitender Therapeut wird versuchen, alles was sich in den Mitteilungen, im Verhalten und im emotionalen Austausch zwischen dem Klienten und ihm abspielt, zu beachten, zu verstehen und zu gegebener Zeit anzusprechen. Der Beitrag des Klienten besteht darin, Interesse dafür zu entwickeln, sich auf entsprechende Hinweise des Therapeuten einzulassen und auszusprechen, was ihm dabei einfällt. Dies wird ihm im Laufe einer Beratung immer besser gelingen, wenn der Therapeut es versteht, die bedeutsamen Themen soweit anzusprechen, daß sie für den Klienten auch in ihren unbewußten Anteilen nachvollziehbar und erlebbar werden.

Gibt es Unterschiede zwischen tiefenpsychologischer Kurztherapie und Beratung?

Durch die Überschrift in Frageform sei angedeutet, daß die Unterschiede so vage und unscharf sind, daß viele Praktiker sie für bedeutungslos halten und es mir nicht leichtfällt, sie allgemein verständlich darzustellen.

Zur gegenseitigen Abgrenzung der tiefenpsychologischen Kurztherapie von der Beratung trägt eine Unterscheidung, die sich an einem theoretischen Gesundheits- bzw. Krankheitsbegriff orientiert, nichts bei. Die Fachleute (ob Mediziner oder Psychologen) diskutieren bisher kontrovers, was unter gesund bzw. krank zu verstehen ist bzw. ob und wie zwischen beiden Zuständen eine Grenze gezogen werden kann. Bisher ist es ihnen nicht gelungen, eine Definition und Unterscheidungskriterien vorzuschlagen, die allgemein als verbindlich akzeptiert würden.

Von der subjektiven Ausgangslage der Klienten her gesehen, die jeweils um Psychotherapie bzw. Beratung nachsuchen, weil sie sich entweder krank fühlen oder aber ohne Orientierung sind, ergeben sich unterschiedliche Akzente für das Vorgehen.

Beratung

Wenn ein Klient sich ausdrücklich für eine Beratung anmeldet, kann man annehmen, daß er sich in einer für ihn schwierigen Situation nicht mehr zu helfen weiß. Er fühlt sich in einer Krise: entweder befindet er sich in einer Lage, die er als so verfahren erlebt, ,,daß es so nicht weitergehen kann", oder aber er sieht sich einer ihm neuen und derart bedrohlichen Situation gegenüber, daß er sich unfähig fühlt, mit ihr zurecht zu kommen. Zwei Eheleute z. B., die sich seit Jahren um lächerliche Bagatell-Angelegenheiten streiten – wie sie nachher immer wieder erkennen – und es nicht schaffen, dies zu beenden – nicht einmal durch eine Scheidung –, gelangen zermürbt und vergrämt zu der Einsicht, daß es so nicht weitergehen kann. Oder eine junge Frau, die mit ihrem Freund in glücklicher Beziehung lebt, erfährt eines Tages von ihm, daß er gleichzeitig homo-erotische Kontakte hat und daß er glaubt, darauf nie verzichten zu können. Der Betreffende fühlt, daß etwas getan werden muß, – ,,aber ich weiß nicht was, ich kann kaum noch überlegen, nichts scheint durchführbar". So erlebt er sich geistig und seelisch desorganisiert gegenüber Problemen, die nach Lösung verlangen.

Bei einer solchen Verfassung ist eine Hilfestellung geboten, die deswegen als Beratung bezeichnet werden sollte, weil ihr spezifisches Ziel ist, den Klienten zu einer *eigenen Entscheidung* zu befähigen. Solche Klienten bringen die Vorstellung mit, daß sich etwas ändern muß, und sofern diese sich nicht darauf beschränkt, daß die *anderen* sich ändern sollen, wird sich das oben beschriebene Arbeitsbündnis relativ leicht einstellen. Diese Klienten kommen mit einem Anliegen, das sie selbst bereits als Problem empfinden. Auch wenn in einer tiefenpsychologischen Beratung der Vermutung nachgegangen wird, daß die Situation infolge ihrer Verknüpfung mit einem anderen unbewußten Problem für den Klienten zu schwierig geworden ist, so bietet das bewußt Erlebte doch Anhaltspunkte für das Unbewußte. Dies gilt vor allem, weil die meisten Klienten in diesem Zustand von sich aus geneigt sind bzw. leicht veranlaßt werden können, ausführlich mit Beispielen und mit emotionaler Beteiligung zu erzählen. Der Berater kann sich dadurch – ganz im Sinne der tiefenpsychologischen Methodik und seiner Absicht Eigenverantwortlichkeit zu fördern – seinem Klienten als Begleiter anbieten. Er wird ihm ein hohes Maß an Initiative bei der Themenwahl, seine eigene Weise, diese darzustellen und überhaupt die Führung im Gespräch überlassen.

Oft befremdet die Klienten diese Haltung des Beraters, und sie bitten darum, daß er doch fragen möge, was ihm für die Beurteilung ihres Zustandes bedeutsam erscheint. Sie glauben, daß der Berater auf Grund von Fachwissen und Erfahrung mehr wisse. Das mag, was Theorie und allgemeine Erfahrung anbelangt, zutreffen, aber über sich selbst weiß der Klient mehr. Dem Berater hingegen fehlen die Vorkenntnisse, um jene Fragen zu stellen, die für die Problematik dieses individuellen, einmaligen Klienten aufschlußreich sind. Außerdem rufen Fragen Wissensantworten hervor, die vom Fragenden – zumindest der Tendenz nach – auf das beschränkt werden, wonach er fragt. Indem dem Klienten der Vorrang für die Führung im Beratungsgespräch eingeräumt wird, teilt er auf seine Art und Weise, mit seinen Emotionen, durch das, was ihm einfällt, nicht nur seine Problematik, sondern auch *sich selbst* mit. Es entfaltet sich zwischen Klient und Berater Schritt um Schritt eine Kommunikation und eine Beziehung, die gewiß von beiden, aber doch überwiegend und spezifisch vom Klienten geprägt ist. In und durch diese Beziehung, d. h. durch die Aussprache, durch Aktionen und Reaktionen, durch besondere Erlebnisse, durch die auftretenden Emotionen und durch charakteristische Spielregeln, teilt der Klient sich über die ihm bewußte Problematik hinaus mit. Er bringt zum Teil unbeabsichtigt oder wie nebenher seine Gefühle und Beweggründe, seine Philosophie und seine Werte, seine Empfindlichkeiten und seine Stärken ein und gibt sich einem zuhörenden und mitfühlenden Berater so zu verstehen. Der Berater seinerseits teilt sich nicht in der gleichen Art und gleichermaßen mit. Es müßte ihn als professionellen Berater überfordern, und es käme nicht zu jener Art von Beziehung, die den Bedürfnissen einer effektiven Beratung gerecht wird. Diese erfordert ein- und mitfühlendes Verstehen, aber auch jene Distanz, die vorurteilsfreies Beobachten, ausgewogenes Urteilen und angemessen dosiertes Intervenieren gewährleistet.

Und doch teilt sich auch der Berater mit, indem er nämlich nicht nur aus Fachwissen heraus berät, sondern aus seinem ganz individuellen Verstehen. Was dieser Mitmensch in ihm anrührt und was er im Kontakt mit diesem besonderen Klienten erlebt, benutzt er, um seinen eigenen Zugang zu ihm zu finden. Richtschnur dafür, wie und wann und inwiefern er sein eigenes Erleben in das Gespräch einbringt, soll stets das Interesse des Klienten sein, zu einer eigenverantwortlichen Entscheidung zu finden.

Kurztherapie

Neben den Klienten, die in einer seelischen Krise um Beratung bitten, gibt es andere, die Hilfe suchen, weil sie unter psychischen oder psychosomatischen Beschwerden leiden, die ihnen – ihrem subjektiven Erleben nach – wie ein Schicksal zugestoßen sind. Sie erleben sich eher als Patienten und wenden sich an einen Therapeuten, eine (Poli-)Klinik oder Beratungsstelle wegen eines Leidens, für das sie Heilung oder zumindest Besserung suchen.

Bei diesen Patienten ist es Sache des Therapeuten zu beurteilen, ob eine Psychoanalyse, eine Gruppentherapie, eine Psychotherapie oder eine Kurztherapie zu empfehlen ist. Dies heißt, daß der Therapeut in einer oder zwei Sitzungen in Erfahrung bringen muß, welchen Stellenwert die Symptome des Patienten in seinem seelischen Haushalt und in seinen Beziehungen haben. Im Hinblick auf eine Kurztherapie ist zu klären, ob die aktuellen Beschwerden des Patienten so eng mit einem abgrenzbaren und bei seiner psychischen Konstitution rasch deutbaren, unbewußten Konflikt zusammenhängen, daß durch selektive Arbeit an diesem Konflikt die Selbstheilungstendenzen des Patienten in wenigen Sitzungen mobilisiert werden können.

In diesem Fall könnte der Therapeut sich für eine *Fokaltherapie* entscheiden, die einer regelrechten Psychoanalyse entspricht, mit Beschränkung auf *einen* ausgewählten Konflikt im Rahmen von etwa 20 Sitzungen. Nach den bisherigen Erfahrungen empfiehlt sich dieses Vorgehen nur in Fällen, in denen ganz bestimmte Voraussetzungen gegeben sind. Der Patient muß sehr motiviert sein, nicht nur von Beschwerden befreit zu werden, sondern sich auch selbst zu verändern. Er sollte ein großes Interesse und vor allem ein dynamisch wirksames Gespür für Unbewußtes mitbringen. Er muß relativ rasch die große persönliche Nähe ertragen können, die sich ergibt, wenn seine Übertragung auf den Therapeuten angesprochen wird. Ein Dauererfolg hängt schließlich davon ab, ob der Patient den Verlust dieser Nähe ohne Depression mittels Trauerarbeit verkraften kann. Auf seiten des Therapeuten setzt fokales Vorgehen nicht nur psychoanalytische Kompetenz, sondern auch langjährige Erfahrung voraus.

Weit häufiger ist eine *Ich-stärkende* Kurztherapie angezeigt, nämlich dann, wenn seine Beschwerden den Patienten so unerträglich beeinträchtigen oder gefährden, daß ohne eine Notfalltherapie ein Zusammenbrechen seines psychosozialen Gleichgewichts zu befürchten ist.

Jeder ist von Natur aus bestrebt, eine Gleichgewichtslage aufrechtzuerhalten oder wiederherzustellen zwischen den eigenen Wünschen und Bedürfnissen einerseits, und seinen Fähigkeiten, diese gemäß eigenen Idealen, Werten und Verantwortung zu realisieren andererseits. Gleichzeitig spielt der einzelne aktiv und passiv mit in einem Gleichgewichtssystem des jeweiligen sozialen Milieus (Partnerschaft, Familie, Wohngemeinschaft, Betrieb etc.). Dieses ergibt sich aus der Wechselwirkung der Mitglieder, die alle ihre Bedürfnisse und Werte, ihre Ansprüche und Normen, ihr Engagement und ihre Nutznießung in die Interaktion einbringen. Aus der Dynamik dieser Auseinandersetzung erwächst ein System von bewußten und unbewußten Spielregeln für die Teilnahme der einzelnen am jeweiligen Gemeinschaftsleben.

Weil Bedürfnisse und Werte, Fähigkeiten und Umstände sich entwickeln und verändern, können wir uns – als einzelne und als Gemeinschaft – nicht für immer auf ein einmal erreichtes Gleichgewicht verlassen. Wer sich im Leben zurechtfinden will, muß in der Lage sein, von der einen zur nächsten Lebensphase, von einem Milieu zum anderen, seine seelische Gleichgewichtslage neu auszubalancieren. Daraus können sich in vielfältigster Weise innere und soziale Spannungen und Konflikte entwickeln. Unter Umständen spitzen sie sich derart zu, daß sich jemand aus der Bahn geworfen und in seinem Wohlbefinden extrem und akut bedroht fühlt. Wenn jemand z. B. von Natur her und durch Erziehung mit einem eher labilen Gleichgewicht lebt, wird er sich leicht anpassen können, aber auch Gefahr laufen, so in Abhängigkeiten verstrickt zu werden, daß er fürchten muß, nicht mehr er selbst sein zu können. Oder wenn jemand nach schweren Erschütterungen – z. B. einer Krankheit oder Lebenskrise – gerade sein Gleichgewicht wieder herstellen konnte (u. U. mit ärztlicher bzw. psychotherapeutischer Hilfe), mag er zunächst für Enttäuschungen, Kränkungen, Kritik und Unverständnis in seiner Umgebung noch vermehrt anfällig sein. Andere Personen schützen ihre Identität durch ein eher rigides Gleichgewicht. Alles sollte bleiben, wie es ihnen vertraut ist. Das mag ihnen Charakterfestigkeit geben, sie aber auch Entfremdungsgefühlen aussetzen, wenn die Lebensverhältnisse sich ändern.

In derartigen Situationen kann es zu Dekompensationen mit recht unterschiedlicher Symptomatik kommen. Der Betroffene fühlt sich akut und unmittelbar bedroht und gleichzeitig kraftlos. Mittels einer Kurztherapie als Erste Hilfe oder Notfall-Maßnahme wird der Therapeut versuchen, den Patienten zu helfen, Selbstvertrauen und alternative Handlungsfähigkeit zurückzugewinnen. Dazu wird er ihm Gelegenheit geben, seine Affekte abzureagieren bzw. seine Ängste emotional zu äußern. Er wird ihn ermutigen, sein u. U. verzerrtes Realitätsgefühl zu korrigieren. Bei tiefenpsychologischem Vorgehen wird er vor allem aber darauf bedacht sein zu verstehen, welche Konflikte diesen Patienten bei seiner Lebensgeschichte und Struktur vor der gegebenen Situation versagen ließen. Im Zuge der sich jeweils entwickelnden Kommunikation ist es dann Aufgabe des Therapeuten, sein Verständnis in Interventionen und Deutungen umzusetzen, die geeignet sind, verbliebene Kräfte des Patienten zu mobilisieren und geschwächte wiederaufzurichten.

Zusammenfassend läßt sich sagen, daß in einer Kurztherapie das Vorgehen und die zu erörternden Themen in stärkerem Maße von aktiven Entscheidungen des Therapeuten bestimmt werden, als dies in einer Beratung der Fall ist.

Die Praxis

Ich meine, daß Beratung und Kurztherapie *schwerpunktmäßig* im obigen Sinne unterschieden werden können. In der Praxis sind die Übergänge sehr fließend, und aus dem Kontakt von Therapeut/Berater und Klient wird sich eine Zusammenarbeit entwikkeln, die mehr dem einen oder anderen Vorgehen angeglichen ist.

Da sowohl Beratungen als auch Psychotherapie einen ungestörten Ablauf erfordern, werden die Termine von meist einer Stunde Dauer vorher mit den Klienten vereinbart. Wer demnach Beratung/Therapie für sich in Anspruch nehmen möchte, tut gut daran, vorher telefonisch eine Absprache zu treffen. Man kann sich dazu sowohl an niedergelassene Psychotherapeuten und klinische Psychologen als auch an psychotherapeutische Polikliniken und Beratungsstellen wenden. Weder alle Niedergelassenen noch alle Beratungsstellen arbeiten nach der oben beschriebenen tiefenpsychologischen Methode. Diejenigen, die es tun, machen dies meistens kenntlich durch Bezeichnungen wie „Psychoanalyse“ oder „tiefenpsychologisch“. In vielen Beratungsstellen arbeiten Kollegen mit unterschiedlicher methodischer Ausrichtung. Solche Stellen werden den bei der Anmeldung geäußerten Wunsch eines Klienten nach tiefenpsychologischer Beratung nach Möglichkeit gerne durch Zuweisung an einen dazu qualifizierten Mitarbeiter berücksichtigen.

In den meisten Beratungsstellen arbeitet man im Teamverband. Die Zusammensetzung des Teams ist unterschiedlich je nach dem besonderen Angebot der Stelle. Es können ihm nicht nur Psychologen verschiedener Orientierung, sondern auch Juristen, Sozialpädagogen, Ärzte, Theologen, Eheberater, Familientherapeuten und Kinder- und Jugendlichentherapeuten angehören. Je nach Bedarf und Anliegen des Klienten wird die Beratung von einem entsprechenden Spezialisten bzw. in Kooperation mit einem solchen durchgeführt.

In der Regel kann nur in seltenen Fällen mit besonderem Dringlichkeitscharakter im unmittelbaren Anschluß an die Anmeldung mit der Beratung begonnen werden. Dies hängt einmal damit zusammen, daß in den meisten Regionen auch heute die Nachfrage noch größer als das Angebot ist. Außerdem legt der Therapeut/Berater sich mit jedem Klienten für eine längere Zeit terminlich fest, so daß ein nächster Klient auf einen freiwerdenden Termin warten muß.

Viele Beratungsstellen und Psychotherapeuten halten laufend einige Termine frei für sogenannte *Vorgespräche* oder Erstinterviews. Dadurch ist es möglich, jedem sich meldenden Klienten innerhalb von 10–14 Tagen ein solches Vorgespräch anzubieten. Dieses gibt ihm Gelegenheit, den Psychotherapeuten bzw. die Beratungsstelle kennenzulernen, vorzutasten, ob er Vertrauen gewinnen kann, und seine Erwartungen zu äußern. Der Berater hat Gelegenheit, seine Zuständigkeit zu klären und zu prüfen, ob er mit seinen Möglichkeiten für diesen Klienten ein hilfreicher Berater werden kann.

Nicht so selten ergibt sich in Fällen eines charakteristischen *Beratungs*anliegens, daß in einem oder in zwei Vorgesprächen der akute Konflikt bereits so durchgesprochen werden kann, daß der Klient sich in der Lage fühlt, seine Verantwortung selbständig zu übernehmen. Meistens allerdings schließt sich nach einer zwischen Berater und Klient abgestimmten Wartezeit eine Reihe von etwa 10–20 wöchentlich stattfindenden Sitzungen an. Da es das spezifische Ziel einer Beratung und Kurztherapie ist, die selbständige Entscheidungsfähigkeit zurückzugewinnen, sollte sie so früh beendet werden, wie es möglich und zweckmäßig ist.

Die am häufigsten gefragten und angebotenen Beratungen sind die wegen Familienangelegenheiten. Sie gliedern sich auf in *Ehe-* und in *Erziehungsberatung*. Die erstere wird neuerdings häufig als ‚Partnerberatung' bezeichnet, die letztere wird zunehmend unter dem Namen ‚Beratung für Eltern, Kinder und Jugendliche' angeboten. Diese Namensänderung hängt in beiden Fällen mit einer veränderten Sichtweise und Strategie zusammen.

Früher wurde eher der einzelne Partner beraten, wenn er mit seiner Ehe in Schwierigkeiten geraten war, oder die Eltern, weil sie sich mit einem gestörten Kind keinen Rat mehr wußten. Neuerdings hat sich die Erkenntnis durchgesetzt, daß man es für gewöhnlich nicht mit Problemen und unbewußten Konflikten des einzelnen zu tun hat, sondern mit Beziehungsstörungen, zu der beide Partner bzw. alle Familienmitglieder in je eigener Weise beitragen. Gerade auch unter tiefenpsychologischem Aspekt ist deutlich geworden, daß unbewußte, aber von den Beteiligten einvernehmlich aufrechterhaltene Beziehungsmuster die auftretenden Schwierigkeiten entscheidend bedingen. Aus diesem Grund ziehen die Berater es vor, bei der Familienberatung nicht ausschließlich mit einzelnen Personen, sondern schwerpunktmäßig mit dem Paar bzw. der Familie zu arbeiten. Es ist erfreulich und bezeichnend, daß die Ratsuchenden sich zunehmend für dieses Vorgehen aufgeschlossen zeigen.

Die *Kosten* einer Kurztherapie können, sofern die Beschwerden als Krankheit im Sinne der Reichsversicherungsordnung einzustufen sind, von der Krankenkasse übernommen werden, wenn die Therapie von einem vollausgebildeten Psychoanalytiker übernommen wird. Bei anderen Psychologen gewähren manche Kassen auf Antrag zumindest einen gewissen Zuschuß. Letzteres ist allerdings eine Leistung, die in der freien Entscheidung der Kasse steht.

Im allgemeinen sind die Berater bereit, bei ihrer Honorarforderung die jeweiligen finanziellem Möglichkeiten ihrer Klienten mitzuberücksichtigen. Selbstverständlich können aus öffentlichen Mitteln geförderte Beratungsstellen dabei großzügiger verfahren als niedergelassene Therapeuten. Manche kirchliche Einrichtungen verzichten – wenigstens bisher – auf jede Honorarforderung und bitten lediglich um eine Spende nach dem Ermessen des Klienten. Meiner Meinung nach gehört ein angemessener und zumutbarer finanzieller Beitrag des Klienten als Ausdruck seiner eigenverantwortlichen Beteiligung zur Beratung.

Empfohlene Literatur: Bellak, L., Small, L.: Kurzpsychotherapie und Notfallpsychotherapie. Frankfurt: Suhrkamp, 1972. *Grüntzig, M., Meyer, M.:* Die fokussierende Beratung. Psyche 32 (1978), S. 1059–1088.

Houben, A.: Klinisch-psychologische Beratung. München: Reinhardt, 1975. *Junker, H.:* Das Beratungsgespräch. München: Kösel, 1978. *Klüwer, R.:* Erfahrungen mit der Psychoanalytischen Fokaltherapie. Psyche 25 (1971), S. 932–947. *Lüders, W.:* Psychotherapeutische Beratung. Göttingen: Vandenhoeck & Ruprecht, 1974. *Malan, D.:* Psychoanalytische Kurztherapie. Stuttgart: Klett, 1965. *Pfeffer, R.:* Konzepte psychoanalytisch orientierter Beratung. Psyche 34 (1980), S. 1–23. *Vogt, R.:* Organisation, Theorie und Technik eines psychoanalytischen Beratungsprojekts. Psyche 34 (1980), S. 24–53.

15. Systemorientierte Paar- und Familientherapie

Gerhard Schachtl und Alida Jost

In einer 1981 von der Zeitschrift ‚Psychologie heute' durchgeführten Befragung von 1172 Psychotherapiebenutzern, gegenwärtigen und ehemaligen Klienten, nannten mehr als 50% der Befragten Partner- und Familienprobleme mit als Grund für die Aufnahme einer psychotherapeutischen Behandlung.

Aus vielen der in diesem Buch vorgestellten Therapieverfahren wurden auch spezielle Ansätze zur Paar- und Familientherapie entwickelt. Die tiefenpsychologische Behandlung erweiterten hierfür z. B. Horst Eberhard Richter (1969 u. 1970), Jürg Willi (1978) oder Thea Bauriedl (1980). Für die Verhaltenstherapie sei hier Paul Innerhofer (1977), für die Gesprächstherapie Thomas Gordon (1972) und für die Gestalttherapie W. Kemper (1975) genannt. Auch die Transaktionsanalyse kann als derartiger Ansatz verstanden werden (siehe Berne 1967).

Einen der ersten bedeutenden Anstöße, das traditionell individuumzentrierte therapeutische Handeln durch ein systemorientiertes zu ersetzen, kam in den 50er Jahren von der Palo-Alto-Gruppe um Gregory Bateson und Don Jackson (1969). Aus der Schizophrenieforschung ergaben sich Hinweise auf auslösende und aufrechterhaltende Zusammenhänge zwischen psychischen Erkrankungen und dem Kommunikationsstil in der Familie des Patienten. Durch Batesons Übertragung kybernetischer und informationstheoretischer Modellvorstellungen auf menschliches Verhalten entwickelte sich ein neues Verständnis menschlicher Kommunikation und Interaktion. Ein wichtiges Erklärungsmodell der Kybernetik ist der Regelkreis mit wechselseitigen Ursache-Wirkungs-Beziehungen. Übertragen auf menschliches Miteinander heißt dies, daß innerhalb eines Systems wie z. B. einer Paarbeziehung oder einer Familie das Verhalten des einen Menschen (Sender) eine Bedeutung (Botschaft) für die anderen (Empfänger) besitzt und bei denen Re-aktionen auslöst, die auf den Sender wieder zurückwirken. Darauf erfolgen neue Reaktionen, und es entstehen Kreisprozesse, die nach speziellen Gesetzmäßigkeiten ablaufen. Es spielt dabei keine Rolle, ob die Aktionen und Reaktionen solcher Interaktionszirkel bewußt oder unbewußt, beabsichtigt oder unbeabsichtigt, aktiv oder passiv erfolgen. Selbst wenn jemand nicht reagiert, führt dies kaum zum Ende des Spiels, sondern kann sehr wohl eine eindeutige Botschaft sein.

Ein vielleicht manchem Leser bekannter Interaktionszirkel könnte folgendes Beispiel sein:

- das Kind will nicht ins Bett und quengelt
- die Eltern werden ärgerlich und schimpfen
- das Kind wird trotzig und schreit
- die Eltern antworten mit größerem Ärger und Zwangsmaßnahmen
- das Kind steigert sich in heftigen Protest hinein
- die Eltern ...

Ein anderes Beispiel, bei dem sich das wechselseitige Reagieren in positiver Form entwickelt, liegt vor, wenn

- ein Mann eine Frau interessiert anschaut,
- die Frau diesen Blick erwidert,
- der Mann ihr daraufhin ein nettes Kompliment macht, was
- die Frau sehr freundlich beantwortet, so daß
- der Mann Mut faßt und sie zu einem Glas Wein einlädt,
- was die Frau gerne annimmt, so daß
- der Mann ...

Das erste Beispiel erweckt Erinnerungen an so manchen unfruchtbaren Streit, der nach einer Weile der Eskalation ohne positiven Ausgang endete. Ein Ziel systemorientierter Therapie ist aufzuzeigen, wodurch solche Auseinandersetzungen sich immer weiter aufschaukeln und wodurch das Zustandekommen von konstruktiven Lösungen verhindert wird. Weil dabei Ursache und Wirkung nur noch schwer zu unterscheiden sind, kommt es vor allen Dingen darauf an, die individuellen Anteile jedes Beteiligten deutlich zu machen.

Behandlungsgegenstand ‚Familie'

Sehen sich Eltern bei einem ihrer Kinder mit Verhaltensschwierigkeiten konfrontiert (z. B. Bettnässen, Lernstörungen, Aggressivität), so kann es sein, daß sie dieses ‚gestörte' Kind an einer Erziehungsberatungsstelle vorstellen mit der Erwartung, daß dessen Fehlverhalten von einem kompetenten Fachmann behoben wird. Ebenso könnte sich in einer Familie, in der die Frau seit einigen Jahren unter Migräne leidet, das Ehepaar überlegen, ob die Frau nach diversen erfolglosen Besuchen bei Fachärzten sich zu einer psychotherapeutischen Behandlung anmelden sollte.

In beiden Fällen wird ein Mitglied der Familie als ‚Patient' bezeichnet und einem Fachmann zur Behandlung überstellt. Ein systemorientiert arbeitender Therapeut wird bereits zum Erstgespräch die ganze Familie bestellen. Ihn interessiert nicht nur der jeweils vorgestellte Patient, sondern auch die Art, wie die anderen Familienmitglieder mit dem Symptomträger und untereinander kommunizieren.

Die Frau mit ihren Migräneanfällen beeinflußt mit ihrem Leiden sicherlich in hohem Maße die Menschen, die mit ihr zusammenleben. Umgekehrt beeinflußt auch die Familie den Symptomträger, indem sie ihn nämlich als solchen behandelt, vielleicht bereits bei kleinerem Unwohlsein mit der Einstellung reagiert: „Ach, jetzt kommt sie wieder mit ihren Migräneanfällen." Der Therapeut betont, daß es nicht darum geht, einen Schuldigen für die Problematik zu finden, sondern daß vielmehr alle Familienmitglieder in einer Therapie die Möglichkeit haben, neue Verhaltensweisen zu lernen, mit denen sie besser zusammenleben können.

Familienhomöostase

Don D. Jackson hat den Begriff der ‚Familienhomöostase' geprägt, um das Phänomen zu beschreiben, daß viele Familien einen einmal erreichten Zustand auch dann beibehalten wollen, wenn er nachweislich bei einem Mitglied zum Auftreten von psychischen oder körperlichen Symptomen führt. Ändert nun der Symptomträger, z. B. durch eine Einzeltherapie, sein Verhalten, so führt dies bei den anderen oft zu Bestrebungen, den ursprünglichen Zustand wiederherzustellen, eventuell sogar die Behandlung zu sabotieren. Fast jeder Einzeltherapeut kennt den empörten Vater, Gatten oder die Mutter, die sich bei ihm z. B. über die neu aufgetretene Aggressivität des behandelten Familienmitglieds beschwert.

Im Beispiel der migränekranken Frau könnte der Gleichgewichtszustand in der Familie zum Zeitpunkt des Therapiebeginns wie folgt ausgesehen haben: Als vor Jahren sich ein Techtelmechtel zwischen ihrem Ehemann und einer Wandervereinskameradin anbahnte, bekam die Frau ihren ersten, keineswegs simulierten Migräneanfall. So mußte sich der Mann notgedrungen mehr um die Kinder kümmern und deshalb häufiger den Vereinsunternehmungen fernbleiben. Zum einen Teil war er darüber erleichtert, denn so blieb er bestimmten Situationen fern, die ihn zwar reizten, bei ihm aber auch Angst vor Konsequenzen auslösten. Auch merkte er, daß es den Kindern gut tat, wenn er sich am Wochenende mehr mit ihnen beschäftigte.

Systemorientierte Paar- und Familientherapie ist also nicht nur bei deutlich erkennbaren Beziehungs- oder Erziehungsproblemen angezeigt, sondern auch dann, wenn der begründete Verdacht besteht, daß eine psychische oder psychomatische Symptomatik eines Familienmitgliedes eine bestimmte, systemerhaltende Funktion in der Familie bzw. Partnerschaft erfüllt. Ohne Beachtung der Familienbalance kann es passieren, daß, sobald die Symptome des Behandelten sich bessern, ein bisher unauffälliges Familienmitglied Symptome entwickelt oder sich alle anderen auf undefinierbare Weise schlechter fühlen.

So könnte z. B. ein Mann mit Impotenz reagieren, wenn seine jahrelang anorgasmische Frau im Verlauf einer Behandlung beginnt, ihrerseits sexuelle Wünsche anzumelden. Es sollte also allen Beteiligten in Abstimmung aufeinander ermöglicht werden, sich so zu verändern, daß ein neuer, allseits akzeptierter Gleichgewichtszustand entstehen kann.

Das Vorgehen systemorientierter Therapeuten

Innerhalb der Paar- und Familientherapie haben sich seit den 50er Jahren mehrere Richtungen und Schulen entwickelt (siehe Hoffmann, 1982), die sich sowohl im methodischen Vorgehen wie auch in der theoretischen Forschungsrichtung unterscheiden. M. Kirschenbaum und C. Gammer, die durch Fortbildungsangebote den aktuellen Stand aus den USA nach Deutschland übertrugen, vermitteln deshalb einen integrativen Arbeitsansatz, bei dem unterschiedliche Richtungen und Techniken einbezogen werden, u. a. auch körperorientierte Vorgehensweisen. Bei den nachfolgend angeschnittenen Fragen kann man also nicht von *der einen* Therapiemethode sprechen; es gibt vielmehr ein breites Spektrum von therapeutischen Ansatzpunkten.

Ein Familienmitglied will nicht teilnehmen

Im Beispiel der oben vorgestellten Migränepatientin sieht eventuell deren Ehemann keinen Anlaß, an der Behandlung der Kopfschmerzen mitzuarbeiten. Der Therapeut kann nun den Mann direkt anrufen und ihn zu gemeinsamen Gesprächen einladen, indem er betont, daß es ihm wichtig ist, auch seine Sicht über das

Zustandekommen der Symptomatik einzubeziehen. Ferner kann es für den Mann ein Gewinn sein, sich direkt an der durch die Therapie eingeleiteten Veränderung zu beteiligen und diese nicht nur indirekt über seine Frau mitzubekommen. Eine Unterstützung bei der Veränderung der Symptomatik ebenso wie ein Vertreten seiner Interessen in der Beziehung könnte für den Mann ein Grund sein, sich die Sache zumindest einmal anzuschauen. Eine Möglichkeit, therapieängstlichen Familienmitgliedern die Eingangsschwelle zu erniedrigen, ist die Vereinbarung einer begrenzten, nicht allzu hohen Stundenzahl, mit der Möglichkeit, sich dann neu zum Weitermachen zu entscheiden.

Häufig wird Familientherapie in Zusammenarbeit, am besten von einem weiblichen und einem männlichen Therapeuten, durchgeführt, so daß ein Therapeut sich intensiv um die Interessen der hinzugeholten Familienmitglieder kümmern kann. Durch solche Unterstützung für die eigenen Anliegen kann eine Motivation aufgebaut werden, durch Fortsetzung der Therapie eine angenehmere Situation im Zusammenleben zu erreichen.

Die Problemgespräche beginnen

Auf gezielte Fragen der Therapeuten hin berichten Mann und Frau von den Migräneanfällen und erzählen allgemein aus ihrem Alltag. Die Frau ist hierbei deutlich zurückhaltender als ihr Mann, spricht nur wenig und sehr leise. Zunächst lassen sich auch keine konkreten Auslösesituationen für die Migräneanfälle finden. Beide Ehepartner streiten sehr selten, da sie sehr um Harmonie und Einigkeit in der Familie bemüht sind. Auch das Verhalten der Kinder läßt sich im ganzen gut ertragen; das Bettnässen des Jüngsten verschwinde wohl durch Erziehungsberatung und die Aufsässigkeit des Älteren lege sich bestimmt nach dessen Pubertät.

Die Therapeuten beobachten, daß der Mann die sehr zögernd vorgebrachten Sätze seiner Frau hilfreich ergänzt und taktvoll korrigiert, wenn diese nach verdeckter Anklage, Schuldzuweisung oder Vorwurf klingen. Es fällt auf, daß die Frau öfters zu Boden blickt und bald nur noch stillschweigend nickt. Neben den Gesprächsinhalten erfassen die Therapeuten so auch erste Ansätze eines Interaktionsmusters zwischen den Ehepartnern. In späteren Sitzungen beginnen sie sehr vorsichtig, die Frau zu ermuntern, etwas ausführlicher über ihre Gedanken und Empfindungen zu sprechen. Gleichzeitig bekommt der Mann die Aufgabe, seiner Frau mindestens 10 Minuten lang still, d. h. ohne sie zu unterbrechen, zuzuhören. Im weiteren können die Therapeuten folgendes Rollenspiel vorschlagen: Der Mann nimmt den Sitzplatz seiner Frau ein und versucht, sich in deren Person hineinzuversetzen. Dazu verhält er sich wie diese, spricht zögernd, blickt häufig zu Boden, versucht jenen Druck in seinem Körper und vor allem in seinem Kopf zu spüren, der bei seiner Frau zur Migräne wird. Vermutlich wird ihm das Spielen der Rolle seiner Frau anfangs sehr schwerfallen. Ebenso schwer wird es für die Frau, die Rolle ihres Mannes auf dessen Sessel zu übernehmen. Beide werden ermuntert, auf die Gefühle zu achten, die in den jeweils anderen Rollen auftauchen, und sich diese mitzuteilen.

Diese und ähnliche Interventionsmöglichkeiten dienen dazu, das gegenseitige Verständnis zu fördern und zugleich Möglichkeiten des Anders-Seins schon ansatzweise auszuprobieren.

Die ganze Familie versammelt sich

Für eine der nächsten Sitzungen werden auch die beiden Söhne miteingeladen. Der sechsjährige ‚Bettnässer' setzt sich dicht neben seine Mutter, während der vierzehnjährige ‚Aufsässige' sich etwas außerhalb des Kreises niederläßt, die Beine leger von sich gestreckt. In dieser Stunde wird das Gespräch nun wesentlich vielschichtiger und schwieriger: Die Mutter versucht immer wieder, das Bettnässen ihres Jüngsten gegenüber den Angriffen des Älteren und des Vaters zu verharmlosen. Der große Sohn kommentiert die Symptome seiner Mutter und seines jüngeren Bruders eher herablassend und desinteressiert, während der Vater sich bemüht, sachliche Erklärungen abzugeben. Das Geflecht der wechselseitigen Interaktionen wird immer dichter, bis schließlich der Vater und der ältere Sohn in einen immer mehr eskalierenden Streit geraten, auf den die Mutter mit Hilflosigkeit, Schwindelgefühlen und beginnendem Kopfschmerz reagiert, während dem kleineren Kind deutliche Anzeichen von Angst anzumerken sind.

Den Therapeuten stehen an diesem Punkt mehrere Interventionsmöglichkeiten offen:

1. Sie begrüßen den Streit von Vater und Sohn und heben deren gemeinsames Bemühen hervor, Konflikten nicht aus dem Wege zu gehen, sondern sie wirklich offen auszutragen. Gegenüber der Mutter und dem jüngeren Sohn betonen sie, daß Streit, auch wenn er manchmal sehr heftig und anstrengend ist, in gespannter Atmosphäre viel Energie freisetzt und so die Rückkehr zu harmonischem Zusammenleben erleichtert. Ohne eine Lösung der Spannung kann diese sich in einem bestimmten Teil der Körpers niederschlagen, kann eventuell Ursache für das Kopfweh der Mutter sein.

2. Die Therapeuten unterbrechen den Streit und bitten die Familie, die eben erlebte Situation plastisch als Skulptur nachzustellen: als hätte ein Bildhauer oder ein Tonmodellierer diese Szene mit ihren Körpern nachgebildet, so sollen sie sich jetzt im Raum in Beziehung zueinander aufstellen. Die Skulptur könnte nach der Sicht der Dinge von einem Familienmitglied oder auch nach der Sicht eines Therapeuten aufgestellt werden. Für die Interpretation der Skulptur sind besonders Nähe- bzw. Distanzkriterien sowie die Orientierung oder Abwendung der einzelnen Familienmitglieder untereinander aussagekräftig. Auch die vertikale Ebene, in der im wörtlichen wie übertragenen Sinn die Größen- und Machtunterschiede in der Familie zutage treten, werden besprochen. Im Anschluß daran wird der Eindruck, den die dargestellte Interaktionsstruktur bei jedem einzelnen in der Familie ausgelöst hat, ausführlich aufgearbeitet. Dadurch wird oft sehr deutlich, wie sehr die Gedanken und Empfindungen der aktuellen Ist-Situation von den Wünschen differieren. Körperorientierte Therapeuten könnten zudem bestimmte Streßpositionen einzelner Mitglieder aus einer Familienskulptur herausarbeiten, um so spezifische körperliche Blockaden bei diesen als Thema weiterzuverfolgen.

3. Natürlich besteht auch die Möglichkeit der Analyse des Streits und der entsprechenden Reaktionen von Mutter und jüngerem Sohn. Diese Analyse kann sich nur auf das Aufzeigen bestimmter Kommunikationsmuster und Interaktionsabfolgen beziehen oder auch psychodynamische Inhalte einschließen. So fühlt sich der ältere Sohn z. B. öfter durch die sachlich überlegene Art seines Vaters gereizt und provoziert zu unsachlichen emotionalen Ausfällen. Daraufhin gesteht die Mutter ein, sie habe immer schon vor den zwar seltenen, aber doch unmittelbaren und heftigen Wutanfällen ihres Mannes Angst gehabt und dem kleinen Sohn gehe es sicherlich ebenso.

Die Familiengeschichte wird erforscht

Nicht nur tiefenpsychologisch ausgebildete oder interessierte Therapeuten legen großen Wert auf die Einbeziehung der Ursprungsfamilien, also der Familien, in denen die ratsuchenden Erwachsenen als Kinder aufgewachsen sind. Zur Interaktionsanalyse dieser Systeme kommt die Analyse der ‚Delegationen' und die Erforschung und Aufdeckung bestimmter ‚Familienmythen' (Stierlin 1980; Minuchin, 1981) sowie bestimmter ‚Familienriten' (Boszormenyi-Nagy 1981). Diese Analyse geschieht durch gezielte Befragung, kann durch weitere Skulpturbildung verdeutlicht werden oder durch Übungen aus der Gestalttherapie, wie z. B. den Dialog mit einer Person aus der Kindheit, intensiviert werden.

In dem Beispielsfall wurden beide Eltern gebeten, ihre eigene Ursprungsfamilie in einer Skulptur nachzubilden. Bei der Frau ergab sich folgende Situation: Ihr eigener Vater war die autoritär-dominierende Figur in der Familie. Ihm hatten sich die Kinder und auch seine Frau widerspruchslos unterzuordnen. In dieser Familie hatte die Mutter die Rolle, unter Hintanstellung eigener Wünsche den Familienfrieden aufrechtzuerhalten, die heftigen Wutausbrüche ihres Mannes zu dämpfen, die Kinder ruhig und problemlos zu erziehen und ständig für harmonischen Ausgleich zu sorgen. Das negative Vorbild ihres Vaters war auch der Grund, ihren jetzigen Mann als Partner zu wählen, da er ihr anfangs als sehr vernunftorientiert, sachlich und berechenbar erschienen war. Sie wünschte sich eine harmonische Beziehung und nahm sich vor, alles in ihrer Macht Stehende dazu beizutragen. Gebeten, die wichtigste Botschaft, die sie von ihrer Mutter erfahren habe, in einem Satz wiederzugeben, sagt sie: „Eine Ehefrau und Mutter muß in ihrer Familie für Druckausgleich sorgen."

In der Ursprungsfamilie des Mannes herrschte eine ähnliche Rollenverteilung zwischen den Eltern, so daß er sich schon früh vornahm, in seiner eigenen Familie später einmal Vernunft statt unkontrollierter Emotionen zur Regel werden zu lassen. Um so mehr enttäuschte es ihn im Laufe der Zeit, daß seine Frau ähnlich depressive und psychosomatische Reaktionen wie seine Mutter zeigte. Er wünschte sich z. B., daß seine Frau mehr ‚Charakter' ausdrücke und aktiver die Erziehung der Kinder betreibe. Er wünschte sich eine echte Partnerin, die mit ihm aktiv etwas unternimmt und sich auch an seiner Verantwortlichkeit beteiligt. Die wichtigste Botschaft seiner Eltern formuliert er so: „Nimm Rücksicht auf deine Frau, schone sie und gehe vernünftig mit ihr um."

Die Familienanalyse, die von verschiedenen Therapeuten mit unterschiedlicher Intensität durchgeführt wird, macht unbewußte Einstellungen und Wünsche der einzelnen Familienmitglieder gegenüber den anderen und zu sich selbst bewußt und leistet so einen wesentlichen Beitrag zur Umstrukturierung des Systems. Ein Dialog, den die Therapeuten zwischen Mutter und dem kleineren Sohn initiieren, läßt einen Zusammenhang zwischen deren Problemen erahnen. Der kleine Sohn äußert, sein größter Wunsch sei, daß sich die Mutter nicht mehr so lange in ihr abgedunkeltes Zimmer zurückziehen soll und daß sie schnell wieder gesund werde. Vor allem aber soll sie nicht mehr traurig darüber sein, daß er manchmal noch ins Bett macht. Er möchte dies jetzt von sich aus gern bald ändern und wünscht sich, daß sie ihm dabei hilft.

Einzelarbeit

In den weiteren Sitzungen kann es nötig werden, daß die Therapeuten eine Phase von intensiver Arbeit mit jeweils nur einem Familienmitglied einlegen. Wenn die Restfamilie bei diesen Gesprächen anwesend ist, bedarf es einer guten Balance zwischen notwendiger Offenheit und Rücksicht auf die Intimsphäre des Betroffenen. Auf der anderen Seite lernen die Zuhörer oft bisher nicht bekannte Zusammenhänge kennen, die ihnen Verständnis an Punkten ermöglichen, wo sie bisher nur mit Ablehnung reagieren konnten. Manche Therapeuten ziehen es vor, in dieser Phase Einzelsitzungen ohne die Restfamilie zu vereinbaren, wobei es dann aber nötig sein wird, das Erarbeitete in den Gesamtkontext wieder zu integrieren.

Raum zur Veränderung

Die durch solche Gespräche initiierten Veränderungsprozesse innerhalb der Gesamtfamilie und bei jedem einzelnen Mitglied brauchen naturgemäß Zeit. Dem kommen die Therapeuten dadurch entgegen, daß sie mit zunehmendem Verlauf größere Zeitabstände (evtl. bis hin zu 4 Wochen) zwischen den Sitzungen einplanen. Die eigendynamischen und positiven Wachstumskräfte des Familienverbandes sollen sich entfalten können, und den einzelnen Personen wird Raum für die Übertragung des in der Therapie Besprochenen in ihr Alltagsleben gewährt.

Auch innerhalb der Therapiesitzungen unterstützen die Therapeuten zunehmend die Eigenverantwortlichkeit der Familie für den Prozeß. Sie stellen sich mehr als Vermittler von Dialogen zur Verfügung, unterstützen bei Blockierungen, vermitteln bei Mißverständnissen und halten durch Nachfragen den Interaktionsprozeß in Gang. So nimmt das Ausmaß der Orientierung auf die Person des Therapeuten mit zunehmendem Therapieverlauf kontinuierlich ab.

Veränderung der strukturellen Ordnung

Der strukturelle Ansatz nach Minuchin (1981) impliziert bestimmte normative Vorstellungen über eine gesund funktionierende Familie. Sie ist u. a. gekennzeichnet durch deutliche Abgrenzungen der einzelnen Subsysteme (Eltern, Kinder, Großeltern). Auch innerhalb der Subsysteme, z. B. zwischen Eltern oder zwischen den Geschwistern, sollte es Bereiche geben, die mit den anderen nicht geteilt werden. So ist es möglich, daß alle Mitglieder eines Systems sich eine Intimsphäre aufbauen und ihre jeweiligen Bedürfnisse berücksichtigen lernen. Unter diesem Aspekt kann Therapie als Um- und Neuorganisation des Familienverbandes oder zumindest eines Teils davon verstanden werden. Am Beispiel unserer Familie wäre in dieser Hinsicht zweierlei zu tun: Der jüngere Sohn kommt nachts häufig in das Bett seiner Eltern, nachdem er sein eigenes naß gemacht hat. Er begründet dies damit, daß er Rücksicht auf seine Mutter nehmen wolle, damit diese nicht mitten in der Nacht aufstehen müsse, um sein Bett frisch zu beziehen. Damit dringt er natürlich in die Intimsphäre seiner Eltern ein und wird dafür von seiner Mutter auch noch dadurch belohnt, daß er sich zu ihr hinkuscheln darf. Die Therapeuten können nun einerseits die Eltern fragen, ob sie diese Einmischung des Kindes nicht auch gelegentlich störe, andererseits könnte auch der Junge bei seinem Stolz angesprochen werden, indem man ihn ermuntert, sein Bett selbst wieder in Ordnung zu bringen. Für den älteren Sohn überlegt die Familie, ob es eine Möglichkeit gibt, den bislang ungenutzten Hobbyraum für ihn als Zimmer einzurichten, so daß die beiden Kinder jeder für sich einen eigenen Bereich erhalten. Die Therapeuten werden fragen, warum die Frau keinen eigenen Bereich im Haus hat, den sie für sich alleine benutzen kann, im Gegensatz zum Mann, der ganz selbstverständlich über ein eigenes Arbeitszimmer verfügt. Auch wenn die Frau anfangs keine Notwendigkeit für die Schaffung eines eigenen Raumes akzeptieren kann, wird eine derartige äußere Umstrukturierung Einfluß auf die Beziehungen der Familienmitglieder haben.

Stärkung von positiven Anteilen

Die beschriebene räumliche Neustrukturierung kann zum Anlaß genommen werden, die positiven Kräfte der Familie aufzugreifen und ihre Entwicklung zu fördern. In der Regel fällt es Familien in aktuellen Krisen schwer, ihre positiven Seiten, also alles das, was bei ihnen gut geht, ihre Unterstützung füreinander und ihre gegenseitige Liebe wahrzunehmen und wertzuschätzen. Diese positiven Faktoren werden um so verschütteter sein, je länger die offenen oder verdeckten Konflikte bereits andauern. Ihre Aktivierung kann sehr gut durch gemeinsames Handeln, wie z. B. die Umgestaltung einer Wohnung, gefördert werden, so daß nicht nur auf einer verbalen Ebene danach gesucht werden muß.

Kompromisse aushandeln

Einige Familientherapeuten überlassen es den Familien weitgehend selbst, durch Aushandeln von Kompromissen eine neue Basis für ein besseres Miteinander zu finden. Oft werden Therapeuten in dieser Phase der Behandlung von den Familien als Schiedsrichter angerufen, wobei die Gefahr besteht, daß eine inhaltliche Einflußnahme erfolgt. Der Therapeut kann das Aushandeln tragfähiger Kompromisse sehr wohl durch eine emotionale Begleitung des Verständigungsprozesses erleichtern. Er dient dann der Familie auch als Zeuge für die Ergebnisse und für den Fall der Nichteinhaltung besprochener Verträge. Dieses Vorgehen, einer Lösung der kleinen Schritten, die partnerschaftlich ausgehandelt werden, näherzukommen, leitet sich aus den verhaltenstherapeutisch oder transaktionsanalytisch orientierten Ansätzen ab. Die Therapeuten betrachten die Familienmitglieder als gleichwertige Partner und betonen, daß sie selbst nicht mehr wissen oder mehr können als ihre Klienten. Dadurch wird von Anfang an eine hohe Selbstverantwortung bei den Ratsuchenden erreicht. Von Nachteil könnte sein, daß sich die Therapeuten in ihrer partnerschaftlichen Haltung möglicherweise in das System hineinziehen lassen. Diese Gefahr, in die Rolle des Verbündeten der einen oder anderen Konfliktpartei zu kommen, ist der Grund, warum es eher strategisch oder systemisch orientierte Familientherapeuten ablehnen, sich aktiv am Zustandekommen der konkreten Veränderungen zu beteiligen. Wie auch psychoanalytisch arbeitende Therapeuten achten sie sehr darauf, ihre Unabhängigkeit und Unparteilichkeit zu bewahren, und verstehen die Therapie mehr als Anstoß, denn als Hilfe fürs Handeln.

Paradoxe Verschreibungen

In Systemen, in denen sich der Änderungswunsch und der Widerstand dagegen die Balance halten, kann durch Unterstützung der Veränderungskomponenten allein oft keine Weiterentwicklung stattfinden. M. Selvini (1981) ebenso wie Jay Haley (1978) unterstützen hier scheinbar paradox die Widerstandstendenzen in der Familie, wodurch deren Sinnlosigkeit erlebbar wird und die Klienten sich anderen Lösungsmöglichkeiten zuwenden können. Am Beispiel der beschriebenen Familie würde diese Vorgehensstrategie bedeuten, daß man die Frau auffordert, die Migräneanfälle bewußt zu provozieren. Dies könnte z. B. dadurch geschehen, daß sie an vereinbarten Tagen von frühmorgens bis abends möglichst wenig spricht, sich den verschiedenen Wünschen, die an sie herangetragen werden, vollständig aussetzt und versucht, den Druck in ihrem Kopf anwachsen zu lassen.

Die Begründung für diesen Auftrag ist, daß sie ja lernen will, ihre Migräne unter Kontrolle zu bringen. Da jedoch eine Kontrolle im Sinn der gewünschten Symptomreduzierung erfahrungsgemäß nur schwer oder gar nicht zu erzielen ist, soll diese Kontrolle über den Weg der willkürlichen Symptomproduktion angestrebt werden. Der Gedanke wäre: Wenn sie ihr Symptom willkürlich herbeiführen kann, kann sie auch sein Verschwinden eher willkürlich beeinflussen.

Paradoxe Verschreibungen wie diese unterbrechen den üblichen eingespielten Zirkel, daß ein Patient möglichst alles versucht, um sein Symptom zu vermeiden. Als nächster Schritt kann dann besprochen werden, welche anderen Verhaltensweisen zur Verfügung stehen, die einen vergleichbaren Stellenwert wie die ‚Notwendigkeit' des Symptoms für das Leben des Betroffenen haben.

Verhaltensaufträge

Im Beispiel der vorgestellten Familie kann es notwendig werden, daß beide Ehepartner lernen, Gefühle, positive ebenso wie negative, offener und deutlicher als bisher auszudrücken. In den Therapiegesprächen könnten sie dazu ermuntert und angeleitet werden mit dem Auftrag, dies in der Zeit zwischen den Sitzungen systematisch einzuüben. Der Therapeut aktiviert somit die Eigenbeteiligung der Klienten und erweitert den zeitlichen Rahmen über den der Therapiegespräche hinaus. Besonders für die Frau könnten hier auch Entspannungsübungen angezeigt sein, die ihr helfen, die automatisierte Mechanik ihrer Migräneanfälle besser kontrollieren zu lernen. Für diese Übungen können auch Unterstützungsmöglichkeiten des Mannes besprochen werden, wie z. B. Massage der Kopfhaut, Instruktion der Entspannungsübungen oder ähnliches. Besonders wenn sich Muster über einen Zeitraum von mehreren Jahren hinweg eingespielt haben, werden sie so rigide, daß mit einer Ausdehnung der Behandlung auf die Tage zwischen den Sitzungen gegengesteuert werden muß.

Dauer und Aufwand einer Familientherapie

Die Dauer einer Familientherapie hängt im wesentlichen davon ab, über welchen Zeitraum sich die Symptomatik und die pathologische Beziehungsstruktur bereits verfestigt hat. Bezieht sich der Behandlungsauftrag der Familie nicht nur auf einen speziellen

Aspekt, sondern umfaßt eine Veränderung des Interaktionsmusters, muß für die Analyse der Familiengeschichte und der Kommunikationsstruktur erfahrungsgemäß mit mindestens 10 bis 15 Sitzungen gerechnet werden. Die weitere Entwicklung hängt davon ab, wie sehr es der Familie gelingt, strukturelle und strategische Veränderungen umzusetzen, so daß neue, selbstverstärkende Interaktionszirkel entstehen können. Eine Beendigung kann ins Auge gefaßt werden, wenn nach einer Phase der Verbesserung ein Rückschlag relativ selbständig von den Betroffenen aufgearbeitet werden konnte. Der organisatorische Aufwand einer Familientherapie ist sowohl auf seiten der Therapeuten wie auch auf seiten der Familie wesentlich größer als bei einer Einzeltherapie. Wenn möglich, werden sich die Therapeuten an den zeitlichen Bedingungen der Familie orientieren, sie werden jedoch darauf achten, daß nicht zeitliche oder organisatorische Gründe vorgeschoben werden, um unangenehmen Situationen aus dem Weg zu gehen. Es kommt aber wohl immer wieder vor, daß ernst zu nehmende Gründe verhindern, daß die gesamte Familie zusammenkommt. Nur einige Therapeuten bestehen grundsätzlich darauf, daß bei allen Sitzungen alle Familienmitglieder anwesend sind.

Indikation

Systemorientierte Paar- und Familientherapie ist bei allen psychischen und psychosomatischen Störungen, bei Problemen der Abhängigkeit und Delinquenz, bei psychoseähnlichen Erscheinungen eines Mitgliedes eines Systems (Paar, Familie oder Wohngemeinschaft) sowie bei Erziehungsproblemen angezeigt; ferner bei allen offensichtlichen Beziehungsstörungen, wie z. B. sexuellen, emotionalen oder Verhaltensstörungen in einer Partnerschaft. Auch die Trennung einer Ehe kann Anlaß sein, in einer Systemtherapie die gegenseitigen Schuldzuweisungen, die eigene Trauer und Verletzung aufzuarbeiten, insbesondere dann, wenn die elterliche Verantwortung für gemeinsame Kinder weiterbesteht. Es soll verhindert werden, daß diese als Funktionsträger für gegenseitige Rachebedürfnisse benützt werden.

Eine systemorientierte Behandlung ist nicht möglich oder kontraindiziert, wenn ein einflußreiches Mitglied die Teilnahme verweigert, wenn wesentliche Familientabus unantastbar sind (z. B. Inzest oder Kindesmißhandlung) oder wenn das ‚Arbeitsmittel Kommunikation' wesentlicher Bestandteil der Symptomatik ist (z. B. wenn sich jemand wochenlang weigert, mit den anderen überhaupt zu sprechen).

Empfohlene Literatur: Haley, J.: Direktive Familientherapie-Strategien für die Lösung von Problemen. München: Pfeiffer, 1977. *Hoffmann, L.:* Grundlagen der Familientherapie. Hamburg: Isko-Press, 1982. *Satir, V.:* Familienbehandlung. Freiburg: Lambertus, 1973.

E. Entspannungstechniken

In einer Unterhaltung über Möglichkeiten und Grenzen des Autogenen Trainings soll Freud an Schultz die Frage gestellt haben: „Sie glauben doch nicht, daß Sie damit heilen können?", worauf dieser antwortete: „Keinesfalls, aber ich meine doch, daß man wie ein Gärtner Hindernisse wegräumen kann, die der echten Eigenentwicklung im Wege stehen." Diese realistische Einschätzung, die sich auf alle Entspannungsverfahren übertragen läßt, weist diese Techniken als begrenzte Hilfen für körperliche Selbsterfahrung und psychosomatisches Wohlergehen aus. Sie können eine u. U. notwendige psychotherapeutische Behandlung nicht ersetzen, vielleicht jedoch die Hemmschwelle zur Psychotherapie bei vielen Menschen verringern, weil diese möglicherweise erfahren, daß ihre Störungen beeinflußbar sind.

Manche Therapeuten empfehlen ihren Klienten, parallel zu ihrer psychotherapeutischen Behandlung eine Entspannungstechnik zu lernen, da sie die Fähigkeit, sich zu entspannen, als hilfreich und unterstützend für die Therapie ansehen. Bei einigen psychotherapeutischen Verfahren (z. B. imaginative Verfahren, mentales Training, Desensibilisierung) ist eine hinreichende Entspannungsfähigkeit des Klienten sogar Voraussetzung; diese kann vorher in einem getrennten Kurs erworben sein, oder sie wird unmittelbar in der Therapie eingeübt.

Die Entspannungskurse, die an den meisten Volkshochschulen und in einigen psychotherapeutischen Praxen angeboten werden, richten sich jedoch in der Regel an Personen, die – falls sie nicht von ihrem Arzt überwiesen wurden – selbst zu der Einsicht kamen, daß ihnen eine fundierte Entspannungsfähigkeit in manchen Bereichen ihres Lebens nützlich sein oder ihnen eine Verringerung bestimmter psychosomatischer Symptome bringen kann.

Die Auswahl unter den verschiedenen Techniken ist oft nicht leicht. Das breite Angebot der Volkshochschulen an Entspannungsverfahren ermöglicht es jedoch, mehrere dieser Verfahren auszuprobieren.

16. Autogenes Training

Wolfgang Becker-Freyseng

Das Autogene Training wurde vor über 50 Jahren von dem Berliner Psychiater J. H. Schultz entwickelt. Es ist angezeigt bei psychosomatischen Beschwerden aller Art, bei nervösen Spannungszuständen, Schlafstörungen, Verdauungsbeschwerden, asthmatischen Erkrankungen, funktionellen Herz- und Kreislaufstörungen u. ä. – alles Beschwerden, die durch Spannung ausgelöst oder verschlechtert werden.

Wirkungsweise des Autogenen Trainings

Es ist bekannt, daß der menschliche Körper mit Hilfe des sogenannten autonomen oder vegetativen Nervensystems in der Lage ist, sich verschiedenen Lebensumständen anzupassen. Zur Steuerung dieser Anpassungsvorgänge werden Informationen über das aktuelle Tun (z. B. Laufen, Bergsteigen, Dösen) und über das psychische Begleitgeschehen (z. B. ängstliche oder freudige Erwartung, ohnmächtige Wut) verarbeitet. All diese Informationen gehen mit muskulären, vaskulären und hormonellen Veränderungen im Körper einher; bei Belastung produzieren sie Spannung bzw. Erregung und bewirken somit eine gesteigerte Leistungsbereitschaft des gesamten Organismus, die sogenannte ‚Streßreaktion'. Diese Reaktionsmuster sind bereits genetisch vorprogrammiert; sie müssen deshalb nicht erst erlernt werden und stehen dem Menschen von Geburt an zur Verfügung.

In ähnlicher Weise ist der menschliche Körper auch auf das Erzeugen von Entspannung vorbereitet. Der Schlaf, eine Extremform möglicher Entspannung mit all den komplizierten Veränderungen im Körpergeschehen, funktioniert ebenfalls bereits vom ersten Lebenstag an, ohne je gelernt zu werden. Der menschliche Körper ist also in der Lage, *aktiv* Spannung und ebenso Entspannung zu produzieren.

Während man jedoch die typischen Symptome und Begleiterscheinungen der Anspannung wie z. B. Herzklopfen, Muskelbewegungen, beschleunigte Atmung etc. im allgemeinen auch erleben kann, sofern die Aufmerksamkeit nicht zu sehr auf das die Spannung auslösende Ereignis gerichtet ist, sind die Kennzeichen der Entspannung den meisten Menschen nur teilweise bewußt. Das liegt ganz einfach an den mangelnden Beobachtungsmöglichkeiten während des Schlafens. Diese Beobachtungslücke füllt das

Autogene Training aus: mit seiner Hilfe kann man lernen, sich zu entspannen und die dadurch ausgelösten körperlichen Veränderungen bewußt wahrzunehmen. Vereinfacht ausgedrückt heißt das: Autogenes Training ist die Kunst, sich tief zu entspannen und dabei nicht wie üblich einzuschlafen, sondern die Entspannung zu spüren. Dabei kommt es natürlich darauf an, sich in einen Zustand zu bringen, der eine tatsächliche Entspannung ermöglicht – und das geschieht am einfachsten durch Nichts-Tun. Während man jedoch normalerweise dabei seine Gedanken schweifen läßt, Luftschlösser baut oder auch nur ein schlechtes Gewissen hat und sich überlegt, was man eigentlich tun sollte, benutzt man beim Autogenen Training diese Zeit zu einer konzentrierten *Körperbeobachtung*.

Ein typischer Kursverlauf

Im allgemeinen beginnt ein Kurs im Autogenen Training damit, daß man lernt, seinen rechten oder linken Arm zu lockern, also die Haltespannung der Muskulatur zu lösen. Der gelockerte Arm wird regelmäßig mit einem typischen Gefühl von *Schwere* wahrgenommen, weil nun mangels muskulärer Kompensation die Eigenschwere, das Gewicht des Armes spürbar wird. Die meisten Leute kennen diese oder ähnliche Empfindungen nach anstrengender körperlicher Arbeit im Zustand der Ermattung, also wenn man sich schlapp und müde fühlt, wenn einem ‚die Glieder schwer' werden. Interessanterweise kann diese Schwereempfindung aber auch als Leichtigkeit, Gelöstheit oder sogar Schwerelosigkeit erfahren werden. Es ist wichtig, daß man seine eigene bevorzugte Empfindung dieser entspannten Muskulatur kennen und ausgestalten lernt.

Es ist natürlich nicht einfach, diese konzentrierte Beobachtung des eigenen Nichts-Tuns und seiner Wirkungen länger als wenige Minuten durchzuhalten, weil man ständig von Geräuschen, anderen Gedanken und Empfindungen beim Beobachten gestört wird. Das Autogene Training bietet für diese typischen Anfangsschwierigkeiten ein Hilfsmittel an, das die konzentrierte Verfolgung des Entspannungsgeschehens erleichtern kann: die sogenannten ‚Formeln' oder besser: das Kommentieren der erlebten Beobachtungen. Im Prinzip wird dabei lediglich gedanklich begleitet, was im Zustand der Entspannung tatsächlich gespürt wird: also z. B. „Der rechte Arm ist schwer".

Dabei spielen Anzahl oder Text der Formeln eigentlich eine Nebenrolle. Der psychologische Sinn der Formeln besteht in einer auch sprachlich gestützten Bewußtmachung des erlebten

Körpergeschehens und damit gleichzeitig in einer konzentrativen Einengung des normalen Gedankenflusses in Richtung auf intensives Beobachten und Spüren. Auch dabei ist es wichtig, daß jeder Kursteilnehmer den ihm gemäßen Kommentar findet, der ihm zum konzentrierten Verweilen in der Entspannung verhilft.

Nach dem hier beschriebenen Grundprinzip ist das gesamte Autogene Training aufgebaut: ein durch reale Entspannung ausgelöstes Körpergeschehen wird durch bewußte Beobachtung und gedankliche Begleitung zur konzentrierten Entspannungserfahrung. Durch diese Wahrnehmungsschulung wird gleichzeitig auch die tatsächliche Entspannung verbessert.

Im Verlauf eines Kurses werden dann – mehr oder weniger vollständig und systematisch – weitere Entspannungserscheinungen in das Übungsprogramm einbezogen. Die bekannteste ist wohl die *Wärme,* die meist in der Hand oder den Fingern beobachtet wird und mit ,,rechte (bzw. linke) Hand warm" kommentiert wird. Diese Wärmeempfindung beruht auf einem Nachlassen des Gefäßtonus im peripheren Kreislauf. Vereinfacht ausgedrückt ,entspannen' die feinen Blutgefäße unter der Haut und ermöglichen dadurch eine verbesserte Durchblutung, was wiederum einen gesteigerten Transport von Körperwärme über das Blut zur Folge hat. Es handelt sich also um ganz reale – und nicht etwa eingebildete – Körperwärme, die während der Entspannung registriert werden kann.

Auch rhythmische Elemente können in das Entspannungserleben einbezogen werden. *Puls* und *Atmung* als ,Körperrhythmen' stellen sich während der Entspannung von selbst auf ein Ruheniveau ein. Das fließend-pulsierende Strömen, das ruhige Gleichmaß sich abwechselnder Ein- und Ausatmungsbewegungen können entspannungsbereichernd erlebt werden. ,,Puls ruhig und regelmäßig" und ,,Es atmet mich" sind dazu mögliche Kommentare.

Eine Fülle von Beobachtungsmöglichkeiten bietet der *Leib* in der Entspannung: neben Puls- und Atmungsbewegungen, einer weich-entspannten Bauchdecke und Wärmeempfindungen kann man während der Entspannung auch eine aktivierte Funktion der Verdauungsorgane beobachten. Mannigfache Geräusche wie Gurgeln, Gluckern, Knurren, Plätschern usw. unterstreichen recht eindrucksvoll das Funktionieren dieses Bereiches. Der Kommentar ,,Sonnengeflecht strömend warm" faßt diese Aktivitäten symbolisch zusammen.

Zum Abschluß eines Kurses wird meist der *Kopf* und seine Entspannungsmöglichkeiten in das Programm einbezogen. Als Begleitkommentar wird hierfür meist ,,Kopf klar und frei" gebraucht.

Das Training

Entscheidende Voraussetzung für eine wirkungsvolle Anwendung des Autogenen Trainings bildet das regelmäßige und ausdauernde Üben dieses Entspannungsprogrammes. Das häufige Einleiten und Ablaufenlassen der Entspannung führt nach einiger Zeit zu einer gewissen Automatisierung und danach zu einem stets zuverlässiger und reicher werdenden Entspannungserleben. Man sollte sich zum Üben täglich insgesamt 15 bis 30 Minuten Zeit freihalten, möglichst über den Tag verteilt – und vor allem nicht gerade dann, wenn man ‚im Streß' steht. Ob man dann im Liegen oder im Sitzen trainiert, ist nebensächlich. Zwar entspannt man im Liegen besser, weil die Muskulatur keine Haltearbeit leisten muß; jedoch sind im täglichen Leben leichter die Möglichkeiten einer im Sitzen geübten Entspannung zu realisieren. Am besten übt man daher beide Arten ein.

Eine häufig auftauchende Schwierigkeit in diesem Zusammenhang ist, daß man zu früh Erfolge des Autogenen Trainings sehen möchte, ohne sich vorher die Zeit gründlicher Einübung genommen zu haben. Eine Kursdauer von 6 bis 8 Wochen kann immer nur die Grundlagen schaffen, die dann in weiteren 8 bis 10 Wochen ausgebaut werden sollten. Das Autogene Training entfaltet seine positiven Wirkungen nicht sofort, sondern allmählich und in sehr kleinen Schritten. Die Beschäftigung mit dem Autogenen Training führt im Lauf der Zeit auch zu einer veränderten Einstellung gegenüber streßauslösenden Ereignissen: man erwirbt sich mehr Gelassenheit. Dadurch wird ein großer Teil von Krankheitssymptomen, die mit einer spannungsgeladenen Einstellung der Mitwelt gegenüber zusammenhängen und als Ergebnis ständiger Überbeanspruchung des Organismus verstanden werden können, langfristig wirkungsvoll beeinflußt.

Das Autogene Training wird heute von vielen Personen und Organisationen (Ärzten, Psychologen und Volkshochschulen) in Kursform zum Erlernen angeboten. Ein Kurs dauert üblicherweise etwa 8 Wochen (meist 1 Doppelstunde pro Woche) und kostet pro Person zwischen 80.– und 180.– DM. Vereinzelt übernehmen die Krankenkassen einen Teil der Kosten. Es empfiehlt sich, vor Kursbeginn den jeweiligen Versicherungsträger zu befragen.

Worauf man achten sollte, wenn man einen Autogenes Training-Kurs besucht:

- Bei sich selbst auf Neugier und Bereitschaft, sich in ein relativ unbekanntes, aber (ent-)spannendes Gebiet der Körperwahrnehmung einzuarbeiten, auch wenn es anfangs Zeit und Mühe kostet.

- Beim Kursleiter auf die Fähigkeit, jedem Teilnehmer zu seiner eigenen Entspannungserfahrung zu verhelfen, auch wenn sie von den Erfahrungen des Kursleiters abweichen sollte.
- Beim Üben auf die Möglichkeit, sich aus den im Autogenen Training angebotenen Beobachtungsmöglichkeiten im Laufe der Zeit eine individuell passende Auswahl zusammenzustellen und bei den verschiedensten Gelegenheiten zu erproben. Die endgültige Form des jeweiligen Autogenen Trainings sollte immer ‚maßgeschneidert' sein.

Empfohlene Literatur: Rosa, K. R.: Das ist Autogenes Training. München: Kindler, 1973. *Vester, F.:* Phänomen Streß: Wo liegt sein Ursprung, warum ist er lebenswichtig, wodurch ist er entartet? Stuttgart: dva, 1976.

17. Weitere Entspannungsverfahren

Burkhard Peter

Muskelentspannung

Die progressive Muskelentspannung wurde in den 30er Jahren von dem amerikanischen Psychologieprofessor Edmund Jacobson entwickelt, zu einer Zeit, als in Deutschland J. H. Schultz sein Autogenes Training vorstellte. Über die Dekonditionierungsverfahren der Verhaltenstherapie wurde Anfang der 60er Jahre die Muskelentspannung auch hier bekannt.

Bei seinen frühen Untersuchungen über physiologische Spannungszustände fand Jacobson, daß mit allen Gefühlen der Unruhe und Erregung eine deutliche Erhöhung der Muskelspannung einhergeht. Bei Angst beispielsweise spannen sich automatisch Teile der Skelettmuskulatur an; umgekehrt kann Angst schon dadurch verringert werden, daß es gelingt, diese Muskelspannung zu reduzieren. Einer Entspannung der Skelettmuskulatur wiederum folgen auch weitere Entspannungsprozesse im vegetativen Nervensystem, wie z.B. niedriger Blutdruck, reduzierter Pulsschlag und verlangsamte Atmung. Damit führt das Verfahren der progressiven Muskelentspannung zu den gleichen autonomen Veränderungen, wie sie für das Autogene Training beschrieben sind.

Technik der Muskelentspannung

Eine Muskelgruppe kann sehr schnell und effektiv entspannt werden, wenn man sie vorher anspannt. Dieses Prinzip der natürlichen Ermüdung eines Muskels nach vorausgegangener Belastung stellt die Grundtechnik der Muskelentspannung dar; jede Muskelgruppe des Körpers wird zunächst angespannt, diese Spannung wird kurze Zeit angehalten und dann einfach losgelassen.

Sowohl während des Anspannens wie auch nach dem Loslassen der Spannung wird die Wahrnehmung auf die kinästhetischen (mit dem Muskelsinn verbundenen) Empfindungen gelenkt, die in dem jeweiligen Körperteil spürbar sind. Im Unterschied zum Autogenen Training sollen hier also nicht nur die körperlichen *Entspannungs*vorgänge beobachtet werden, sondern auch die spezifischen Empfindungen, die mit *Anspannung* bzw. im Extremen mit *Verspannung* einhergehen. Gerade bei psychosomatischen Verspannungen in Teilen der Skelettmuskulatur ist es wichtig, nicht nur die wohltuenden Gefühle der Entspannung wie Wärme, angenehme Schwere oder auch Leichtigkeit wieder erleben zu können, sondern auch die Fähigkeit zu besitzen, zwischen normaler und überhöhter Anspannung des Körpers zu unterscheiden.

In den Grundübungen der Muskelentspannung wird mit allen Muskelgruppen nacheinander gearbeitet. In der Regel beginnt man (bei Rechtshändern) mit der rechten Hand und geht dann zur linken, danach zu den Unterarmen und zu den Oberarmen weiter; es folgen die Muskelgruppen des Gesichtes, die von Nakken, Schultern, Rücken, Brust, Bauch und Becken und zum Schluß die der Beine und Füße. Jeder einzelne dieser Muskeln wird solange geübt, bis die Entspannung als hinreichend tief erlebt werden kann. Je nachdem wie gründlich und detailliert der jeweilige Trainer vorgeht, kann das gesamte Programm in ca. 12 Trainingsstunden geübt werden.

Beispiel: Anspannen und Entspannen der rechten Hand (aus Peter & Gerl, 1981, S. 123–126):

Anspannen: Lenken Sie jetzt ihre Aufmerksamkeit auf ihre rechte Hand und spannen Sie diese langsam an. Schließen Sie sie ganz langsam zu einer Faust. Achten Sie dabei auf die Gefühle bei dem stetigen Übergang vom Ruhezustand zu einer immer stärker werdenden Anspannung der Muskeln.

Drücken Sie die Faust noch stärker zusammen und fühlen Sie, wie die Spannung weiter wächst, wie ihre Muskeln härter und fester werden. Die Anspannung ist nun bald an dem Punkt, wo ihre Kraft zu einem weiteren Zusammenpressen der Faust nicht mehr ausreicht. Wahrscheinlich fängt ihre Hand nun leicht zu zittern an, und sie können nicht weiter anspannen.

Halten der Spannung: Halten Sie nun diese Anspannung ca. 5 Sekunden lang aufrecht. Fühlen Sie während dieser Zeit, wie jeder einzelne

Finger Ihrer Hand verspannt ist. Machen Sie sich diese Anspannung bewußt. Nehmen Sie sie ganz deutlich wahr und achten Sie darauf, wie sie in den Muskeln und den belasteten Gelenken zum Ausdruck kommt. Zählen Sie dabei den countdown: „5–4–3–2–1–..."

Entspannen: „Enspannen!" Sprechen Sie dieses Wort innerlich ganz bewußt aus und lassen Sie damit schlagartig die Spannung in der Hand los. Einfach loslassen, ganz plötzlich alle Anspannung aus den Muskeln herauslassen.

Ihre Hand hängt jetzt leicht und locker am Handgelenk. Mit einem Schlag sind alle Gefühle der Anspannung weg. Die Finger sind etwas gekrümmt, und langsam beginnt Entspannung sich in der Hand auszubreiten. Achten Sie dabei auf die Gefühle, die damit in den Muskeln auftreten. Diese Gefühle können sehr vielfältiger Art sein. Lassen Sie alles zu, auch wenn es vielleicht neu und ungewohnt ist. Versetzen Sie sich in die Rolle eines passiven Beobachters, der alles geschehen läßt, was sich in der Hand abspielt. Tun auch Sie nichts anderes als nur beobachten und fühlen ... bloß fühlen ... ganz passiv sein ... nur beobachten und fühlen ...

Nachdem in den Grundübungen mit Hilfe von Anspannen und Entspannen schrittweise alle Muskeln des Körpers tief gelockert werden können, folgt der zweite Schritt des Trainings, das sogenannte *Vergegenwärtigungsverfahren.* Dieses bildet sozusagen die ‚Oberstufe' der progressiven Muskelentspannung. Hier werden die einzelnen Muskelgruppen nicht mehr vorher angespannt, sondern gleich entspannt. Der Übende hat bis dahin erfahren, was Entspannung ist. An den verschiedenen auftretenden Empfindungen kann er den Entspannungszustand der Muskeln unmittelbar ablesen. Seine Wahrnehmung für den Muskeltonus und den vegetativen Zustand seines Körpers ist inzwischen so geschärft, daß er auch feine Spannungen und Spannungsänderungen feststellen kann. Er braucht sich nur an die Gefühle zu erinnern, die mit dem Lockern der Spannung gekoppelt sind, und erzielt dann durch bloße Konzentration auf diese Gefühle die Entspannung.

Will man die Muskelentspannung mit Hilfe des vorherigen Anspannens als *aktive* Entspannung bezeichnen, so könnte man dieses eben beschriebene Vorgehen der Oberstufe als *autogene,* das heißt durch Konzentration selbst erzeugte Entspannung bezeichnen. Nichts anderes geschieht jedoch in der sogenannten Unterstufe des Autogenen Trainings: Entspannung durch Konzentration auf die Gefühle von Schwere und Wärme, die ganz natürlich entstehen, wenn die Muskeln entspannt werden und das vegetative System ruhiggestellt wird.

Anwendungsgebiete

Bei der Systematischen Desensibilisierung (s. S. 179ff.) sowie in anderen imaginativen Verfahren der Verhaltenstherapie stellt die Muskelentspannung die Standardmethode dar, um körperliche Ruhe herzustellen und damit die Voraussetzung für konzentratives Arbeiten zu schaffen. Als eigenständige Methode wird sie neben dem Autogenen Training und meditativen Verfahren heute auch an Volkshochschulen und ähnlichen Einrichtungen in Kursform gelehrt. Muskelentspannung ist angezeigt bei allen psychosomatischen Beschwerden, die mit körperlichen Verspannungen einhergehen.

Meditation

Viele der bei uns bekannten Meditationsverfahren haben ihren Ursprung in den Kulturen und Religionen östlicher Länder; Yoga stammt aus der hinduistischen Tradition, Zen aus der buddhistischen Tradition Japans. Es wird meist übersehen, daß auch Europa eine weitverbreitete christliche Meditationstradition besaß und besitzt. Die Exerzitien des Ignatius von Loyola geben beispielsweise eine systematische Anleitung zum Meditieren, wie sie ähnlich auch in östlichen Traditionen beschrieben wird. Der erste Teil der Exerzitien besteht in der *Reinigung*: der Mensch solle sich von allen Sünden, weltlichen Gedanken und Neigungen lösen. Neutral formuliert geht es hier um das Stillewerden in Gedanken und Gefühlen; das menschliche Bewußtsein soll leer werden und frei von dem üblichen Gedankenstrom, der es ständig besetzt hält. Im zweiten Teil wird *Erleuchtung* angestrebt; der Exerzitant soll sich des Wesens Gottes bewußt werden. Dies kann man vergleichen mit der durch längeres Üben entstehenden zunehmenden Wachheit und Bewußtheit der östlichen Meditationen. Im dritten Teil kommt das Selbst in Berührung mit Gott; dieser Teil der *Vereinigung* wird in der christlichen Tradition oft als mystische Hochzeit mit Gott beschrieben. Yoga und Zen haben vergleichbare Ziele.

Meditation als Technik der Entspannung

Meditation wird üblich als Entspannungstechnik verstanden und benützt und steht so in gleicher Reihe wie Muskelentspannung und Autogenes Training. Betrachtet man Meditation unter diesem Blickwinkel, kann man feststellen, daß entscheidend bei vielen Meditationstechniken das Bemühen ist, die Aufmerksamkeit für eine bestimmte Zeit auf eine einzelne gleichmäßige Reizquelle zu richten. Der Meditierende zieht sich für die Zeit der Übungen vom Alltagsleben zurück, um sich ausschließlich auf das jeweilige Meditationsobjekt konzentrieren zu können. Dabei ist es prinzipiell gleichgültig, welcher Natur dieses Meditationsobjekt ist; es können Worte oder Gedanken sein wie beim Gebet oder Gesang oder bei der sogenannten Mantra-Technik; es können auch körperliche Vorgänge wie beispielsweise der eigene Atem sein, oder sichtbare Objekte wie das Flackern einer Kerze oder bestimmte Bilder, die die visuelle Wahrnehmung fesseln.

Gleichgültig, welche spezielle Übung der einzelne entsprechend seiner Neigung bevorzugt, die hauptsächliche Wirkung aller Übungen besteht darin, daß er sich in den Zustand der inneren Leere und des Nichtreagierens auf die Außenwelt begibt.

Wirkung der Meditation als Entspannungstechnik

Meditation hat zunächst die gleichen körperlichen Wirkungen wie Muskelentspannung und Autogenes Training, nämlich Entspannung der Muskulatur und des Vegetativums, z. B. Verlangsamung von Herzschlag u. Atmung. Je nachdem wie fortgeschritten jemand in seiner persönlichen Fähigkeit zu meditieren ist, wird er nicht nur diese körperlichen Vorgänge der tiefen Entspannung und innere Gelassenheit als wohltuend und heilsam erleben, sondern auch Erfahrungen machen können, die sich in anderen Bewußtseinssphären abspielen, als er es üblicherweise gewohnt ist. Dies allein kann schon einen Teil dazu beitragen, daß der Betreffende einen wirkungsvollen Abstand von den Sorgen des alltäglichen Lebens gewinnt und auf diese Weise lernt, ruhiger zu reagieren und bedachter zu handeln.

Bei manchen Personen kann dies schon therapeutisch wirksam werden im Sinne einer deutlichen Besserung einer bestehenden körperlichen Symptomatik; in anderen Fällen mag dies jedoch therapeutisch sogar kontraindiziert sein, dann nämlich, wenn das Meditieren zur Vermeidung oder Flucht vor eigenen und/oder zwischenmenschlichen Problemen benutzt wird. Meditation, wie natürlich auch jede andere reine Entspannungstechnik, kann damit die Funktion eines handlichen Sedativums gewinnen, das mehr verschleiert als erhellt und damit dem wirklichen Sinn der Meditation als einer menschlichen Haltung einerseits und damit als Weg zur Transzendenz andererseits völlig zuwiderläuft.

„Je mehr ich die Europäer über Meditation reden höre, desto mehr empfinde ich, daß ich ihnen eigentlich davon abraten muß. Die verstehen ja gar nicht, worum es geht. Lesen Sie in Ihren Heiligen Schriften, Sie finden dasselbe wie in unseren: Du sollst Deinen Mitmenschen lieben; Du sollst Gott lieben; Du sollst Deinen Mitmenschen in Gott lieben. Und alles andere ist überflüssig. Nirgends steht: Du sollst meditieren. Wenn Du aber Gott lieben willst und Deinen Mitmenschen, und Du entdeckst die große Wahrheit, daß meditieren Dir dazu helfen kann und eine ganz entscheidende Hilfe dazu sein kann, dann sollst Du meditieren, und wenn Du das nicht entdeckst, sollst Du es bleiben lassen." (*Gopi Krishna,* zitiert nach *Carl Friedrich von Weizsäcker*. Reiter 1976, S. 186).

Integriertes Entspannungstraining

Im Integrierten Entspannungstraining werden Muskelentspannung, Autogenes Training und meditative Verfahren als aufeinander aufbauend verstanden und entsprechend gelehrt. Bei genauer Kenntnis der drei Verfahren kann man sehr einfach feststellen, daß sie inhaltlich ineinander übergehen. Das Vergegenwärtigungsverfahren der Muskelentspannung entspricht wesentlich der Unterstufe des Autogenen Trainings, und dessen Oberstufe (die in dem Artikel über Autogenes Training nicht dargestellt ist, da sie in solchen Kursen nur selten eingesetzt wird; siehe aber S. 145 f.) wird als meditatives Verfahren verstanden.

Die Trainingspraxis zeigt auch, daß Muskelentspannung schneller als das Autogene Training, und Autogenes Training wiederum leichter als die Meditation eingeübt werden kann. Dies liegt daran, daß dem westlichen Menschen die Systeme Skelettmuskulatur, Vegetativum und Kognition unterschiedlich leicht zugänglich sind. Es ist einfacher, Entspannung der Hand dadurch zu erreichen, daß man die Muskeln zunächst aktiv anspannt und danach losläßt (Muskelentspannung), als durch bloßes passives Hinwenden der Aufmerksamkeit auf die Prozesse in der gelockerten Hand, auch wenn diese Konzentration durch Formeln wie „Hand angenehm warm“ oder „Hand angenehm schwer“ unterstützt wird (Autogenes Training). Für Ungeübte am schwersten ist es, die geistige Aufmerksamkeit längere Zeit auf nur ein einziges Objekt zu richten (Meditation), da gelassene Konzentration bzw. Kontrolle des Geistes ohne Abschweife der Gedanken in der Regel am wenigsten verfügbar ist.

Das Integrierte Entspannungstraining beginnt deshalb mit den aktiven Übungen der Muskelentspannung, um die Empfindungen und Phänomene eines entspannten Körpers so schnell und so gut wie möglich dem einzelnen erfahrbar zu machen. Hat der Übende erst einmal seine Entspannungsfähigkeit erfahren, d. h. die entsprechenden körperlichen Empfindungen bewußt wahrgenommen, so genügt es hernach, diesen Prozeß innerlich zu vergegenwärtigen, wobei die Formeln aus dem Autogenen Training unterstützend verwandt werden. So läßt sich dann leicht durch Lenkung der Aufmerksamkeit Entspannung erlangen.

Ein Beispiel (aus Peter & Gerl 1981, S. 184 f.) mag dies verdeutlichen:

Einstimmung: Nachdem Sie die Augen geschlossen haben, wenden Sie wieder Ihren Blick nach innen und lassen ihn ziellos durch den Körper schweifen. Ohne zu werten oder zu beurteilen, verschaffen Sie sich bloß einen allgemeinen Überblick über den Zustand Ihres Körpers, ähnlich wie bei einer Bestandsaufnahme. Bloß beobachten ... bloß fühlen ... nur schauen und wahrnehmen ...

1. Schritt: Konzentration der Wahrnehmung: Nun sammeln Sie Ihre gesamte Wahrnehmung wieder und richten diese auf Ihre rechte Hand. Versuchen Sie, Ihre ganze Aufmerksamkeit ausschließlich in der rechten Hand zu konzentrieren, ganz passiv und zwanglos ...

2. Schritt: Count-down: Wenn Ihnen dies hinreichend gelungen ist, fangen Sie an, innerlich den count-down zu zählen. Versuchen Sie nicht so sehr, in Ihrem Kopf zu zählen, sondern verlegen Sie das Zählen – so gut es geht – direkt in die rechte Hand. Oder anders ausgedrückt: Sie versuchen, mit Ihrer gesamten Aufmerksamkeit in diese Hand zu gehen und in ihr zu zählen: „5 – 4 – 3 – 2 – 1– Entspannen!"

Mit dem Signal „Entspannen!" lassen Sie die Muskeln immer lockerer werden ... und tiefer ... immer tiefer entspannen ... Während dieses Lockerungsvorgangs können Sie das Entspannungssignal manchmal noch wiederholen: „... entspannen ... immer tiefer entspannen ... mehr und mehr entspannen ..."

3. Schritt: Erinnerung an die Entspannungsgefühle: Sie können den Lockerungsvorgang nun noch dadurch unterstützen, daß Sie sich an die Gefühle erinnern, die Sie bei der Muskelentspannung erlebt haben. Aber auch hier sollte es nicht so sein, daß Ihr Kopf nun krampfhaft sich zu erinnern versucht – lassen Sie eher Ihre Hand selbst sich erinnern, welche Gefühle während der Entspannung in ihr auftraten (Schwere, Wärme etc.).

4. Schritt: Verstärkung der Entspannungsgefühle: Immer dann, aber auch *nur* dann, wenn ein Entspannungsgefühl in Ihrer rechten Hand langsam sich bemerkbar macht, wie beispielsweise eine leichte Schwere oder Wärme, unterstützen Sie dieses Gefühl mit den Formeln: „... immer schwerer ... schwerer ... ganz schwer ... angenehm schwer ..." oder „... wärmer und wärmer ... angenehm warm ... immer wärmer ...".

Wichtig: Setzen Sie solche Formeln erst dann ein, wenn das entsprechende Gefühl schon im Ansatz vorhanden ist. Diese Formeln haben hier nur die eine Aufgabe, ein schon vorhandenes Gefühl zu verstärken, zu intensivieren und über längere Zeit aufrecht zu halten.

Erst wenn auf diese Weise nach einiger Zeit die Wahrnehmungsfähigkeit für körperliche Vorgänge genügend geschult ist und sowohl Muskeln wie auch vegetative Vorgänge wie z. B. Atmung und Herzschlag hinreichend ruhiggestellt werden können, werden dem einzelnen meditative Techniken angeboten und entsprechend dessen Befähigung und Neigung eingeübt. Je nach den Notwendigkeiten und/oder speziellen Bedürfnissen des einzelnen wird der Trainer mehr Übungszeit auf Muskelentspannung, auf das Autogene Training oder auf meditative Verfahren verwenden. Wie bei allen anderen Verfahren der Entspannung muß auch hierbei gewährleistet sein, daß der einzelne sich zu Hause nicht nur die Zeit nimmt, regelmäßig zu üben, sondern daß er vor allem auch das in den Kursen erworbene neue Gefühl für seinen Körper systematisch auf jene Alltagssituationen überträgt, in denen er eine entspannte Gelassenheit am dringendsten benötigt.

Eutonie

Der Schwerpunkt der bisher geschilderten Verfahren lag auf Entspannung. Entspannung des Körpers und des Geistes wird meist verstanden als Gegengewicht zu der Verspannung und Verkrampfung des alltäglichen Lebens. Ein erfahrener Trainer wird jedoch wissen – und ein noch unerfahrener Klient wird es bald selbst feststellen –, daß alle Formen der Entspannung auf die Dauer nicht als bloße Ausgleichs- oder Auffrischungstechniken funktionieren, mit deren Hilfe man sich noch mehr der Anspannung und dem Streß im Alltag ausliefern kann. So mißverstanden und mißbraucht verliert jede Entspannungstechnik ihren Sinn. So verwundert es auch nicht, daß manche Psychotherapeuten Klienten mit psychosomatischen Beschwerden ihr jahrelang geübtes Autogenes Training oder ihre Meditation während der Therapie verbieten; Entspannung könnte leicht als Zusatztechnik herhalten für besseres, d. h. hier krankmachendes Funktionieren.

In seinem Exerzitium beschreibt Karlfried Graf Dürckheim, wie rechte Spannung und Entspannung verstanden werden soll (1973, S. 195).

„Spannung – Entspannung, Gespanntheit und Gelöstheit sind zwei Seiten jedes lebendigen Ganzen. Der Mensch unserer Zeit aber pendelt meist hin und her zwischen den sich ausschließenden Zuständen „Verspannung – Auflösung“, das heißt er ist vom Ich besessen, dessen wesenswidrige Seite sich in den beiden das Leben gefährdenden Widersachergebärden kundtut: Erstarrung und Auflösung. Auch wo er von Entspannung redet, sucht er in Wahrheit oft nichts als die entgrenzende Auflösung – nur um sich alsbald wieder in einer Verspannung zu fangen. Was wir lernen und immer wieder üben müssen, ist eine Gelöstheit, die nicht auflöst, sondern im Gegenteil wesensgemäße Spannung und neue Formwendung auslöst.

Der Sinn jeder rechten Entspannung ist nicht eine wohlige Aufhebung jeglicher Spannung, sondern eine Umspannung zur rechten Spannung hin. Dieses Entspannen bedeutet aber ebensowenig wie die Übung der Erd-Mitte einen nur körperlich zu verstehenden Trick, sondern meint immer eine personale Gebärde. Wir müssen lernen, *uns* – nicht unseren „Körper“ – in der rechten Weise zu lösen. Dies bedeutet mehr als nur eine Entspannung der Muskulatur. Die Schultern fallen zu lassen oder aber „sich in den Schultern loszulassen“ ist grundsätzlich zweierlei. Jenes ist eine reine Körperbewegung, deren Erfolg rein äußerlich ist und ohne bleibende Wirkung, dieses aber ist eine Umstellung der Gesamthaltung der Person“.

Die Eutonie von Gerda Alexander

‚Eutonie' heißt wörtlich übersetzt ‚gute' bzw. ‚rechte Spannung'. Gerda Alexander entwickelte ab 1957 ihre Methode aus der Rhythmikerziehung und versteht sie als Weg zur Selbstfindung über den Körper.

Ein wesentliches Ziel der Eutonie ist es, präsent zu werden, seinen eigenen Rhythmus zu finden und damit schwingungsfähig zu werden; gleiche Tonuslage im ganzen Körper, ausgewogene Spannung zwischen den Beuge- und den Streckermuskeln sowie ungehinderte Blutzirkulation und freie, losgelassene Atmung sind wesentliche Merkmale eutonischer Bewegung.

Das Übungsprogramm der Eutonie ist sehr umfangreich. Die ersten Übungen gleichen in ihrem Wesen und in ihrer Auswirkung denen anderer Entspannungstechniken. Allein schon dadurch, daß ein Mensch seine Aufmerksamkeit auf bestimmte Bereiche seines Körpers richtet, können sich dort automatisch Veränderungen einstellen, die zunächst Spannungen und Blockaden auflösen und das Blut wieder zirkulieren lassen. Über diesen spannungslösenden Effekt hinaus will die Eutonie jedoch das Körperbewußtsein des Menschen aufbauen und stärken. Dies geschieht beispielsweise über die Übungen ‚Innenraumerfahrung' und ‚Skeletterfahrung'. Erstere soll dem Übenden die Räume innerhalb seines Körpers bewußt machen: die Mundhöhle soll als hohler Raum erspürt werden, dann der Halsinnenraum und der Brustraum; so können Schritt für Schritt alle inneren Körperräume von innen her ertastet, erspürt oder angeschaut werden. Die zweite Übung soll helfen, die einzelnen Teile des Skeletts zu erspüren. Beide Übungen verändern nicht nur Tonus und Zirkulation, sondern tragen durch ständige Wiederholung dazu bei, daß sich ein Mensch aus seinem Körper heraus anders fühlt und begreift. Weitere Kontakt- und Durchstömungsübungen helfen, das Körpergefühl wesentlich zu verändern.

Die Übungen des Streckens und Dehnens sowie verschiedene Übungen zur Haltung helfen, die gesamte Körperhaltung allmählich zu verändern, da verkürzte Muskeln sich dehnen und erschlaffte sich wieder anspannen; ein harmonischer, d. h. eutonischer Spannungszustand der Muskulatur ist Voraussetzung für eine funktionsgerechte Haltung, wobei die Extreme einer zusammengesunkenen und einer Hab-Acht-Haltung vermieden werden.

Über verschiedene sogenannte Kontrollstellungen kann überprüft werden, ob die Muskeln und Bänder ihre optimale Länge und Elastizität besitzen als Voraussetzung für uneingeschränkte

Beweglichkeit der Gelenke und für unbeschwerte Haltung und Bewegung.

Ziel der Eutonie ist, das Körperbewußtsein so weit zu erhöhen, daß der individuelle Körper wieder voll funktionsfähig wird; dies erreichen und erleben allerdings nur wenig Menschen, denn mehr noch als andere Entspannungstechniken erfordert die Eutonie ständiges Üben. Sie ist damit der Meditation, insbesondere verschiedenen Techniken des Zen sehr verwandt. ‚Meditari' heißt einerseits ‚nachsinnen' und beschreibt damit den konzentrativen Akt; andererseits heißt es jedoch auch ‚praktizieren'.

Viele Elemente der Eutonie werden heute auch in anderen Verfahren der Entspannung, der Bewegung, des Tanzes, der Atem- und anderen Körperschulungen verwandt. Eutonie soll deshalb nur ein Beispiel sein für die vielfältigen körperbezogenen Methoden, die vor allem an Volkshochschulen und anderen Bildungs- und Begegnungsstätten angeboten werden.

Empfohlene Literatur: Alexander, G.: Eutonie: ein Weg der körperlichen Selbsterfahrung. Salzburg: Müller, 1977. *Bernstein, D. A., Berkovec, Th. D.:* Entspannungstraining. Handbuch der progressiven Muskelentspannung. München: Pfeiffer, 1975. *Dürckheim, K. Graf:* Vom doppelten Ursprung des Menschen. Freiburg: Herder TB, 1976. *Feldenkrais, M.:* Bewußtheit durch Bewegung: Der aufrechte Gang. Frankfurt: Insel, 1968. *Herrigel, E.:* Zen in der Kunst des Bogenschießens. Weilheim: Barth, 1975. *Kjellrup, M.:* Bewußt mit dem Körper leben: Spannungsausgleich durch Eutonie. München: Ehrenwirth, 1980. *Naranjo, C., Ornstein, R. E.:* Psychologie der Meditation. Frankfurt: Fischer TB, 1976. *Peter, B., Gerl, W.:* Entspannung: Muskelentspannung, Autogenes Training, Meditation. München: Goldmann TB, 1981.

Schlußbemerkung: Probleme in der Psychotherapie

Psychotherapeutische Schulen treten in ihrer Gründungsphase oft mit dem Anspruch auf, die einzig wahre Erklärung und die allein wirksame Methode zur Besserung seelischer Probleme gefunden zu haben. Dem steht die Tatsache gegenüber, daß einer beachtlichen Anzahl von Patienten bzw. Klienten mit unterschiedlichen Verfahren geholfen wurde und wird. Man muß auch akzeptieren, daß manchen Klienten mit einem bestimmten Verfahren nicht geholfen werden konnte. Einige dieser ‚erfolglosen' Klienten (oder auch Therapeuten) wechselten daraufhin die Methode oder den Therapeuten und hatten Erfolg. Andere wechselten ebenfalls, manche sogar mehrmals, und hatten trotzdem keinen Erfolg. Das hier angesprochene Problem ist Gegenstand der *Psychotherapieforschung*.

Ideal wären einfache Verhältnisse: Aus einer bestimmten Diagnose (z. B. Phobie) wird eine klare und sichere Indikation für eine bestimmte Therapie (z. B. Desensibilisierung) abgeleitet. Bekanntlich bestehen solche einfachen Indikationsstellungen (Welche Behandlungsform ist bei welcher Störung angezeigt?) nicht einmal in der nach ihrem Selbstverständnis naturwissenschaftlich ausgerichteten Medizin, wenn ein komplexeres Krankheitsgeschehen vorliegt. Die Psychotherapieforschung muß daher die Frage nach der Indikation differenzierter stellen: Welche Störung welches Klienten wird bei welchem Therapeuten mit welcher Methode unter welchen Bedingungen am wirkungsvollsten behandelt?

Leider gibt es auf diese Frage keine eindeutige Antwort. Dies ist ganz sicher für jene Klienten von Nachteil, die sich passiv in die Hände von Experten begeben wollen und verlangen, daß von diesen eine bestimmte Diagnose gestellt und eine entsprechende Behandlung verordnet wird; andererseits hat es aber auch den Vorteil, daß jeder Klient von Anfang an aktiv mit daran beteiligt sein kann, wie seine Störung diagnostiziert und auf welche Weise er behandelt werden wird.

Der Verlauf einer psychotherapeutischen Behandlung hängt von mehreren Faktoren ab; die wichtigsten sind das zugrundeliegende *Krankheitsmodell*, d. h. die theoretischen Annahmen des

Therapeuten über Natur und Ursache der Störung, das *Therapieziel*, die *Behandlungsmethode* und die *Beziehung* zwischen Therapeut und Klient. Auf diese vier wesentlichen Faktoren soll hier kurz eingegangen werden.

Unterschiedliche Krankheitsmodelle

Auf die Frage nach den Ursachen oder der Natur seelischer Störungen werden z. T. sehr unterschiedliche Antworten gegeben. Im großen und ganzen lassen sich folgende Krankheitsmodelle unterscheiden:

1. *Organisches oder physiologisches Modell*: Eine seelische Störung wird auf organische bzw. physiologische Ursachen zurückgeführt. Bei psychosomatischen Störungen z. B. wird ein krankhafter körperlicher Prozeß im befallenen Organ, bei psychotischen und manchmal auch bei schweren neurotischen Störungen eine organische Krankheit des Gehirns angenommen. Extreme Vertreter dieser biologisch-naturwissenschaftlichen Auffassung leugnen andere Möglichkeiten der Erklärung oder reduzieren deren Bedeutsamkeit. Die Behandlungsform ist konsequenterweise medizinisch, d. h. hauptsächlich medikamentös (Psychopharmatherapie) oder chirurgisch (z. B. Stereotaxie).

2. *Tiefenpsychologisches oder psychodynamisches Modell*: Eine seelische Störung wird auf ungünstige oder schädigende Einflüsse in der frühen Kindheit zurückgeführt. Emotionale Defizite, Konflikte, Urschmerzen oder bestimmte Einstellungsmuster aus der Kindheit beeinflussen im Erwachsenenalter noch wesentlich die Dynamik unbewußter seelischer Prozesse bzw. den Charakter der betreffenden Personen. Weil die Störung als seelisch bedingt angesehen wird, ist die Behandlungsform eine Therapie der Psyche, die hauptsächlich auf die Aufdeckung und Korrektur dieser frühkindlichen Einflüsse abzielt. Manche Psychotherapeuten dieser tiefenpsychologischen Verfahren vergleichen sich mit Archäologen, die Schicht um Schicht tiefer in die frühe Kindheit eines Menschen eindringen, um den Schlüssel zum Verständnis einer aktuellen Störung zu finden.

3. *Humanistisches Modell*: Die Vertreter dieses Modells machen in der Regel keine klaren und detaillierten Aussagen über die lebensgeschichtliche Verursachung einer seelischen Störung. Sie konzentrieren sich vielmehr auf die aktuelle Erscheinung der jeweiligen Störung eines Menschen und versuchen, diesen Menschen als Ganzheit in seiner augenblicklichen Existenz zu begreifen. Die Behandlungsform zielt auf die Aktualisierung und Freistellung von bisher ungenutzten Möglichkeiten des Menschen ab,

sein Leben zu bereichern und sinnvoller zu gestalten. Um dies zu verdeutlichen, vergleichen sich die Psychotherapeuten der humanistischen Verfahren manchmal mit Gärtnern, die die Aufgabe haben, einfach nur günstige Bedingungen für ein Wachstum zu schaffen, das von alleine geschieht.

Mit den tiefenpsychologischen und den transpersonalen Therapeuten sind sie der Meinung, daß man eine bestimmte Schwierigkeit nicht auf direktem Wege der Symptombehandlung angehen, sondern nur indirekt über einen fundierten Sinneswandel, grundlegende körperliche und gefühlsmäßige oder komplexere Persönlichkeitsänderungen verändern kann.

4. *Transpersonales Modell*: Die Vertreter dieses Modells heben hervor, daß ein Mensch über sein seelisches Schicksal hinaus Anteil hat an einem metaphysischen Sein, welches in ihm verankert ist und sein irdisches Dasein wesentlich mitbestimmt. Die Behandlungsform zielt darauf ab, daß sich der betroffene Mensch zuerst seines übernatürlichen Wesenskernes bewußt wird, um dann wirkliche Erfüllung finden zu können. Die Therapeuten dieser transpersonalen Verfahren sehen sich manchmal als Lehrer oder Meister, die ihre Schüler auf den richtigen Weg zu ihren übernatürlichen Wesen führen und sie auf diesem Weg begleiten wollen.

5. *Lerntheoretisches Modell*: Jedes Verhalten, sei es neurotisch, psychotisch, psychosomatisch oder normal, wird von den Vertretern dieses Modells als das Ergebnis eines bestimmten Lernprozesses angesehen. Kennt man die allgemeinen Gesetze, nach denen Lernprozesse ablaufen, so kann man einen Klienten in der Behandlung mit Hilfe verschiedener, in Experimenten erprobter Techniken zu neuem Verhalten, verändertem Fühlen bzw. anderen Gedanken führen; d. h. ein bestimmtes Symptom, als Lernprodukt verstanden, kann auch wieder verlernt oder durch neugelernte Reaktionen ersetzt werden. Die konkrete Behandlung braucht nicht auf Vermutungen oder subjektiven Erfahrungen des Therapeuten über unbewußte psychische Funktionsmechanismen und nicht auf Spekulationen über mögliche metaphysische Gegebenheiten zu beruhen, sondern richtet sich nach allgemeinen, in psychologischen Experimenten gewonnenen und bestätigten Erfahrungen. Vom Therapeuten wird weniger ein intuitives Einfühlen in die existentielle Bedeutung des Problems für einen Klienten verlangt, vielmehr die Fähigkeit, das Bedingungsgefüge der konkreten Störung zu analysieren, daraus einen Therapieplan zu erarbeiten und danach die Behandlung kontrolliert durchzuführen.

6. *Systemtheoretisches Modell*: Eine seelische Störung wird

nach diesem Modell daraufhin untersucht, welche Bedeutung und Funktion sie innerhalb einer zwischenmenschlichen Beziehung hat. Nicht das Individuum als Symptomträger steht im Mittelpunkt des Interesses, sondern die unmittelbare Beziehungsgemeinschaft des Klienten, die als System mit eigenen Regelungs- bzw. Interaktionsmustern betrachtet wird. Zur Untersuchung eignet sich hierfür insbesondere eine systemtheoretische Betrachtungsweise. Die Behandlungsform richtet sich konsequenterweise nicht auf den einzelnen leidenden Patienten, sondern auf die Veränderung des Beziehungsgefüges des gesamten Systems wie z. B. Paar, Familie oder Gruppe.

Je nach Ihrer allgemeinen persönlichen Einstellung (Ihrem subjektiven ‚Krankheitsmodell') wird Ihnen das eine oder das andere dieser Erklärungsmodelle richtiger, plausibler oder einfach sympathischer erscheinen. Falls Sie unter einer bestimmten Störung leiden, werden Sie Ihre eigenen Vermutungen über die Ursachen der Störung dann in einem Modell eher bestätigt finden als in einem anderen. Dementsprechend werden Sie wahrscheinlich einer Behandlungsform zuneigen, von der Sie glauben, daß diese entsprechend dem ihr zugrundeliegenden Krankheitsmodell Ihre Störung am besten erklärt und damit am effektivsten behandelt. Damit können Sie auf Anhieb recht haben. Vielleicht jedoch wird es sich als notwendig erweisen, daß Sie zunächst Ihr Krankheitsmodell und mit ihm eine Reihe weiterer liebgewonnener Einstellungen ändern, um bei der Behandlung Ihrer Störung wirklich Erfolg zu haben. Wenn Sie z. B. an einer psychosomatischen Störung leiden, werden Sie zunächst verschiedene Fachärzte konsultieren und viele Medikamente konsumieren, falls Sie an eine rein organische Ursache Ihres Leidens glauben. Erst nach einiger Zeit der Erfolglosigkeit mit dieser medizinischen Behandlung werden Sie sich vermutlich umorientieren, um nach einem adäquateren Erklärungsmodell für Ihre Störung zu suchen.

Unterschiedliche Therapieziele

Die Frage nach den Zielen und damit nach den Werten in der Psychotherapie wird von den einzelnen Therapierichtungen z. T. recht unterschiedlich beantwortet. Sehr allgemein und vereinfacht können die folgenden Ziel- und Wertvorstellungen für die einzelnen Therapieverfahren zusammengefaßt werden (nach Fietkau 1982, ergänzt durch die Autoren):

Psychoanalyse (Freud)	‚Ich'-Stärkung, Liebes- und Arbeitsfähigkeit, Einsicht, Bewußtwerden

Individualpsychologie (Adler)	mitmenschliches Verständnis, soziale Verantwortlichkeit, Liebes- und Arbeitsfähigkeit
Komplexe Psychologie (Jung)	Individuation oder Selbstverwirklichung, Einbeziehung der Innenwelt
Primärtherapie (Janov)	Freiheit von neurotischem Druck und Dauerstreß
Transaktionsanalyse (Berne)	‚Ich bin ok – Du bist ok' - Grundhaltung
Klientenzentrierte Gesprächspsychotherapie (Rogers)	reife, ‚voll funktionsfähige' Persönlichkeit (selbstverantwortlich, erfahrungsoffen, kongruent)
Gestalttherapie (Perls)	Bewußtheit, Selbstverantwortung, experimentelle Lebenshaltung
Psychodrama (Moreno)	schöpferische Spontaneität, soziale Verantwortung und Einfühlung
körperorientierte Therapie	integrierte Leiblichkeit, Spannkraft, freier Energiefluß, aufrechter Gang, fester Stand
Selbsterfahrungsgruppen	offene Begegnung, akzeptierende Beziehung, soziale Einfühlung, Solidarität
Transpersonale Therapie	integrierte Existenz, Fühlen und Bewußtwerden des übernatürlichen Wesenskernes, Transzendenz
Verhaltenstherapie	Störungsabbau und Funktionsfähigkeit im Sinne definierter Ziele, Selbstbestimmung, Eigensteuerung
klassische Hypnose	Symptomreduktion
Hypnotherapie (Erickson)	Symptomveränderung, Vertrauen auf und Nutzbarmachen unbewußter Prozesse für ein selbstbestimmtes Leben
Imaginative Verfahren	Symptomveränderung, Nutzbarmachen kreativer unbewußter Prozesse
tiefenpsychologische Kurztherapie	Symptomveränderung

systemorientierte Paar- und Familientherapie	Symptomveränderung, Förderung der Anpassungsfähigkeit des Systems zum Zweck besserer und freierer Entfaltung der einzelnen Mitglieder

Diese unterschiedlichen Ziel- und Wertvorstellungen machen es schwer, die einzelnen Verfahren allgemein und vor allem in bezug auf ihre therapeutische Effektivität zu vergleichen. Beispielsweise haben nur wenige Verfahren in erster Linie eine Symptombewältigung zum Ziel. Die meisten Verfahren sehen die Symptomreduktion als Nebenprodukt anderer wesentlicher Veränderungsprozesse an, die durch die Behandlung im Klienten eingeleitet und gefördert werden sollen. Diese anderen, eigentlichen Therapieziele werden entweder für notwendig gehalten, um eine Symptomveränderung überhaupt zu ermöglichen, oder sie werden als menschliche Werte an sich postuliert, und die Symptombewältigung wird nur als Begleiterscheinung dieser Veränderungen höherer Ordnung angesehen.

Was auf dieser allgemeinen Ebene als Unterscheidungskriterium der einzelnen Therapierichtungen dient und für die Therapieforschung relevant ist, kann im therapeutischen Alltag, in der konkreten Beziehung und Auseinandersetzung zwischen Therapeut und Klient in erheblichem Maße mitentscheiden, ob bzw. wie gut und wie schnell eine Behandung zum Erfolg oder zu Konflikten führt. Z.B. kann es zu Meinungsverschiedenheiten zwischen Klient und Therapeut kommen, wenn der Klient mit dem Ziel der Erlebensintensivierung einen Therapeuten konsultiert und etwa bioenergetische Methoden oder Übungen verlangt. Mancher Therapeut mag solche Klienten mit offenen Armen empfangen. Ein anderer Therapeut könnte sich jedoch durchaus auf den Standpunkt stellen, gerade für diesen Klienten sei die Übernahme von sozialer Verantwortung und Selbstverantwortung wichtiger als Gefühlsmaximierung; was nicht heißt, daß nicht der gleiche Therapeut bei anderen Klienten, beispielsweise Psychosomatikern, die Erlebnisintensivierung an die oberste Stelle der angestrebten Therapieziele setzen würde, obgleich es diesen Klienten wiederum zunächst um die Beseitigung ihrer körperlichen Symptome geht.

In der Regel leiden Klienten jedoch selbst an Zielkonflikten. Eine Klientin mit Bulimie (plötzliche Anfälle von Freßsucht, die von zwanghaft herbeigeführtem Erbrechen gefolgt werden) beispielsweise erwartet vom Therapeuten, möglichst schnell von ihrem Symptom befreit zu werden. Erfahrungsgemäß wird sie jedoch allen direkten therapeutischen Versuchen, ihrem Wunsch zu entsprechen, erfolgreich widerstehen und sich auch dagegen wehren, daß der Therapeut ihre Einstellung zu ihrem Körper, zu ihrer Geschlechtsrolle oder die Beziehung zu ihren Eltern thematisiert. Diese Klientin wird sich vermutlich erst davon überzeugen lassen müssen, daß zunächst andere Veränderungen notwendig sind, bevor sie wieder normal essen kann. Ob es nun hierfür dringend erforderlich ist, beispielsweise ihre ganze Kindheitsgeschichte aufzurollen, oder ob es genügt, durch andere Verfahren wesentliche Teile ihrer Körperempfindung und ihres Selbstbildes zu verändern, ist eine Frage des methodischen Vorgehens, der theoretischen Begründung dieses Vorgehens und letztlich des Erfolges.

Unterschiedliche Methoden

Psychotherapeutische Verfahren unterscheiden sich neben ihren Krankheitsmodellen und ihren Therapiezielen auch in den Methoden, die bei der Behandlung angewendet werden. So verschieden diese Methoden auch sein mögen, sie haben alle das Ziel, bestimmte Prozesse beim Klienten in Gang zu setzen, die geeignet sind, ihn und sein Problem zu verändern. Diese Methoden beziehen sich mehr oder weniger gezielt auf Abläufe im Denken, in der Phantasie, im Fühlen und im Verhalten. Die klassische Verhaltenstherapie beispielsweise setzt mit ihren operanten Methoden vorwiegend am Verhalten an (Verhaltensverstärkung, -formung oder -löschung). Mit den Dekonditionierungsmethoden bezieht sie sich aber auch auf Gefühlsvorgänge (z. B. Angstreduktion bei Phobien). Die Methoden der meisten humanistischen Verfahren beschäftigen sich vorwiegend mit dem gefühlsmäßigen Erleben ihrer Klienten; dabei kann der methodische Schwerpunkt mehr auf dem körperlichen Empfinden oder dem seelischen Erleben liegen. Die kognitiven Verfahren der Verhaltenstherapie z. B., auch die Transaktionsanalyse oder kommunikationsorientierte Verfahren der Paar- oder Familientherapie sprechen eher das Denken an. Alle Verfahren, die mit Imagination arbeiten, beschäftigen sich hauptsächlich mit den Phantasievorgängen der Klienten. Weil aber Denken, Phantasie, Fühlen und Verhalten keine getrennten Bereiche sind, werden sie immer alle beeinflußt, auch wenn sich die jeweilige Methode unmittelbar nur mit einem Aspekt befaßt.

Bei den meisten Menschen ist einer der Bereiche Denken, Phantasie, Fühlen und Verhalten stärker ausgeprägt als die anderen; es kann auch sein, daß einer dieser Bereiche von einem

Klienten kaum genutzt wird. So mag der eine Klient gut darin geübt sein, präzise und folgerichtig zu denken und sich dementsprechend konsequent zu verhalten; seine Phantasietätigkeit hingegen oder sein Gefühlsbereich sind eingeschränkt. Ein anderer Klient wiederum besitzt eine überschießende Phantasie und kann seine Gefühle nur schwer in den Griff bekommen, so daß es für ihn nicht leicht ist, kontrolliert zu denken oder sein Handeln bewußt zu lenken. Ein Therapeut kann nun den Schwerpunkt seiner Arbeit darauf legen, mit entsprechenden erlebensaktivierenden oder imaginativen Methoden die defizitären Bereiche des einen Klienten zu fördern bzw. mit kognitions- oder verhaltensorientierten Methoden die Schwächen des anderen Klienten auszugleichen. Dieser Therapeut strebt vermutlich das allgemeine Therapieziel der ‚vollfunktionsfähigen Persönlichkeit' an und ist der Meinung, daß die jeweiligen Störungen mit den jeweiligen Defiziten des Klienten zu erklären seien. Je nach der persönlichen Überzeugung oder der Einsichtsfähigkeit des Klienten wird dieser dem ihm zunächst abwegig und vielleicht schwierig erscheinende methodische Vorgehen zustimmen oder es ablehnen. Ein anderer Therapeut könnte eher pragmatisch denken und die vorhandenen Stärken der Klienten benützen, um erste therapeutische Erfolge zu erreichen. Je nach der Stabilität der erzielten Veränderungen wird er dann die Behandlung beenden oder weitere notwendige Schritte einleiten.

Die unterschiedlichen in der Psychotherapie angewandten Methoden stehen also in einem bestimmten Zusammenhang mit dem jeweiligen Krankheitsmodell und den jeweiligen therapeutischen Zielen: Je direkter man das Symptom beeinflussen zu können glaubt, um so direkter können auch die Methoden sein, wie z.B. in der Verhaltenstherapie. Nimmt man jedoch – wie z.B. in der Psychoanlyse – an, ein Symptom sei nur indirekt über grundsätzliche Persönlichkeitsveränderungen zu beeinflussen, so werden auch die Methoden entsprechend indirekt sein, wie z.B. das freie Assoziieren oder die Traumdeutung. Ein Therapeut wird seine Methoden also nach seinem theoretischen Verständnis über Ursache und Natur der Störung und nach den angestrebten therapeutischen Zielen auswählen. Glaubt er beispielsweise, daß eine aktuelle depressive Symptomatik auf bestimmte Erfahrungen in der Kindheit zurückgeht, so wird er versuchen, diese unbewußten Kindheitserinnerungen bewußt zu machen. Nimmt er jedoch an, die Depression sei das Ergebnis aktuell unterdrückter bzw. nicht ausgelebter aggressiver Tendenzen oder bestimmter Verhaltensdefizite, so wird er versuchen, den Klienten zu aggressiven Äußerungen zu bewegen bzw. die Defizite zu beheben; dies kann er durch direktes Auffordern und Einüben, durch Lösen körperlicher Blockaden, durch Sensibilisierung des seelischen Erlebens oder ein anderes geeignetes Vorgehen erreichen. Mit dem allgemeinen Ziel ‚Freiheit von Depression' wird er zuerst mehr oder weniger adäquate Zwischenziele zu erreichen suchen. Je mehr Zwischenziele zunächst seiner Meinung nach erreicht werden müssen, um so weniger scheinen die hierfür angewandten Methoden mit dem eigentlichen Problem zu tun zu haben, als um so uneinsehbarer und eher abwegig können sie auch empfunden werden, es sei denn, der Klient wäre von vorneherein der gleichen Meinung über seine Störung wie sein Therapeut oder besäße zu diesem ein uneingeschränktes Vertrauen bezüglich der Richtigkeit des gewählten Vorgehens. So ist es z. B. leicht einzusehen, daß ein U-Bahn-Phobiker irgendwann beginnen muß, sich einen U-Bahnhof anzusehen, in die U-Bahn einzusteigen und eine Station weit damit zu fahren. Einsichtig ist auch noch, daß er vorher lernen sollte, sich zu entspannen und sich die einzelnen angstauslösenden Schritte in einem entspannten Zustand in seiner Phantasie vorzustellen. Wenn dieser Phobiker jedoch von seinem Therapeuten aufgefordert wird, seine Gedanken laufen zu lassen und von allen Einfällen zu berichten, die ihm zum Thema U-Bahnfahren tief unten in der Erde kommen, wird er sich vielleicht fragen, welchen Sinn dies haben soll, und möglicherweise fällt ihm prompt auch nichts besonderes dazu ein oder er findet es absurd, daß seine Assoziation ‚Unterwelt' oder ‚Sarg' etwas mit seiner Phobie zu tun haben soll.

Gleichgültig, welches Therapieverfahren Sie für sich wählen, Sie werden in jedem Fall bestimmte Dinge anders tun müssen als bisher. Sie werden sich auch bewußt oder unbewußt dagegen sträuben, bestimmte Dinge zu tun, entweder weil Sie glauben, sie nicht tun zu können (z. B. frei assoziieren, träumen, in Trance gehen, etwas bestimmtes fühlen oder denken), oder weil Sie nicht einsehen, daß Sie bestimmte Dinge tun sollten (z. B. von Ihrer Sexualität berichten, von jemand auf der Straße 10 Pfennig erbitten, jemandem gegenüber aggressiv sein, mit Ihrer Höhenangst ausgerechnet auf einen Aussichtsturm steigen). Es ist eine allgemeine psychotherapeutische Erfahrung, daß hochmotivierte Klienten eher bereit sind, in der Behandlung aktiv mitzuarbeiten, d. h. jene Dinge zu tun, die sie tun sollten. Die Ergebnisse zeigen auch, daß diese Klienten eher Erfolg haben. Für die meisten Klienten im psychotherapeutischen Alltag besteht jedoch das wesentliche Problem darin, daß sie zwar schon gerne etwas bestimmtes möchten – wie z. B. ihr Symptom loswerden –, aber manchmal nur wenig bereit sind, dafür konkret etwas zu tun, was zunächst mehr Aufwand erfordert und auch unangenehmer sein könnte, als bloß ein passendes Medikament zu schlucken. Die psychotherapeutische Kunst besteht dann darin, solche Klienten zu motivieren, sie dafür zu gewinnen und sie darin zu unterstützen, aktiv neue innere und äußere Erfahrungen anzustreben.

Es ist schwierig, allgemeine praktische Ratschläge zu geben, an welches Verfahren Sie sich wenden, welche Methoden Sie akzeptieren sollten und welche Sie guten Gewissens ablehnen können. In vielen Fällen können Sie jedoch davon ausgehen (und wenn Sie es nicht wissen oder unsicher sind, sollten Sie genau nachfragen), daß viele Therapeuten in mehreren Verfahren ausgebildet sind und deshalb verschiedene Methoden beherrschen und entsprechend Ihrer Persönlichkeit und Ihrer Symptomatik einsetzen. Diese Therapeuten arbeiten eklektisch bzw. integrativ in dem Sinne, daß sie aus dem breiten Spektrum der verschiedenen psychotherapeutischen Verfahren jene Methoden auswählen und anwenden, die sie für die jeweils geeignetsten und erfolgversprechendsten halten. Sie selbst können deren Wirksamkeit in der Regel erst dann feststellen, wenn Sie die Methode akzeptiert und mit ihr gearbeitet haben.

Manchmal werden Sie jedoch die Anwendung eines bestimmten methodischen Vorgehens als für Sie unzumutbar oder undurchführbar, als zu anstrengend oder einfach als lächerlich empfinden; damit mögen Sie in einigen Fällen recht haben. Es kann aber auch sein, daß sich auf diese Weise Ihr Widerstand äußert; daß Sie insgeheim zwar wissen, Ihrem erklärten Ziel auf diese Weise ein Stück näher kommen zu können, daß es für Sie aber gute bewußte oder unbewußte Gründe gibt, Ihre Symptomatik noch eine Weile beizubehalten, z. B. weil sie Ihnen bislang für bestimmte Zwecke gute Dienste im Sinne eines sekundären Krankheitsgewinnes geleistet hat.

Selbst wenn die einfache Indikationsfrage (Welche Methode bei welcher Störung?) eindeutig zu beantworten wäre, bliebe immer noch die Frage der differentiellen Indikation: ob Sie in diesem Augenblick Ihres Lebens, in dieser Situation und bei diesem Therapeuten fähig und bereit sind, die notwendigen Veränderungen vorzunehmen.

Die therapeutische Beziehung

Psychotherapie findet in der Regel nicht in einer nüchternen und sterilen Laborathmosphäre statt, sondern in einer lebendigen zwischenmenschlichen Beziehung. Über die Bedeutung der therapeutischen Beziehung für den Prozeß und den Erfolg einer

Behandlung besteht allerdings noch keine Einigkeit zwischen den verschiedenen psychotherapeutischen Schulen. Viele Verhaltenstherapeuten z. B. messen weniger der therapeutischen Beziehung als vielmehr der angewandten Methode die entscheidende Bedeutung für eine erfolgreiche Behandlung bei. Die meisten Vertreter der humanistischen Verfahren hingegen legen großen Wert auf die Beziehung zwischen Therapeut und Klient; sie sind der Meinung, daß bestimmte Methoden nur auf der Basis einer guten Beziehung wirksam sein können. Am ausführlichsten hat sich bisher die Psychoanalyse mit dem Thema befaßt: Übertragung und Gegenübertragung sind einerseits Bezeichnungen für bestimmte Prozesse in der Beziehung zwischen Therapeut und Klient (der Klient überträgt bestimmte frühkindliche Beziehungsmuster auf den Therapeuten und dieser erspürt dies durch seine eigenen Gegenübertragungsreaktionen); gleichzeitig beinhalten diese Begriffe auch ein therapeutisches Handlungskonzept darüber, wie diese spezielle Beziehung einzusetzen ist. Charakteristisch für diese klassische therapeutische Beziehungsform ist die äußere Zurückhaltung des Psychoanalytikers. Auch die Forschung innerhalb der Gesprächspsychotherapie hat sich ausführlich mit den Beziehungsvariablen innerhalb einer psychotherapeutischen Behandlung befaßt: Akzeptanz (Wertschätzung), Empathie (Einfühlungsvermögen) und Kongruenz (Echtheit) des Therapeuten dem Klienten gegenüber wurden als notwendige, anfangs sogar als hinreichende Bedingungen für den therapeutischen Erfolg angesehen. Wie die Praxis und einige Untersuchungen zeigen, realisieren aber auch Verhaltenstherapeuten ähnliche Beziehungsbedingungen, obwohl gerade dieses Verfahren häufig zu Unrecht als ein unpersönlicher Prozeß charakterisiert wird.

Es herrscht heute Einigkeit darüber, daß für eine gute und erfolgreiche therapeutische Beziehung auf seiten des Therapeuten bestimmte allgemeine Einstellungen und Haltungen notwendig sind; dazu zählen: Interesse und verständnisvolle Anteilnahme an der Person und an den Problemen des Klienten; Einfühlen in die besondere Erlebnisweise, die spezifischen Einstellungen und Bedürfnisse des Klienten; Akzeptanz und Wertschätzung auch bzw. gerade wenn der Klient sich selbst (oder andere Personen ihn) aufgrund seiner Schwierigkeiten weniger achtet; Selbstkongruenz bzw. Echtheit in bezug auf die eigene Person, um keine Rollen zu spielen und kein unechtes Verhalten zu zeigen.

Auf seiten des Klienten gibt es weniger allgemeine und schulenübergreifende Vorschriften mit Ausnahme vielleicht der selbstverständlichen Voraussetzung, daß er grundsätzlich beziehungswillig sein sollte; aber auch beziehungsunfähige autistische

Kinder und schizophrene Jugendliche sind schon erfolgreich therapiert worden. Wenn es auch allgemein als die Aufgabe des Therapeuten angesehen wird, möglichst gute Bedingungen für die Entwicklung einer tragfähigen therapeutischen Beziehung zu schaffen, so zeigt doch die Praxis, daß dies nicht in allen Fällen gelingt. Sowohl auf seiten des Therapeuten wie auch auf seiten des Klienten sind schon im Erstgespräch bestimmte Sympathie- und Antipathiereaktionen dafür verantwortlich, daß ein Klient auf seiner Suche nach einem geeigneten Therapeuten den einen spontan eher als vertrauenswürdiger, offener, toleranter, sympathischer etc. erlebt als einen anderen; d. h. auch hier spielen jene spezifischen unterschwelligen Vorlieben oder Abneigungen gegenüber bestimmten Menschen eine wesentliche Rolle, die jeder im Alltag anderen Menschen gegenüber auch erlebt und als ganz normal empfindet. Einen weiteren Aspekt kann das Bedürfnis des Klienten darstellen, in der therapeutischen Behandlung eher eine untergeordnete, eine gleichrangige oder eine übergeordnete bzw. rivalisierende Rolle einnehmen zu wollen. In den meisten Fällen wird der Therapeut solche in der Regel unausgesprochenen Beziehungswünsche zunächst zum Thema der Behandlung machen, entweder weil er vermutet, solche speziellen Beziehungsbedürfnisse gehörten mit zum eigentlichen Problem des jeweiligen Klienten, oder weil er der Meinung ist, die eigentliche Behandlung könne erst dann begonnen werden, wenn der Klient z. B. nicht mehr bloß Ratschläge erwartet, um sie dann doch nicht zu befolgen, oder wenn er aufgehört hat, dem Therapeuten Unwissenheit und Inkompetenz nachweisen zu wollen.

Wenn auch die einzelnen therapeutischen Schulen z. T. eine bestimmte Gestaltung der therapeutischen Beziehung vorschreiben, liegt es immer an der besonderen Persönlichkeit des Therapeuten und seines Klienten, wie diese Beziehung im jeweils konkreten Falle aussieht und wie sie sich während der Behandlung entwickeln wird. Gleichgültig, für welche Behandlungsform Sie sich entscheiden, Sie sollten zu Ihrem Therapeuten eine Beziehung eingehen, die Ihnen gestattet, Vertrauen zu ihm und vor allem zu sich selbst zu gewinnen, um jene z. T. schwierigen inneren und äußeren Veränderungen zu vollziehen, die zum therapeutischen Erfolg führen. Es kann Ihnen schon beim ersten Versuch gelingen, den Therapeuten Ihres Vertrauens zu finden; falls nicht, dann sollten Sie sich nicht scheuen, auch mit zwei oder drei weiteren Therapeuten Erstgespräche zu vereinbaren. Offenheit, Vertrauen und das Gefühl, angenommen und akzeptiert zu werden, sollten entscheidende Kriterien sein. Weiterhin sollten Sie hellhörig dafür sein, wie bereitwillig, selbstverständlich und ausführlich er Ihre Fragen nach seiner beruflichen Qualifikation beantwortet; denn Sie sollten sich bei ihm persönlich sicher fühlen und gleichzeitig auch die Sicherheit seines beruflichen Könnens erfahren.

Die Abstinenzregel der Psychoanalyse verlangt, daß der Psychoanalytiker sich jedes privaten Kontaktes zu seinem Klienten enthält. Andere Verfahren schreiben ähnlich strikte Verhaltensregeln für den Therapeuten und seinen Klienten nicht vor; dennoch bleibt die Tatsache, daß ein Therapeut mit seinen Klienten keine engeren privaten Beziehungen eingehen sollte, da diese in der Regel mit einer wechselseitigen Erfüllung persönlicher Bedürfnisse verbunden sind. Damit aber wird der Therapeut Teil des Systems einer Partnerschaft, die therapeutische Beziehung verliert ihren funktionalen Charakter und der Therapeut seine Handlungsfreiheit. Eine therapeutische Beziehung im üblichen Sinne ist nur möglich, wenn der Therapeut sich außerhalb des Klientensystems befindet und die Freiheit hat, das zu tun, was er für nötig hält. Damit soll jedoch der alten Weisheit nichts von ihrer Bedeutung genommen werden, daß die beste Therapie immer noch die Liebe ist.

Psychotherapie kann wehtun

Psychotherapie kann eine angenehme und interessante Erfahrung sein; sie kann aber auch wehtun. Bestimmte Gefühle wie z. B. Angst, Trauer oder Aggression müssen manchmal durchlebt werden, um Veränderungen zu ermöglichen, und die Konfrontation mit solchen Gefühlen kann sehr schmerzhaft sein. Manche psychosomatische Patienten beispielsweise, aber nicht nur diese, sehen sich irgendwann in ihrer Therapie vor der Alternative, entweder ihre körperlichen Schmerzen bzw. neurotischen Symptome weiterhin zu ertragen oder sich ihren seelischen Konflikten zu stellen und damit seelische Schmerzen zu erleiden oder endlich bestimmte unangenehme Dinge zu tun, die sie bislang immer wieder aufgeschoben haben. Bei allen Verfahren mit dem Schwerpunkt auf frühkindlichen Erfahrungen kommt es zwangsläufig zu schmerzhaften Erinnerungen; aber auch bei Konfliktsituationen, die in gegenwartsbezogenen und problemorientierten Behandlungen bewußt gemacht oder durchgearbeitet werden müssen, ist es für viele Klienten zunächst schwieriger, der unbequemen Wirklichkeit ins Gesicht zu sehen, als diese zu leugnen und sich in Scheinwelten mit den Symptomen zu arrangieren. Zu den notwendigen Aufgaben eines Psychotherapeuten gehört es auch, zu konfrontieren, aufzudecken, auf unangenehme Dinge hinzuweisen und mit dem Klienten durch leidvolle Erfahrungen hindurchzugehen. Allgemein ist es schwierig zu entscheiden, ob der Therapeut dabei vorsichtig und sorgfältig genug ist, zu vorsichtig oder zu unvorsichtig und zu schnell. Ein zu schnelles und gewaltsames Vorgehen kann die Verarbeitungsmöglichkeiten des Klienten überfordern und bestimmte Dekompensationserscheinungen hervorrufen; diese können, neben Aggression auf den Therapeuten, die Abwehr des Klienten wieder verstärken und ihn z. B. therapieresistent machen oder, bei nicht mehr funktionierender Abwehr, zu einem vorübergehenden Zusammenbruch mit verstärkter oder erneuter Symptombildung führen. Ein zu vorsichtiges und schonendes Vorgehen kann andererseits wirkungslos bleiben und zur Enttäuschung über Psychotherapie oder über den Therapeuten führen. Das richtige Maß zu finden, ist nicht immer leicht, insbesondere dann nicht, wenn ein Klient mit der Einstellung kommt: Wasch mich, aber mach mich nicht naß.

Die Herausgeber

Anhang

1. Anschriften von Therapiegesellschaften

Bundesrepublik Deutschland

Anonyme Alkoholiker Deutschland – Zentrale Kontaktstelle (AA). Wildenbruchstr. 31, 4650 Gelsenkirchen

Arbeitsgemeinschaft für Katathymes Bilderleben (AGKB). Friedländerweg 30, 3400 Göttingen

Berufsverband Deutscher Psychologen (BDP). Heilsbachstr. 22, 5300 Bonn 1

Bundeskonferenz für Erziehungsberatung – Gesellschaft für Beratung und Therapie von Kindern, Jugendlichen und Eltern (BUKO). Amalienstr. 6, 8510 Fürth

Deutscher Arbeitskreis für Gruppenpsychotherapie und Gruppendynamik (DAGG). Rethelstr. 7, 4000 Düsseldorf

Deutscher Arbeitskreis Jugend-, Ehe- und Familienberatung – Geschäftsstelle: Evangelische Konferenz für Familien- und Lebensfragen (DAK). Matterhornstr. 84, 1000 Berlin 38

Deutsche Gesellschaft für analytische Psychologie – C. G. Jung-Gesellschaft. Schützallee 118, 1000 Berlin 37

Deutsche Gesellschaft für ärztliche Hypnose und Autogenes Training (DGÄH). Bismarck-Allee 8, 2360 Bad Segeberg

Deutsche Gesellschaft für Gestalttherapie und Kreativitätsförderung (DGGK). Hardtwaldklinik, Hardtstr. 31, 3584 Zwesten

Deutsche Gesellschaft für Individualpsychologie (DGIP). Oppenhoff-Allee 74, 5100 Aachen

Deutsche Psychoanalytische Gesellschaft (DPG). Leinsteige 11, 7240 Horb 8

Deutsche Psychoanalytische Vereinigung (DPV). Sulzaerstr. 3, 1000 Berlin 33

Deutsche Gesellschaft für Psychotherapie, Psychosomatik und Tiefenpsychologie (DGPPT). Alte Rabenstr. 24, 2000 Hamburg 13

Deutsche Gesellschaft für Soziale Psychiatrie in der BRD (DGSP). Hindenburgstr. 1, 3050 Wunstorf 1

Deutsche Gesellschaft für Transaktionsanalyse (DGTA). Samerbergweg 7, 8261 Burgkirchen

Deutsche Gesellschaft für Verhaltenstherapie (DGVT). Friedrichstr. 5, 7400 Tübingen

Förderungsgesellschaft für die existentialpsychologische Bildungs- und Begegnungsstätte Todtmoos-Rütte (Exist-Rütte). 7867 Todtmoos-Rütte

Gesellschaft für analytische Gruppendynamik (GAG). Rankestr. 4/I, 8000 München 40

Gesellschaft für wissenschaftliche Gesprächspsychotherapie (GwG). Richard-Wagner-Str. 12, 5000 Köln 1

Milton Erickson Gesellschaft für klinische Hypnose (M. E. G.). Tal 18, 8000 München 2

PRO FAMILIA – Deutsche Gesellschaft für Sexualberatung und Familienplanung. Cronstettenstr. 30, 6000 Frankfurt/M.

Österreich

Österreichischer Arbeitskreis für Gruppentherapie und Gruppendynamik. Bennogasse 8, A-1080 Wien

Österreichischer Arbeitskreis für Tiefenpsychologie. Bennogasse 8, A-1080 Wien

Österreichische Gesellschaft für Autogenes Training und allgemeine Psychotherapie. Schelleingasse 8, A-1040 Wien

Österreichische Gesellschaft zur Förderung der Verhaltenstherapie, Verhaltensmodifikation und Verhaltensforschung. Lazarettgasse 14, A-1090 Wien

Österreichische Gesellschaft für wissenschaftliche, klientenzentrierte Psychotherapie und personenorientierte Gesprächsführung. Marienstr. 4, A-4020 Linz

Österreichischer Verein für Individualpsychologie. Lazarettgasse 14, A-1090 Wien

Wiener Psychoanalytische Vereinigung. Doblhoffgasse 9, A-1010 Wien

Schweiz

In der Schweiz wenden Sie sich bitte an den Dachverband, unter dem die wichtigsten schweizerischen psychotherapeutischen Vereinigungen und Gesellschaften zusammengefaßt sind:
Schweizer Psychotherapeutenverband. Byfangweg 36, CH-4051 Basel

2. Literaturverzeichnis

Adler, A.: Praxis und Theorie der Individualpsychologie, Frankfurt: Fischer TB Nr. 6236, 1978.

Aichberger, F.: Sozialgesetzbuch, Reichsversicherungsordnung. München: Beck, 1975.

Alexander, G.: Eutonie: ein Weg der körperlichen Selbsterfahrung. Salzburg: Müller, 1977.

Argelander, H.: Das Erstinterview in der Psychotherapie. Darmstadt: Wissenschaftliche Buchgesellschaft, 1970.

Assagioli, R.: Handbuch der Psychosynthesis – Angewandte transpersonale Psychologie. Freiburg: Aurum, 1978.

Baker, E.: Der Mensch in der Falle. München: Kösel, 1980.

Bandler, R., Grinder, J., Satir, V.: Mit Familien reden: Gesprächsmuster und therapeutische Veränderung. München: Pfeiffer, 1978.
Bandler, R., Grinder, J.: Patterns of the hypnotic techniques of Milton H. Erickson, M. D. Vol. 1. Cupertino, Cal.: Meta Publications, 1975.
–: Metasprache und Psychotherapie: Struktur der Magie I. Paderborn: Junfermann, 1981.
–: Neue Wege der Kurzzeit-Therapie – Neurolinguistische Programme. Paderborn: Junfermann, 1981.
Bandura, A.: Sozialkognitive Lerntheorie. Stuttgart: Klett-Cotta, 1979.
Barber, T. X.: Hypnosis: A scientific approach. New York: Van Nostrand Reinhold, 1969.
Bateson, G., Jackson, D. D., Haley, J., u. a.: Schizophrenie und Familie. Frankfurt: Suhrkamp, 1972.
Bateson, G.: Ökologie des Geistes. Frankfurt: Suhrkamp, 1981.
Bauriedl, Th.: Beziehungsanalyse. Frankfurt: Suhrkamp, 1980.
Becker, A.: Zum Initialtraum. Stuttgart: Psyche 26, 1972, 689–706.
Becker-Freyseng, W.: Autogenes Training als eine Methode psychosomatischer Selbsterfahrung. In: Hockel, M., Feldhege, F. J.: Handbuch der angewandten Psychologie Bd. 2: Behandlung und Gesundheit. München: Moderne Industrie, 1981.
Bellak, L., Small, L.: Kurzpsychotherapie und Notfallpsychotherapie. Frankfurt: Suhrkamp, 1975.
Berne, E.: Spiele der Erwachsenen. Reinbek: Rowohlt, 1967.
–: Was sagen Sie, nachdem Sie ‚Guten Tag' gesagt haben? München: Kindler, 1972.
Bernheim, H.: Suggestive therapeutics: A treatise on the nature and uses of hypnotism. New York: Putnam, 1895.
Bernstein, D. A., Berkovec, Th. D.: Entspannungstraining – Handbuch der progressiven Muskelentspannung. München: Pfeiffer, 1975.
Boadella, D.: Wilhelm Reich. München: Scherz, 1981.
Boszormenyi-Nagy, I., Framo, J. L. (Hrsg.): Familientherapie. Reinbek: Rowohlt, 1975.
Boszormenyi-Nagy, I., Spark, G. M.: Unsichtbare Bindungen. Stuttgart: Klett-Cotta, 1981.
Boyesen, E.: Psycho-orgastic Vibrations. In: Energy and Character, Vol. 9, No. 2, 1978.
Boyesen, M.-L.: Bio-release – The Startle-Reflex Pattern and Organic Equilibrium. In: Energy and Character, Vol. 9, No. 2, 1978.
Bräutigam, W., Christian, P.: Psychosomatische Medizin – Ein kurzgefaßtes Lehrbuch für Studenten und Ärzte. Stuttgart: Thieme, 1975.
Brenner, Ch.: Grundzüge der Psychoanalyse, Frankfurt: Fischer TB, 1978.
Breuer, J., Freud, S.: Studien über Hysterie (1895). In: S. Freud, Ges. Werke I, London: Imago, 1952.
Brown, M.: Die Beziehung Patient und Therapeut in der Therapie des direkten Körperkontakts. In: Petzold, H. (Hrsg.): Die neuen Körpertherapien, Paderborn: Junfermann, 1977.
Caruso, I. A.: Die Trennung der Liebenden. München: Kindler TB, 1974.

Chertok, L.: Hypnose: Theorie, Praxis und Technik eines psychotherapeutischen Verfahrens. München: Kindler TB, 1978.
Cohn, R.: Von der Psychoanalyse zur themenzentrierten Interaktion. Von der Behandlung Einzelner zu einer Pädagogik für alle. Stuttgart: Klett-Cotta, 1980.
Cooper, D.: Psychiatrie und Antipsychiatrie, Frankfurt; Suhrkamp, 1971.
Cremerius, I., Hoffmann, S. D., Trimborn, W.: Psychoanalyse, Über-Ich und soziale Schicht. München: Kindler, 1979.
Dantlgraber, I.: Analysierbarkeit und Gegenübertragung. Stuttgart: Psyche 36, 1982, 193–225.
Davidson, P. O. (Hrsg.): Angst, Depression und Schmerz – Verhaltenstherapeutische Methoden zur Prävention und Therapie, München: Pfeiffer, 1980.
Davison, G. C., Neale, J. M.: Klinische Psychologie – Ein Lehrbuch. München: Urban & Schwarzenberg, 1979.
Deutscher Bundestag, 7. Wahlperiode, Bericht über die Lage der Psychiatrie in der Bundesrepublik Deutschland. Drucksache 7/4200 und 7/4201, Bonn, 1975.
Dilling, D., Hippius, H., Kubuschok, Chr. (Hrsg.): Die Ergebnisse der Psychiatrie-Enquete unter dem Aspekt der Rehabilitation psychisch Kranker und Behinderter. Das öffentliche Gesundheitswesen, Sonderheft 1, März 1978, 1–50.
Dürckheim, K. Graf: Vom doppelten Ursprung des Menschen. Freiburg: Herder TB, 1973.
Elhardt, S.: Trauminterpretation in der psychoanalytischen Behandlung. Zeitschrift für psychosomatische Medizin und Psychoanalyse 6, 1960, 275–284.
–: Tiefenpsychologie. Eine Einführung. Stuttgart: Kohlhammer, 1971.
Ellis, A.: Die rational-emotive Therapie – Das innere Selbstgespräch und seine Veränderung. München: Pfeiffer, 1978.
Ellis, A., Grieger, R. (Hrsg.): Praxis der rational-emotiven Therapie. München: Urban & Schwarzenberg, 1979.
Erickson, M. H.: Possible detrimental effects of experimental hypnosis. Journal of Abnormal and Social Psychology 27, 1932, 321–327.
Erickson, M. H., Rossi, E. L.: Hypnotherapie: Aufbau – Beispiele – Forschungen. München: Pfeiffer, 1981.
–: Hypnotherapy: An exploratory Casebook. New York: Irvington, 1979.
Erickson, M. H., Rossi, E. L., Rossi, S. L. Hypnose: Induktion-Psychotherapeutische Anwendung – Beispiele. München: Pfeiffer, 1978.
Fagan, J., Shepherd, I. L.: Gestalt Therapy Now. New York: Science and Behavior Books, 1970.
Feldenkrais, M.: Bewußtheit durch Bewegung – Der aufrechte Gang. Frankfurt: Suhrkamp, 1968.
Fietkau, B.: Ein ganzheitliches Menschenbild als Kern einer integrativen Therapie. In: Petzold, H. (Hrsg.): Methodenintegration in der Psychotherapie. Paderborn: Junfermann, 1982.

Fliegel, S., u. a.: Verhaltenstherapeutische Standardmethoden. München: Urban & Schwarzenberg, 1981.
Frankl, V. E.: Der Wille zum Sinn. Bern: Huber, 1978.
Freud, S.: Die Traumdeutung (1900). In: Ges. Werke II, III, Frankfurt: Fischer, 1966.
–: Studien über Hysterie (1893–1895). In: Ges. Werke I, 75–312, Frankfurt: Fischer, 1966.
–: Bruchstücke einer Hysterie-Analyse. In: Ges. Werke V. Frankfurt: Fischer, 1967.
–: Zur Einleitung der Behandlung (1913). In: Ges. Werke VIII, 453–478, Frankfurt: Fischer, 1967
–: Zur Dynamik der Übertragung (1912). In: Ges. Werke VIII, Frankfurt: Fischer, 1967.
–: „Psychoanalyse" und „Libidotheorie" (1923). In: Ges. Werke VIII, 211–235, Frankfurt: Fischer, 1967.
–: Bemerkungen zur Theorie und Praxis der Traumdeutung (1923). In: Ges. Werke VIII, 299–314, Frankfurt: Fischer, 1967.
–: Zur Geschichte der psychoanalytischen Bewegung (1914). In: Ges. Werke X, 43–113, Frankfurt: Fischer, 1967.
–: Jenseits des Lustprinzips. In: Ges. Werke X, Frankfurt: Fischer, 1967.
–: Das Unbehagen in der Kultur (1929). In: Ges. Werke X, Frankfurt: Fischer, 1967.
–: Vorlesungen zur Einführung in die Psychoanalyse (1917). In: Ges. Werke XI, Frankfurt: Fischer TB, 1981.
Fromm, E.: Escape from freedom. New York: Rinehart, 1941.
Gendlin, E. T.: Focusing. Salzburg: Müller, 1980.
–: Focusing. Technik der Selbsthilfe bei der Lösung persönlicher Probleme. Salzburg: Müller, 1981.
Gerl, W., Pieritz, R.-J.: Gesprächspsychotherapie. In: Heinerth, K. (Hrsg.): Einstellungs- und Verhaltensänderung. München: Reinhardt (UTB), 1979.
Gerl, W.: Kombination von Gesprächspsychotherapie und Focusing nach E. T. Gendlin. In: Howe, J. (Hrsg.): Integratives Handeln in der Gesprächstherapie. Weinheim: Beltz, 1982.
Gerl, W., Peter, B.: Gesprächspsychotherapie und Hypnotherapie nach Milton H. Erickson: Formen indirekter Suggestion in der Gesprächspsychotherapie. In: Howe, J. (Hrsg.): Integratives Handeln in der Gesprächstherapie. Weinheim: Beltz, 1982.
Gleiss, J., Seidel, R., Abholz, H.: Soziale Psychiatrie. Frankfurt: Fischer, 1973.
Görres, A.: Methode und Erfahrungen der Psychoanalyse. München: Kindler, 1965.
–: Der Urschmerz als Streßfaktor. Die Primärtherapie Arthur Janovs und die Streßforschung. In: v. Eiff, A. W. (Hrsg.): Seelische und körperliche Störungen durch Streß. Stuttgart: Thieme, 1976.
–: Die Primärtherapie Arthur Janovs. In: Eicke, D. (Hrsg.): Die Psychologie des 20. Jahrhunderts, Bd III. Zürich: Kindler, 1977.
–: Kennt die Psychologie den Menschen? München: Piper, 1978.
Gordon, T.: Familienkonferenz. Hamburg: Hoffmann u. Campe, 1972.

Greenson, R.: Technik und Praxis der Psychoanalyse. Stuttgart: Klett, 1973.
Grinder, J., DeLozier, J., Bandler, R.: Patterns of the hypnotic techniques of Milton H. Erickson, M. D. Vol. 2. Cupertino, Cal.: Meta Publications, 1977.
Grof, S.: Topographie des Unbewußten – LSD im Dienste der tiefenpsychologischen Forschung. Stuttgart: Klett-Cotta, 1978.
Grossarth-Maticek, R.: Krankheit als Biographie – Ein medizinsoziologisches Modell der Krebsentstehung und -therapie. Köln: Kiepenheuer & Witsch, 1979.
Grüntzig, M., Meyer, M.: Die fokussierende Beratung. Psyche 32, 1978, 1059–1088.
Haley, J. (Hrsg.): Advanced techniques of hypnosis and therapy: Selected papers of Milton H. Erickson, M. D. New York: Grune and Stratton, 1967.
Haley, J.: Direktive Familientherapie: Strategien für die Lösung von Problemen. München: Pfeiffer, 1977.
–: Die Psychotherapie Milton H. Ericksons. München: Pfeiffer, 1978.
–: Gemeinsamer Nenner Interaktion – Strategien der Psychotherapie. München: Pfeiffer, 1978.
Heigl, F.: Indikation und Prognose in Psychoanalyse und Psychotherapie. Göttingen: Vandenhoeck & Ruprecht, 1972.
Helfer, O.: Kleine Gesetzeskunde für Medizinalfachpersonen. Berlin: de Gruyer, 1978.
Helmchen, H., Linden, M., Rüger, U.: Psychotherapie in der Psychiatrie. Berlin: Springer, 1982.
Hemminger, H.: Kindheit als Schicksal? Reinbek: Rowohlt, 1982.
Herrigel, E.: Zen in der Kunst des Bogenschießens. Weilheim: Barth, 1975.
Hilgard, E.: Hypnotic susceptibility. New York: Harcourt, 1965.
–: Altered states of awareness. Journal of Nervous and Mental Desease 149, 1969, 68–79.
Hockel, M., Feldhege, F.-J. (Hrsg.): Handbuch der angewandten Psychologie, Bd II: Behandlung und Gesundheit. Landsberg: Moderne Industrie, 1981.
Hoffman, L.: Grundlagen der Familientherapie. Hamburg: Isko-Press, 1982.
Hole, G.: Probleme der Psychotherapie im psychiatrischen Krankenhaus. In: Lungershausen, E., Wörz, R. (Hrsg.): Zeitfragen der Psychiatrie. Günzburger Schriften zur klinischen Psychiatrie, Bd 3, 1980, 135–156.
Horney, K.: Selbstanalyse. München: Kindler TB, 1974.
Houben, A.: Klinisch-psychologische Beratung. München: Reinhardt, 1975.
Innerhofer, P.: Das Münchner Trainingsmodell. Berlin: Springer, 1977.
Janov, A.: Der Urschrei – Ein neuer Weg der Psychotherapie. Frankfurt: Fischer 1973.
–: Gefangen im Schmerz. – Befreiung durch seelische Kräfte. Frankfurt: Fischer, 1981.

Jochheim, K.-A., u. a.: Rehabilitation, 3 Bde. Stuttgart: Thieme, 1975.
Johnson, D.: Wie der Körper des Proteus – Rolfing und die menschliche Flexibilität. Essen: Synthesis, 1980.
Jung, C. G.: Über die Grundlagen der analytischen Psychologie. Frankfurt: Fischer TB, 1975.
Junker, H.: Das Beratungsgespräch. München: Kösel, 1978.
Keleman, St.: Dein Körper formt dein Selbst. München: Moderne Verlagsgesellschaft, 1980.
Kemper, W.: Der Traum und seine Be-Deutung. Reinbek: Rowohlt, 1955.
–: Grundzüge der Gestalt-Familientherapie. Stuttgart: Klett, 1975.
Keupp, H.: Der Krankheitsmythos in der Psychopathologie. München: Urban & Schwarzenberg, 1972.
–: Abweichung und Alltagsroutine. Hamburg: Hoffmann u. Campe, 1976.
–: Normalität und Abweichung. München: Urban & Schwarzenberg, 1979.
Kjellrup, M.: Bewußt mit dem Körper leben: Spannungsausgleich durch Eutonie. München: Ehrenwirth, 1980.
Klüwer, R.: Erfahrungen mit der Psychoanalytischen Fokaltherapie. Psyche 25, 1971, 932–947.
Koerfer, A., Neumann, C.: Alltagsdiskurs und psychoanalytischer Diskurs. Aspekte der Sozialisierung des Patienten in einen „ungewohnten Diskurstyp“. In: Flader u. a. (Hrsg.): Psychoanalyse als Gespräch. Frankfurt: Suhrkamp, 1982.
Korzybski, A.: Science and Sanity. Lakeville: The International Non-Aristotelian Library Publishing Company, 4. Aufl. 1933.
Kranz, H., Heinrich, K. (Hrsg.): Bilanz und Ausblick der Anstaltspsychiatrie. 2. Düsseldorfer Symposion 1976. Stuttgart: Schattauer, 1977.
Krapf, G.: Hypnose – Autogenes Training – Katathymes Bilderleben. In: Eicke, D. (Hrsg.): Die Psychologie des 20. Jahrhunderts, Bd III. Zürich: Kindler, 1977.
Krippner, S., Villoldo, A.: The realms of healing. Milbrae Cal.: Celestial Arts, 1976.
Kutter, P.: Psychoanalytische Behandlungs- und Beratungsmethoden. Psychother. med. Psychologie 28, 1978, 73–84.
Laing, R. D.: Das geteilte Selbst – Eine existentielle Studie über geistige Gesundheit und Wahnsinn. Reinbek: Rowohlt, 1981.
Langen, D.: Kompendium der medizinischen Hypnose: Einführung in die ärztliche Praxis. Basel: Karger, 1972.
Leuner, H., Horn, G., Klessmann, E.: Katathymes Bilderleben bei Kindern und Jugendlichen. München: Reinhardt, 1978.
Leuner, H. (Hrsg.): Katathymes Bilderleben – Ergebnisse in Theorie und Praxis. Bern: Huber, 1980.
Leutz, A.: Das klassische Psychodrama nach J. L. Moreno. Berlin: Springer, 1974.
Leutz, G. A., Oberborbeck, K. (Hrsg.): Psychodrama. Göttingen: Vandenhoeck & Rupprecht, 1980.
Levitsky, A., Perls, F. S.: The rules and games of Gestalt Therapy. In: Fagan, J., Sherd, I. L. (Hrsg.): Gestalt Therapy Now. New York: Science Behavior Books, 1970.

Lilly, J.: Das Zentrum des Zyklons – Eine Reise in die inneren Räume – Neue Wege der Bewußtseinserweiterung. Frankfurt: Fischer TB, 1976.

Lowen, A.: Bioenergetik – Therapie der Seele durch Arbeit mit dem Körper. Reinbek: Rowohlt, 1979.

Lowen, A., Lowen, L.: Bioenergetik für Jeden – Das vollständige Übungshandbuch. Gauting: Kirchheim, 1979.

Lüders, W.: Psychotherapeutische Beratung. Göttingen: Vandenhoeck & Ruprecht, 1974.

Luthman, S. G., Kirschenbaum, M.: Familienanalyse. München: Pfeiffer, 1977.

Mahoney, M.: Kognitive Verhaltenstherapie. München: Pfeiffer, 1974.

Malan, D.: Psychoanalytische Kurztherapie. Stuttgart: Klett, 1965; Reinbek: Rowohlt, 1972.

Maslow, A. H.: Motivation und Persönlichkeit. Olten: Walter, 1977.

–: Psychologie des Seins. Ein Entwurf. München: Kindler, 1973.

Mertens, W.: Psychoanalyse. Stuttgart: Kohlhammer, 1981.

Minuchin, S., Rosman, B. L., Backer, L.: Psychosomatische Krankheiten in der Familie. Stuttgart: Klett-Cotta, 1981.

Model, O., Creifelds, C.: Staatsbürgertaschenbuch. München: Beck, 20. Aufl. 1982.

Möller, M. L.: Zur Theorie der Gegenübertragung. Psyche 31, 1977, 142–166.

–: Selbsthilfegruppen. Reinbek: Rowohlt, 1978.

Moreno, J. L.: Gruppenpsychotherapie und Psychodrama – Einleitung in die Therapie und Praxis. Stuttgart: Thieme, 1973.

Müller, R.: Wandlung zur Ganzheit – Die initiatische Therapie nach Karlfried Graf Dürckheim und Maria Hippius. Freiburg: Herder, 1981.

Muck, M., u. a. (Hrsg.): Information über Psychoanalyse, Therapeutische, theoretische und interdisziplinäre Aspekte. Frankfurt: Suhrkamp, 1974.

Naranjo, C., Ornstein, R. E.: Psychologie der Meditation. Frankfurt: Fischer TB, 1976.

Narr, H.: Ärztliches Berufsrecht. Köln: Deutscher Ärzte Verlag, 1977.

Oberborbeck, K. (Hrsg.): Psychodrama 1980 – Praxis des Psychodrama in Sozialpsychiatrie, Psychotherapie und angrenzenden Bereichen. Psychiatrie-Verlag, Sozialpsychiatrische Informationen, März 1980.

Ostertag, S.: Einswerden mit sich selbst – Ein Weg der Erfahrung durch meditative Übung. München: Kösel, 1981.

Paul, N. L., Paul, B. B.: Puzzle einer Ehe. Stuttgart: Klett-Cotta, 1977.

Perls, F. S., Hefferline, R. F., Goodman, P.: Gestalttherapie. Stuttgart: Klett-Cotta, 1951.

–: Grundlagen der Gestalttherapie. München: Pfeiffer, 1973.

–: Gestalt-Therapie in Aktion. Stuttgart: Klett-Cotta, 1974.

Peter, B., Gerl, W. E.: Entspannung: Muskelentspannung, Autogenes Training, Meditation. München: Goldmann TB, 1981.

Peter, B.: Hypnotherapie. In: Corsini, R. J. (Hrsg.): Handbuch der Psychotherapie. Weinheim: Beltz, 1983.

Petzold, H.: Gegen den Mißbrauch von Körpertherapie. In: Petzold, H. (Hrsg.) Die neuen Körpertherapien. Paderborn: Junfermann, 1977.
–: Gestalttherapie. In: Bastine, R., u.a. (Hrsg.): Grundbegriffe der Psychotherapie. Weinheim: Edition Psychologie, 1982.
–: Psychodrama-Therapie. In: Integrative Therapie Beiheft 3. Paderborn: Junfermann, 1979.
Petzold, H., Reindell, A.: Klinische Psychosomatik. Heidelberg: Quelle & Meyer, 1980.
Pfeffer, R.: Konzepte psychoanalytisch orientierter Beratung. Psyche 34, 1980, 1–23.
Pierakos, J. C.: The Core of Man. In: Energy and Character. Vol. 5, No. 3, 1974.
Polster, E., Polster, M.: Gestalttherapie. München: Kindler, 1973.
Preuss, H. G.: Ehepaartherapie. München: Kindler, 1973.
Raknes, O.: Wilhelm Reich und die Orgonomie. Frankfurt: Fischer, 1973.
Reich, W.: Charakteranalyse. Frankfurt: Fischer TB, 1976.
Reiter, U.: Meditation – Wege zum Selbst. München: Mosaik 1976.
Revenstorf, D.: Psychotherapeutische Verfahren, Bd I: Tiefenpsychologische Therapie. Stuttgart: Urban TB, 1982.
–: Psychotherapeutische Verfahren, Bd II: Verhaltenstherapie. Stuttgart: Urban TB, 1982.
–: Psychotherapeutische Verfahren, Bd III: Humanistische Therapien. Stuttgart: Urban TB, 1983.
–: Psychotherapeutische Verfahren, Bd IV: Systemtherapie. Stuttgart: Urban TB, 1983.
–: Humanistische Psychologie. In: Stahlmann, R. (Hrsg.): Kindlers Handbuch der Psychologie, München: Kindler, 1983.
Richter, H. E.: Eltern, Kind und Neurose. Stuttgart: Klett, 1963.
–: Patient Familie. Reinbek: Rowohlt, 1970.
–: Strotzka, H., Willi, J. (Hrsg.): Familie und seelische Krankheit, Reinbek: Rowohlt, 1976.
Rogers, C. R.: Entwicklung der Persönlichkeit. Stuttgart: Klett-Cotta, 1973.
–: Encounter Gruppen. Das Erlebnis der menschlichen Begegnung. München: Kindler, 1974.
–: Therapeut und Klient. München: Kindler, 1977.
Rogoll, R.: Nimm dich, wie du bist – Eine Einführung in die Transaktionsanalyse. Freiburg: Herder TB, 1976.
Rolf, I.: Rolfing – The Integration of Human Structures. New York, 1977.
Rosa, K. R.: Das ist Autogenes Training. München: Kindler, 1973.
Sabetti, S.: Life Energy Therapy. In: Energy and Character, Vol. 10, No. 2, 1979.
Sarbin, T. R.: Contributions to role-taking theory: I. Hypnotic behavior. Psychological Review 57, 1950, 255–270.
Satir, V.: Familienbehandlung. Freiburg: Lambertus, 1973.
–: Selbstwert und Kommunikation. München: Pfeiffer, 1975.
Scheunert, G.: Zum Problem der Gegenübertragung. Psyche 14, 1959/1960, 574–598.

Schiff, J. L., Day, B.: Alle meine Kinder – Heilung der Schizophrenie durch Wiederholen der Kindheit. München: Kaiser, 1980.

Schröter, K.: Psychoanalytischer Dialog und alltägliche Kommunikation. In: Muck, M., u. a. (Hrsg.): Information über Psychoanalyse. Frankfurt: Suhrkamp, 1974.

Schützenberger-Ancelin, A.: Psychodrama. Ein Abriß, Erläuterungen der Methoden. Stuttgart: Hippokrates, 1979.

Schulte, W., Tölle, R.: Psychiatrie. Berlin: Springer, 1975.

Schultz, J. H.: Das Autogene Training. Stuttgart: Thieme, 1970.

Schutz, W. D.: Freude. Gruppentherapie, Sensitivity-Training, Ich-Erweiterung. Reinbek: Rowohlt, 1973.

Seifert, W.: Gruppendynamik – Veränderung durch Selbsterfahrung. Königstein: Hain, 1975.

Selvini-Palazzoli, M., Boscolo, L., Ceccin, G., Prata, G.: Paradoxon und Gegenparadoxon. Stuttgart: Klett-Cotta, 1977.

Simkin, J. S.: Gestalt Therapy. Millbrae, Cal.: Celestial Arts, 1976

Simonton, O. C., Matthews-Simonton, St., Creighton, J.: Wieder gesund werden – Eine Anleitung zur Aktivierung der Selbstheilungskräfte für Krebspatienten und ihre Angehörige. Reinbek: Rowohlt, 1982.

Skinner, B. F.: Wissenschaft und menschliches Verhalten. München: Kindler, 1973.

Sommer, G., Ernst, H.: Gemeindepsychologie. München: Urban & Schwarzenberg, 1977.

Staemmler, F.-M.: Körper-Therapie – Bitte berühren! In: Psychologie heute, 6, 1981.

Stalmann, R.: Geheimnis Psychosomatik – Wenn die Seele leidet, wird der Körper krank. München: Kindler, 1979.

Stierlin, H.: Von der Psychoanalyse zur Familientherapie. Stuttgart: Klett-Cotta, 1975.

–: Delegation und Familie. Frankfurt: Suhrkamp, 1978.

Stierlin, H., Rücker-Embden, I., Wetzel, N., Wirsching, M.: Das erste Familiengespräch: Theorie – Praxis – Beispiele. Stuttgart: Klett-Cotta, 1980.

Sutich, A.: Transpersonal Psychotherapy. Journal of Transpersonal Psychology 5, 1973.

Tart, Ch. (Hrsg.): Transpersonale Psychologie. Olten: Walter, 1978.

Vester, F.: Phänomen Streß: Wo liegt sein Ursprung, warum ist er lebenswichtig, wodurch ist er entartet? Stuttgart: DVA, 1976.

Vogt, R.: Organisation, Theorie und Technik eines psychoanalytischen Beratungsprojekts. Psyche 34, 1980, 24–53.

Watzlawick, P., Beavin, J. H., Jackson, D. D.: Menschliche Kommunikation. Bern: Huber, 1974.

Watzlawick, P., Beavin, J. H., Fisch, R.: Lösungen – Zur Theorie und Praxis menschlichen Handelns. Bern: Huber, 1979.

Watzlawick, P., Weakland, J. H., Fisch, R.: Lösungen. Bern: Huber, 1974.

Watzlawick, P.: Die Möglichkeit des Anderssein. Bern: Huber, 1977.

Wetterstrand, O.: Hypnotism and its application to practical medicine. New York: Putnam, 1902.

Willi, J.: Die Zweierbeziehung. Reinbek: Rowohlt, 1975.
–: Therapie der Zweierbeziehung. Reinbek: Rowohlt, 1978.
Wirsching, M., Stierlin, H.: Krankheit und Familie. Stuttgart: Klett-Cotta, 1982.
Wittchen, H.-U., Fichter, M.: Psychotherapie in der Bundesrepublik. Weinheim: Beltz, 1980.
Wolpe, J.: Praxis der Verhaltenstherapie. Bern: Huber, 1972.
Yablonski, L.: Psychodrama. Die Lösung emotionaler Probleme durch das Rollenspiel. Stuttgart: Klett, 1978.
Yalom, I. D.: Gruppenpsychotherapie. München: Kindler, 1974.
Zeig, J. K.: A teaching seminar with Milton H. Erickson. New York: Brunner/Mazel, 1980.

3. Erklärung von Fachausdrücken

Weitere Begriffserklärungen in den Texten selbst lassen sich über das Sachregister leicht auffinden.

Abwehr. In der psychoanalytischen Auffassung die Summe jener meist unbewußt ablaufenden Maßnahmen oder Operationen, durch die das Bewußt- oder Wirksamwerden bedrohlicher und angsterregender Motive und Vorstellungen verhindert werden soll. Die verschiedenen ‚Techniken' werden *Abwehrmechanismen* genannt.

Adaptiver Gesichtspunkt. Die Betrachtung des Verhaltens, auch neurotischen Verhaltens, als zielgerichtet, insbesondere in Hinsicht auf die Anpassung an die gesellschaftliche Wirklichkeit; auch *finaler Gesichtspunkt* genannt.

Ätiologie. Die Lehre von den Ursachen der Krankheiten.

Amphetamine. Auch *Weckamine* genannt. Gruppe von anregenden, oft stimmungsaufhellenden Medikamenten. Bei langzeitiger Einnahme Gefahr von unangenehmen Nebenwirkungen und Entstehung von Abhängigkeit.

Autogen. Von selbst entstanden, von selbst erzeugt. Hauptsächlich verwendet im Zusammenhang mit dem *Autogenen Training* (s. S. 240ff.), das als selbstinduziert von der Fremdhypnose unterschieden wird.

Dekonditionierungsmethoden. Verschiedene Verfahren, z. B. Desensibilisierung und Reizüberflutung, mit denen erworbene Ängste oder sonstige überstarke emotionale Reaktionen wieder abgebaut werden sollen (s. S. 179ff.).

Delegation. Übertragung oder Zuschreibung einer bestimmten Rolle oder Funktion innerhalb eines Systems wie z. B. Familie oder Gruppe zu dessen „Nutzen", aber meist zum Nachteil des Rollen-, Funktions- bzw. Symptomträgers; Beispiel s. S. 233.

Diathese-Streß-Modell. Die Auffassung, daß psychische und psychosomatische Erkrankungen oder Abnormitäten durch ein Zusammenwirken von Anlage und belastenden Umwelteinflüssen entstehen (s. S. 24).

Differentialdiagnose. Erkennen einer Erkrankung bei gleichzeitiger Abgrenzung gegenüber anderen Krankheiten mit ähnlichem Erscheinungsbild.

Differentielle Indikation s. *Indikation.*

Doppelbindung, therapeutische. Hypnotherapeutische Technik, mögliche Widerstände des Klienten im Sinne des gewünschten Therapieverlaufes positiv zu verwenden.

Empathie, empathisch. Einfühlung, einfühlsam.

Encountergruppe. Selbsterfahrungsgruppe (s. S. 151 ff.).

Familienmythen. Die von Generation zu Generation innerhalb einer Familie weitergetragenen Meinungen, Zuschreibungen, Einstellungen oder Rollenverteilungen, die das Verhalten eines oder aller Mitglieder der Familie in starrer Form bestimmen können.

Finaler Gesichtspunkt s. *adaptiver Gesichtspunkt.*

Forensisch. Von lat. „forum", der Marktplatz, das Gericht. Forensische Psychologie und Psychiatrie sind diejenigen Zweige dieser Wissenschaften, die sich mit den bei Gerichtsverhandlungen und im Strafvollzug auftretenden Problemen beschäftigen. Wichtige Aufgaben sind z. B. die Beurteilung der Glaubwürdigkeit von Zeugen und der Zurechnungsfähigkeit von Tätern.

Funktionsträger. Mitglied einer Gruppe oder Familie, das die von dieser übertragenen Aufgaben oder Funktionen übernimmt (s. *Delegation*).

Gegenübertragung. Diejenigen Reaktionen, besonders emotionaler Natur, die beim Psychotherapeuten durch die *Übertragung* (s. d.) von Seiten des Patienten ausgelöst werden. Wie bei der Übertragung kommen auch bei der G. infantile Verhaltensmuster unbewußt zur Geltung. Es ist wichtig, daß der Psychotherapeut seine G. als solche erkennt und richtig mit ihr umgeht (vgl. S. 65 f.).

Gerontopsychiatrie. Derjenige Zweig der Psychiatrie, der sich mit den psychiatrischen Problemen alternder Menschen befaßt.

Indikation. Unter der I. eines Behandlungsverfahrens oder einer Behandlungstechnik versteht man den Bereich derjenigen Störungen oder Krankheiten, die durch das Verfahren wirksam behandelt werden können. Gegenindikation ist derjenige Bereich, in dem das Verfahren unwirksam oder schädlich ist. Von *differentieller* I. spricht man, wenn verschiedenen Erkrankungen jeweils ein geeignetes Behandlungsverfahren zugeordnet wird.

Interaktionsanalyse. Erforschung und Auswertung des wechselseitigen Beziehungsgeschehens innerhalb einer Gruppe oder Familie.

Interaktionsmuster. Das wechselseitige Beziehungsgeschehen innerhalb einer Familie oder Gruppe, das nach bestimmten Regeln oder Mustern abläuft.

Interaktionszirkel. Das sich ständige Wiederholen bestimmter *Interaktionsmuster.*

Internalisierung. Verinnerlichung von Vorstellungen, Überzeugungen, Bewertungen, Motiven etc., die ursprünglich von anderen Personen stammen.

Kognitive Verhaltenstherapie. Diejenigen Techniken der Verhaltenstherapie (s. S. 178 ff.), bei denen Einfluß genommen wird auf innere Prozesse (z. B. Selbstgespräche, Phantasievorgänge), um das äußere Verhalten und die Emotionen im gewünschten Sinne zu verändern.

Libido. In der Psychoanalyse jene angenommene psychische Energie, die den erotischen Lebensäußerungen (im weitesten Sinne) zugrunde liegt. Ihr Gegensatz ist der Todestrieb.

Neurose. Ziemlich ungenauer Begriff, mit dem, allgemein ausgedrückt, emotionale Schwierigkeiten (z. B. starke Ängste oder Depressionen) und Verhaltensstörungen bezeichnet werden, die nicht oder wenigstens nicht direkt durch organische Ursachen bedingt sind. Manchmal werden auch psychosomatische Erkrankungen (s. S. 20f.) als *Organneurosen* bezeichnet.

Neurotische Arrangements. Bewußte oder unbewußte Einrichtung der Lebensumstände, die es dem Menschen ermöglichen soll, mit seiner Neurose einigermaßen fertig zu werden oder sogar Nutzen daraus zu ziehen.

Nosologie, nosologisch. Krankheitslehre bzw. diese betreffend. Im wesentlichen handelt es sich um die systematische Klassifikation und Beschreibung von Krankheiten.

Operante Methoden. Diejenigen Methoden der Verhaltenstherapie, mit denen erwünschte Verhaltensweisen aufgebaut oder unerwünschte abgebaut werden sollen (s. S. 184ff.).

Operante Response. In der Sprache der Verhaltenstherapie eine willkürlich beeinflußbare Verhaltensweise (im Gegensatz zu emotionalen und „automatischen" Reaktionen), die auch durch positive oder negative Konsequenzen in ihrem Auftreten verändert werden kann.

Operantes Konditionieren. Die Beeinflussung von Verhaltensweisen durch *operante Methoden* (s. d.).

Paradoxe Intervention. Das Verschreiben bzw. Auftragen scheinbar widersinniger Aufgaben wie z. B., ein bestimmtes Symptom, von dem der Klient in der Therapie freiwerden möchte, willentlich zu erzeugen.

Prävention. Die Verhütung des Auftretens von Erkrankungen durch vorbeugende Maßnahmen, z. B. Impfungen, spezielle Diäten u. a.

Primärprozesse. Genauer: Primärvorgänge, im Gegensatz zu den Sekundärvorgängen. In der psychoanalytischen Theorie sind – grob gesagt – die P. jene seelischen Funktionsweisen, die unbewußt, automatisch und nach dem Lustprinzip ablaufen, während die Sekundärvorgänge bewußt bzw. vorbewußt, willkürlich kontrolliert und nach dem Realitätsprinzip vor sich gehen.

Regression. In der psychoanalytischen Theorie ein Zurückgehen von Teilen der Persönlichkeit auf eine frühere Stufe der Entwicklung. Allgemeiner und etwas ungenauer versteht man unter R. das Auftauchen von infantilen Formen des Fühlens, Denkens, Handelns usw.

Sedativum. Beruhigendes Mittel.

Sekundärprozesse s. *Primärprozesse.*

Setting. Die äußere Anordnung einer psychotherapeutischen Sitzung. Im klassischen psychoanalytischen S. liegt der Patient auf der Couch, der Therapeut sitzt „unsichtbar" hinter ihm. Psychotherapie kann aber auch im Gegenübersitzen, in Gruppen oder in der natürlichen Umgebung durchgeführt werden.

Stereotaktische Operation. Die Ausschaltung genau festlegbarer Teile der Gehirnstruktur durch elektrische, chemische oder mechanische Mittel. Das Verfahren wird meistens eingesetzt zur Behandlung zentralnervös bedingter Bewegungsstörungen, manchmal auch bei psychiatrischen Erkrankungen.

Stupor. Zustand der Erstarrung und Reaktionslosigkeit bei erhaltenem Bewußtsein; kann organische und psychische Ursachen haben.

Sublimation. In der psychoanalytischen Auffassung ein Prozeß oder Abwehrmechanismus, durch den libidinöse Energie (s. *Libido*) in Richtung künstlerischer oder intellektueller Tätigkeit „umgelenkt" wird.

Subsidiaritätsprinzip. Eine Forderung mancher Soziallehren, nach der das übergeordnete soziale Gebilde (z. B. der Staat) den untergeordneten (z. B. der Familie) weitgehende Selbständigkeit gewährt und nur dann deren Aufgaben übernimmt (z. B. Kindererziehung), wenn sie dort nicht mehr erfüllt werden können.

Subsystem. Ausschnitt aus einem größeren System, Teilsystem. Die Beziehungen zwischen Geschwistern kann man z. B. als S. des größeren Systems der Gesamtfamilie betrachten.

Therapieresistenz. Meist unbewußter, aktiver oder passiver Widerstand gegen therapeutische Maßnahmen.

Trance. Allgemeiner Oberbegriff für bestimmte nichtalltägliche Bewußtseinszustände wie z. B. religiöse Ekstase, meditative Zustände, therapeutische oder hypnotische Trance (s. S. 195 ff.).

Tranceinduktion. Einleiten einer hypnotischen Trance. Man kann unterscheiden zwischen *formaler* T., dem Einleiten einer Trance mit Hilfe standardisierter Techniken (s. S. 192 f.), und der *indirekten* oder *natürlichen* T., dem Einleiten einer T. durch freie, situationsadäquate Techniken (s. S. 201 ff.).

Transmittersubstanzen. Überträgersubstanzen; im Körper gebildete Chemikalien, die das Weiterleiten neuraler Impulse im Nervensystem ermöglichen.

Triebschicksal. In der psychoanalytischen Theorie die Entwicklungen und Modifikationen des Trieblebens eines Individuums im Zusammenspiel von konstitutionellen Faktoren, Umwelteinflüssen und Abwehroperationen.

Übertragung. In der psychoanalytischen Theorie positive oder negative emotionale Reaktionen auf andere Menschen, die durch deren Verhalten nicht gerechtfertigt sind. Man nimmt an, daß in diesen Fällen Reaktionsmuster aus der Vergangenheit, insbesondere aus der frühen Kindheit, wiederholt und auf andere Menschen eben „übertragen" werden. Ü. tritt sehr ausgeprägt in der psychoanalytischen Therapie auf; ihre Interpretation ist ein wichtiger Teil der analytischen Technik.

Übertragungsneurose. Das Wort hat bei S. Freud zwei Bedeutungen. Einerseits ist damit ein bestimmter Typ von Neurosen gemeint, bei dem die Fähigkeit zur *Übertragung* (s. d.) erhalten ist, so daß in der Therapie damit gearbeitet werden kann. Andererseits ist Ü. die Gesamtheit jener in der Therapie auftauchenden „gestörten" Verhaltensweisen, die als Übertragung aufgefaßt werden und einen Gegenstand der analytischen Deutungsarbeit bilden.

Valenz. Bedeutung, Wichtigkeit.
Vaskulär. Die kleinen Blutgefäße betreffend.

4. Sachregister

Seiten, auf denen die Begriffe eingeführt oder ausführlicher erläutert werden, sind durch Kursivdruck hervorgehoben.

5. Personenregister

6. Verzeichnis der Autoren

Becker-Freyseng, Wolfgang, Dipl.-Psych., Sozialarbeiter (grad.)
Studium der Sozialpädagogik und Psychologie in München. Tätig als Psychologe an der Erziehungsberatungsstelle in Germering und als Dozent für Autogenes Training an Volkshochschulen in München.
Veröffentlichung: Autogenes Training als Methode psychosomatischer Selbsterfahrung. In: Hockel, M., Feldhege, F.-J. (Hrsg.): Handbuch der angewandten Psychologie, Bd. 2. Landsberg 1981.

Bender, Wolfram, Dr. med., Dr. phil., Dipl.-Psych.
Studium der Psychologie und Medizin in Hamburg. Ausbildung zum Arzt für Psychiatrie und Neurologie; Zusatzbezeichnung Psychotherapie. Tätig als Lehrtherapeut für Psychodrama am Moreno-Institut in Überlingen; Bereichsdirektor der Akutpsychiatrie im Bezirkskrankenhaus Haar bei München.
Veröffentlichungen: Gruppentherapie (Psychodrama) bei schizophrenen Patienten. In: Helmchen, H., Linden, M., Rüger, U. (Hrsg.): Psychotherapie in der Psychiatrie. Berlin 1981; weitere Artikel in Fachzeitschriften.

Cizek, Ivo-Kurt, Dr. phil., Dipl.-Psych., M. A. (soz.)
Studium der Humanwissenschaften und Psychologie in Prag, München und Köln. Tätig als psychologischer Gutachter und Psychotherapeut am Institut für Integrierte Therapie e. V. in München.

Gerl, Wilhelm, Dipl.-Psych.
Studium der Psychologie in München. Weiterbildung in Verhaltenstherapie, Gesprächspsychotherapie und klinischer Hypnose; Schüler von Milton H. Erickson; Klinischer Psychologe (BDP). Tätig als Ausbilder für Gesprächspsychotherapie (GwG) und für klinische Hypnose (M. E. G.) und als Psychotherapeut am Institut für Integrierte Therapie e. V. in München; Mitherausgeber der Zeitschrift ‚Partnerberatung'. Arbeitsschwerpunkte: Integration therapeutischer Verfahren; Beeinflussung ‚körperlicher Erkrankungen' mit psychologischen Methoden.
Veröffentlichungen: Entspannung (zus. mit B. Peter). München, 1981; mehrere Artikel in Fachzeitschriften und -büchern.

Gneist, Joachim, Dr. med.
Studium der Theologie und Medizin in Heidelberg, Hamburg, Berlin und München. Ausbildung zum Arzt für Psychiatrie und Neurologie; Zusatzbezeichnung Psychoanalyse. Tätig als Lehrtherapeut für Psychodrama am Moreno-Institut in Überlingen, als Dozent des Münchner Weiterbildungskreises der Akademie für Psychoanalyse in München und als Psychotherapeut in eigener Praxis in München. Arbeitsschwerpunkte: Alkoholismus, Psychosomatik und Psychosen.
Veröffentlichung: Psychodrama und Soziometrie in der Arbeit mit offenen Alkoholikergruppen (zus. mit Stimmer und Franz). Gruppenpsychotherapie und Gruppendynamik, 1983.

Hockel, Michael, Dipl-Psych.
Studium der Philosophie und Psychologie in Würzburg. Weiterbildung in Gesprächspsychotherapie und Kinderpsychotherapie. Tätig als Ausbilder für Gesprächspsychotherapie (GwG) und als Psychotherapeut in eigener Praxis in München; leitender Psychologe des Gesundheitsparks der Münchner Volkshochschule; 2. Vorsitzender des Berufsverbandes Deutscher Psychologen (BDP).
Veröffentlichungen: Therapieorientierte Diagnostik (zus. hrsg. mit Bommert). Stuttgart 1981; Handbuch der angewandten Psychologie, Bd. 2, Behandlung und Gesundheit (zus. hrsg. mit Feldhege). Landsberg 1981.

Houben, Antoon, Privatdozent, Dr. phil., Dipl.-Psych.
Studium der Theologie in den Niederlanden. Studium der Psychologie in Freiburg. Weiterbildung zum Psychoanalytiker in Heidelberg. Fachlicher Gesamtleiter des Evangelischen Beratungszentrums in München.
Veröffentlichung: Klinisch Psychologische Beratung. München 1975.

Jost, Alida, Pädagogin, cand. psych.
Studium der Pädagogik und Psychologie in Freiburg und München. Weiterbildung in klientenzentrierter Gesprächsführung, Hypnotherapie und systemorientierter Therapie; Schülerin von Milton H. Erickson.

Kraiker, Christoph, Dr. phil., Dipl.-Psych.
Studium der Psychologie und Philosophie in Frankfurt/Main, Washington D.C., Cambridge, Mass., Mainz und München. Wissenschaftlicher Mitarbeiter am Institut für Psychologie/Klinische Psychologie der Universität München.
Veröffentlichungen: Handbuch der Verhaltenstherapie. München 1974; Psychoanalyse, Behaviorismus, Handlungstheorie. München 1981.

Mertens, Wolfgang, Prof., Dr. phil., Dipl.-Psych.
Studium der Erziehungswissenschaften und Psychologie in München. Weiterbildung zum Psychoanalytiker. Professor für klinische Psychologie an der Universität München; Dozent an der Akademie für Psychoanalyse und Psychotherapie in München. Arbeitsschwerpunkte: sozialwissenschaftliche Methodenforschung, klinische Sozialpsychologie, psychoanalytische Entwicklungspsychologie.
Veröffentlichungen: Erziehung zur Konfliktfähigkeit. München 1974; Krise der Sozialpsychologie? (zus. mit G. Fuchs). München 1978; Psychoanalyse. Stuttgart 1981; weitere Artikel in wissenschaftlichen Zeitschriften und Büchern.

Müller, Rüdiger, Dr. phil., Dipl.-Psych.
Studium der Psychologie in Bonn und Freiburg. Schüler und späterer Mitarbeiter der existentialpsychologischen Bildungs- und Begegnungsstätte von Graf Dürckheim und Maria Hippius in Todtmoos-Rütte. Tätig als Psychotherapeut in eigener Praxis in Ibach/St. Blasien.
Veröffentlichungen: Wandlung zur Ganzheit. Die initiatische Therapie nach Karlfried Graf Dürckheim und Maria Hippius. Freiburg 1981; weitere Artikel in Fachzeitschriften und -büchern.

Peter, Burkhard, Dipl.-Psych.
Studium der Germanistik, Politischen Wissenschaften und Psychologie in München. Weiterbildung in Verhaltenstherapie, Gesprächspsychotherapie und klinischer Hypnose; Schüler von Milton H. Erickson; Klinischer Psychologe (BDP). Tätig als Ausbilder für klinische Hypnose (M. E. G.) und als Psychotherapeut am Institut für Integrierte Therapie e. V. in München; Vorsitzender der Milton Erickson Gesellschaft für klinische Hypnose e. V. Arbeitsschwerpunkte: klinische Hypnose; psychologische Krebsbehandlung; Psychosomatik.
Veröffentlichungen: Entspannung (zus. mit W. Gerl). München 1981; weitere Artikel in Fachbüchern.

Revenstorf, Dirk, Prof., Dr. rer. soc., Dipl.-Psych.
Studium der Psychologie in Hamburg. Persönlichkeitsforschung und Therapieforschung am Max-Planck-Institut für Psychiatrie in München; Professor für Klinische Psychologie an der Universität Tübingen. Fortbildung in Gestalttherapie u. a. bei Erve und Miriam Polster in den USA; Mitherausgeber der Zeitschrift ‚Partnerberatung'. Arbeitsbereiche: Psychologische Methodik, Therapieforschung, Persönlichkeitstheorie, psychotherapeutische Ausbildung.
Veröffentlichungen: Psychotherapeutische Verfahren, Bd. 1–4. Stuttgart 1982/83; Persönlichkeit, eine kritische Einführung. München 1982; Faktorenanalyse. Stuttgart 1976; zahlreiche Beiträge in wissenschaftlichen Zeitschriften und Büchern.

Seus-Seberich, Elfriede, Dr. phil., Dipl.-Psych., Pädagogin
Studium der Psychologie und Erziehungswissenschaften. Leiterin des Familienzentrums Neuperlach des SOS Kinderdorf e. V. in München.
Veröffentlichungen: Unterschicht- und Randgruppenberatung. In: Hokkel, M., Feldhege, F. J. (Hrsg.): Handbuch der angewandten Psychologie, Bd. 2. Landsberg 1981; Integrierte Erziehung – Erfolge nachweisbar. Erziehung heute, Innsbruck 1977.

Schachtl, Gerhard, Dipl.-Psych.
Studium der Psychologie. Weiterbildung in Familientherapie, Gesprächspsychotherapie und Körpertherapie. Tätig als klinischer Psychologe im Familienzentrum Neuperlach des SOS-Kinderdorf e. V.; Supervisor für Weiterbildung in Familientherapie.

Schachtner, Hans-Ulrich, Dipl.-Psych.
Studium der Psychologie. Weiterbildung in Verhaltenstherapie, Transaktionsanalyse und klinischer Hypnose; Schüler von Milton H. Erickson. Tätig als Psychotherapeut in eigener Praxis in München.

Staemmler, Frank-M., Dipl.-Psych.
Studium der Psychologie. Weiterbildung in Gestalttherapie, Bioenergetik und anderen Formen körperorientierter Psychotherapie. Tätig als Ausbilder und Psychotherapeut im Psychologischen Beratungszentrum in Würzburg.

Veröffentlichungen: Körper-Therapie: Bitte berühren! Psychologie heute, 1981; Selbsterfahrung und Urlaub – Beschreibung eines kombinierten Programms und seiner Effekte. Gruppendynamik, 1982.

Wiltschko, Johannes, Dr. phil.
Studium der Philosophie, Pädagogik und Psychologie in Zürich und Salzburg. Weiterbildung in Gesprächspsychotherapie; Klinischer Psychologe (BDP). Tätig als Ausbilder für Gesprächspsychotherapie (GwG) und als Psychotherapeut am Institut für Integrierte Therapie e. V. in München.
Veröffentlichungen: Die Phantasien der Lena März – Protokoll einer Gesprächspsychotherapie, aufgezeichnet von ihrem Psychotherapeuten. München 1980; weitere Artikel in Fachzeitschriften.